国家社会科学基金教育学重点课题
"特殊教育中长期发展目标及推进策略研究"
(课题批准号:AHA160010)

邓 猛

现任华东师范大学融合教育研究院院长,教育学部特聘教授,特殊教育学系教授,博士生导师。兼任残疾人事业发展研究会融合教育专业委员会主任,中国残联康复协会孤独症康复委员会副主任委员,中国教育国际交流协会融合教育分会副理事长,中国优生优育协会特殊教育专业委员会副主任委员,中国统计教育学会特殊教育统计分会副会长,国务院妇儿工委办公室儿童工作智库专家,爱思唯尔2022年中国高被引学者,美国"国际特殊教育协会"常务理事,联合国教科文组织(UNESCO)全球教育监测委员会专家组成员。任多个SSCI国际期刊编辑或特约审稿专家。美国印第安纳大学1997—1998年度访问学者;2008年及2014年香港"田家炳内地访问学者";美国佐治亚南方大学2006—2007年度富布赖特(Fulbright)访问学者;2010年澳大利亚纽卡斯尔大学高级访问学者;2012年澳大利亚昆士兰科技大学教育学院访问学者。承担多个国际国内特殊教育研究课题,应邀参加20多个国际重大会议并做大会主题发言。发表国际学术论文80余篇,SSCI收录40余篇;发表中文核心期刊论文200余篇;出版专著和教材20余部。

国家出版基金项目

特殊教育中长期发展目标及推进策略

邓 猛 著

MEDIUM AND LONG-TERM DEVELOPMENT GOALS
AND PROMOTION STRATEGIES FOR SPECIAL EDUCATION

南京师范大学出版社

图书在版编目(CIP)数据

特殊教育中长期发展目标及推进策略 / 邓猛著. —
南京：南京师范大学出版社，2022.12
 ISBN 978-7-5651-5698-4

Ⅰ. ①特… Ⅱ. ①邓… Ⅲ. ①特殊教育－研究－中国
Ⅳ. ①G769.2

中国版本图书馆 CIP 数据核字（2022）第 255748 号

书　　名	特殊教育中长期发展目标及推进策略
作　　者	邓　猛
策划编辑	彭　茜
责任编辑	彭　茜
出版发行	南京师范大学出版社
地　　址	江苏省南京市玄武区后宰门西村 9 号（邮编：210016）
电　　话	（025）83598919（总编办）　83598412（营销部）　83373872（邮购部）
网　　址	http://press.njnu.edu.cn
电子信箱	nspzbb@njnu.edu.cn
照　　排	南京凯建文化发展有限公司
印　　刷	南京爱德印刷有限公司
开　　本	710 毫米×1000 毫米　1/16
印　　张	22.75
字　　数	371 千
版　　次	2022 年 12 月第 1 版　2022 年 12 月第 1 次印刷
书　　号	ISBN 978-7-5651-5698-4
定　　价	89.00 元
出 版 人	张志刚

南京师大版图书若有印装问题请与销售商调换
版权所有　侵权必究

前 言
Foreword

党的二十大明确提出"强化特殊教育普惠发展"的战略目标,体现了党和政府对特殊教育的高度重视,也表明我国特殊教育事业已经站在新的历史起点上。"办好"特殊教育,"努力让每个孩子都能享有公平而有质量的教育"的纲领性要求对于促进特殊教育和社会经济均衡发展,具有重大而深远的意义。促进教育公平,建立高质量的特殊教育体系,是教育现代化的重要内容,也是中国式现代化的必然要求。

近几十年以来,人类科学技术飞速发展、生活水平不断提高、医疗保健水平随之进步。所有这些,并没有让"残疾消失"这个久远的梦想得到实现,恰恰相反,残疾以及相关的"特殊教育需要"的出现率呈加速度增长的趋势。科技的进步在减少某些残疾的同时,也在制造新的残疾。环境的改变让人类生活得更好,但其造成的生态危机却给人类自身带来各种风险,生育及养育方式的变化更是直接导致某些残疾或缺陷出现率大为增加。随着经济的高速发展,进入老年化社会成为必然。老年化社会必然是一个残疾比例较高的社会,因此,老年化社会要为各类残疾人的社会生活做好准备。这样的社会必然对教育、医疗、康复、生活、福利等保障支持的综合能力提出更高要求,也直接展现出其文明发展的真实水平。残疾不再是少数人的问题,身心残疾成为所有人口的生命经历之一,残疾成为人的存在的多样性和差异性的表现和特征。

更加重要的是,现代社会结构不断复杂化,知识经济使得教育竞争加剧,个体生活方式愈加多样化。社会对于人的文化等综合素质要求更高了,与个体自身发展相关的各种问题随之不断涌现。人们越来越注意个体在学校中阅读与书写的能力、能否长时间保持注意力、情绪与行为是否稳定等与现代社会要求

的学习能力和社会适应能力相关的技能。孤独症谱系障碍、学习障碍、注意力缺陷以及情绪行为障碍等传统社会中不被人认知和关注的问题,成为现代文明社会及教育体系必须面对的挑战。因此,据估计,在自然的学校班级里,约 1/5 左右的学生有特殊教育的需求,且这一比例还在持续增加中。特殊教育需要广泛存在,而且主要存在于普通教育体系之内,这是不争的现实。忽视这么大比例儿童需求的教育是不可想象的,忽视这么大比例儿童的任何教育理论与实践也必然是站不住脚的。因此,融合(全纳)教育是现代教育整体变革的基本趋势,也是普通教育改革的重要理论取向与价值尺度,而非仅仅局限于狭义的以残疾为基础的特殊教育范畴。保障每个儿童接受公平优质的教育,不仅仅是美好的教育理念,更应该转化为实际的教育行动。

《国家中长期教育改革和发展规划纲要(2010—2020 年)》对于特殊教育发展无疑是革命性的纲领性文件。在这一文件中,特殊教育首次单独作为一章专门表述,并明确提出"关心和支持特殊教育""完善特殊教育体系""健全特殊教育保障机制"三个具体的要求。从此之后,特殊教育发展进入快车道。特殊教育投入力度明显增加,残疾儿童少年义务教育普及程度不断提高,特殊教育体系不断完善。

2016 年,本人有幸作为首席专家获批并主持国家社会科学基金教育学重点课题"特殊教育中长期发展目标及推进策略研究"(课题批准号:AHA160010)。课题目的是通过实证研究的方式回顾并总结《国家中长期教育改革和发展规划纲要(2010—2020 年)》颁布以来的落实情况,明确我国特殊教育未来的发展导向,并通过提供一系列推进策略促进我国特殊教育未来的发展与质量提升,从而为国家制定与出台特殊教育政策提供咨询与建议。

课题在我国东北、华北、华中、华南、华东、西北和西南七个地域选取调查对象。依托特殊教育学校、康复机构、融合幼儿园、残疾人中高等职业教育学院等,对特殊教育中的学前教育、义务教育和中高等职业教育的发展展开调查,力求全面系统地反映我国特殊教育发展的基本情况以及未来发展需求。课题组于 2017 年 12 月在北京召开"办好"特殊教育高端论坛,对我国特殊教育当前发展面临的主要问题和相应发展措施进行了讨论,中央电视台教育频道对会议进行了详细报道。课题组 2017 年向民进中央提交的义务教育阶段全面推进全纳教育的政策建议获参政议政成果二等奖;2018年通过民进中央向全国政协第十三届一次会议提交的办好特殊教育决策咨询报告获得参政议政成果三等奖。课题结题报告在2021年顺利通过评审并获评"优秀"等第,同时,通过南京师范大学出版社申请,课题成功入选2022年国家出版基金资助项目。

感谢这一过程中各方的支持!课题得到教育部原基础教育司副司长李天顺同志多年的专业指导与支持,还有我的老师肖非教授的鼎力相助,以及刘春玲教授、张茂聪教授、雷江华教授、王庭照教授等的大力支持与配合。特别感谢南京师范大学出版社的徐蕾总编和彭茜编辑,感谢你们的一路同行和不离不弃的支持。

课题实施过程中,有赖于我的研究生们的积极参与。相关工作分工如下:第一、二章,邓猛、颜廷睿(华东师范大学);第三章,颜廷睿、侯雨佳(上海师范大学);第四章,杜林(西南大学)、谢正立(香港理工大学);第五、六章,王琳琳(云南师范大学)、韩文娟(西北师范大学)、马莹(北京市农科院附属小学)。书稿由邓猛完成统稿工作。这些同学纷纷走向工作岗位,我也调到华东师范大学。斗转星移,时空变幻;世事随易,理想仍在!天地有情何须老,有教无类著新篇。这一书稿终于得以完成,希望能够抛砖引玉,得到国内同行多多指正!

2022年11月17日于华东师范大学田家炳大楼

目 录
Contents

第一章 绪 论 ·· (001)
　一、研究背景 ·· (001)
　　（一）新时代背景下残疾人教育事业的发展 ················· (001)
　　（二）我国特殊教育发展面临的挑战 ··························· (002)
　　（三）国际特殊教育融合发展的趋势 ··························· (005)
　二、研究目的与内容 ·· (007)
　　（一）研究目的及问题 ·· (007)
　　（二）研究内容 ·· (008)
　三、研究方法 ·· (011)
　　（一）理论研究方法 ··· (011)
　　（二）实证研究方法 ··· (012)
　　（三）研究思路 ·· (014)
　四、理论基础 ·· (016)
　　（一）融合教育理论 ··· (016)
　　（二）教育公平理论 ··· (017)
　　（三）教育发展均衡理论 ··· (018)
　　（四）政策分析理论 ··· (019)
　五、研究价值 ·· (021)
　　（一）学术价值 ·· (021)
　　（二）应用价值 ·· (022)
　　（三）社会价值 ·· (022)

第二章　中西方特殊教育比较 ……………………………………… (024)

一、中西方特殊教育发展概况 ………………………………………… (024)
（一）西方特殊教育发展概况 …………………………………… (024)
（二）中国特殊教育发展概况 …………………………………… (028)

二、西方特殊教育政策发展 …………………………………………… (031)
（一）西方特殊教育政策发展回顾 ……………………………… (031)
（二）西方特殊教育政策理论模式 ……………………………… (035)
（三）西方特殊教育政策与法律国际比较 ……………………… (036)
（四）西方特殊教育政策执行与效果 …………………………… (039)

三、我国特殊教育政策发展 …………………………………………… (041)
（一）我国特殊教育政策发展回顾 ……………………………… (041)
（二）我国特殊教育政策研究综述 ……………………………… (044)
（三）我国特殊教育政策发展研究 ……………………………… (049)

四、我国特殊教育改革与策略 ………………………………………… (051)
（一）近年来我国特殊教育改革的重点领域 …………………… (051)
（二）我国特殊教育改革发展的策略 …………………………… (058)

第三章　我国特殊教育发展的现状与需求 …………………………… (064)

一、国家和地区层面特殊教育发展现状与需求 ……………………… (064)
（一）研究设计 …………………………………………………… (064)
（二）国家特殊教育政策的制定与执行 ………………………… (066)
（三）特殊教育经费投入 ………………………………………… (085)
（四）特殊教育体系结构 ………………………………………… (097)

二、特殊教育学校发展现状与需求 …………………………………… (115)
（一）调查设计 …………………………………………………… (115)
（二）特殊教育学校发展现状 …………………………………… (116)
（三）特殊教育学校发展需求 …………………………………… (138)
（四）研究结论 …………………………………………………… (142)

三、随班就读学校发展现状与需求 …………………………………… (144)

（一）研究过程与方法 ·· (144)
　　（二）随班就读学校的发展现状 ······································ (145)
　　（三）随班就读学校的未来发展需求 ······························· (160)
　　（四）研究结论 ··· (165)
四、特殊教育学校教师专业化发展现状与需求 ·························· (168)
　　（一）研究设计 ··· (168)
　　（二）特殊教育学校教师专业化发展现状 ························· (171)
　　（三）特殊教育学校教师专业化发展需求 ························· (183)
　　（四）研究结论 ··· (189)
五、随班就读教师专业化发展现状与需求 ································ (190)
　　（一）研究设计 ··· (190)
　　（二）随班就读教师专业化发展现状 ······························ (191)
　　（三）随班就读教师专业化发展需求 ······························ (200)
　　（四）研究结论 ··· (209)

第四章　我国特殊教育中长期发展目标 ·································· (210)

一、特殊教育中长期发展目标制定原则与意义 ·························· (210)
　　（一）目标制定原则 ·· (210)
　　（二）目标制定意义 ·· (210)
二、特殊教育中长期发展目标内容 ··· (212)
　　（一）全面普及残疾儿童少年义务教育，实现公平优质教育目标 ··· (212)
　　（二）全面推进融合教育，完善专业支持保障体系 ············· (215)
　　（三）建立符合我国国情的特殊教育法律法规体系 ············· (217)
　　（四）提高残疾幼儿入园率，规范早期教育与康复工作机制 ······· (219)
　　（五）加快发展残疾人高中及职业教育 ···························· (222)
　　（六）大力发展残疾人高等教育，保障平等共享高等教育资源 ····· (225)
　　（七）严格管理送教上门，建立实施及支持体系 ················ (229)
　　（八）完善转衔制度，建立转衔顺畅的特教体系 ················ (230)
　　（九）促进我国特殊教育区域间均衡发展 ·························· (231)

　　（十）建立完善的特殊教育经费制度，提高经费使用效率……（234）

　　（十一）建立高质量的特殊教育教师队伍，提高特殊教育质量……（238）

　　（十二）建设本土化特殊教育教学体系，促进教育教学质量提升……（240）

第五章　我国特殊教育中长期发展目标推进策略……（243）

　一、特殊教育政策及其实施路径……（243）

　　（一）特殊教育政策的制定……（243）

　　（二）特殊教育政策的宣传……（245）

　　（三）特殊教育政策的执行……（247）

　　（四）特殊教育政策的监督……（248）

　　（五）特殊教育政策的总结……（248）

　　（六）述评……（249）

　二、特殊教育中长期发展目标的推进策略……（251）

第六章　我国特殊教育中长期发展目标的保障机制……（268）

　一、师资保障……（268）

　　（一）完善特教教师专业结构……（269）

　　（二）培养特殊教育专业水平较高的骨干型教师……（269）

　　（三）培养实施融合教育的专门型教师……（270）

　　（四）完善职后师资培训体系，提高教师专业水平和教学能力……（272）

　二、经费投入保障……（273）

　三、信息资源支持……（275）

　四、法律和政策保障……（276）

　　（一）明确特殊教育法律的价值目标与基本原则……（277）

　　（二）制定特殊教育法，促进特殊教育法律体系化……（278）

　　（三）增强法律可操作性，确保法律有效实施……（278）

　　（四）完善法律责任的规定，强化监督惩罚条款和机制……（279）

　　（五）建立残疾人鉴定评估制度，完善特殊教育适用对象的法律规定……（279）

　　（六）推进特教教师资格认证制度……（280）

　　（七）将家长纳入特殊教育关注范围……（280）

五、课程与教学质量保障 ·· (280)
（一）尝试采用通用学习设计的课程设计理念 ················ (281)
（二）加强对特教学校课程、教材与教学的监管力度 ········· (281)
（三）加大随班就读课程和教学改革的研究与管理 ·········· (282)
（四）建立课程与教学资源平台 ································ (283)
（五）重视职业教育课程研究与转衔 ··························· (283)

六、基础设施保障 ··· (284)
（一）学校基础设施建设 ··· (284)
（二）社会服务设施建设 ··· (288)

七、特殊教育组织保障 ·· (290)

八、其他相关支持 ··· (291)
（一）树立平等观念，创造全面接纳、全力保护的社会环境 ········ (291)
（二）建立残障儿童家庭津贴制度，推动送教上门和家校合作 ····· (291)
（三）发挥社区的依托作用 ······································ (292)
（四）加大对民间组织参与残障儿童保护事业的支持力度 ········· (293)
（五）引入社会工作者，推动残障儿童服务的专业化进程 ·········· (293)

主要参考文献 ·· (295)

附　录 ··· (304)

第一章　绪　论

一、研究背景

（一）新时代背景下残疾人教育事业的发展

近些年党和政府十分关心和支持特殊教育的发展，在一系列政策文件中提出要推动特殊教育的发展。特别是在《国家中长期教育改革和发展规划纲要（2010—2020年）》中提出，要"关心和支持特殊教育""完善特殊教育体系""健全特殊教育保障机制"。这是对新世纪特殊教育改革做出的全面部署，不仅明确了特殊教育发展的重点任务，还特别强调了推动特殊教育改革的关键环节及保障措施。该纲要实施以来，中央和各级政府相继出台一系列政策文件，不断加大对特殊教育的政策保障。党的十八大明确提出要"支持特殊教育"；《中华人民共和国国民经济和社会发展第十二个五年规划纲要》提出要"关心和支持特殊教育。改善特殊教育学校办学条件，逐步实行残疾学生高中阶段免费教育"。教育部在2014年和2017年先后出台两期特殊教育提升计划，对其后三年中残疾儿童的入学率、特殊教育经费、特殊教育专业支撑体系以及特殊教育教师专业化发展等方面做出布局和规划。同期，国务院召开了全国特殊教育工作电视电话会议，国务院总理李克强做出重要批示，时任国务院副总理刘延东出席会议并讲话，时任国务委员王勇主持会议并总结讲话，对当时及其后一个时期的特殊教育工作做出了重要部署。2016年发布的《中华人民共和国国民经济和社会发展第十三个五年规划纲要》中明确提出，要"提升残疾人群特殊教育普及水平、条件保障和教育质量"。从"关心""支持"到"提升"，这一态度和立场的不断转变，体现了党和政府对特殊教育越来越重视，越来越认识到特殊教育在我国教育发展中的地位与作用。也正是在党和政府的关心和支持下，在特殊教育政策的推动之下，我国特殊教育获得了快速的发展，特殊教育投入力度明显增加，特殊教育办学条件不断改善，特殊教育体系不断完善，特殊教育师资队伍建设初见成效。

2017年党的十九大报告中,习近平总书记指出:"经过长期努力,中国特色社会主义进入了新时代,这是我国发展新的历史方位。"新时代我国教育改革发展面临实现高质量发展、建设教育强国的重要任务。[①] 这为我们深刻把握当代中国特殊教育发展的新阶段新特征,科学制定特殊教育的路线方针政策提供了时代坐标和基本依据。在新的历史时期,习近平总书记在十九大报告中提出要"办好"特殊教育,"努力让每个孩子都能享有公平而有质量的教育"。这体现了党和政府对特殊教育的高度重视,表明我国特殊教育事业已经站在新的历史起点上。"办好"特殊教育的纲领性要求对于加快特殊教育改革与发展步伐,更好地发挥教育服务支撑作用,促进教育公平以及特殊教育和社会经济均衡发展,具有重大而深远的意义。这既反映了新时代特殊教育对以往教育改革发展成就的一脉相承与深刻变革,也是对当前我国人民日益增长的美好教育需要和不平衡不充分的特殊教育发展实际之间矛盾的有力回应。

新时代面临新任务,需要制定新的发展目标,解决新的教育问题。因此,在特殊教育中长期发展目标制定时期,要按照习近平总书记"四个全面"的战略布局,以维护残疾人教育权利为出发点,以全面加快残疾人小康进程为目标,以深化教育改革为动力,以落实好一系列法律法规和政策措施为抓手,完善残疾人教育体系,扩大残疾人受教育机会,提高教育教学质量,推动残疾人教育不断发展。

(二)我国特殊教育发展面临的挑战

新中国成立以后,特别是改革开放以来,我国残疾人事业有了长足的发展。我国宪法明确规定国家和社会帮助安排盲、聋、哑和其他有残疾的公民的劳动、生活和教育。1986年通过的《中华人民共和国义务教育法》规定,"地方各级人民政府应为盲、聋哑和弱智的儿童、少年举办特教学校(班)"。全国人大于1990年通过了《中华人民共和国残疾人保障法》,内容涉及残疾人的康复、教育、劳动就业、文化生活、社会保障、无障碍环境、法律责任等,该法是我国最高立法机构通过的第一部残疾人专门法律,在我国残疾人事业发展史上具有划时代的意

---

① 葛道凯.从矛盾变化看新时代教育改革发展的基本走向[J].教育研究,2018,39(12):4-8.

义。2017年《中华人民共和国残疾人教育条例》修订版发布,更加明确了残疾儿童义务教育属性,对残疾人教育的政府职责提出了要求,并对残疾儿童义务教育阶段的政府职责进行了区分,强化了县级政府在残疾儿童义务教育阶段的责任,同时还确立了融合教育的发展方向。这体现了我国改革开放以来残疾人事业的巨大成就与社会公众对于残疾人的观念的深刻变化。以"平等·参与·共享"为核心内容的现代文明社会的残疾观逐步形成和发展,残疾人事业逐渐被纳入各级人民政府国民经济和社会发展计划,残疾人的劳动、生活和教育权利得到宪法等法律的切实保障。

在西方回归主流与融合教育思潮的影响下,我国自20世纪80年代起开展了将残疾儿童招收到普通学校就读的试验并予以推广;许多残疾青少年重返主流学校或社区,获得接受义务教育与参与社会生活的权利。[①] 同时,这种做法逐步改变了主流社会对于残疾的态度与观念,促进了社会各界人士对于残疾的理解与接纳。[②] 1988年11月,新中国成立后首次全国特殊教育工作会议在北京召开,会议交流了各地开展特殊教育的经验与教训,在此基础上提出适合中国具体情况的发展特殊教育的途径,即:进入新世纪后,残疾人事业发展站在新的历史起点上,进入新的历史阶段。我国政治稳定,民主和法治建设不断加强,残疾人事业方才取得举世瞩目的成就。我国现在所要建设的社会主义和谐社会,其目标就是要建立民主法治、公平正义、诚信友爱、充满活力、安定有序、人与自然和谐相处的社会。和谐社会的一个重要特征就是对弱势群体的关注,而残疾人事业的发展,正是和谐社会、公平社会、文明社会的体现。党的十七大首次将特殊教育写进了党的代表大会报告,将特殊教育作为改善民生、促进社会和谐发展的重要内容。这些法律与政策文件对于推动我国特殊教育事业的发展起到了重要的作用。我国残疾人教育事业取得了巨大成就,残疾人参与社会生活的环境和条件明显改善,残疾人生活水平和质量不断提高。

总的来看,随班就读成为我国普及残疾儿童少年义务教育的主要策略,尤其在经济落后、人口居住分散、交通不便,且残疾儿童数量较多(80%以上的残

---

① 邓猛,潘剑芳.关于全纳教育思想的几点理论回顾及其对我们的启示[J].中国特殊教育,2003(4):1-7.

② 邓猛.关于全纳学校课程调整的思考[J].中国特殊教育,2004(3):1-6.

疾儿童)的农村地区,随班就读成为发展特殊教育、提高残疾儿童少年入学率的主要途径。① 这一新的发展模式在20世纪80年代以来几乎所有的特殊教育相关法律、法规中都得到确认与强调。随班就读试验在普及残疾儿童义务教育、转变社会观念、促进特教与普教融合等方面取得了丰硕的成果。② 越来越多的普通学校招收了残疾儿童,从而使普通班内学生的学习能力、特点与需要趋于多样化。③ 1988年,全国只有57 600名残疾学生就读于特殊教育学校或随班就读;1992年,在校残疾学生人数增加到129 400④;2003年,在校人数达364 700⑤。全国三类残疾(智力落后、听力与视力残疾)儿童入学率从1987年的不足6%增加到1996年的60%,2000年入学率超过80%。⑥ 1992年,28%的在校残疾学生在普通教室随班就读,2018年随班就读生占入学残疾学生总数的49.18%。⑦

在国家推动特殊教育发展的一系列政策和项目取得了一定成效的同时,我国特殊教育的发展及政策实施仍面临不少困难与挑战。我国残疾人事业基础还比较薄弱,残疾人社会保障政策措施还不够完善,残疾人在基本生活、医疗卫生、康复、教育、就业、社会参与等方面还存在许多困难,总体生活状况与社会平均水平存在较大差距。特殊教育与普通教育之间差距较大,城乡以及不同残疾类别残疾人受教育程度不均衡。残疾人受教育程度低的现状仍然没有得到根本的改变。残疾儿童少年教育仍然是普及初等教育中最薄弱的环节。已经进入普通学校就读的残疾儿童由于师资与教学资源的缺乏而出现"随班混读"的现象。特殊教育资源尤其是资金与教学材料、教具学具等不能得到保证,许多地方的特殊教育工作者靠"东借西讨"发展事业。由于没有法律的切实保障,特殊教育的发展时冷时热,过度依赖于领导的意志、行政管理方式的变迁。

学校与社会的衔接,特别是残疾儿童的职业教育以及毕业后就业与生活的

---

① 邓猛.随班就读的利与弊探讨[J].特殊教育研究,1992(3):5-7.
② 邓猛.关于全纳学校课程调整的思考[J].中国特殊教育,2004(3):1-6.
③ Deng, M., Manset, G.. Analysis of the "Learning in Regular Classrooms" movement in China [J]. Mental Retardation, 2000,38(2):124-130.
④ 顾定倩.试论我国特殊教育义务教育立法的发展[J].特殊教育研究,1993(4):1-9.
⑤ 参考自《2003年全国教育事业发展统计公报》。
⑥ Deng, M.. Focus on inclusive policy[J]. Newsletter of EENET, 2003:6-7.
⑦ 参考自《2018年全国教育事业发展统计公报》。

适应方面缺乏明确的保障。多数残疾人仍然没有得到必要的康复与医疗保障;社会上对于残疾人的歧视与偏见仍然不同程度地存在着;残疾人参与公共生活存在着环境上的障碍;残疾人事业仍然滞后于社会经济发展水平。残疾人仍然是社会中一个特殊困难的弱势群体,他们多数仍然生活在社会的最底层,离平等参与社会生活、共享人类文明成果的目标还甚远。[①]

(三) 国际特殊教育融合发展的趋势

1994年联合国教科文组织在西班牙召开世界特殊教育会议,会上各国达成的《萨拉曼卡宣言》确定了融合教育的基本理念与原则:每一个儿童都有受教育的基本权利;每一个儿童都有独一无二的个人特点、兴趣、能力和学习需要;有特殊教育需要者必须有机会进入普通学校……实施此种融合方针的普通学校,是反对歧视、创造欢迎残疾人的社区、建立融合社会和实现人人受教育的最有效途径。《萨拉曼卡宣言》中所确定的建立融合学校与社会、发展融合教育的原则为世界各国包括中国所遵从,为各国确立融合的教育目标、制定相关政策提供了依据与动力[②],这正是人类文明发展到今天,残疾人教育与社会观念的共同潮流,是全人类特殊教育发展的共同趋势。

融合包含两层含义:其一是残疾儿童在正常的环境(即普通学校)接受平等的、适当的教育;其二是残疾人对社区生活的平等、全面地参与,即社区融合。[③] 融合教育支持者认为,所有儿童都能在普通教室里接受适合他们需要的教育,在自己所在的社区里接受充分的支持与优质的服务;应努力消除残疾儿童与正常儿童的差别以及特殊教育与普通教育的职业分别;要建立平等、接纳、合作的社区与学校。[④] "尊重多元"是融合教育的核心观点。少数族裔、草根阶层、残疾人士应该有权利平等参与主流学校与社会生活,发出自己的声音。融合支持者认为:在现代理性与精英文化背景下,残疾是社会政治活动的产物,是文化压制

---

① 邓猛,周洪宇.关于制定《特殊教育法》的倡议[J].中国特殊教育,2005(7):3-6.
② Booth, T., Ainscow, M.. From them to us: An international study of inclusion in education [M]. London: Routledge, 1998:20.
③ Duvdevany, I., Ben-Zur, H., Ambar, A..: Self-determination and mental retardation: Is there an association with living arrangement and lifestyle satisfaction? [J]. Mental Retardation, 2002, 40(5):379-389.
④ 邓猛.从隔离到全纳——对美国特殊教育发展模式变革的思考[J].教育研究与实验,1999(4):41-45,73.

的结果;传统的特殊教育分类、诊断、教学等知识与技能体系即是这种文化与政治体制下的产物,残疾是由于学校与社区没有能力应对现代社会人群多元化的结果,而非这些人群本身的缺陷或不足。学校与社区应该尊重日趋多样的服务对象群体的多样需求,多元化带来的不应该是压力,而应该是资源。因此,学校应达成所有的儿童都有学习能力与获得成功的权利的共识,社区应成为每一个儿童获得成功与享受平等生活的地方,不能因为学生的残疾与差别而对他们进行排斥与歧视。①

融合教育所倡导的平等、接纳与包容精神已经得到人们的广泛认同,融合教育作为一项行动议程也已被纳入许多国家发展特殊教育的政策框架之中。在美国,尽管融合教育并没有被纳入 IDEA 法案之中,作为美国特殊教育发展的法律规定内容,但美国传统的隔离式特殊教育学校体系基本上已经崩溃,融合教育已成为美国特殊教育发展的主流。② 根据美国教育部 2016 年的数据统计,有 94.7% 的残疾学生在普通学校中接受教育,其中 62.6% 的残疾学生在普通教室中的时间超过了一天时间的 80%。③ 从 20 世纪 70 年代末开始,英国就开展了所谓的"一体化"教育,即打破隔离式的特殊教育状况,使特殊教育学校的学生进入主流学校学习。自从 1994 年联合国教科文组织在西班牙萨拉曼卡召开的会议上提出融合教育的思想后,英国更是积极地响应,通过各种途径全面开展了融合教育,特殊教育学校学生的数量从 1978 年的 2% 下降到 1996 年 1.15%。④ 在意大利,约 99% 的残疾学生都在普通学校里接受教育,已接近于完全融合。另外,在加拿大、西班牙、南非、印度等国家,融合教育也已成为各国提高整个教育系统工作效率的核心与改革方向。因此,融合教育是世界各国特殊教育发展的基本方向与目标,而完善融合教育体制也是整个教育体制改革的基本路径。

近些年我国政府已经认识到发展融合教育的重要性。2013 年教育部出台

---

① Gerber, Michael M. Postmodernism in special education[J]. The Journal of Special Education, 1994,28(3):368-378.
② 颜廷睿,邓猛. 西方全纳教育效果的研究分析与启示[J]. 中国特殊教育,2013(3):3-7.
③ U. S. Department of Education. 38th Annual report to congress on the implementation of the individuals with disabilities education Act[R]. 2016:47.
④ 黄志成,王伟. 英国全纳教育研究的现状[J]. 外国教育研究,2002(3):13-16.

了《特殊教育提升计划(2014—2016年)》,提出特殊教育发展的总目标就是"全面推进全纳教育,使每一个残疾孩子都能接受合适的教育",这个总体目标表明我国特殊教育发展方向与国际特殊教育发展趋势的一致,同时要求继续推进随班就读工作,探索符合中国国情的融合教育模式,使残疾儿童少年能够接受公平的教育,并平等参与社会生活。截至2018年,我国已经有49.41%的残疾学生在普通学校接受融合教育。

在新的历史发展时期,我国特殊教育的未来发展既要与国际特殊教育发展的融合趋势相接轨,也要体现中国特色社会主义特殊教育发展的独特性。在特殊教育政策的推动之下,我国特殊教育的发展获得了源源不断的内生动力与外生支持:特殊教育投入力度明显增加,特殊教育办学条件不断改善,特殊教育体系不断完善。然而,尽管如此,特殊教育未来的发展仍然面临着诸多的挑战。特殊教育基础薄弱、发展不均衡的现实并未得到根本的改善,仍然是国民教育体系中最为薄弱的环节。因此,在下一个特殊教育中长期发展周期中,如何增强特殊教育的内涵式发展能力,实现特殊教育新时代发展的升级换挡,是当前我国特殊教育发展面临的紧迫任务。本书旨在对我国特殊教育发展现状及其所面临需求与挑战进行分析,在此基础之上提出我国特殊教育中长期发展目标、对策及其保障体系,推动我国特殊教育在新时代背景下实现内涵式发展。

二、研究目的与内容

(一) 研究目的及问题

习近平总书记指出:"经过长期努力,中国特色社会主义进入了新时代,这是我国发展新的历史方位。"这一重大政治论断,为特殊教育发展的历史使命、理论遵循、目标任务赋予了新的时代内涵,为我们深刻把握当代特殊教育发展的新阶段、新特征,科学制定特殊教育未来的发展目标及政策,提供了时代坐标和基本依据。本书旨在通过对我国特殊教育中长期发展目标的研究,明确我国特殊教育未来的发展导向,并通过提供一系列推进策略促进我国特殊教育未来的发展与质量提升,从而为《国家中长期教育改革和发展规划纲要(2020—2030年)》的制定与出台提供特殊教育中长期发展目标及推进策略方面的政策建议。具体而言,本书主要的研究问题包括:

① 自2010年《国家中长期教育改革和发展规划纲要(2010—2020年)》颁布以来我国特殊教育发展现状如何？

② 当前我国特殊教育的发展需求如何？

③ 下一个特殊教育中长期发展目标应该指向何方？相关政策如何制定？

④ 特殊教育中长期发展目标实现的策略有哪些？

⑤ 特殊教育中长期发展目标实现的保障体系如何构建？

(二) 研究内容

围绕当前特殊教育发展的焦点，结合特殊教育中长期发展目标这一中心主题，我们可以发展出五项需要研究的基本内容，具体如下。这些内容的研究应该始终集中于上述五个方面的问题进行深入调查研究与分析：

① 我国特殊教育中长期发展阶段(2010—2020年)的实施评估；

② 我国特殊教育中长期发展的战略需求分析；

③ 我国特殊教育中长期发展的目标制定；

④ 我国特殊教育中长期发展的推进策略；

⑤ 我国特殊教育中长期发展目标推进的保障机制。

其中，前两项内容集中于我国《国家中长期教育改革和发展规划纲要(2010—2020年)》颁布以来我国特殊教育发展的现状、特点与成效评价，以及未来特殊教育发展需求导向的判断；第三项内容关注在此基础上未来我国的特殊教育中长期发展中应该制定怎样的发展目标；后两项内容集中于研究为实现特殊教育中长期发展的目标，我国特殊教育应该采取何种策略以及相应的保障机制。具体内容如下：

第一，我国特殊教育中长期发展阶段(2010—2020年)的实施评估研究。我国特殊教育中长期发展阶段(2010—2020年)的实施评估研究是国家特殊教育中长期发展目标及推进策略研究的基础，旨在为特殊教育中长期发展目标及推进策略的建构提供实证数据支持和依据。本部分内容包括三个层面：一是国家和地区层面，涉及国家特殊教育法律与政策执行、特殊教育经费投入与支出、特殊教育体系发展以及送教上门等方面的内容；二是特殊教育学校和普通学校随班就读发展情况，涉及残疾学生的安置与教育、为残疾儿童提供的支持与服务、家校合作、残疾儿童的就业与转衔、学校已经获得的教育支持与资源等；三是特殊教育学校教师和随班就读教师,内容涉及教师的专业化发展、教师专业发展与培训、课程与教学情况、教师工作中的困难与挑战、残疾儿童的教育与康复等方面。

本书将对近些年我国在上述方面的发展现状、特点、成效、存在的问题以及特殊教育发展的影响因素等方面进行系统的评估和研究。通过大样本的问卷调查,结合深入的访谈研究以及个案分析,探明《国家中长期教育改革和发展规划纲要(2010—2020年)》颁布以来我国特殊教育发展的具体情况,重点是找到当前特殊教育发展政策制定与实施过程中存在的问题与不足,构建我国特殊教育发展的模式,为特殊教育未来发展目标和相应推进策略的制定提供实证基础。

第二,我国特殊教育中长期发展的战略需求分析研究。特殊教育中长期发展的目标既要立足于我国特殊教育发展的当前,也应该着眼于特殊教育发展的未来需求。因此,特殊教育中长期发展战略目标的构建要充分考虑特殊教育不同相关利益群体的需求,以需求为导向,为特殊教育中长期发展目标寻求着力点。这一部分的研究旨在调查特殊教育管理者和特殊教育教师对残疾学生个体发展和未来特殊教育政策发展需求的看法与意见。在此部分的研究中,研究者在实地考察的基础上了解特殊教育利益相关者对于国家各类特殊教育政策的满意度以及他们对政策发展的需求。这些实证调查的结果为我国特殊教育中长期发展目标的制定和相关推进策略的提出提供了有力的证据。

第三,我国特殊教育中长期发展的目标制定研究。特殊教育中长期发展的目标制定是本书研究的核心。在对我国特殊教育近几年的发展实施评估并明确对未来中长期发展需求的基础上,确定我国特殊教育中长期发展的未来导向。同时,本书将对我国特殊教育事业发展相关的政策进行内容分析与国际比较,通过对我国现有特殊教育政策进行合理的回顾、归纳、分析,并与发达国家的特殊教育政策进行相互比较与借鉴,总结经验与教训,制定出合乎我国国情的、具有中国特色的特殊教育中长期发展目标。

第四,我国特殊教育中长期发展的推进策略研究。特殊教育中长期发展目标需要相应的推进策略才能实现。推进策略作为政策执行的具体形式,对政策目标的达成至关重要。对于推进策略的制定,本书旨在考察我国已有的特殊教育发展推进策略与实施,并在此基础上构建特殊教育政策推进的一般路径,立足我国特殊教育发展的现实与需求，制定出科学而合理的特殊教育中长期发展目标的推进策略。

第五，我国特殊教育中长期发展目标推进的保障机制研究。特殊教育中长期发展目标的推动需要相应的保障机制作为支撑。只有具备了充分的支持与资源，形成了完备的保障体系，特殊教育中长期的推进策略才能实施，发展目标才能实现。因此，本书在我国特殊教育已有的支持保障体系的相关政策文件与学术研究的基础上，构建我国特殊教育发展目标推进的保障机制。同时立足于我国特殊教育发展的实际情况和发展需求，以特殊教育中长期发展目标为着眼点，从政策支持、经费投入、师资培养、制度建设、督导评估等多个方面构建特殊教育中长期发展目标推进策略的保障措施。

本书围绕"一个中心、三个领域"来进行研究。首先，集中于研究"我国特殊教育中长期发展目标"这个中心问题，着眼于中长期目标的制定以及实现目标的对策和保障机制。特殊教育中长期目标制定与推进策略研究是一个系统而复杂的课题，需要结合多学科、多方面人员来进行系统的理论与实证研究。课题研究始终以"特殊教育中长期发展目标"为主线，统领整个研究的设计、数据的收集与分析、理论的归纳以及对策的提出，贯穿研究的始终。三个领域是指我国特殊教育中长期发展面临的需要解决的关键"问题"、对政策的实际"需求"以及为解决这些问题而提出的"对策"。此研究是一个旨在解决我国特殊教育中长期发展目标问题而进行的应用性研究，除了对政策议题进行理论思考与提炼外，根据我国特有的社会政治与文化特点提出具有建设性与操作性的政策措施与对策是本研究关注的重点领域。本课题的总课题名称是"我国特殊教育中长期发展目标制定与推进策略研究"，根据研究问题和具体研究内容，可以将总课题分为五个子课题：

① 我国特殊教育中长期发展阶段（2010—2020年）的实施评估研究；
② 我国特殊教育中长期发展的战略需求分析研究；
③ 我国特殊教育中长期发展目标的制定研究；
④ 我国特殊教育中长期发展目标的推进策略研究；
⑤ 我国特殊教育中长期发展目标推进的保障机制研究。

这五个子课题之间紧密相连，环环相扣，共同服务于总课题的方向和目标。

在这五个子课题中,"我国特殊教育中长期发展阶段(2010—2020年)的实施评估研究"和"我国特殊教育中长期发展的战略需求分析研究"是基础性课题,旨在通过实证研究了解我国特殊教育从宏观到微观的发展状况,诊断与评估特殊教育发展取得的成就与存在的问题,总结特殊教育发展的模式,并了解特殊教育利益相关者对特殊教育发展的需求;"我国特殊教育中长期发展目标的制定研究"是总课题的核心课题,也是对前面两个子课题中所提出的问题与需求的回应,是在前面两个子课题基础之上结合我国的现实国情做的整体规划和设计。而"我国特殊教育中长期发展目标的推进策略研究"和"我国特殊教育中长期发展目标推进的保障机制研究"则是为了实现第三个子课题所提出的发展目标而开展的,同时推进策略与保障机制又是立足于第一个和第二个子课题中所调查的中国特殊教育发展与需求。因此,总的来说,总课题中的五个子课题相互关联,其结构框架图如图1-1所示。

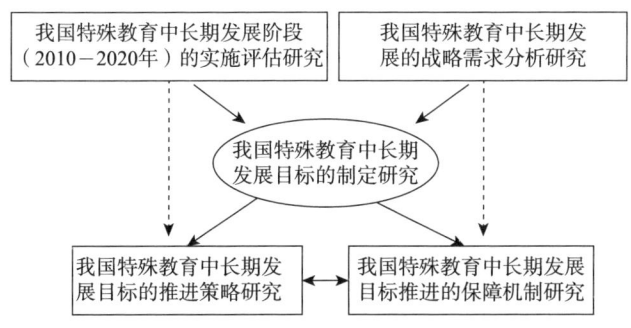

图1-1 本书的总体框架与子课题构成

三、研究方法

(一) 理论研究方法

以多学科视野为指导,广泛检索、分析国内外学术研究最新成果,在实证研究结果的基础上对我国特殊教育中长期发展目标的理论和实践进行归纳、比较与反思,发现基本概念与关键因素,探讨基本概念与要素之间的理论联系,建立核心范畴、逻辑线索,逐步形成主要观点与理论架构。

通过理论研究,旨在构建我国特殊教育发展体系、特殊教育发展需求分析、特殊教育政策制定模式、特殊教育政策推行模式以及特殊教育保障机制等,为实证研究的开展提供指导和理论分析工具,同时又根据实证数据来进一步完善相关理论,从而为研究的开展提供理论指导。同时,本书对我国特殊教育中长期发展的特点、规律、理论模式等方面进行系统的、批判性的逻辑思考与反思,从文献的比较和概念间的演绎与推理获得新的理论发现。

(二)实证研究方法

1. 研究对象

本书需要开展广泛的实证调查研究、文本分析研究和理论探索研究,研究对象主要包括以下几类(研究对象具体信息见第三章)。

① 学校教师:随班就读教师和特殊教育学校教师;

② 学校领导:特殊教育学校和普通学校,以及相关康复机构负责人;

③ 教育行政管理人员:包括省市教育部门主管领导及教育执行相关科室负责人;

④ 特殊教育教研、科研人员。

2. 样本地选择

特殊教育中长期的发展目标及其推进策略的制定需要建立在对我国不同地区特殊教育发展现实充分调查的基础之上进行。为了全面地反映我国特殊教育发展的现实情况及其未来的发展需求,笔者在我国东北、华北、华中、华南、华东以及西北和西南七个地域选取调查对象。依托特殊教育学校、随班就读学校、康复机构等对特殊教育的发展展开调查,以力求全面系统地反映我国特殊教育发展的基本情况以及未来发展需求,从而为科学有效地制定特殊教育中长期发展目标及推进策略奠定基础。

3. 实证研究方法

(1)量的研究方法

本书中量化的研究方法主要为问卷调查法。主要包括以下内容。

第一,我国特殊教育发展的实施评估问卷调查。对我国中长期教育改革发展纲要实施情况及其效果进行大规模的抽样调查,对近些年我国特殊教育的发展做出科学而系统的实施评估,了解特殊教育发展的现状与特点,综合评定其成就及存在的问题。

第二,我国特殊教育发展的需求问卷调查。通过大样本的问卷调查,对残疾儿童教育现状和他们对于特殊教育政策及其实施的满意度、发展需求以及需要的支持等方面信息进行调查研究,了解特殊教育未来发展诸方面改进的需求。

(2) 质的研究方法

主要以个案研究、访谈调查为主,并结合使用文本分析作为辅助研究手段。在样本地区中选择研究个案展开跟踪研究;对相关的人员如学校校长、教师以及与他们相关的教育行政管理机构人员、康复服务人员等进行访谈。具体采用以下方法。

第一,个案研究。在样本地区中选择特殊教育发展具有代表性的地区,总结其特殊教育发展的特色与经验,以为特殊教育中长期目标的制定和推进策略提供参考。

第二,访谈。包括开放式与半结构式访谈。访谈对象包括特殊教育学校校长和相关负责人、地区特殊教育资源中心领导等,了解他们对现有政策的评价、对未来政策的需求与建议等。开放式访谈比较自由、无固定主题,有助于访谈对象自由发表意见,帮助研究者了解必要的背景信息,确定重要的主题或变量。半结构式访谈预先设计好访谈问题,但在实际访谈过程中可以根据当时情境进行变动与增减以确保访谈的灵活性与数据的整齐性,以便于比较。访谈视具体情况以集体座谈或单独面谈的形式进行。

第三,文本分析。对国内外各类残疾儿童和特殊教育相关的政策文本、法律法规、政府工作报告、管理规章以及特殊教育研究者的研究成果等进行收集与分析,判断特殊教育事业发展的特点与主要内容。

4. 分析数据的方法

本书对质与量的数据使用不同的方法进行分析。

① 对于量的数据,采用 SPSS(Statistical Product and Service Solutions)统计软件进行分析。SPSS 统计软件主要使用描述性统计、因素分析、相关分析等对我国特殊教育发展政策的各因素进行归类,探明它们之间的相关及其显著性并进行相应的预测。

② 质的数据分析过程是一个通过归类(coding)将数据进行重组、归纳与抽

象以获得一般性的联系的过程。① 本书对获得的观察与访谈记录、文本信息进行归纳性归类,即直接从数据中获得的类属与概念联系;通过对照研究的问题与理论框架,从数据中找出有意义的词、句子或段落;然后,使用一个更合适、更抽象、更具总结性的代码来称呼一组相近的内容,这就是一个概念性的联系或类属;据此发现并建立类属之间的理论联系。

(三)研究思路

本书综合使用理论研究与实证研究两种研究取向,采用理论与实践相结合的方式,理论指导实践,实践补充与完善理论。首先,开展《国家中长期教育改革和发展规划纲要(2010—2020年)》颁布以来我国特殊教育发展实施评估的实证研究,综合使用问卷调查、访谈和文本分析等量化与质性相结合的方式调查与分析我国特殊教育实施发展的现状、特点、成效以及存在的问题,并从理论上构建我国特殊教育发展实施的模式。其次,开展我国特殊教育中长期发展的战略需求的实证研究,使用问卷调查、访谈等方法多方面调查特殊教育教师、随班就读教师、教育管理人员等不同利益群体对特殊教育发展的诉求。结合需求分析理论,分析我国特殊教育发展的战略需求,包括残疾学生的个体发展需求以及他们对特殊教育发展政策的需求。在评估当前特殊教育发展实施情况以及分析未来特殊教育发展战略需求的基础上,借鉴国外特殊教育发展的经验,按照特殊教育政策制定模式,构建我国特殊教育中长期发展的目标。最后,根据对我国特殊教育发展调查的实证数据,并遵循特殊教育政策推行的理论模式制定特殊教育中长期发展推行策略,根据特殊教育的保障机制构建特殊教育中长期发展的保障措施。

在具体的研究当中,通过理论研究,构建特殊教育发展模式、特殊教育发展需求分析、特殊教育政策制定模式、特殊教育政策推行模式以及特殊教育发展保障机制等,为实证研究的开展提供指导和理论分析工具,同时又根据实证数据来完善。同时,本书对我国中长期特殊教育发展的特点、规律、理论模式等方面进行系统的、批判性的逻辑思考与反思,从文献的比较与概念间

---

① Marshall, D., Rossman G.. Designing Qualitative Research[M]. Thousand Oaks, CA: Sage Publication, 1999:32.

的演绎与推理获得新的理论发现。通过对特殊教育发展进行实证研究,获得足够的第一手材料与数据,进行理论的提炼与概括,为中长期发展目标的制定和相应的推进策略提供实证数据支撑。在实证研究中,本书结合使用质与量的方法,以量的方法为主、质的方法为辅;通过量的方法广泛了解近些年我国特殊教育政策实施的基本现状与特点,通过构建科学的评估指标体系做出系统的发展性评估,为进一步把握特殊教育未来发展的需求与导向奠定基础。通过质的方法深入探究我国特殊教育事业发展的基本规律、运行环境、关键要素之间的逻辑联系以及不同社会群体对发展特殊教育的现实和未来发展需求,并寻求适合我国社会文化特点的政策对策和机制保障等。质与量的研究方法交叉使用、相互印证,有助于提高研究的效度与信度。

  本书采集的数据遵循静态数据与动态数据相结合的方式进行。静态数据包括各类文献与政策文本、统计数据、工作总结等文档材料,动态数据指田野考察获得的各类个案、访谈、问卷调查等数据。这些都是通过研究者和被研究者在实际的场景中通过互动的方式获得的动态的数据。二者构成我国特殊教育中长期发展目标制定与对策的完整描述与评价,并据此进行解读与理论反思。本书始终以"我国特殊教育中长期发展目标制定"这一研究问题为主线,统领整个研究设计。围绕特殊教育中长期发展目标制定所面临的需要解决的关键"问题"、对政策的实际"需求"以及为解决这些问题而提出的"对策"与"机制保障"来进行。在研究路径上,本书以我国特殊教育中长期发展目标为中心,首先通过实证研究获得中长期发展目标制定的实证基础与依据,找到特殊教育中长期发展目标制定的"发力点"与"着眼点",针对实施评估结果与发展需求来制定目标。同时,针对特殊教育中长期目标的实现制定相应的推进策略和保障机制,如图1-2所示。

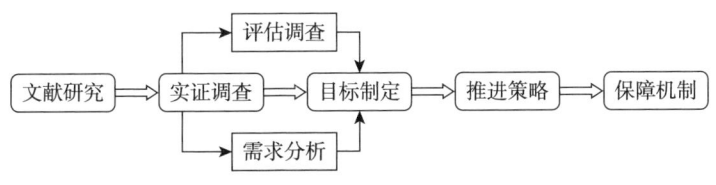

图1-2 本书的研究路径

四、理论基础

一个特定研究课题的理论框架是从方法论层面对事实或现象的宏观处理方式,是依据一定的理论体系或逻辑体系,对相关研究对象进行有目的的解构和建构的思维方式。理论框架往往为特定的研究提供完整的分析视角,即由某一门学科本身所固有的某些特定的基本范畴和规范构成整理和建构研究资料的基本范式或图式。通过这些范式和图式,各种散乱的现象能够具有一定的意义,并呈现出一定学科的特点。本书的理论基础主要有以下几个。

(一) 融合教育理论

本书从融合教育的角度研究与透视我国特殊教育中长期发展目标及推进策略研究。融合教育思想起源于美国 20 世纪 50 年代以来的民权运动。1994 年联合国教科文组织在西班牙萨拉曼卡召开了"世界特殊需要教育大会"并发表了《萨拉曼卡宣言》,在宣言中正式提出"融合教育"(Inclusive Education)这一术语,确立了融合教育的理念。融合教育的含义包括几个方面:首先,融合教育的对象是面向所有学生,它不仅要求给身心障碍儿童提供教育,而且要求为经济、文化、社会等处境不利儿童提供受教育的机会,要让所有儿童都能在融合学校乃至融合社会中接受教育[①];其次,融合教育的任务是让所有的学生获得满足需要的教育和相关服务,融合教育并不只是给予每个儿童入学的机会,它还要求所提供的教育应是保证质量的有效的教育;再次,融合教育的成功"有赖于各方的协同努力",它"鼓励每个人作为参与的伙伴和成员,充分发挥出他们的能力";最后,融合教育的最终目的是由创建欢迎特殊人群的社区、学校入手,进而建立起融合的社会,实现社会的平等。[②]

我们在理解融合的时候,应该更多地从特定的社会文化、政治经济背景来理解、分析它。丹尼尔(Daniels)和加纳(Garner)指出:"融合不是要将某些被歧视的人群或个体吸收到现有的社会经济生活联系与框架中来,不是要使某些人

---

① Slee, R.. Inclusive education: from policy to school implementation[M]. London: Routledge, 2018:32.

② Miles, S., Singal, N.. The education for all and inclusive education debate: conflict, contradiction or opportunity?[J]. International Journal of Inclusive Education, 2010,14(1):1-15.

尽量变得'正常',也不仅仅是要改变某些被排斥被边缘化的人群的福利状态……融合远远超出残疾的范围。它本身并不是目的,它是达到目的的手段,即建构一个融合的社会。融合因此不是某个人的事情,而是与社会上所有的公民相关的事情。"① 显然,这是一个比较宏观的、具有历史视野的定义,它需要全社会以及社会中各种机构与体制进行相应的调整;社会中现存的与隔绝、歧视相关的价值观、政策等都需要进行相应的变革。② 社会融合与社会排斥对立而统一,融合的过程是排除歧视与偏见,减少社会文化、结构、政策中不合理成分,促进残疾学生教育参与与社会参与程度的冲突与博弈的过程。

融合教育的理念自提出后迅速成为国际特殊教育发展的主要趋势,各个国家也据此制定相关的法律法规和特殊教育政策并付诸实施。我国的《特殊教育提升计划(2014—2016年)》中也将"全面推进全纳教育(即融合教育),使每一个残疾孩子都能接受合适的教育"作为我国特殊教育发展的总体目标。因此,本书正是以融合教育的原则为视角,全面把握、透视中国特殊教育中长期发展的未来走向和目标推进,在我国特殊教育中长期发展的目标及其推进策略中贯彻融合教育的理念,提高我国特殊教育发展的质量和国际化水平。

(二) 教育公平理论

追求教育公平是当前我国教育政策的重要目标。一个社会文明的程度越高,"公平"就越来越多地被用作评价社会制度的首要价值取向。③ 教育公平是社会公平价值在教育领域的延伸和体现。教育公平作为教育的一种质的规定性,是与正义、公正相联系的价值判断。根据罗尔斯的正义理论,教育公平包含教育资源配置的三种合理性原则,即平等原则、差异原则和补偿原则。④ 平等原则,即受教育权平等和教育机会平等两个方面。教育机会平等界定为教育起点平等和教育过程平等,实质上是指获取教育资源的机会的平等。教育资源配置的差异原则,是指根据受教育者个人的具体情况区别对待,表现为教育资源配

---

① Daniels, H., Garner, P.. World yearbook of education 1999: inclusive education[M]. London: Kogan Page; Sterling, Va.: Stylus Pub, 1999:162.
② Friend, M., Bursuck W D. Including students with special needs: a practical guide for classroom teachers[M]. London: Pearson, 2002:25.
③ 王培峰,于炳霞. 教育公平是全纳教育的核心内涵[J]. 中国特殊教育,2002(3):3-6.
④ 褚宏启,杨海燕. 教育公平的原则及其政策含义[J]. 教育研究,2008(1):10-16.

置的差异性。差异原则就是要尊重学生的选择,要提供多样化的教育资源让学生能够选择。教育资源配置的补偿原则关注受教育者的社会经济地位的差距,并对社会经济地位处境不利的受教育者在教育资源配置上予以补偿,即只允许那种能给最少受惠者带来补偿利益的不平等分配,任何不平等的利益分配都要符合最少受惠者的最大利益。①

毫无疑问,"公平"更多的是针对弱者而言的,这是因为强者似乎更加适应不公平的环境,而"公平"往往是对于强者的某种制约。要实现教育公平的目标,必须关注少数民族儿童、女童、战争难民儿童、残疾儿童等弱者的教育机会均等。这是因为这些人往往是教育公平与社会公正目标实现过程中最艰难的群体,是任何教育理论与实践难以回避的关键议题。② 近几十年以来,联合国先后颁布了一系列的公约、宣言等文本来保障残疾儿童的教育权利,促进残疾儿童的教育公平。从1959年联合国颁布的《儿童权利公约》、1975年颁布的《残疾人权利宣言》,到1989年联合国再次颁布的《儿童权利公约》、1990年的《世界全民教育宣言》、1994年的《萨拉曼卡宣言》等,都规定儿童享有不受歧视的权利以及所有儿童都有权接受教育,而不因其残疾、种族、宗教、语言、性别、能力等而受到歧视。

教育公平也应该是我国特殊教育中长期发展的一个基本的价值取向。在未来的特殊教育发展中,仍然要坚持教育平等权,保障残疾儿童接受教育的权利,继续提高残疾儿童的入学率。

(三) 教育发展均衡理论

教育均衡发展既是一种理想追求,也是一个现实的阶段性目标。一般而言,教育均衡发展主要是指我国不同地区之间、城乡之间、同一地区不同学校之间、同一学校不同群体之间的教育均衡发展问题;主要涉及的是受教育者的教育权利保障问题、教育的民主与公平问题。③ 教育均衡化涉及不同的层面:在宏观层次上,教育均衡包括教育权利的公平和教育机会的均等,以及教育发展与

---

① 褚宏启.教育公平与教育效率:教育改革与发展的双重目标[J].教育研究,2008(6):7-13.
② 邓猛,郭玲.西方个别化教育计划的理论反思及其对我国特殊教育发展的启示[J].中国特殊教育,2010(6):3-7.
③ 翟博.教育均衡发展:理论、指标及测算方法[J].教育研究,2006(3):16-28.

经济社会相互协调发展等;在中观层次上,教育均衡包括区域均衡、城乡均衡、校际(包括各类教育之间)均衡、群体均衡,反映的是教育资源配置的均衡;在微观层次上,教育均衡包括课程、教学和教育评价的均衡,它是教育均衡的具体化,是实质性的、内在的、更深层次的教育均衡,反映的是实质的、内在的教育质量和教育效果。①

教育均衡发展所要实现的目标就是为更多的人提供更多的教育机会,为所有的人提供基本平等的教育,为尽可能多的人提供尽可能好的教育。② 因此,教育均衡发展首先是政府的责任,应该成为政府发展教育,特别是实施义务教育的指导思想。教育均衡实质上是指在教育公平思想和教育平等原则的支配下,教育机构、受教育者在教育活动中有平等待遇的理想和确保其实际操作的教育政策和法律制度。其最基本的要求就是在教育机构和教育群体之间平等地分配教育资源和份额,达到教育需求与教育供给的相对均衡,并最终落实在人们对教育资源的分配和使用上。

特殊教育一直存在着城乡差别大、残疾人教育与普通教育差距大的现象,是义务教育中最薄弱的环节,严重影响我国教育均衡化发展目标。特殊教育要追求均衡化发展:公平接受教育、高质量教育方面要均衡;考虑地域性差异,考虑城乡差异;要基于均衡化发展的视野来制定特殊教育发展的目标,尤其关注中西部地区等特殊教育发展薄弱地区的发展。

(四) 政策分析理论

政策是一个与相关人员和环境之间交互作用的系统过程,涵盖了政策的制定、执行与结果评价三个相互影响、循环往复的基本阶段。政策总是在一定社会文化环境下制定并执行的,这一系统模式关注政策与政策环境之间的联系与互动以及它们产生的影响。同时,政策分析往往存在着两种相互矛盾、对立的模式:理性(或理想)模式与渐进模式。③ 理性模式强调在选择执行策略之前确

---

① 吴开俊,黄家泉.教育均衡化发展:理想与现实的抉择[J].西北师大学报(社会科学版),2003(4):7-11.

② 叶玉华.教育均衡化的国际比较与政策研究[J].教育研究,2003(11):34-38.

③ Mayer, I. S., Van Daalen, C. E., Bots, P. W.. Perspectives on policy analysis: a framework for understanding and design[M]. In Routledge handbook of policy design. London: Routledge, 2018: 169-179.

定目标的重要性,认为先确定政策目标再决定执行的策略是合乎理性的,也是便于系统、全面监控的。其执行是一个从上到下的过程,主要目的是为上层的管理人员提供有价值的建议以减少执行过程中的误差。与理性模式相反,渐进模式是一个从下而上的过程;它不追求制定最佳的政策,但强调根据现有的基础逐步前进。① 通过这种小步子的进步,政策执行者可以根据现有的条件与手段来及时调整政策目标,从而避免出现严重的错误。底层的管理人员与工作者而非上层人员处于政策执行的中心,因为正是这些基层人员将政策转化为现实。我国特殊教育发展政策从宏观上看,仍遵循从上而下的、系统的、理性的模式;然而,其实施过程中应该更多地体现地方的不同条件、反映第一线工作者的声音,允许基层机构与人员自主调整政策的目标并调整实现这些目标的策略与步骤。政策理性与渐进模式相互博弈与融合,共同构成我国特殊教育政策的理论基础。

特殊教育中长期发展目标制定研究涉及教育与社会各个层面和多个学科领域,在分析研究特殊教育发展问题时应秉承多学科的研究范式。本书的总体架构是应用多学科理论和方法,以特殊教育学、教育学、政策学、社会学相关理论为主要出发点,结合运用人口学、心理学、管理学、文化适应理论等多学科的角度分析我国特殊教育中长期发展目标制定及其政策措施等问题。

具体而言,特殊教育学是本书研究的核心学科视角。我国特殊教育中长期目标及推进策略需要遵循特殊教育发展及特殊教育研究的一般模式和规律,体现特殊教育发展的特色,例如融合教育理论、残疾研究范式等。同时,本研究事关我国特殊教育中长期目标发展,具有政策导向,因此本研究需要根据政策学中对政策的分析、政策的制定以及政策的推进等相关理论来开展研究。特殊教育是我国教育发展的重要组成部分,需要遵循教育发展的一般模式和规律,例如教育公平理论、教育均衡化发展理论等。特殊教育处于社会的子系统之中,特殊教育的目标及推进策略的实现需要社会各个方面的配合。因此,社会学中的许多理论也都可以为本书提供独特的研究视角,例如社会文化资本理论、社会建构理论等。

---

① Thies, C. G.. Role theory and foreign policy analysis in Latin America[J]. Foreign Policy Analysis, 2017,13(3):662-681.

五、研究价值

本书从全面建设小康社会、构建社会主义和谐社会的高度进行;诊断我国特殊教育发展的问题与挑战,发现重大理论与规律,提出特殊教育发展战略目标及推进对策。其中,提出促进我国特殊教育事业发展政策的对策是重中之重。

(一) 学术价值

1. 构建我国特殊教育发展的理论基础,为我国特殊教育发展战略目标提供理论框架

我国当前特殊教育研究重视微观层面的教育干预与康复技术,宏观的、本土化的特殊教育发展规律探讨不够,理论基础缺乏。本书通过探索我国特殊教育发展的问题与挑战,对我国特殊教育发展的理论基础与基本规律进行研究,探索本土化的特殊教育发展理论模式,为我国特殊教育未来发展提供理论依据与思路,为特殊教育发展目标体系的设计提供理论指导。

2. 完善具有中国特色的特殊教育发展体系

我国对于特殊教育体系发展的实证研究不多,从多学科角度探讨其发展模式及实施策略的研究极少。本书立足我国文化与教育实际探索特殊教育体系及其内在要素的关系,就特殊教育体系及其结构、布局特点、安置模式、实施策略等方面进行探索,发现其规律,明确其特点与功能,进一步促进我国特殊教育体系及发展格局的完善。

3. 促进我国特殊教育政策研究的理论创新

特殊教育政策研究近年来才逐渐引起关注,但相关研究尚不够充分,理论框架与模式探讨还比较缺乏,需要在理论研究与实证研究的基础上进行更多的探索。本书通过对我国特殊教育事业发展及政策议题的全面研究,在实证研究的基础上对我国特殊教育政策发展的基本特点与影响因素及其内在的联系进行反思与探讨;对我国特殊教育政策发展的基本规律进行探索与创新,对我国改革开放以来特殊教育政策建设进行多学科视野的理论概括与阐释,建立适合我国社会文化环境的特殊教育政策发展的理论模式,为我国特殊教育政策体系建构提供坚实的理论基础。

4. 探明我国特殊教育中长期发展实践路径与保障机制

通过对我国特殊教育发展的问题与需求、特征与规律、推进策略等方面进行系统的实证研究，就我国特殊教育发展的路径、机制及保障措施进行有益的理论探讨，并对我国特殊教育中长期发展的目标体系、发展路径、推进措施等进行系统的探索，形成符合我国国情的特殊教育发展机制与规律。

（二）应用价值

1. 为我国特殊教育事业中长期发展提供具体的政策建议

从我国构建社会主义和谐社会的大背景出发，以多学科理论为支撑点，以追求融合、公平与参与为理念，分析我国特殊教育发展现状与存在的问题，为我国特殊教育事业中长期发展政策的制定与实施提供战略性、前瞻性的政策建议，促进我国特殊教育事业进一步发展。

2. 为我国特殊教育事业中长期发展确立明确的战略目标体系

本书试图在实证调查的基础上，对我国特殊教育发展取得的成就、存在的问题与挑战、发展需求与供给现实等方面进行系统的实证研究，建立中长期发展战略目标设计的评价标准与程序，通过量化的方式建立操作性较强的目标体系，为我国特殊教育政策制定及规划提供重要参考。

3. 为我国特殊教育事业中长期发展确立有效的推进策略

通过对我国特殊教育发展的现状与特点分析，结合其他国家相关的经验与教训，构建促进与改善我国特殊教育发展的实践策略与政策措施，为我国特殊教育事业中长期改革与发展的推进策略、机制及保障体系提供有价值的政策建议。

4. 有利于促进我国特殊教育的深入发展

本书通过对特殊教育发展的各个重要组成部分进行实证研究与理论思考，构建符合我国国情的特殊教育发展体系，确立相关的政策目标与措施，促进我国特殊教育发展，提升特殊教育的质量。

（三）社会价值

1. 有利于保障残疾儿童合法权益

本书的研究有利于保障残疾儿童平等接受高质量特殊教育的合法权益，促进社会公平正义，构建社会主义和谐社会。特殊教育事业是一项社会系统工程,与人的基本权利的尊重与保护有紧密关系,它是衡量社会文明发展水平的标志之一。本书的研究成果将有利于缩小残疾人生活状况与社会平均水平的差距,实现特殊教育事业与经济社会协调发展,努力使残疾人同全国人民一道向着更高水平的小康社会迈进。

2. 有利于促进特殊教育质量的提高

本书研究集中于特殊教育事业发展的改进与完善,所产生的政策建议在经过适当的途径转化为国家政策决策后将对残疾儿童的教育产生重要影响,直接推动我国特殊教育的发展与相关研究水平。

3. 将产生综合的社会影响

本书的研究成果将在国内重要学术期刊、相关网站、学术会议等多种平台进行交流与分享,起到较好的社会宣传效果。本书的研究成果将会在国际SSCI索引期刊发表,在多个重要的国际学术会议及交流场合进行分享与交流,有助于宣传我国特殊教育发展的成就,扩大我国的文化影响力,起到积极的国际影响。

第二章　中西方特殊教育比较

随着现代社会政治、经济的发展与文化、文明的进步,科学地认识残疾现象,正确地对待和帮助残疾人回归主流社会,已成为全社会的共识。据联合国有关资料显示,世界上约有 5 亿残疾人。无论他们身处世界何处,他们的生活常常由于身体上的或社会上的障碍而受到限制。他们是世界上最大的少数群体,他们中间的 80% 生活在发展中国家。在平均寿命超过 70 岁的国家中,平均每人有 8 年,也就是生命中 11.5% 的时间是在残疾状态中度过的,因此,每一个人在生活中都有可能成为残疾人。社会中每一个人都可能因为疾病、意外、老化而残疾,残疾不再是少数人的问题,身心残疾或将成为所有人的生命经历之一。然而,由于众人的偏见和无知,残疾人常常遭到歧视,而且往往难以获得基本的生活设施。残疾是人类社会文明发展必然要付出的代价,它和健全共生存在;残疾人同其他社会成员一样,是人类的组成部分,是人的存在的多样性和差异性的表现之一,是人类多元化的表征。人类社会负有厚待残疾人的不可推卸的责任。[①]

本章将主要围绕西方特殊教育发展、我国特殊教育发展、我国特殊教育改革挑战与策略、我国特殊教育发展目标及实施策略等四个方面展开论述。

一、中西方特殊教育发展概况

（一）西方特殊教育发展概况

总的来看,当我们从全球的范围审视特殊教育发展的历史以及推动其发展的动力时,我们很容易发现,人类在如何对待残疾人这个问题上经历了从杀戮到遗弃、忽视、怜悯与过度保护,进而发展到逐渐接纳,到尽最大可能地促使残疾人融合进主流社会的发展过程。在西方古罗马与希腊时期,对于残疾的遗

---

① 徐白仑.发展中国家实现 2015 目标面临的挑战[Z].金钥匙中心内部文件,2005:23.

弃、绝育、杀戮仍然是很常见的。① 在中世纪时期,宗教的慈悲、怜悯导致对残疾的收容、救济和宿命论下的原罪观、鬼神报应纠缠在一起,残疾人往往被视为"魔鬼缠身""上帝的惩罚",是邪恶精神的体现,处在社会的最底层,受到歧视与不公正的待遇。据不完全统计,在中世纪的欧洲,有超过 30 万的人因为被认为"魔鬼缠身"需要被驱邪而遭处死。②

14 世纪产生于欧洲的文艺复兴运动所倡导的人文主义精神推动了宗教改革、科技革命、理性时代的来临以及人性与自由精神的张扬。理性之光照耀下的科学进步与博爱、平等的思想被认为是特殊教育产生的直接思想基础。1770 年,法国的一个天主教神父莱佩(de l'Epee)在巴黎创办了世界第一所聋人学校,开启了近代聋人正式教育的先河;阿于伊(Valentin Hauy)于 1874 年在巴黎创办了第一所盲童学校,后来还远赴德、俄等国协助建立盲人学校③;1837 年,法国精神科医生谢根(Suguin)在巴黎创立了弱智者训练学校④。从 19 世纪一直到 20 世纪中叶,隔离式的特殊教育学校与特殊班在西方,尤其在美国一直呈增长态势。更重要的是,隔离的、自足式的特殊教育班越来越成为教育者们愿意接受的残疾儿童教育服务模式,并于 20 世纪 50—60 年代达到顶峰。

美国 20 世纪 50 年代以来声势浩大的民权运动(Civil Rights)为特殊教育的发展提供了新的动力。由美国黑人发起的反种族歧视、隔离的民权运动遍及全美,民权运动者要求黑人在政治、教育及社会生活上的平等权利,也鼓舞了其他少数民族包括残疾人士争取平等的努力。⑤ 在这一阶段,许多与残疾相关的著名法庭裁决与辩论(例如,1954 年的布朗告托皮卡教育局案、1972 年的宾夕法尼亚智力落后协会告宾夕法尼亚州政府案与米尔斯告华盛顿教育局案等)以及专业人士与家长组织等民间团体的倡议运动对特殊教育的发展产生了深远

---

① Kirk, S. A., Gallagher, J. J., Anastasiow, N. J.. Educating exceptional children(7th ed.)[M]. Boston: Houghton Mifflin Co., 1993:22.

② Telford, C. W., Sawrey, J. M.. The exceptional individual(2nd ed.)[M]. Englewood Cliffs, N. J.: Prentice-Hall, 1972:12.

③ 朴永馨. 特殊教育辞典[M]. 北京:华夏出版社,1996:212.

④ Ashman, A., Elkins, J.. Educating children with special needs[M]. New York: Prentice Hall, 1994:35.

⑤ Winzer, M. A.. The history of special education: from isolation to integration [M]. Washington, D. C.: Gallaudet University Press, 1993:125.

的影响。这些运动以西方所谓追求个人自由、社会平等等价值为社会文化基础,为有特殊需要的人士平等、有尊严地参与社会生活以及新的特殊教育理念的诞生提供了动力,也直接导致回归主流以及融合教育等特殊教育理论及实践方式的诞生与发展。

随着民权运动的发展,更多的与残疾人相关的联邦法律得以通过并对残疾人士的生活与教育、对全球特殊教育与残疾人康复的发展都产生了重要的影响。其中,1975 年颁布的《教育所有残障儿童法案》(Individuals with Disabilities Education Act,即 94—142 公法,此法案在 1990 年与 1997 年两次被修订、确认,简称为 IDEA),确定了美国特殊教育的两个基本原则:"免费、适当的、公立的教育"的原则、最少受限制环境的原则,对残疾人的生活与教育影响最为重要。在其他发达国家,例如英国,1976 年出台的《沃诺克报告》被英国议会所接受并成为 1981 年与 1993 年"教育法"的基础,其中详细规定了地方教育当局确保残疾儿童在普通教室接受适当的教育的义务与办法。① 94—142 公法与《沃诺克报告》作为两部重要的特殊教育法律法规文件,对全球特殊教育政策的制定与教育实践产生了巨大的影响。这反映了美、英等西方国家长期以来通过立法以及相关法庭判决来促进残疾儿童平等权利实现的传统。

在此背景下,西方特殊教育领域的理论与实践发生了深刻的变化。一系列与残疾人教育与服务相关的新思想或概念,如"正常化"(Normalization)原则、"去机构化"(Deinstitutionalization)运动以及著名的回归主流(Mainstreaming)、融合教育(Inclusive Education)思想等,对全球特殊教育的理论与实践产生了巨大的影响。② 融合教育思想自 20 世纪 80 年代中期提出以来就成为特殊教育领域讨论最热烈的话题。融合教育的思想是基于西方多元、机会均等的社会基础与自由主义的哲学思想传统之上的。1994 年联合国教科文组织在西班牙召开的全球特殊教育会议上就呼吁各国在平等的基础上发展融

---

① O'Hanlon, C. Special education integration in Europe[M]. London:David Fulton Publishers,1993:39.

② Meyen, E. L., Skrtic, T.. Exceptional children and youth:an introduction(3rd ed.)[M]. Denver:Love Publishing Com, 1998:45.

合学校并通过家长、学校和社区的共同努力以保障特殊儿童接受高质量的教育。融合意味着完全接纳,它基于满足所有学生多样化需要的信念,在普通学校适合儿童年龄特征的教育环境里教育所有的儿童;所有学生,无论种族、语言能力、经济状况、性别、年龄、学习能力、学习方式、族群、文化背景、宗教、家庭背景有何不同,都应该在主流的教育体系中接受教育。① 从本质上讲,融合教育理论远远超出了教育的范畴,成为与社会上所有的公民相关的事情,是挑战不公正与歧视的利器,与各国社会文明发展水平、人权保护以及社会公平与正义目标的实现紧密相关。今天,即使在最为贫穷、资源缺乏的国家,融合教育也至少成为使更多处境不利儿童享有学校教育机会的政治宣示或者现实举措。同时,各民族或国家具有独特的社会文化体系对融合教育理论与实践有着独特的影响,使融合教育在各个国家的本土化成为可能。

近年来随着融合教育理念深入人心,世界各国都在努力构建完善系统的特殊教育需求服务支持体系,越来越多的主流学校开始接纳有特殊需要的学生。从美国教育部统计数据来看,1989年到2016年,6—21岁残疾儿童、青少年在普通教育环境中的安置比例均超过了93.99%,绝大多数残疾学生已经进入普通学校学习。2018年英国有特殊教育需要声明或加入"教育、健康和关怀计划"的人数为253 680人,其中就读于主流学校的比例为47.2%,就读于特殊教育学校的比例为45.6%。

各国在特殊教育经费投入的保障体系方面日益完善,各级政府是经费投入主体,一般通过年度预算和专项拨款等途径进行投入。特殊教育经费总量在逐年不断增加的同时,还呈现出经费单列、专款专用的趋势。据美国特殊教育基金中心报告显示的平均情况来看,州政府提供45%经费,地方机构提供46%,而余下的9%由联邦政府 IDEA 基金提供。美国特殊教育经费的资助主体正从对特殊教育学校、特殊教育机构等的资助转向增加对残疾儿童少年及其利益相关者的资助。据英国教育部门的数据显示,2007年至2017年期间,英国特殊教育预算从21.79亿英镑上升至31.26亿英镑,增长了9.47亿英镑;特殊教育占

---

① 邓猛.从隔离到全纳——对美国特殊教育发展模式变革的思考[J].教育研究与实验,1999(4):41-44,73.

教育预算的比例从2.85%上升到5.10%;特殊教育生均经费从25 050.37英镑上升到28 455.94英镑,增加了3 405.57英镑,为普通教育生均经费的5倍左右。

为保障特殊教育质量,各国都在制定和完善特殊教育教师标准,基于专业标准来培养、聘任、考核、培训特殊教育教师,强化入职指导,提高教师专业化水平。以美国为例,2015年为3—21岁残疾儿童、青少年提供服务的专职人员获完全资格认证的比例高达96.6%,为6—21岁残疾儿童、青少年提供服务的辅助人员获完全资格认证的比例高达94.0%。同时,各国政府也在积极建立从需求评估到教育计划再到就业支持体系的特殊教育及支撑体系,出台相关法律条例和政策文件,发展特殊学生支持性就业,实现特殊教育就业转衔,保障残疾人士平等参与社会生活。此外,伴随着科技的进步与发展,现代科技在相当程度上解决了特殊教育中的许多难题。各国都在研发和大量使用辅助技术,利用现代信息与网络技术,建设无障碍学习环境与资源,落实个别化特殊教育,为特殊需要者广泛参与社会生活与学习创造条件,满足特殊需要人群的特殊需求。

(二) 中国特殊教育发展概况

据1987年的全国残疾人抽样调查统计,我国有5 164万残疾人,约占人口的5%,影响到全国1/5的家庭和数以亿计的亲属。2006年第二次全国残疾人抽样调查主要数据显示,我国残疾人已达8 296万人,占全国总人口的6.34%。中华民族自古以来就有"尊老、慈幼、扶弱、助残"的优秀传统,早在两千多年以前,当欧洲人(如斯巴达)还在遗弃或杀戮残疾人时,中国一些先贤就倡导公众应该关心残疾人。但中国两千多年的封建社会是建立在等级森严的礼教制度基础上的,"平等"的思想没有得到广泛的认同与传播。儒家的教育目的是要培养"修身、齐家、治国、平天下"的精英,残疾人只属于底层的小民,是君子同情与修己践德的对象。① 儒家虽然对残疾人有同情与仁爱之心,但实际上将他们排斥在教育之外。在残疾问题上,迷信与宿命论的解释一直都很流行。这两种信念经常掺杂在一起,一直到今天我们都能感受到它们的影响。尤其是在经济文化比较落后的农村地区,对残疾人同情与养育的社会态度、宿命论的信念仍然

---

① 侯晶晶.论人性观的嬗变对特殊教育的影响[J].现代特殊教育,2004(1):14-16.

广泛存在。因此,虽然中国儒家思想极其重视教育,提倡"建国君民,教学为先""有教无类"等思想,但针对残疾人的、系统的学校教育在几千年的漫长封建社会里一直没有诞生。直到19世纪末鸦片战争后,由于西方传教士的直接参与,特殊教育学校、机构才得以出现。① 在鸦片战争以后一百多年的半封建半殖民地时期,由于社会动荡不安、经济发展缓慢,特殊教育发展非常迟缓。到1949年,全国有盲聋学校42所,在校生仅2 380人,且绝大多数学校由宗教与慈善机构主办。②

新中国成立以后,特别是改革开放以来,残疾人事业有了巨大的发展。我国宪法明确规定,国家和社会帮助安抚盲、聋、哑和其他有残疾的公民的劳动、生活和教育。1986年通过的《中华人民共和国义务教育法》规定,"地方和各级人民政府应为盲、聋哑和弱智的儿童、少年举办特教学校(班)"。到1988年,全国共有577所特殊教育学校,599个特殊班,在校生达57 600人。全国人大于1990年通过了《中华人民共和国残疾人保障法》,内容涉及残疾人的康复、教育、劳动就业、文化生活、社会保障、无障碍环境、法律责任等,该法以"平等·参与·共享"为宗旨,维护残疾人合法权益,发展残疾人事业,保障残疾人平等地参与社会生活,共享社会物质文化成果。《残疾人保障法》是我国最高立法机构通过的第一部残疾人专门法律,在我国残疾人事业发展史上具有划时代的意义。③

自20世纪80年代以来,我国在西方回归主流与融合教育思潮影响下进行了将残疾儿童招收到普通学校就读的试验与推广;许多残疾青少年重返主流学校或社区,获得接受义务教育与参与社会生活的权利。同时,这种做法逐步改变了主流社会对于残疾的态度与观念,促进了社会各界人士对残疾的理解与接纳。1988年11月,新中国成立后首次全国特殊教育工作会议在北京召开,会议提出了适合中国具体情况的发展特殊教育的途径,即:逐步形成一定数量的特殊教育学校为骨干,以大量设置在普通学校的特殊教育班和吸收能够跟班学习

---

① 朴永馨.努力发展有中国特色的特殊教育学科[J].现代特殊教育,2017(12):3-5.
② 张福娟,马红英,杜晓新.特殊教育史[M].上海:华东师范大学出版社,2000:21.
③ 顾定倩.特殊教育导论[M].大连:辽宁师范大学出版社,2001:65.

的残疾儿童随班就读为主体的残疾儿童少年教育的格局。① 从此,随班就读成为我国普及残疾少年儿童义务教育的主要策略;尤其在经济落后、人口居住分散、交通不便,且残疾儿童数量较多(占比80%以上)的农村地区,随班就读成为发展特殊教育、提高残疾儿童少年入学率、促进残疾青少年社会融合的主要途径。这一新的发展模式在20世纪80年代以来几乎所有的特殊教育相关法律、法规中都得到了确认与强调。原国家教育委员会于1994年颁布的《关于开展残疾儿童少年随班就读工作的试行办法》中明确指出:开展残疾儿童少年随班就读工作,是发展和普及我国残疾儿童少年义务教育的一个主要办学形式。随班就读试验在普及特殊儿童义务教育、转变社会观念、促进特教与普教融合等方面取得了丰硕的成果。② 越来越多的普通学校招收了残疾儿童,从而使普通班内学生的学习能力、特点与需要趋于多样化。据2013年教育部统计,普通小学、初中随班就读和附设特教班招收的学生为3.50万人,在校生19.08万人,分别占特殊教育招生总数和在校生总数的53.12%和51.84%。

进入21世纪后,残疾人事业发展站到新的历史起点上,进入新的历史阶段。我国政治稳定,民主和法制建设不断加强,残疾人事业取得举世瞩目的成就。我国现在所要建设的社会主义和谐社会,其目标就是要建立民主法治、公平正义、诚信友爱、充满活力、安定有序、人与自然和谐相处的社会。和谐社会的一个重要特征就是对弱势群体的关注,而残疾人事业的发展,正是和谐社会、公平社会、文明社会的体现。但是,我国残疾人事业基础还比较薄弱,残疾人社会保障政策措施还不够完善,残疾人在基本生活、医疗卫生、康复、教育、就业、社会参与等方面还存在许多困难,总体生活状况与社会平均水平之间还存在较大差距。特殊教育与普通教育之间差距较大,城乡以及不同残疾类别残疾人受教育程度不均衡。③ 残疾人受教育程度低的现状仍然没有得到根本的改变。残疾儿童少年教育仍然是普及初等教育中最薄弱的环节。已经进入普通学校就读的残疾儿童由于师资与教学资源的缺乏而出现"随班混读"的现象。教育资

---

① 朴永馨.特殊教育辞典[M].北京:华夏出版社,1996:141.
② 邓猛.特殊教育管理者眼中的全纳教育:中国随班就读政策的执行研究[J].教育研究与实验,2004(4):41-47.
③ 彭霞光.中国残疾儿童随班就读现状和未来发展建议[J].现代特殊教育,2012(9):19-21.

源尤其是资金与教学材料、教具学具等不能得到保证,许多地方的特殊教育工作者靠"东借西讨"发展事业。由于没有法律的切实保障,特殊教育的发展时冷时热,过度依赖于领导的意志、行政管理方式的变迁。"八五"期间发展较快、"九五"与"十五"期间发展相对缓慢都是出于这个原因。学校与社会的衔接,特别是残疾儿童的职业教育以及毕业后就业与生活的适应方面缺乏明确的保障。多数残疾人仍然没有得到必要的康复与医疗保障,社会上对于残疾人的歧视与偏见仍然不同程度地存在着,残疾人参与公共生活存在着环境上的障碍,残疾人事业仍然滞后于社会经济发展水平。残疾人仍然是社会中一个特殊困难的弱势群体,他们多数仍然生活在社会的最底层,离平等参与社会生活、共享人类文明成果的目标还甚远。[1]

二、西方特殊教育政策发展

(一) 西方特殊教育政策发展回顾

从全球特殊教育发展的趋势与人权发展的角度看,通过立法实施特殊教育已成为特殊教育发展的重要途径,并成为衡量一个国家残疾人是否享受平等人权的基本尺度。西方历来就有利用诉讼、立法以及儿童权利的相关倡议行动来保障残疾儿童的各种权利,政府对于教育的介入被视为克服歧视与贫穷、实现人权目标的基本手段。[2]

美国国会经常颁布联邦法律以保障残疾人的教育与社会福利。例如,仅从1827年到1975年间,美国就出台了175部专门针对残疾人的联邦法律。[3] 1776年美国大陆国会通过法律试图给残疾退伍军人提供终身退休金补助,但由于资金不足而搁置;1935年美国颁布《社会安全法》(Social Security Act)确立了美国福利政策的法律基础。第二次世界大战以后,由美国黑人发起的反种族歧视、反隔离的民权运动遍及全美,民权运动要求黑人在政治、教育及社会生活上

---

[1] 邓猛,周洪宇.关于制定《特殊教育法》的倡议[J].中国特殊教育,2005(7):3-6.
[2] Meyen, E. L., Skrtic, T.. Exceptional children and youth: an introduction(3rd ed.)[M]. Denver:Love Publishing Com, 1998:45.
[3] Peters, S. J.. Education and disability in cross-cultural perspective[M]. New York: Garland Publishing, Inc., 1993.

享有平等权利,这也鼓舞了其他少数族群包括残疾人士为争取平等而努力。①随着民权运动的发展,更多的与残疾人士相关的联邦法律得以通过,并对残疾人士的生活与教育、对全球特殊教育与残疾人康复的发展产生了重要影响。其中,1973 年的《职业康复法案》强调取消阻碍残疾公民参与公共生活的人为障碍,对重度残疾人进行康复治疗,以联邦康复服务署为法定主管机关,地方政府则设立职业康复机构以执行康复计划,联邦政府补助其 80%的经费。1975 年美国福特总统签署的《教育所有残障儿童法案》以法律的形式总结了 20 世纪 50 年代以来美国回归主流与去机构化运动的成果。该法案规定的个别教育计划、非歧视性鉴定等五项原则对残疾人的教育与生活产生了重大的影响,而最少受限制的原则更是可以被直接解读为回归主流。1990 年,美国通过《美国残疾人法案》(Americans with Disabilities Act),明确规定禁止公共服务中对残疾人的歧视,雇用者必须为残疾工人提供配套条件与设施,被雇用者不因身体残障而受到差别待遇。该法案鼓励残疾人参与主流社会与经济生活,奠定了美国残疾人法律新的重要基础,被认为是 20 世纪残疾人解放的宣言。② 2002 年美国又颁布实施了《不让一个儿童掉队法》(No Child Left Behind Act of 2001,简称 NCLB),对特殊教育的质量提出了高标准的要求。2004 年,《障碍者教育促进法案》(Individuals with Disabilities Education Improvement Act of 2004)在 IDEA 的基础上进行修订,针对特殊教育人员的任用资格、身心障碍学生的鉴定程序、学习障碍的鉴定程序、个别化教育计划、早期疗育服务、身心障碍婴幼儿服务、家长参与等方面的条款进行补充。该法案提出政府增加融合教育拨款,明确规定残疾学生要参加学业测试评定,采用绩效问责制对各州和地方机构的残疾学生受教育情况进行评价,并对教师资格认证提出了更高要求。2015 年颁布实施的《每一个学生成功法案》(Every Student Succeeds Act)对普通学校中残疾学生教育质量的提升提出明确要求,强调保障残疾学生的升学权与就业权,对问责机制进一步细化,各州自行制定教育评价体系,并对残疾学生辍学率高、学业

---

① Winzer, M. A. The history of special education: from isolation to integration [M]. Washington, D.C.: Gallaudet University Press, 1993:125.

② Hahn, Harlan. Public Support for rehabilitation programs: the analysis of U. S. disability policy[J]. Disability, Handicap & Society, 1986,1(2):121-137.

水平差距较大的学校进行问责,联邦政府负责监督并在各地方机构设立教育联络员以保障残疾学生的教育权利。[①]

在其他西方发达国家,例如在英国,1978年出台的《沃诺克报告》明确地提出了"特殊教育需要"(Special Educational Needs,简称 SEN)的概念以及融合教育(Integration)的原则。该报告被英国议会所接受并成为1981年与1993年教育法的基础,这两部法律详细规定了地方教育当局确保残疾儿童在普通教室接受适当的教育的义务与办法。[②] 该报告的主要精神也为2001年英国教育部公布的《特殊教育需要实践准则》所采纳。2003年,英国政府发布绿皮书《每个孩子都很重要》,全面关注处境不利儿童的健康发展,提出"特殊教育需要行动计划"(SEN Action Programme),促进有特殊需要儿童的早期识别与干预,并与卫生和福利部门合作,使融合教育成为整个儿童服务体系的一部分,为所有儿童提供良好的教学及支持。[③] 2007年的《儿童计划:构建美好的未来》和2009年的《你的孩子,你的学校,我们的未来:建立21世纪的学校制度》两部白皮书的着力点是关注弱势群体,创造平等的机会,为有特殊需要的儿童提供额外支持,促进特殊教育学校发展并鼓励其与主流学校进行合作。2011年,英国教育部发布绿皮书《支持与愿景:解决特殊教育需要与残疾儿童的新办法》提出,为有特殊教育需要的儿童提供更多类型的学校,同时增加民众的办学权与家长的学校选择权。而后绿皮书中的许多建议被政府采纳,并在《2014年儿童与家庭法》中以法律的形式确立了"教育、健康和关怀计划"(Education, Health and Care Plans)。该法案要求地方教育部门与其他主要机构联合起来,加强教育、医疗和社会关怀之间的专业合作,为有特殊需要的儿童提供服务,并尊重特殊儿童及其家长的意愿,赋予其更多的选择权。2014年英国教育部和卫生署联合出台的《0—25岁特殊教育需要与残疾实践准则》是对2001年的《特殊教育需要

---

① Anna J. Egalite, Lance D. Fusarelli, Bonnie C. Fusarelli. Will decentralization affect educational inequity? The Every Student Succeeds Act[J]. Educational Administration Quarterly, 2017, 53(5):757-781.

② O'Hanlon, C. Special education integration in Europe[M]. London: David Fulton Publishers, 1993. 39.

③ Lauchlan F, Greig S. Educational inclusion in England: origins, perspectives and current directions[J]. Support for Learning, 2015, 30(1):69-82.

实践准则》的进一步完善及对《2014年儿童与家庭法》的呼应。该实践准则扩大了有特殊教育需要人群的年龄覆盖范围,关注特殊儿童及其父母的想法以及他们在决策中作用的发挥,关注高期望与教育成效,用"教育、健康和关怀计划"取代之前的学习困难评估。2017年,英国政府出台《学校与更高需求的国家资金方案》,专门用于为有特殊教育需要的儿童和年轻人提供资金,以使他们在学校(包括大学)以及其他提供服务的环境中获得额外支持。

简而言之,美国94—142公法与英国《沃诺克报告》作为两部重要的特殊教育法律法规文件,对全球特殊教育政策的制定与教育实践产生了巨大的影响。回顾两国相关教育政策及法规制定历史,我们不难发现,美、英等西方国家长期以来通过立法以及相关政策的制定与实施促进残疾儿童平等权利的实现,保障残疾学生的受教育权与其他合法权益。

除了上述提到的美、英法律之外,据联合国教科文组织统计,到1994年,至少有超过52个国家的近140部法律是专门针对残疾问题的。进入20世纪以来,各国和地区政府越来越重视残疾人士教育与服务,相继出台了一系列政策和法规。意大利不仅在1971年颁布了《社会福利法案》,而且在1977年颁布"517法案"保障残疾人士在普通学校接受教育并获得必要的支持与服务,1992年通过了《关于社会援助、全纳和残疾人权利的框架》,2010年出台《关于学校中特殊教育需要学生学习的新规定》,2015年实施《改革国家教育结构和培训体系》。日本1956年颁布《公立学校为残障儿童提供服务的特殊办法法案》,而后还出台了许多推进特殊教育法律制度实施的政策及方案,如《特别支援学校等的指导充实项目》《为构建共生社会而建立的特别支援教育方案》《特别支援教育综合推进项目》《家庭、教育和福利部门合作的三角项目》《特殊支援学校就学奖励相关法律》等一系列法案。① 在我国的台湾地区,1980年颁布了所谓的"残障福利法",1984年又颁布了所谓的"特殊教育法",对天才及残障人士的教育与社会福利都进行了详细的规定,而后又对其多次修改以不断完善相关规定条例,形成了包含所谓的"教育基本法""身心障碍者权益保障法""特殊教育法",以及《特殊教育设施及人员设置标准》《特殊教育课程教材教法实施办法》《身心

---

① 高晶晶,刘文静.论日本特别支援教育法律制度[J].教育评论,2019(2):154-158.

障碍及资赋优异学生鉴定标准》等在内的特殊教育条例规定体系。① 在英国《沃诺克报告》影响下,香港地区政府于1977年发表《群策群力,将残障人士融入社区的白皮书》,强调政府与非政府组织为残疾儿童提供康复等服务。② 澳大利亚联邦政府于1992年颁布了《残疾人歧视法》,并在此基础上于2005年专门出台了《残疾人教育标准2005》,2011年又出台了《国家残疾战略2010—2020》。③

从以上的分析中我们可以总结出:

① 残疾人事业与人的基本权利的尊重与保护紧密相关,它是一个社会文明发展水平的标志之一;

② 从全球残疾人事业发展的趋势与人权发展的角度看,通过立法实施残疾人教育与康复已成为各国政府政策制定与执行的一个重要组成部分,并成为衡量一个国家残疾人需要是否得到满足、参与机会是否平等、是否享受平等人权的基本尺度;

③ 多数国家都通过国家最高立法机关制定具有强制性的残疾人专门法律,少数没有专门法的国家则在相关的教育或反歧视法律中对特殊教育与康复、残疾人福利进行专门的、详细的规定。

(二) 西方特殊教育政策理论模式

特殊教育政策制定很大程度上取决于人们对于残疾本质的认识,不同的残疾观决定了教育与福利涉及的对象与范围,为特殊教育研究与政府决策奠定理论基础。沃丁顿(Waddington)和迪勒(Diller)提出,残疾观模式可分为社会福利模式与民权模式两大类型。社会福利模式视残疾为个体功能缺陷不可避免的结果,残疾人被隔离教育、"庇护"就业或依赖社会救助而生活。④ 民权模式则反对社会隔离与排斥,认为主流社会公共服务体系需要重新改造以包容、接纳

---

① 李莉莉. 我国台湾地区特殊教育立法演进及启示[J]. 社会福利(理论版),2018(10):17-20.

② Chan D. W.. Helping students with learning difficulties[M]. Chinese University Press, Hong Kong, 1988:19-39.

③ Dickson E. Disability standards for education 2005 (Cth): sword or shield for Australian students with disability? [J]. International Journal of Law & Education, 2014,19(1):5-19.

④ Waddington, l., Diller, M.. Tensions and coherence in disability policy: the uneasy relationship between social welfare and civil rights models of disability in American, European, and International Employment Law[M]. In Disability Rights Law and Policy: International and National Perspectives, 2002:241-256.

残疾人。哈恩(Hahn)认为残疾观模式可以划分为重视个人医疗、康复的功能限制模式与注重政府公共服务作用的社会—政治模式。① 功能限制模式从医学、心理学、经济学等学科出发,强调医疗与福利支持的作用;社会—政治模式则以社会学、政治学理论为基础,注重消除社会歧视与环境障碍,维护残疾人平等参与社会经济生活的权利。

这些理论模式在不同的时代为特殊教育政策制定与研究提供了理论视角。西方早期特殊教育政策以社会福利模式为基础,将残疾学生存在的问题归到学生个体身上,关注残疾儿童补偿性教育、救助和庇护。20世纪90年代以后,西方特殊教育政策体现残疾的社会政治模式,强调残疾儿童的平等权利。迪勒(Diller)指出,1990年美国国会通过的《美国残疾人法案》(简称ADA)规定:禁止针对残疾人的歧视;为残疾人就业提供公共支持,使他们顺利回归主流社会与经济生活。② ADA以社会政治模式为基础,区别于1956年和1972年颁布的社会安全法案对残疾保险和福利救助的关注,奠定了当今美国残疾人政策的基石。威滕伯格(Wittenburg)、戈尔登(Golden)以及菲仕曼(Fishman)指出:以1997年和2004年的《教育所有残障人法案》修正案为代表的特殊教育政策从注重帮助残疾学生由隔离环境转向正常学校,逐渐拓展到为他们向社会生活过渡提供系统的教育与支持。③

随着残疾模式的变迁,回归主流社会、平等参与社会生活的思潮成为政府与民间共享的价值观。残疾不再是残疾人自身的罪孽或社会的麻烦,政府在特殊教育和社会福利领域发挥着主导作用。这促进了西方残疾政策理论的重大转向,为特殊教育政策制定与研究提供了多元化的价值追求与理论依据。

(三) 西方特殊教育政策与法律国际比较

西方研究者对各国特殊教育法律与政策的研究主要体现在两个方面。第

---

① Hahn, Harlan. Public support for rehabilitation programs: the analysis of U. S. disability policy [J]. Disability, Handicap & Society, 1986,1(2):121-137.

② Diller, M.. Dissonant disability policies: the tensions between the Americans with Disabilities Act and Federal Disability Benefit Programs[J]. Texas Laws Review, 1998,76(4):1003-1082.

③ Wittenburg D, Golden T P, Fishman M. Transition options for youth with disabilities: an overview of the programs and policies that affect the transition from school[J]. Journal of Vocational Rehabilitation, 2002,17(3):195.

一,分析本国或其他国家特殊教育法律和政策并从中总结经验与教训。林赛(Lindsay)对澳大利亚的融合政策与反歧视法律进行分析发现,融合的目标并没有在反歧视法中得到体现或解释。反歧视法重视外在行为表现,试图使歧视方面的规定客观化,却无法关注融合所重视的态度、归属感以及相关人员的主观体验。① 迪克森(Dickson)也提到,《残疾人教育标准》所倡导的同等条件下的参与为残疾学生融入普通教育提供了基本的价值保障,但这并不意味着所有的学生都要被施加同一方式的教育。② 坎特(Kanter)等探讨了意大利的融合教育相关法律并指出当前法律实施过程中存在许多不足,政府和社会需要投入更多的时间和精力来执行法律,确保融合教育的推动和价值观的接纳。③ 瓦列耶娃(Valeeva)指出,俄罗斯在教育政策制定及多部门合作机制构建等方面还存在缺陷,需要不断完善法律条例,开展系统性的特殊教育师资培训,保障残疾儿童接受教育的机会。④ 韦斯特(West)和惠特比(Whitby)发现,尽管美国《不让一个儿童掉队法》在提升公众残疾意识、促进残疾儿童平等参与以及学业进步等方面取得了进展,但该法律没有为学校建立提高残疾学生学业成就的责任体制提供保障。⑤ 巴列里(Baglieri)等人指出,尽管关于残疾观模式的讨论已持续多年,但讨论成果并未完全反映到 IDEA 当中去,IDEA 中仍然充斥着浓厚的医学与福利模式色彩。⑥ 安娜(Anna)、兰斯(Lance)和邦妮(Bonnie)等人指出,《每一个学生成功法案》将权力交还给州政府,让它们自己去设计最符合自己的教育系统,但严格限制了联邦政府在教育上的执行权,甚至有可能去除了联邦政

---

① Lindsay, K.. 'Asking for the moon'? A critical assessment of Australian disability discrimination laws in promoting inclusion for students with disabilities[J]. International Journal of Inclusive Education,2004,8(4):373-390.
② Dickson E. Disability Standards For Education 2005(Cth):sword or shield for Australian students with disability? [J]. International Journal of Law & Education,2014,19(1):5-19.
③ Kanter A S, Kanter M D S, Ferri B A. The right to inclusive education under international law: following Italy's lead[J]. Social Science Electronic Publishing,2014,17(1):21.
④ Valeeva, Liliya A. The current state of special needs education in Russia:inclusive policies and practices[J]. Procedia-Social and Behavioral Sciences,2015,191:2312-2315.
⑤ West, J. E., Whitby, P. J.. Federal policy and the education of students with disabilities: progress and the path forward[J]. Focus on Exceptional Children,2008,41(3):1-16.
⑥ Baglieri S., Valle Jan W., Connor David J., et al. Disability studies in education:the need for a plurality of perspectives on disability[J]. Remedial and Special Education,2011,32(4):267-278.

府对学校的监督与问责权。①

第二,通过分析、比较与借鉴其他国家法律与政策来解决本国政策决策问题。马里(Mary Keeffe-Martin)分析和比较了美国和澳大利亚在反歧视和融合教育方面的法律和诉讼,发现美国和澳大利亚的政策方向一致,即从关注残疾学生的入学转移到为他们提供高质量的教育与服务方面。② 但是,尽管 IDEA 中关于融合的内容更加清晰,却没有导致相关诉讼案件数量的减少,针对残疾的歧视并未因此减少。彼得斯(Peters)对国际特殊教育政策文献进行了回顾与分析,发现融合教育政策实施存在着断裂与矛盾。尽管社会公平与正义在这些文献中得到强调,但融合教育的具体目标与步骤却因各国经济发展水平而不同。③ 因此,政策中对公平与正义理想的描述远超越于各国现实,公平理念与投资效益之间的矛盾尚未解决。罗莱斯卡(Roleska)等人对英国、法国、波兰和西班牙的特殊教育政策进行梳理,发现四个国家的政策中都规定了孤独症学生不受歧视和接受免费教育,但波兰没有专门针对孤独症学生的具体法案。同时各国的政策文件有较大不同,应借鉴和学习不同国家的做法,促使孤独症学生接受融合教育,保障残疾学生的合法权益。④ 罗宾(Robin)则对荷兰、比利时、德国的孤独症教育政策进行比较,发现《世界人权宣言》关于平等接受教育的价值观已被纳入三个国家的立法之中,这些法案强调了为孤独症儿童提供适合的特殊教育服务。另外,父母参与特殊儿童教育有助于提升教育效果,但仅有荷兰和比利时北部的法兰德斯为有特殊需要的孩子父母提供支持服务,因而要重视父母在孤独症教育中的作用,通过立法等手段将特殊儿童父母纳入特殊教育服务

---

① Anna J. Egalite, Lance D. Fusarelli, Bonnie C. Fusarelli. Will decentralization affect educational inequity? The Every Student Succeeds Act[J]. Educational Administration Quarterly, 2017, 53(5):757-781.

② Keeffe Martin M. Legislation, case law and current issues in inclusion: an analysis of trends in the United States and Australia[J]. Australia and New Zealand Journal of Law and Education, 2001(6): 25-46.

③ Peters, S. J. "Education for all?" A historical analysis of international inclusive education policy and individuals with disabilities[J]. Journal of Disability Policy Studies, 2007,(2):98-108.

④ Roleska M, Roman-Urrestarazu A, Griffiths S, et al. Autism and the right to education in the EU: policy mapping and scoping review of the United Kingdom, France, Poland and Spain[J]. PLOS ONE, 2018,13(8).

范围。①

(四) 西方特殊教育政策执行与效果

西方关于特殊教育政策执行过程与效果评价的研究近年来呈增加的态势。诺思韦(Northway)等人发现,英格兰与威尔士特殊教育宏观政策没有落到实处,没有真正起到保护残疾人的作用;未来政策应该在加强政策的连续性、让更多相关人员参与、避免政策重复与内容冲突以及加强政策效果评估方面做出更多努力。②

耶尔(Yell)、卡齐扬尼斯(Katsiyannis)和布拉德利(Bradley)认为 IDEA 使几乎所有的残疾学生都能接受免费、适当的公立教育。但是,IDEA 并没有彻底地贯彻融合教育的理念,它仍然允许残疾学生隔离教育形式的存在。③ 费尔克洛思(Faircloth)指出,NCLB 试图建立残疾人教育责任体系与教师资格标准,要求公立学校就贫困学生、少数民族学生、残疾学生以及非英语学习者的学业进步情况提交年度报告,达不到要求者将会面临相应的处罚。但是 NCLB 的实施导致管理与伦理方面的两难选择,学校领导者难以在满足残疾学生个别化需求的同时保证学校整体教学质量达到规定的标准。④ 韦(Wei)采用回归不连续性设计分析指出,NCLB 期望所有残疾学生在一定时间内获得相同的成就是不符合逻辑的,政策的"一刀切"成就目标不仅不公平地评估了学校为特殊需要学生做出的努力,低估了将要承担的教学任务,也有悖于个性化教育发展的要求。⑤ 阿纳斯塔西奥(Anastasiou)和考夫曼(Kauffman)通过对意大利融合教育的法

---

① Robin VK, Roman-Urrestarazu A, Ruigrok A, et al. Autism and family involvement in the right to education in the EU: policy mapping in the Netherlands, Belgium and Germany[J]. Molecular Autism. 2019,10(1):1-18.

② Northway, R., Davies, R., Mansell, I., et al. 'Policies don't protect people, it's how they are implemented': policy and practice in protecting people with learning disabilities from abuse[J]. Social Policy & Administration, 2007,41(1):86-104.

③ Katsiyannis A, Yell M L, Bradley R. Reflections on the 25th Anniversary of the Individuals with Disabilities Education Act[J]. Remedial and Special Education, 2001,22(6):324-334.

④ Faircloth, S. C.. Understanding the impact of U. S. federal education policies on the education of children and youth with disabilities[J]. International Studies in Educational Administration, 2004,32(2):32-46.

⑤ Wei, Xin. Does NCLB improve the achievement of students with disabilities? A regression discontinuity design[J]. Journal of Research on Educational Effectiveness, 2012,5(1):18-42.

律政策文件及其实施效果进行分析发现,尽管相关法律要求完全融合,但现实教学环境非常复杂,情况不容乐观。激进的政策改革会给教育系统带来一定危险,普通学校和教师尚未做好充分准备来接收大量残疾学生,学校部分基础设施建设无法满足残疾学生的需求,普通班级资源教师数量不足和职业认同感不高,学校内部仍存在隔离现象并且难以保障残疾学生接受公平而有质量的教育。①

西方特殊教育法律和政策已经明显地从重视残疾儿童在物理环境上的融合,转变到强调残疾儿童在融合环境中的学业进步和认知发展。但是,其实施与效果受制于许多不利因素:公众态度与信息的缺乏、残疾人社团影响力不足、经济与公共财政投入的限制、法制体系内部不协调与相互推诿,管理体制和责任体制不力等。② 因此,穆斯利(Mousley)等人指出:传统上政策制定是一个自上而下的过程,政策制定者总是希望基层教师等忠实地执行各项既定的政策,但不让他们参与政策讨论、制定或改进的工作。各国政府制定的全纳政策指引残疾人教育与康复的未来方向,其实施却不会自动发生;社会文化环境、相关人员的态度以及各机构的责任等决定执行的成败。③ 利亚斯多(Liasidou)等人研究了塞浦路斯共和国的特殊教育政策,发现虽然有关法律规定特殊儿童父母有参与政策决定的权利,但家长在现实决策中被排除在外,不得不独自与社会歧视和不公平现象做斗争,承受着巨大的心理压力和经济压力。④ 贾夫里米斯(Giavrimis)对希腊的特殊教育政策效果进行分析,发现尽管政府出台了相关法律条例,但顶层设计缺乏系统性和连贯性,政策执行未落到实处,停留在纸面,甚至有自相矛盾的地方,导致许多残疾家庭仍遭受排斥和不公正对待,无法保障融合教育的推进。同时,相应的社会支持服务体系和教育系统还很不完善,

---

① Anastasiou D, Kauffman J M, Di Nuovo S. Inclusive education in Italy: description and reflections on full inclusion[J]. European Journal of Special Needs Education, 2015,30(4):429-443.

② Prince, M., J.. Canadian disability policy: still a Hit-and-Miss affair[J]. The Canadian Journal of Sociology, 2004,29(1):59-82.

③ Mousley, J. A., Rice, M., Tregenza, K.. Integration of students with disabilities into regular schools: policy in use[J]. Disability, Handicap & Society, 1993,8(1):59-70.

④ Liasidou, A., Hadjiyiannakou, A.. Disabling discourses and some implications for parent leadership in special education policy and practice[J]. European Journal of Special Needs Education, 2019,34(3):342-354.

无法满足特殊学生的需求,很多残疾学生被迫转向私营教育机构,给经济困难的家庭带来了沉重负担,加剧了阶级对立,使残疾学生家庭处于不利地位。①

如上所述,西方特殊教育法律与政策近年来逐步成为重要的公共政策研究领域。现有的西方研究文献集中于特殊教育法律与政策模式的讨论,分析各类特殊教育法律与政策的特点并比较其优劣,对政策效果进行研究与评价,对未来政策的发展进行预测或提出建议。但是,西方特殊教育政策与法律始终未能处理好病理医疗与社会政治、个人问题与社会议题、个人福利与权利等模式之间的关系。从内容上看,多数研究集中于政策模式的讨论及政策内容的分析与比较,方法上多以文献分析、理论思考为主,政策执行与效果评价方面的实证研究还很欠缺。

三、我国特殊教育政策发展

(一) 我国特殊教育政策发展回顾

早在 1951 年 10 月,周恩来总理签署《关于改革学制的决定》时就提出:"各级人民政府并应设立聋哑、盲目等特种学校,对生理上有缺陷的儿童、青年和成人,施以教育。"从此残疾人教育事业逐步发展起来。1953 年中央人民政府教育部设立了专门主管全国特殊教育工作的管理机构——盲哑教育处。残疾人教育在政府的积极支持下,得到稳步的发展。但十年"文革"极大地影响了残疾人教育事业的发展。

十一届三中全会以后,由于党中央确立了以经济建设为中心的基本路线,教育成为优先发展的战略之一,残疾人教育事业迎来了新的曙光,残疾人事业有了巨大的进步。我国宪法明确规定国家和社会帮助安抚盲、聋、哑和其他有残疾的公民的劳动、生活和教育。1986 年通过的《中华人民共和国义务教育法》规定,"地方和各级人民政府应为盲、聋哑和弱智的儿童、少年举办特教学校(班)"。宪法与义务教育法中涉及残疾人教育的条款为中国特殊教育走向法制化奠定了牢固的基础,使特殊教育的发展逐步走向科学化、规范化的道路。此

---

① Giavrimis, P. Social inequalities and educational inclusion for children with disabilities in Greece [J]. Current Politics and Economics of Europe,2019,30(1):5-43.

后一系列特殊教育相关法律、法规与政策都围绕着如何保障、落实残疾少年儿童接受义务教育的权利这一中心问题进行专门、具体的规定。例如,1989年国务院批转的《关于发展特殊教育的若干意见》提出,"发展特殊教育贯彻普及与提高相结合",以普及为重点的原则,要求各地政府"把残疾少年儿童教育切实纳入普及义务教育工作轨道……要将残疾少年儿童教育发展规划执行情况作为检查、验收普及初等教育的内容之一"①。

全国人大于1990年通过了《中华人民共和国残疾人保障法》,体现了我国改革开放以来残疾人事业的巨大成就,以及社会公众关于残疾人的观念的深刻变化。以"平等·参与·共享"为核心内容的现代文明社会的残疾人观逐步形成和发展,残疾人事业逐渐被纳入各级人民政府国民经济和社会发展计划,残疾人的劳动、生活和教育的权利得到宪法等法律的切实保障。1992年国家教委关于《中华人民共和国义务教育法实施细则》明确规定,承担实施九年义务教育任务的学校包括盲童学校、聋哑学校、弱智儿童辅读学校等特殊教育学校。1994年,国家教委颁布了《关于开展残疾儿童少年随班就读工作的试行办法》,总结了十余年来我国各地随班就读试验的经验,对随班就读的入学、教学、管理、师资培训等进行了明确的规定。这一文件还要求县级教育行政部门把接收残疾儿童少年随班就读纳入普及九年义务教育发展规划;规定普通学校应当依法接受本校服务范围内能够在校学习的残疾儿童少年就读,不得拒绝。这体现了国家规定的基础教育地方负责的精神。② 同年,国务院根据《中华人民共和国残疾人保障法》和国家有关教育的法律,颁布了《中华人民共和国残疾人教育条例》,这是我国第一部有关残疾人教育的专项法规,对残疾人的学前教育、义务教育、职业教育、高等教育等方面进行了系统的规范。

进入新世纪后,残疾人事业进入了新的历史阶段。国务院于2001年颁发了《关于"十五"期间进一步推进特殊教育改革和发展的意见》(以下简称《十五意见》)。该文件对于普及残疾儿童少年义务教育、完善特殊教育体系,深化教学改革、提高特殊教育的质量,加强师资队伍建设、提高教师素质,以及加强领

---

① 徐云,施旒英,汪文鋆,等.弱智儿童教育经验精选[M].杭州:浙江教育出版社,1990:86.
② 邓猛.融合教育与随班就读:理想与现实之间[M].武汉:华中师范大学出版社,2009:45.

导、管理、执行措施等方面进行了明确的规定。随着国家四个"残疾人事业五年计划"的实施,残疾人教育康复服务受益面迅速扩大,适应我国国情的特殊教育及残疾人康复工作模式进一步形成。[①]

党的十七大首次将特殊教育写进了党的代表大会报告,将特殊教育作为改善民生、促进社会和谐发展的重要内容。2009年5月,国务院办公厅转发了教育部、民政部等八部门制定的《关于进一步加快特殊教育事业发展的意见》,在我国建设和谐社会新形势下对保障残疾人公平享受教育权益进行了重大部署,对我国特殊教育事业发展有着重大意义。《关于进一步加快特殊教育事业发展的意见》要求:全面提高残疾儿童少年义务教育普及水平,不断完善残疾人教育体系;完善特殊教育经费保障机制,提高特殊教育保障水平;加强特殊教育的针对性,提高残疾学生的综合素质;加强特殊教育师资队伍建设,提高教师专业化水平;加强政府职能,全社会共同推进特殊教育事业发展。

2010年颁布的《国家中长期教育改革和发展规划纲要(2010—2020年)》第一次专门将特殊教育单列一章,提出了"完善特殊教育体系、健全特殊教育保障机制"的任务。2012年党的十八大报告中再次明确提出了"支持特殊教育"的目标,为特殊教育的发展注入新的活力。2014年,国家颁布了《特殊教育提升计划(2014—2016年)》,明确提出了发展融合教育的总目标,并对特殊教育质量的提升做出了明确的规定,为特殊教育的改革做出了划时代的决策。[②] 2016年,李克强总理在政府工作报告中指出:"发展更高质量更加公平的教育,办好特殊教育。"2016年发布的《中华人民共和国国民经济和社会发展第十三个五年规划纲要》中明确提出,要"提升残疾人群特殊教育普及水平、条件保障和教育质量"。从"关心""支持"到"提高",这一态度和立场的不断转变,体现了党和政府对特殊教育越来越重视,越来越认识到特殊教育在我国教育发展中的地位与作用。2017年,教育部等七部门联合颁布了《第二期特殊教育提升计划(2017—2020年)》,提出特殊教育的发展围绕着"完善特殊教育体系、增强特殊教育保障能力、提高特殊教育质量"三大重点任务。这是落实"办好特殊教育"的具体举措,

---

[①] 朴永馨.改革开放30年中国特殊教育的发展与变革[J].现代特殊教育,2008(12):4.
[②] 丁勇.让每一个残疾孩子都能接受合适的教育——关于区域贯彻落实《特殊教育提升计划(2014—2016年)》的思考[J].现代特殊教育,2015(2):1-5.

也是我国特殊教育从外延发展走向内涵发展的具体表现。[①] 2017年,国家修订《中华人民共和国残疾人教育条例》,更新了残疾人教育发展的理念,补充和完善了保障残疾人受教育的制度。其中,条例特别突出了融合教育理念,对残疾人教育发展具有重要的意义。

总的来看,我国特殊教育的政策发展,经历了从无到有、从粗略规定到明确系统、从简单模仿国外相关政策规定到探索本土化措施的发展历程。近年来,随着国家层面和地方政府有关特殊教育政策法规和相关条例、办法的密集发布,我国已初步形成了具有中国特色的残疾人政策法规体系,特殊教育发展也正逐步走向完善和正规。

(二) 我国特殊教育政策研究综述

总的来看,我国特殊教育政策研究呈现出以下几个特点。

(1) 从政策研究的方式来看,政策解读多于政策分析

政策解读,是指对文本进行认知或理解,更多的是体现对文本的感知与领悟,主要是解析已制定政策的基本精神;政策分析涉及采用多元探究及分析的理论架构,对教育法律和政策的形成、执行与结果加以系统化的研究,对政策的合理性与可行性进行理论与实践的思考以累积相关信息,借此解决教育问题。[②] 研究者对我国特殊教育事业发展政策解读主要围绕以下三个方面。

第一,针对我国当前的特殊教育相关法律、法规规章及政策体系进行横向梳理和解读。例如,在教育政策方面,汪斯斯、王辉对我国特殊教育相关的法律、法规规章及政策进行梳理和解读,指出目前我国有关特殊教育的各类立法文件中,法规和规章占大多数;虽然从法律效力上看,法规和规章不如法律,但可以为法律的制定提供参考依据和理论基础。[③] 庞文、于婷婷通过对当前我国现存的特殊教育相关政策与法律的研究,认为经过几十年的发展,我国特殊教育的法律体系已基本形成,已构成较为完整的、从国家最高立法机关立法到各

[①] 张燕,赵斌,张欣. 从外延到内涵:我国特殊教育发展的策略调整——基于《第二期特殊教育提升计划(2017—2020年)》的视角[J]. 现代特殊教育,2018(6):7-12.

[②] 周小虎,张蕊. 教育政策分析的范式特征及其研究路径[J]. 教育理论与实践. 2010(30):15-18.

[③] 汪斯斯,王辉. 我国特殊教育相关立法及政策评析[J]. 南京特教学院学报,2014(1):15-23.

级管理部门规章的、不同层次相互结合的法律法规体系。① 第二,对我国特殊教育法律与政策的纵向时间变迁进行研究。赵小红以《中国教育统计年鉴》相关数据为基础,结合相关特殊教育政策与文献,考查了1986年至2011年间我国大陆地区残疾儿童的教育安置形式,指出:我国残疾儿童随班就读政策的出台是国情所需,残疾儿童随班就读政策实践的发展受国际回归主流及全纳教育思想影响,随班就读在保障残疾儿童义务教育方面逐步起到了主体作用。② 李尚卫梳理了改革开放40年来我国义务教育阶段特殊教育相关政策法规,认为:在发展过程中,国家注重义务教育阶段特殊教育的中心地位,致力于推进义务教育阶段特殊教育的免费、普及、优质、均衡发展以及质量评估检测。但是,仍需要更新理念、优化文本结构、强化政府主导地位、提高社会参与,进而提高实效。③ 第三,针对某一特定的特殊教育政策进行全方位的解读。2014年《特殊教育提升计划(2014—2016年)》出台之后,多位特殊教育专家从不同的角度全面地对其解读,包括特殊教育教学、教师专业发展、教育公平、融合教育等各个领域。例如,方俊明强调了《特殊教育提升计划(2014—2016年)》中提出的"积极开展非义务教育阶段的特殊教育"④。邓猛认为,《特殊教育提升计划(2014—2016年)》明确提出了"全面推进全纳教育,使每一个残疾孩子都能接受合适的教育的目标"⑤这个总体目标。此外,黄汝倩还对地方贯彻国家《特殊教育提升计划(2014—2016年)》的政策文本内容进行了分析。⑥

相比于特殊教育政策解读的丰富成果,特殊教育政策分析方面的研究则相对较少。在仅有的一些研究中,邓猛指出:我国特殊教育法律法规涉及的内容比较宏观,主要为各级政府、相关部门提供了许多"应该如何做"(what should do),而非"必须如何做"(what must do)的条文,因此,从本质上而言仍然属于

---

① 庞文,于婷婷.我国特殊教育法律体系的现状与发展[J].教育发展研究.2012(4):80-84.
② 赵小红.近25年中国残疾儿童教育安置形式变迁:兼论随班就读政策的发展[J].中国特殊教育,2013(3):23-29.
③ 李尚卫.我国义务特殊教育发展战略40年:回顾与展望[J].当代教育论坛,2019(6):1-14.
④ 方俊明.努力构建残疾人终身教育体系[J].中国特殊教育,2014(2):19-20.
⑤ 邓猛.推进中国全纳教育发展 健全随班就读支持保障体系[J].中国特殊教育,2014(2):21-22.
⑥ 黄汝倩.地方贯彻《特殊教育提升计划(2014—2016年)》的政策研究[J].中国特殊教育,2015(8):3-8.

"应然"(Permissive)规定,离法律应该具备的"强制"(Mandatory)性特点还有一段路要走。① 李佳颖从特殊教育政策的价值取向、政策内容和政策的形成模式这三个方面系统地分析和研究了我国特殊教育政策变迁的轨迹与特点,指出我国的特殊教育法律与政策经历了从注重特殊教育的工具价值到更加关注残疾儿童自身素质,也就是特殊教育的内在价值——人的价值之转变;特殊教育法律与政策在教育层次、教育类型、教育对象等方面的内容日益丰富;特殊教育政策的形成模式也由"问题推动型"向"目标导向型"转变。② 杨克瑞指出:特殊教育观念的不断发展变化,推动特殊教育从传统的慈善型转向权益型,从隔离走向融合。我国特殊教育从制定政策举措促进事业全面发展,到法制化建设不断推进,未来应继续发展中国特色的特殊教育。③

(2) 从政策研究的流程来看,政策制定、执行研究多于政策评价研究

政策流程研究一般包括政策制定、执行与评价等方面的研究。在我国目前的研究中,特殊教育政策制定和执行研究较多,政策评价研究比较缺乏。从政策制定来看,我国特殊教育研究者一直呼吁能够建立由国家最高立法机关通过的特殊教育专门法律,并对特殊教育立法的必要性、理念、原则和具体内容进行了探讨。邓猛与周洪宇在回顾西方特殊教育立法的基础上,结合中国特殊教育的发展历程提出了制定特殊教育法的倡议,并提出了制定的原则和内容。④ 庞文、李景义从残疾儿童受教育权的法律救济角度指出,完善残疾人受教育权利法律救济体系首要工作就是在修订残疾人教育条例的基础上制定法律层次更高的特殊教育法,逐步形成一个以教育法为母法、以特殊教育法为主体的残疾人教育法律体系。⑤ 赵斌、王琳琳指出,当前我国许多特殊儿童的权利没有得到充分保障,究其原因在于现有的特殊教育法律支持体系没有建立,最直接的表现即缺失核心的特殊教育法。⑥ 陈全银、魏燕荣通过梳理台湾地区融合教育的

---

① 邓猛.融合教育与随班就读:理想与现实之间[M].武汉:华中师范大学出版社,2009:45.
② 李佳颖.改革开放以来我国特殊教育政策的变迁与发展研究[D].沈阳:沈阳师范大学,2012.
③ 杨克瑞.新中国成立70年来特殊教育的政策演进与法制化探索[J].现代特殊教育,2019(9):5-10.
④ 邓猛,周洪宇.关于制定《特殊教育法》的倡议[J].中国特殊教育,2005(7):3-6.
⑤ 庞文,李景义.论残疾人受教育权利的法律救济[J].中国特殊教育,2012(7):25-29.
⑥ 赵斌,王琳琳.论特殊教育从人文关怀到行动支持走向[J].中国特殊教育,2013(1):7-10.

相关"法律法规"和成功经验,指出应加强我国大陆地区融合教育立法的层次性、系统性和操作性,以立法的形式明确和强化政府的责任,切实推进我国大陆地区融合教育的发展。[①]

在特殊教育政策执行方面,我国特殊教育研究者也进行了多方面的研究,并分析了特殊教育政策执行过程中所出现的政策理解与政策执行之间的矛盾与冲突、政策执行力度不够等方面的问题。邓猛通过研究发现:中国特殊教育的发展在立法、服务模式、组织结构、课程教学、入学率以及相关的投资等方面都取得了巨大进展,但同时,在执行随班就读的过程中也出现了很多的矛盾与冲突,例如,中国特有的文化传统与西方全纳教育观念的冲突、应试教育与素质教育的冲突、较落后的经济条件与对资源的高要求的冲突等。[②] 马金玲对甘肃省特殊教育政策法规的执行力度情况进行了分析,指出:甘肃省对国家和省级一些特殊教育政策不能很好地落实,具体表现为:特殊教育政策的执行力度不够;教育执法与监督机制不完善,有法不依、执法不严、违法不究的现象时有发生;教育法规政策中描述性语言过多,定量化的规范偏少;没有随时代发展制定符合实际需求的政策。[③] 黄志军、刘春玲梳理了全国31个省(区、市)出台的二期特殊教育提升计划实施方案,以了解各地特殊教育发展的新趋向及区域差异,指出这些差异主要体现在规模增长与内涵提升的考量以及点状思维与系统思维的平衡两方面。据此,他们提出以下建议:细化方案,增加可操作性;因地制宜,发挥创造性智慧;强化协作,促进融合教育。[④] 此外,还有研究者对农村残疾学生受教育权进行了研究。[⑤]

(3) 从政策研究的视角来看,国(境)外政策借鉴研究多于政策的本土化分析研究

近些年来,我国特殊教育学者一直在试图通过研究西方国家特殊教育法律

[①] 陈全银,魏燕荣.台湾地区融合教育的立法与启示[J].绥化学院学报,2017,37(7):21-24.
[②] 邓猛.特殊教育管理者眼中的全纳教育:中国随班就读政策的执行研究[J].教育研究与实验,2004(4):41-47.
[③] 马金玲.甘肃省特殊教育政策法规执行力度情况分析与建议[J].中国特殊教育,2014(8):21-25,39.
[④] 黄志军,刘春玲.地方贯彻《第二期特殊教育提升计划(2017—2020年)》的政策比较及实施建议[J].中国特殊教育,2019(5):3-9.
[⑤] 郭启华.论农村残疾儿童受教育权及其实现[J].绥化学院学报,2013(12):5-10.

的发展史、政策导向、法律改革措施等内容,从中借鉴经验来推动和完善我国的特殊教育法律。而在此类文献中,尤以对美国特殊教育法律进行介绍及评析的最多。牛滢迪梳理和归纳了美国政府各个时期保障特殊教育机会均等的宪法、法律、法规、宪法判例等重要法规和政策的相关内容,并考察了美国当今最新的特殊教育政策法规中关于对能力缺陷学生进行鉴定与评估、对特殊教育的资金支持、对特殊教师的培养与配备以及对残疾儿童的教育安置等各个方面内容。① 杨柳分析了1975年以来美国残疾人教育改革不同阶段的政策目标及具体举措,将美国残疾人教育政策发展分为两个阶段:1975年至20世纪80年代中期为第一阶段,其政策目标主要是实现教育公平,解决残疾儿童的入学问题;20世纪80年代至今为第二阶段,政策目标是提高教育质量。② 还有其他一些研究者也探讨了美国的特殊教育发展。③④

除了美国以外,部分学者还就其他国家特殊教育相关法律和我国台湾地区特殊教育相关条例规定的特点进行了分析和借鉴。陈阳研究了新西兰特殊教育政策的发展,着重分析了新西兰《特殊教育政策指南》和《特殊教育2000》两大特殊教育核心政策。⑤ 李凤娇对21世纪新加坡《2007—2011总体计划》和《2012—2016总体计划》特殊教育政策中残疾儿童的早期干预、接受学校教育和就业培训等方面内容进行分析,同时还对这三个方面的实施效果进行了政策评价。⑥ 李莉莉分析了我国台湾地区所谓的特殊教育"立法"的演进及特点,并总结了对我国大陆地区特殊教育发展的启示。高晶晶、刘文静梳理了日本特别支援教育制度的立法沿革、立法体系和特点、发展趋势以及现状,以了解日本的特殊教育法律制度。⑦

---

① 牛滢迪.美国政府保障特殊教育机会均等的教育法规研究[D].兰州:西北师范大学,2013.
② 杨柳.美国残疾人教育改革的政策分析:从入学公平到质量提高[J].比较教育研究,2014,36(4):48-53.
③ 叶元.美国特殊教育相关服务研究[D].上海:华东师范大学,2011.
④ 陈瑞英,刘炜.美国残疾人职业教育立法特点及其启示[J].实验室研究与探索,2019,38(1):207-209,246.
⑤ 陈阳.新西兰特殊教育政策发展的特点分析及启示[J].黑龙江高教研究,2013(12):83-85.
⑥ 李凤娇.新加坡特殊教育政策内容分析:以《2007—2011总体计划》和《2012—2016总体计划》为例[D].兰州:西北师范大学,2013.
⑦ 高晶晶,刘文静.论日本特别支援教育法律制度[J].教育评论,2019(2):154-158.

相比而言,我国特殊教育研究者对于如何将国外特殊教育政策的经验借鉴到国内的本土化研究相对比较缺乏,仅有的一些研究也大多是建议直接套用国(境)外的政策,缺乏与中国本土的结合。例如,叶元研究了美国特殊教育法律中的特殊教育相关服务内容,认为我国也应该在特殊教育立法中引入"相关服务"概念,明确相关服务享有者的资格,确定相关服务内容及其标准,加强相关服务人员队伍建设。陈阳在分析新西兰特殊教育政策发展的历史与特点时,提出特殊教育应该建立健全特殊教育保障机制,完善特殊教育服务体系,增加特殊教育投入。高晶晶、刘文静在介绍日本特别支援法律制度成功经验的基础上,提出我国特殊教育法律保障制度应该明确义务主体责任,注重与监护人的合作,建立全面的支援体系等。但这些学者都没有阐释如何将这些经验运用到国内,仅是泛泛而谈,缺乏国外先进政策经验的本土化。

(三) 我国特殊教育政策发展研究

自20世纪80年代开始,随着一系列法律法规的颁布,我国残疾人教育权益逐步得到了国家立法的保障,特殊教育发展的速度和质量都在逐年提升。总的来看,我国特殊教育政策的发展呈现出如下几个典型特点:第一,我国残疾人立法的层次提高了。1982年宪法第45条就残疾人权益进行阐述,改变了过去仅有行政法规,没有国家立法的状况。经过多年的努力,过去仅仅依靠行政干预来推动的局面得以改变,残疾人事业的法律地位得到提高,残疾人福利与权益变得有法可依、有章可循。第二,立法的速度提升了,立法的范围扩展了。改革开放四十多年以来颁布的残疾人相关的法律法规数量,远远超过了改革开放以前所颁布的总和。数量的巨大变化,也反映了我国残疾观念、社会文化以及公共管理与服务等方面的理念与实践方式发生了质的飞跃。第三,立法的体制在逐步完善。经过数十年的努力,我国从中央到地方都已建立起一套完善的审议、批准、执行、监督、维权体系,使得残疾人事业的立法具有权威性和强制性。[①]

特殊教育相关法律法规推动了我国残疾人教育事业的迅速发展,残疾儿童少年受教育的权利得到了法律的有力保障。早期的特殊教育法规初步制定了"将残疾儿童少年义务教育纳入义务教育体系",实行"普及与提高相结合,以普

---

① 彭兴蓬.全纳教育与残疾人的受教育权[M].武汉:华中师范大学出版社,2015:242.

及为重点"的特殊教育发展方针,确立了着重普及义务教育阶段三类残疾儿童教育的发展目标。[①] 经过"八五"与"九五"的发展,又调整为"普及与提高并重,向提高质量过渡"的发展方针,并且根据各地经济文化发展的实际,还对各地应该完成的残疾儿童入学率指标进行了具体的规定。残疾儿童的入学率显著提高,特殊教育学校、特殊教育班、随班就读学校的数量发生了天翻地覆的变化。到"十五"阶段,特殊教育的对象虽然还是以三类残疾儿童为主体,但已经扩展到要求创造条件满足其他各类残疾儿童少年接受义务教育。[②] 从发展任务上来看,虽然还是以普及义务教育为主要目标,但已经扩展到学前教育、高级中等教育、职业技术教育以及高等教育领域,初步形成了完整的特殊教育体系。时至今日,针对我国特殊教育的发展,相关政策和法规不仅对发展目标做出了明确规定,还对特殊事业发展的保障措施、实施主体、各相关人员的职责分工等做出了规定,特殊教育法规政策相对完善。此外,从特殊教育实践和国家政策方针中可以看到,融合教育理念正逐步落地实践,我国特殊教育正朝着融合教育的趋势发展。[③]

然而,目前我国残疾人教育事业在实施过程中出现的诸多问题,如条款不够完备、结构层次不完整、立法规格低、法律效力低、立法科学性不够等缺憾,这些都与缺乏有效的政策措施与法律手段对相关部门、组织、群体、人员的权利与义务进行规范有关。到目前为止,特殊教育政策相关研究还很缺乏,研究文献主要散见于残疾人教育与康复相关的期刊中;少数其他社会科学期刊偶尔有残疾政策方面的文章发表,但很有限。从研究内容来看,残疾人事业发展相关的法律法规介绍与解读较多,多学科视野的理论分析与思考较少,实证研究也较少;外国新名词、法律法规介绍多,本土化的政策研究少;各类基本概念、新术语的释义多,而理论的生成、探索少,本土化理论的生成与扩展少,解决实际政策问题的研究更少。从方法层面上看,多数研究以文献分析比较、理论思考与推理为主,实证研究特别是对执行过程与效果评价的系统实证研究尚很缺乏。

---

① 卢德平. 中国残疾青少年特殊教育问题评估报告[J]. 中国青年政治学院学报,2004(5):12-19.
② 吕雯慧. 金钥匙视障儿童随班就读实践的历史考察(1987—2010)[D]. 上海:华东师范大学,2012.
③ 赵斌,秦铭欢. 新中国70年特殊教育发展:成就与趋势[J]. 现代特殊教育,2019(18):3-11.

四、我国特殊教育改革与策略

(一) 近年来我国特殊教育改革的重点领域

20世纪80年代以来,我国特殊教育的改革与发展主要体现在以下几个方面。

第一,普特融合与推进残疾儿童教育公平改革。教育公平是社会公平价值在教育领域的延伸和体现,对于任何一场教育改革而言,教育公平理念都是一个重要的命题和目标,也是教育改革与发展应该始终坚持的基本目标。20世纪80年代以来,为了提高残疾儿童的入学率、推进残疾儿童的教育公平事业发展,以普特融合为核心的随班就读在我国逐步推广起来。1988年在全国第一次特殊教育工作会议上,确定了中国特色的包括特殊教育学校、特殊教育班和随班就读三种主要形式的特殊教育发展的新格局和模式。[1] 此后,以普特融合为特征的随班就读在我国以试点的方式进行试验。特别是1994年的《关于随班就读工作的试行办法》标志着随班就读工作作为一项特殊教育发展的政策正式开始实行。之后,各省纷纷按照自己的情况出台关于实施随班就读工作的具体文件,随班就读工作开始全面推广开来。教育部《2014年全国教育事业发展统计公报》的数据显示,以融合的形式(包括随班就读、普通学校中的特教班)接受义务教育的残疾学生已经占到所有在校残疾学生人数的52.94%。2017年国务院修订颁发的《中华人民共和国残疾人教育条例》明确指出残疾人教育应当提高质量,积极推进融合教育,根据残疾人的残疾类别和接受能力,采取普通教育方式或者特殊教育方式,优先采取普通教育方式。融合教育已经成为我国残疾儿童少年义务教育安置的主要形式,成为我国教育领域践行公平理念、实现教育公平目标的重要途径。[2]

第二,教育质量提升改革。长期以来,我国一直都将提高残疾儿童入学率、普及残疾儿童义务教育作为特殊教育发展的重中之重。今天的随班就读似乎早已失去20世纪80年代中期的乐观与朝气,始终停留在计算入学率的表面层

---

[1] 朴永馨. 融合与随班就读[J]. 教育研究与实验,2004(4):37-40.
[2] 朱楠,王雁."复合型"特殊教育教师的培养——基于复合型的内涵分析[J]. 教师教育研究,2015,27(6):39-44.

次,难以渗透到质量改进与教育整体改革的深层次。① 2010 年发布的《国家中长期教育改革和发展规划纲要(2010—2020 年)》中提出要"关心和支持特殊教育,完善特殊教育体系,健全特殊教育保障机制",开启了我国特殊教育质量提升改革运动。为了深入实施该规划纲要,加快推进特殊教育发展,教育部 2014 年颁布《特殊教育提升计划(2014—2016 年)》,提出要将"办学条件和教育质量进一步提升"作为特殊教育发展的总目标之一,并从特殊教育经费、特殊教育课程与教学、特殊教育教师、特殊教育基础设施等多个方面阐述了提高特殊教育质量的具体措施。随后全国各省市均按照要求制定了符合本地区发展情况的地方特殊教育提升计划,按需配置特殊教育教师编制,进一步提高特殊教育津贴,利用各种培训计划提升特殊教育教师专业化发展水平,采用职称倾斜方式激励教师,开展课程与教学改革。② 为了巩固一期成果,进一步提升教育质量,2017 年,教育部等七部门颁布《第二期特殊教育提升计划(2017—2020 年)》。其中,总体目标部分明确提出"教育质量全面提升"。二期提升计划以完善特殊教育体系、增强特殊教育保障能力、提高特殊教育质量为重点任务,并从各级各类特殊教育普及水平、特殊教育经费、特殊教育专业支撑体系、特殊教育师资队伍以及特殊教育课程等方面进一步阐述具体措施。二期提升计划不是一期计划的简单延续,而是主动适应新形势,突出问题导向,力求在特殊教育普及水平大幅提升的基础上,进一步提高特殊教育质量。③

第三,特殊教育课程改革的持续与深化。相比于普通教育而言,特殊教育的课程改革起步较晚。2007 年教育部颁发了三类特殊教育学校课程设置实验方案,吹响了特殊教育学校课程改革的号角。④ 2014 年国务院办公厅转发的《特殊教育提升计划(2014—2016 年)》明确提出:"深化特殊教育课程教学改革,健全课程教材体系,制定盲、聋和培智三类特殊教育学校课程标准。"特殊教育

---

① 邓猛,景时.从随班就读到同班就读:关于全纳教育本土化理论的思考[J].中国特殊教育,2013(8):3-9.
② 黄汝倩.地方贯彻《特殊教育提升计划(2014—2016 年)》的政策研究[J].中国特殊教育,2015(8):3-8.
③ 朱卫国.实施二期特殊教育提升计划 办好适合每一位特殊孩子的教育[J].现代特殊教育,2017(21):5-10.
④ 邓猛,景时,李芳.关于培智学校课程改革的思考[J].中国特殊教育,2014(12):28-33.

的课程改革已经全面展开。

目前,我国三类特殊教育学校的课程标准研制工作已经完成,其中对于培智学校的课程改革争议较大。培智学校课程理论与实践体系的建设仍然处于起步阶段,教学方法落后、教材缺乏和老化的问题日益突出;一些特殊教育学校甚至因为教材缺乏而出现盲目设置课程、随意开课的现象。许多培智学校还面临孤独症、多动症、脑瘫等类型残疾儿童带来的教学挑战,课程与教材问题更是突出。培智学校课程的改革不仅是当前国家培智教育的迫切需要与工作重点,也是特殊教育研究者讨论的焦点。

对于培智学校课程改革的趋向,特殊教育研究者有着各自的看法。一是对培智学校校本课程开发的探索,强调培智学校校本课程的"生活化"趋向。王红霞结合北京市海淀区培智学校校本课程研究实践,提出了校本课程开发的五个理念,即个别化教育理念、生存教育理念、生活教育理念、环境生态课程相关理念、生活质量理念。① 吴春燕在回顾一些具有代表性的培智学校校本课程开发理念的基础上,指出"生活化"是培智学校校本课程开发的总方向。培智学校基本都是在"来源于生活,服务于生活"的课程理念指导下选择和组织课程内容,并以此为依据进行课程的教学。② 二是对培智学校课程改革价值取向的探讨。邓猛、景时等人认为:培智学校的生活化课程将生活简单化、狭隘化、机械化和庸俗化了。"生活化"课程不能局限于生活技能,应着眼于完整的社会文化生活。培智学校课程应从"功能限制"走向"发展探究",从单一模式走向多元模式。③ 三是对培智学校课程标准制定的研究。盛永进指出,标准的"同一"与学生"差异"的两难,是试图制定不同特殊教育学校课程标准时不可回避的悖论性问题。在建设标准时,应汲取国际先进的融合理念和经验,与普通课程标准相融合,以适应不同残疾学生的特殊需要,即要坚持以融合为导向的价值取向。④ 朱志勇系统分析了《培智学校义务教育课程标准(2016年版)》制定的基本依据及地位作用,指出:培智学校课标以《国家中长期教育改革和发展规划纲要

---

① 王红霞.培智学校校本课程开发实践研究[J].中国特殊教育,2012(3):37-40.
② 吴春燕.培智学校校本课程开发的现状研究[J].中国特殊教育,2013(2):31-35.
③ 邓猛,景时,李芳.关于培智学校课程改革的思考[J].中国特殊教育,2014(12):28-33.
④ 盛永进.特殊教育学校课程标准研制刍议[J].中国特殊教育,2015(7):76-79,85.

(2010—2020年)》精神为指导,依据"课程方案"的要求,参照普教各学科课程标准的内容、要求和特教的"中度训练纲要"的学科内容,再综合各方面专家的意见和建议编制而成。它是经国家审定、颁布的法规性质的文件,是教材编写、教学设计、教学实施、教学评价的重要依据。①

第四,特殊教育教师的专业化改革。特殊教育要发展,师资需先行。为了推进特殊教育教师改革,国家先后出台了一系列的政策来促进特殊教育教师专业的改革。2010年出台的《国家中长期教育改革和发展规划纲要(2010—2020年)》和2014年发布的《特殊教育提升计划(2014—2016年)》中都提到了要"加强特殊教育师资队伍建设""提高教师专业水平"。从目前来看,我国特殊教育教师改革主要体现在两个方面。

(1) 特殊教育教师专业标准的制定

2015年10月教育部发布了《特殊教育教师专业标准(试行)》,该标准是我国对合格特殊教育教师的基本专业要求,是特殊教育教师实施教育教学行为的基本规范,也是特殊教育教师培养、准入、培训、考核等工作的重要依据。《特殊教育教师专业标准(试行)》的出台很大程度得益于近年来许多研究者针对特殊教育教师专业标准的相关研究和探讨。近年来,许多研究者在借鉴美国、英国等国家相关经验的基础上,对我国的特殊教育教师专业标准进行了理论构想。王雁、冯雅静介绍和阐述了美国特殊儿童委员会所修订的《特殊教育教师伦理准则》和《特殊教育教师培养标准》,明确国际特殊教育教师从业要求的内涵及其变化趋势。② 冯帮、陈影研究分析了美国特殊教育教师的标准,从学习者及其多元性、学科知识与技能、评价、学习环境、专业与道德实践、合作、反思与专业发展七个方面对四大标准中特殊教育教师专业标准的具体内容进行解读。③ 顾定倩、刘颖对美国第一、第五和第六版《每个特殊教育工作者必须知道什么:道

---

① 朱志勇.《培智学校义务教育课程标准(2016年版)》制定的基本依据及地位作用[J].现代特殊教育,2019(17):29-32.
② 王雁,冯雅静.美国特殊教育教师专业标准的发展与评介[J].教师教育研究,2014,26(3):107-112.
③ 冯帮,陈影.美国特殊教育教师专业标准解读及启示——基于美国学科教师专业标准[J].中国特殊教育,2014(9):43-48.

德、标准和指南标准》的结构和内容进行纵向比较。① 蒿孟丽详细介绍了美国加州特教教师资格认证类型与专业标准,指出其资格认证领域包括基础类型、额外添加授权以及相关医学资格类型;相应的专业标准涵盖教师的多维技能,满足了各类特殊儿童的不同需求。②

(2) 特殊教育教师培养模式改革的探索

随着融合教育在我国的实施,越来越多的特殊儿童已经开始进入普通班级。这要求我国高等院校调整特殊教育师资培养模式,改革教师教育体制,探寻适合我国随班就读要求及融合教育发展方向的教师职前培养体系。③《中华人民共和国残疾人保障法》(1991年)规定:"普通师范院校开设特殊教育课程或者讲授有关内容,使普通教师掌握必要的特殊教育知识。"1994年颁发的《中华人民共和国残疾人教育条例》提出:普通师范院校应当有计划地设置残疾人特殊教育必修课程或者选修课程,使学生掌握必要的残疾人特殊教育的基本知识和技能,以适应对随班就读的残疾学生的教育需要。就目前来说,对于融合教育背景下特殊教育教师培养模式的研究基本上有两种。一种是通过改革普通师范生教育课程设置,培养普通师范生的特殊教育能力。华京生、华国栋认为,解决师资紧缺问题的有效途径是在普通高师院校广泛开设特殊教育课程,在职前培养阶段使师范生具备一定的融合教育素质,毕业后能适应随班就读师资的需要。④ 王雁、范文静等人指出:作为制订教师教育课程方案等依据的教师教育课程标准,应充分体现融合教育理念,教师教育课程目标设置应从融合教育视角入手,明确对准教师融合教育素养培养的要求,明示融合课程的站位。同时,应将融合教育纳入职前教育的核心课程,使其成为所有教师职前教育的必修课。⑤ 而朱楠、雷江华认为,仅仅以特殊教育公共选修课程的形式开展普及

---

① 顾定倩,刘颖. 美国特殊教育教师任职标准的演变和特点分析[J]. 比较教育研究,2014,36(1):31-36.
② 蒿孟丽. 美国加州特教教师资格认证类型与专业标准及其对我国的启示[J]. 现代特殊教育,2018(23):76-80.
③ 邓猛,赵梅菊. 融合教育背景下我国高等师范院校特殊教育师资培养模式改革的思考[J]. 教育学报,2013,9(6):75-81.
④ 华京生,华国栋. 普通高师院校开设特殊教育课程研究[J]. 中国特殊教育,2013(6):29-33.
⑤ 王雁,范文静,冯雅静. 我国普通教师融合教育素养职前培养的思考及建议[J]. 教育学报,2018,14(6):81-87.

性教育,其辐射范围有限,效果甚微,真正提高普通师范生的特殊教育能力还需要进行系统性的改革。他们认为有必要系统地考虑免费师范生特殊教育能力培养体系的培养目标、培养方式和课程设置,构建融合教育背景下免费师范生特殊教育能力培养体系。[①]

第五,孤独症儿童教育与康复的重视。孤独症儿童的教育与康复问题已经成为近些年来我国特殊教育面临的关键问题。近年来国内孤独症确诊率日渐提高,其发病率已经位居我国精神残疾的首位,逐渐引起了广泛关注。根据世界卫生组织统计,在中国13亿规模庞大的人口中,大约有60万—180万名孤独症患儿,专家估计中国的孤独症者在260万—800万之间。[②] 根据国际普遍引用标准,每166名儿童中就有一名患有孤独症,我国孤独症儿童约有164万人。[③] 尽管目前孤独症人群具体数目不太明确,但孤独症发病率上升是客观发展趋势,可以肯定的是这是一个亟待各种社会资源支持的弱势群体,这是一个个需要政策支持与服务保障的家庭。

2006年全国第二次残疾人抽样调查时将孤独症正式列入调查范围。2009年,国务院办公厅转发教育部等部门《关于进一步加快特殊教育事业发展意见的通知》,明确提出促进包括孤独症儿童在内的重度残疾儿童接受义务教育,将孤独症儿童纳入义务教育之中。民政部门在社会救济制度中将作为重度残疾的孤独症者的基本生活保障列为一项任务。[④] 2009年,中国残疾人联合会在全国31个城市开展了孤独症儿童康复训练试点,并实施了"贫困残疾儿童抢救性康复项目"。2010年,卫生部出台了孤独症及其谱系障碍的医学诊疗指南,以促进各地医疗服务规范化。中国残疾人联合会在"十一五"规划中明确提出了各省建立省级孤独症康复中心,并出台了相关中心的评估标准,开展了各级康复人员的培训;同时鼓励与探索各级各类民间康复机构和其他社会服务机构的发展;在儿童抢救性计划中为在各地指定机构中康复的6岁以下儿童提供了相应

---

① 朱楠,雷江华.融合教育背景下免费师范生特殊教育能力培养研究[J].中国特殊教育,2014(2):29-35.
② 李敬.关于孤独症儿童状况的调研报告[R].北京市孤独症儿童康复协会,2009.
③ 吕晓彤,高桥智.自闭症儿童母亲在养育儿童过程中的需求调查[J].中国特殊教育,2005(7):47-53.
④ 李敬,程为敏.透视自闭症:本土家庭实证研究与海外经验[M].北京:研究出版社,2011:97.

康复救助补贴。2014年,教育部等七部委联合发布《特殊教育提升计划(2014—2016年)》,其中针对孤独症儿童,鼓励现有特殊教育学校设立孤独症教育康复部,鼓励有条件的地区试点建设孤独症特殊教育学校。第一期特殊教育提升计划和第二期特殊教育提升计划明确提出要促进医教结合,建立多部门合作机制,加强专业人员的配备与合作,提高残疾学生教育教学、康复训练的有效性。① 目前我国已经逐步形成了民办机构为主,公办残疾人康复机构与公办特殊教育机构为辅的局面。② 目前我国孤独症儿童的教育与康复模式主要包括以家庭为中心、以社区为中心、以学校为中心以及综合式的教育与康复模式。③

第六,特殊教育实践方式的多样化。近年来,随着残疾儿童教育与康复需求的突出,特殊教育实践模式也呈现多样化趋势。特别是"医教结合"的兴起,在中国特殊教育领域受到了空前的重视与欢迎,被认为是当代特殊教育发展的必经之路、我国特殊教育发展的最佳实践方式。④⑤ "医教结合"的正式提出,是在2009年上海市发布的《上海市特殊教育三年行动计划(2009—2011年)》中,文件中明确提出实施"医教结合、按需施教"。2009年11月,教育部基础教育二司向有关省市发布了《关于在特殊教育学校建立"医教结合"实验基地的通知》,并且正式启动中国首批特殊教育学校"医教结合"实验基地的授牌仪式。2011年、2012年、2013年教育部都把"特殊教育'医教结合'改革实验和试点"作为年度特殊教育工作的重点之一,对推动特殊教育"医教结合"工作发挥了积极影响。2014年,教育部在颁布的《特殊教育提升计划(2014—2016年)》中也提出,将"继续开展'医教结合'实验,探索教育与康复相结合的特殊教育模式","经过三年努力,初步建立布局合理、学段衔接、普职融通、医教结合的特殊教育体系"。"医教结合"是政府层面对特殊教育治理机制和体制的一种探索和改革。⑥ 除了"医教结合"之外,政府层面还围绕着"康教结合""教康结合"等方

---

① 陆永兰.自闭症儿童康复教育亟待重视[J].中国人大,2018(1):45-46.
② 邓猛,黄伟,颜廷睿,等.孤独症儿童教育康复现状与思考[J].残疾人研究,2014(2):37-42.
③ 向友余,张晓霞,王叶,等.自闭症儿童教育与康复模式的现状、问题与发展趋势[J].社会福利(理论版),2019(5):24-28.
④ 张婷.医教结合是当代特殊教育发展的必经之路[J].中国教育技术装备,2010(21):20-21.
⑤ 杜志强.什么是最佳的特殊教育实践模式:兼与张婷、陆莎商榷[J].中国特殊教育,2013(4):15-17,10.
⑥ 昝飞.从特殊教育治理机制与体制改革看医教结合政策[J].现代特殊教育,2018(3):15-17.

面进行了实践与探索。①

(二) 我国特殊教育改革发展的策略

第一,关于进一步完善我国特殊教育相关法律法规的呼吁。近年来,我国特殊教育研究者一直呼吁制定由国家最高立法机关通过的特殊教育专门法律,并对特殊教育立法的必要性、立法理念、原则和具体内容进行了探讨。邓猛、周洪宇认为,我国残疾人受教育程度低,目前特殊教育实施过程中出现的诸多问题,都与缺乏法律手段对相关部门、组织、群体、人员的权利与义务进行规范有关。因此,他们提出了特殊教育法制定的基本原则,即教育公平原则、适当教育的原则、社会公正的原则,并就特殊教育法应该包括的内容进行了探讨,包括对残疾儿童教育权的保障,对特殊教育需要的类别与定义进行严格的规范,对残疾鉴定小组成员的构成、鉴定人员的资格、鉴定的原则与程序、特殊教育教师的师资培训等方面进行严格的规范。② 李泽慧指出:我国已初步形成随班就读师资培养的政策法规系统,但仍存在着权威性和实际法律效力较低、相关规定不够具体和难以评估成效等现象;应加快专项法律的立法进程,发挥政策法规的引导作用,增强执法力度。③ 赵斌、王琳琳指出,当前我国许多特殊儿童的权利没有得到充分保障,究其原因在于现有的特殊教育法律支持体系没有建立,最直接的表现为缺失核心的特殊教育法。因此,为特殊教育提供法律支持首先必须以平等、公平、包容性、适宜性、参与性等原则为基础制定特殊教育法。④ 张宇、葛新斌等人从保障特殊儿童家长权利的角度出发,指出缺少核心的特殊教育法支持家长参与特殊教育,其在参与子女教育时处于"名不正,言不顺"的尴尬境地。因此,应在我国制定与出台的特殊教育相关法律和政策法规中,单列出家长权利的章节,明确家长相应的教育参与权,这是促进家长参与子女教育的有效方法。⑤

第二,关于进一步健全特殊教育体系的相关讨论。主要集中在两个方面:

---

① 李岩,崔宁.康教结合工作体系的探索与实践[J].现代特殊教育,2015(5):54-56.
② 邓猛,周洪宇.关于制定《特殊教育法》的倡议[J].中国特殊教育,2005(7):3-6.
③ 李泽慧.对随班就读师资培养中现有政策法规的思考[J].教育理论与实践,2013,33(5):26-29.
④ 赵斌,王琳琳.论特殊教育从人文关怀到行动支持走向[J].中国特殊教育,2013(1):7-10.
⑤ 张宇,葛新斌,邱举标.我国特殊儿童家长教育参与权的立法保障探析[J].现代特殊教育,2017(18):64-68.

① 在普及与提高残疾儿童九年义务教育的基础上,积极发展残疾儿童少年非义务教育阶段教育。从各级教育的结构来看,我国特殊教育呈现的"纺锤形"结构不利于特殊教育的均衡发展。义务教育的发展应该基于广泛、有质量的学前教育,早期发现与早期干预是特殊教育的基本要求。因此,如果没有提供适当的学前教育与康复,义务教育的质量必然会受到影响。同样,高中层次以上的教育是义务教育的出口。义务教育不能得到可持续性发展的话,高中层次以上的特殊教育必然缺乏根基。[①] 杨希洁认为,随着残疾人义务教育普及率的提高,残疾人接受高中教育的需求会越来越大,这将导致"供需不平衡"矛盾的出现,有必要尽快着手发展残疾人高中阶段教育。[②] 丁勇针对《国家中长期教育改革和发展规划纲要(2010—2020年)》指出:普及与提高残疾儿童九年义务教育仍然是整个教育和特殊教育发展的"重中之重"。但同时,也要将高中阶段特殊教育纳入当地普及高中阶段教育的总体规划之中,主要依托职业高中、普通综合高中和新建的特殊教育高中。因此,迅速改变学前以及高中层次教育发展滞后的现象,是我国特殊教育今后一段时间内的重点工作,使纺锤形结构逐渐发展成为底部比上层宽阔的三角形结构,实现各级教育的均衡发展。[③] ② 要促进不同层次教育之间的衔接与转换。随着我国特殊教育的深入发展以及对于特殊教育质量的追求,教育层次结构应该逐步走向精细化、机制化。有研究者认为至少以下几个方面的衔接应该得到重视:其一,学前到义务教育阶段的衔接;其二,义务教育阶段小学低年级向高年级阶段的衔接与服务;其三,小学阶段向初中阶段的过渡与支持;其四,义务教育阶段后的转衔与支持。残疾儿童义务教育阶段后的深造或者向社会生活过渡,是残疾人衔接中最重要、最困难的部分。

第三,关于进一步建立健全特殊教育支持保障体系的探索。首先,在资金投入方面,需要继续加大特殊教育投入力度,建立特殊教育投入增长的长效机制,同时优化特殊教育经费投入与支出结构。中国残联在《教育规划纲要实施五周年:特殊教育评估报告》中提出,当前我国的特殊教育发展仍然要"继续加

---

① 谢永飞.中国特殊教育的布局结构特点及调整建议[J].现代教育管理,2010(12):25-28.
② 杨希洁.当前特殊教育发展若干特点及问题的思考[J].中国特殊教育,2019(8):8-13.
③ 丁勇.关于我国中长期特殊教育改革与发展几个重大问题的思考[J].中国特殊教育,2010(10):3-6.

大特殊教育投入,保障正常运转。建立特殊教育投入增长的长效机制,进一步增加特教学校生均预算内公用经费标准"。赵小红、王丽丽、王雁建议继续加大特殊教育经费投入力度;落实对普通学校开展特殊教育的财政性经费投入;合理规划特殊教育经费支出结构,切实提高中部地区特殊教育经费投入。① 其次,在特殊教育的条件保障方面,需要在特殊教育资源"空白"县设立特殊教育资源中心,这样不仅可以接受中重度残疾儿童入学,还可以为当地在普通学校就读的残疾学生和随班就读教师提供咨询、指导、培训以及直接教学服务。② 再次,加大对中西部地区、贫困地区和少数民族地区的特殊教育支持保障力度;继续改善中西部地区、贫困地区、少数民族地区特殊教育机构的办学条件,启动少数民族地区特殊教育专项建设项目;对中西部地区新建特殊教育学校继续给予支持③;加快开发符合当地少数民族学生文化、生活习俗的文化本位课程,促进民族特殊教育的卓越发展④。最后,应该逐步建立涵盖社会不同部门与方面的社会支持网络系统。社会支持作为社会保障体系的有益补充,有助于减轻人们对社会的不满,缓冲个人与社会的冲突,从而有利于社会的稳定。社区支持与社会网络常常联系在一起,社区支持网络是一种非正式的社会支持,通常被视为解决个人及社区问题的"第一线",因为当个人遇到问题时的第一个反应通常是寻求相熟或亲密的人的协助,所以,社会支持网络无疑是补足正规社会服务的一种有效支持模式。⑤ 因此,政府部门要善于调动社会力量共同解决对残疾学生的服务保障问题,将原来由政府独立承担的特殊儿童教育任务改由社会、社区、家庭等共同分担,政府则承担监督与法规制定等工作,扮演好服务型政府的角色,形成全社会关心特殊教育的良好氛围。⑥

---

① 赵小红,王丽丽,王雁.特殊教育学校经费投入与支出状况分析及政策建议[J].中国特殊教育,2014(10):3-9.
② 彭霞光,齐媛.提高特殊教育发展水平的政策建议[J].中国特殊教育,2014(12):3-8.
③ 丁勇.关于我国中长期特殊教育改革与发展几个重大问题的思考[J].中国特殊教育,2010(10):3-6.
④ 陈瑶,汪红烨.我国少数民族地区特殊教育研究现状及建议[J].乐山师范学院学报,2018,33(7):107-112.
⑤ 周沛.社区工作中的社会支持网络构建及其意义[J].社会科学研究,2003(6):92-96.
⑥ 陈臣,王芳.新时期我国特殊教育发展模式改革创新路径探索[J].贵州工程应用技术学院学报,2018,36(5):141-144.

第四,关于推进融合教育,促进教育公平的理论和实践探索。融合教育强调每个儿童都有接受教育的基本权利,要求普通学校接纳所有的学生,促进所有学生的发展,特别是残疾学生、学习困难学生及其他弱势群体学生。[①] 融合教育反对传统的牺牲大多数能力一般或较差学生的发展需求、只注重极少数优秀学生发展的精英主义教育模式,它以追求教育公平、实现社会公正为终极目标,其宗旨是要减少所有学生的学习障碍,让普通学校满足所有学习者的需求。因此,发展融合教育本身就是在促进教育公平。近些年,无论是我国政府还是特殊教育专家学者都将发展融合教育作为促进教育公平、提高教育质量的重要途径。《特殊教育提升计划(2014—2016年)》提出,要"全面推进全纳教育,使每一个残疾孩子都能接受合适的教育"。邓猛指出,融合教育是实现教育公平理想的教育实践,是在自然、正常的教育环境中满足学生多样化学习需求的教育举措,是促进弱势群体回归主流学校与社会、平等共享社会物质文明成果的社会行动策略。[②] 黄志成指出,受教育权是教育公平的前提,保障受教育权是教育公平的基础,而教育公平的实现则有赖于融合教育的实践。[③] 朱楠、王雁认为,融合教育的核心内涵就是教育公平,特殊儿童作为弱势群体中一个规模较大的群体,在其接受教育时用融合教育的思想指导,更有利于特殊儿童享受公平的教育权利。[④] 丁勇指出,融合教育是一种具有包容性、支持性的教育。融合教育强调参与与接纳,反对歧视与排斥,主张通过提供更多的学习课程、文体活动等,让残疾儿童少年有更多机会参与合作与学习,促进普特学生实质性融合。而实现真正意义上的融合,专业的支持与服务必不可少。[⑤]

第五,关于进一步加强特殊教育师资培养,提高特殊教育专业化水平的对策建议。师资队伍建设是特殊教育发展的关键。从近几年对特殊教育师资队伍建设的研究来看,目前在特殊教育教师培养、特殊教育教师专业发展、特殊教育教师支持以及特殊教育教师心理健康等方面都存在着问题。针对特殊教育教师所出现的问题,目前研究者各自提出不同的发展建议。

---

① 彭兴蓬,雷江华.论融合教育的困境——基于四维视角的分析[J].教育学报,2013(6):59-66.
② 邓猛,颜廷睿.融合教育理论反思与本土化探索[M].北京:北京大学出版社,2015:14.
③ 黄志成.教育公平:全纳教育的基本理念探析[J].比较教育研究,2010,32(9):53-57.
④ 朱楠,王雁.全纳教育视角下特殊儿童的教育公平[J].中国特殊教育,2011(5):24-29.
⑤ 丁勇.积极探索具有中国特色的融合教育发展模式[J].现代特殊教育,2019(9):1.

（1）通过一系列特殊教育教师的标准与制度性规定提高特殊教育教师的专业化水平

例如,丁勇认为,实施特殊教育教师资格证书制度是国际上通行的,根据特殊教育职业特点而采取的一项提高特殊教育教师专业水平的教师资格任用管理制度。我们应该借鉴国际经验和做法,积极开展特殊教育教师资格证书制度的试点及推广工作。① 王雁、冯雅静在阐述了美国"特殊教育教师伦理准则"和"特殊教育教师培养标准"的基础上提出我国特殊教育教师专业标准应该基于实证研究及理论探讨,加强对教师道德伦理素养的渗透和培养,并在职前培养中加入学科内容,同时体现融合教育的趋势和要求。② 罗超、蔡晶指出,实现特教教师队伍自我构建与自我实现的内生式发展,需要严把特教教师的两道准入关:第一道关卡是尝试设置特殊教育教师资格证制度,第二道关卡是为即将走上特殊教育工作岗位的特教教师开展聘任考试。此外,特教教师专业标准应体现出特教教师的"专业性"和"特殊性",将专业性真正地纳入教师队伍管理中。③

（2）构建特殊教育教师职前培养模式,以应对融合教育对特殊教育教师的要求

融合教育的发展要求我国高等院校调整特殊教育师资的培养模式,改革教师教育体制,探寻适合我国随班就读要求及融合教育发展方向的教师职前培养体系,提升特殊教育质量,促进融合教育发展。对此,一些特殊教育研究者提出了融合教育背景下特殊教育师资培养模式的构想。邓猛、赵梅菊提出综合一体化特殊教育师资培养模式。具体而言,这种师资培养模式主要培养三方面的特殊教育人才:① 根据学生的兴趣与社会的需求,培养针对不同残疾类型的专业化程度较高的教育康复骨干人才;② 开设融合教育或者随班就读专业,培养能够在普通学校实施融合教育的复合型专门人才;③ 培养具备基本特殊教育技能的融合教育普及型人才,将特殊教育知识系统地纳入普通教师培养与教师资格

---

① 丁勇.关于我国中长期特殊教育改革与发展几个重大问题的思考[J].中国特殊教育,2010(10):3-6.
② 王雁,冯雅静.美国特殊教育教师专业标准的发展与评介[J].教师教育研究,2014(3):107-112.
③ 罗超,蔡晶.论特教教师队伍建设的困惑与出路[J].绥化学院学报,2019,39(10):86-89.

考核制度中。① 朱楠、王雁提出"复合型"教师的概念,认为在新时期,特殊教育教师是兼具"教育者""康复者""随班就读指导与推进者"等多种角色的"复合型"知识技能的专业工作者,这种"复合"体现为如下三个方面:以"特教知识技能与学科教育教学能力"复合为主的特殊教育教师;以"教育与康复能力"复合为主的特殊教育教师;以"特殊教育和普通教育能力"复合为主的特殊教育教师。②

（3）加强特殊教育教师的支持体系

杨柳、孟万金从政府、学校和个人三个层面论述了特殊教育教师的社会支持,指出:在政府层面上,要营造良好的公共信任氛围,提高特殊教育教师的经济待遇,依法落实特殊教育教师的合法权益;在学校层面,搭建客观支持的坚实平台,提高教师的主观支持感,发挥绩效评估的促进功能;在个人层面上,拓展社会支持的来源,提高对社会支持的利用度,树立坚定的职业信念。③ 徐思思、徐露羲等人从我国普通学校融合教育素养职后培训的政策支持的角度出发,指出我国相关的政策文件应明确划分组织实施培训单位的权责;将已有规定内容进行补充和细化,增强规定的可操作性;将普通学校教师融合教育素养职后培训的内容写进更多普通教育领域的政策文件中,加强相关规定对于普通教育领域的约束力;立足"融合",在政策文件中统筹规划普通学校教师融合教育素养培训工作;完善政策文件的效力层级。④

---

① 邓猛,赵梅菊.融合教育背景下我国高等师范院校特殊教育师资培养模式改革的思考[J].教育学报,2013,9(6):75-81.
② 朱楠,王雁."复合型"特殊教育教师的培养——基于复合型的内涵分析[J].教师教育研究,2015,27(6):39-44.
③ 杨柳,孟万金.特殊教育教师的社会支持探析[J].中国特殊教育,2013(3):19-22,29.
④ 徐思思,徐露羲,王雁.我国普通学校教师融合教育素养职后培训的政策支持[J].绥化学院学报,2019,39(1):10-14.

第三章　我国特殊教育发展的现状与需求

一、国家和地区层面特殊教育发展现状与需求

（一）研究设计

1. 研究思路

本部分从宏观层面调查我国特殊教育在国家和地区层面的实施情况和发展需求，主要围绕国家特殊教育政策的制定与地区执行、特殊教育经费投入、特殊教育体系结构三个方面，具体调查内容见表3-1。

表3-1　国家和地区层面特殊教育发展调查内容

领域	国家特殊教育政策的制定与地区执行	特殊教育经费投入	特殊教育体系结构
具体内容	国家特殊教育政策与法规的建设成就与特点；国家特殊教育政策的地区执行情况	**国家特殊教育经费的投入情况：** 特殊教育经费的总体投入与来源结构；经费投入在国内生产总值和教育经费支出中的比例 **不同地区特殊教育经费执行情况：** 特殊儿童生均经费的地区差异；教育经费投入的重点差异；特殊教育经费投入存在的问题	**特殊学生：** 总体入学率；不同地区、性别和城乡的入学率差异；不同教育阶段的入学率；残疾人中高等教育的人数和趋势 **特殊教育教师：** 总体数量变化；教师培训情况 **安置形式：** 总体安置；特殊教育学校就读、随班就读、送教上门等不同安置形式的人数变化趋势；不同残疾类型的教育环境安置情况

在研究过程中，课题组以已有文献为基础，对国家政策文本进行充分分析，了解我国特殊教育在政策制定、经费投入和体系结构方面的整体信息，同时和实地访谈资料、不同来源的资料进行相互印证与补充。

在国家特殊教育政策的制定与地区执行方面，首先通过已有文献并结合相关政策文本，总结当前我国特殊教育在国家层面的发展成就，并在此基础上总

结国家层面上特殊教育政策的发展特点。在国家特殊教育政策的地区执行上，一方面，搜集全国不同省份第二期特殊教育提升计划的政策文本，通过纵向比较，分析地区对国家特殊教育提升计划政策文本的执行与贯彻程度，通过横向比较，分析不同地区在实施国家特殊教育提升计划政策方面的差异；另一方面，选取东部地区和中西部地区不同区县的特殊教育负责人进行访谈，了解东部和中西部地区在特殊教育政策发展方面所存在的具体差异和问题。

在特殊教育经费投入方面，充分利用已有关于国家特殊教育经费投入的文献，同时查阅相关资料，总结我国特殊教育经费的总体投入情况和生均教育经费情况。同时，采用访谈的形式，分析东部发达地区与西部欠发达地区在特殊儿童生均经费、经费投入重点和经费投入存在的问题等方面的差异。

在特殊教育体系结构方面，搜集教育部公布的2012—2018年全国教育统计数据，对其进行分析，总结我国特殊教育在特殊学生入学、安置形式和特殊教育教师发展等方面的特点。同时，由于送教上门的特殊学生信息在近几年才纳入教育发展信息统计之中，为了弥补数据的不足，又对送教上门的现状与面临的问题进行了访谈，以此全面了解我国特殊教育发展的信息。

2. 研究方法

（1）文本分析法

本部分研究的文本包括以下几类：一是已发表的关于特殊教育经费和政策研究的相关论文；二是教育部发布的全国教育事业统计数据；三是教育部和各省（直辖市、自治区）发布的特殊教育政策文本。通过对这些文本和数据进行分析与总结，判断特殊教育事业发展的特点。

（2）访谈法

特殊教育中长期发展目标及其推进策略的制定需要建立在对我国不同地区特殊教育发展现实充分调查的基础之上。为了全面反映我国特殊教育发展的现实情况及其未来的发展需求，课题组在北京、广东、河南、重庆、甘肃等地选取调查对象，涉及华北、华南、华中、西南和西北四个地域。在调查对象的选择上，主要选取上述地区的区县特殊教育负责人进行访谈，了解他们对现有政策的评价、对未来政策的需求与建议等，以力求全面系统地反映我国特殊教育发展的基本情况以及未来发展需求，从而为科学有效地制定特殊教育中长期发展目标及推进策略奠定基础。访谈对象具体信息见表 3-2。

表 3-2 各地区访谈对象

地区	对象代码	职务	年龄
北京	SY	地区特殊教育中心主任	43
北京	WHX	区县特殊教育中心主任	41
北京	LX	特殊教育学校教学主任	42
山东青岛	LSQ	幼儿园园长	43
广东中山	LKY	地区特殊教育中心副主任	35
重庆	DDQ	区县特殊教育中心主任	52
重庆	THM	区县特殊教育中心主任	45
重庆	XG	区县特殊教育中心主任	39
重庆	WL	特殊教育学校校长	—
甘肃定西	LP	特殊教育学校校长	54
甘肃兰州	LF	区特殊教育负责人	43
甘肃兰州	ZS	特殊教育学校校长	51
河南郑州	LYX	特殊教育学校校长	—
河南郑州	DS	区特殊教育资源中心主任	36
河南郑州	FCS	特殊教育学校校长	52

(二) 国家特殊教育政策的制定与执行

1. 国家特殊教育政策法规的成就

特殊教育法律与政策体系为保护残疾儿童平等接受教育的权利提供了法律与政策依据。近年来,党和政府十分关心和支持特殊教育的发展,在一系列政策文件中提出要推动特殊教育的发展,我国特殊教育政策与法律建设取得了巨大的成就。通过对已有文献和文本的分析,可将我国特殊教育政策法规所取得的成就分为以下几个方面。

第一,我国特殊教育法律和政策的发展经历了从无到有、从粗略规定到精准施策的发展历程,并在新时代有了新的发展定位。2010 年国家正式颁布的《国家中长期教育改革和发展规划纲要(2010—2020 年)》中,把特殊教育研究纳入基础教育发展战略研究范围,并首次将特殊教育单列一章,作为八大教育改革任务之一,标志着残疾人教育事业发展被纳入国家教育事业改革和发展大局。2016年8月,国务院颁发了《"十三五"加快残疾人小康进程规划纲要》,提出要"提高残疾人受教育水平""巩固特殊教育发展基础""为家庭经济困难的残疾儿童、青少年提供包括义务教育、高中阶段教育在内的12年免费教育"。同年12月,在教育部发布实施的《盲校义务教育课程标准》《聋校义务教育课程标准》以及《培智学校义务教育课程标准》当中,课程标准取代原有课程设置试验方案,这是"基于标准的改革"在特殊教育领域的体现。为了进一步加快推进特殊教育发展,提升特殊教育水平,教育部等七个部门分别于2014年和2017年印发了《特殊教育提升计划(2014—2016年)》和《第二期特殊教育提升计划(2017—2020年)》,残疾儿童少年义务教育入学率总体目标从达到90%以上提升到95%以上,并且提出加快大力发展非义务教育阶段的特殊教育,进一步完善特殊教育体系。2017年1月国务院审议通过了《中华人民共和国残疾人教育条例》,对1994年颁布实施的原《中华人民共和国残疾人教育条例》进行了一次全面系统的修订。根据新时代特殊教育实施的实践和教育事业改革发展的新形势、新需要,调整、更新了残疾人教育发展的理念,补充、完善了保障残疾人受教育权的制度,回应了实践中的热点和难点问题,突出了残疾人教育对于残疾人融入社会,充分、平等地参与社会生活所具有的基础性、关键性作用。[①] 2017年,党的十九大报告提出要"办好"特殊教育,"努力让每个孩子都能享有公平而有质量的教育"。这体现了党和政府对特殊教育的高度重视,表明我国特殊教育事业已经站在新的历史起点上。"办好"特殊教育的纲领性要求对于在"新时代"加快特殊教育改革与发展步伐,更好发挥教育服务支撑作用,促进教育公平以及特殊教育和社会经济均衡发展,具有重大而深远的意义。

第二,特殊教育政策法规理念日益转变,更加注重人的内在价值。从十七大报告中的"关心"特殊教育、十八大报告中的"支持"特殊教育再到十九大报告中的"办好"特殊教育,体现了特殊教育从人文关怀走向行动支持,再到坚持教育公平的发展走向,这正反映了残疾人观的不断发展与变化。特殊教育观念的不断发展与变化,推动着特殊教育从传统的慈善型转向权益型,从隔离走向融

[①] 王大泉.新修订《残疾人教育条例》的理念与制度创新[J].中国特殊教育,2017(6):3-6,12.

合。在新中国成立初期,特殊教育带有明显的社会性倾向,而21世纪的特殊教育更多地表现出"个人本位"的倾向。在两期特殊教育提升计划中,也明确地体现了"以人为本"和"尊重差异,多元发展"的思想,说明特殊教育政策法规的价值取向更加关注人的内在价值。[①]

第三,特殊教育立法体系日渐完善。随着依法治教法制化进程的不断推进,特殊教育政策法规日益完善,形成了以《宪法》为基础,以《残疾人保障法》《教育法》《义务教育法》《职业教育法》《高等教育法》为主干,以行政法规、部门规章、地方性法律规章为支持的特殊教育立法体系。同时,我国特殊教育的法制化道路还处于不断深入探索阶段,还需要进一步推进和完善特殊教育法制化建设。

第四,特殊教育政策法规内容不断丰富。特殊教育政策法规内容的不断丰富与完善,主要体现在教育对象、教育层次、教育方式、课程标准、师资建设、教育经费等方面,见表3-3。在教育对象方面,从局限于盲、聋哑、智障三类残疾类别扩大到孤独症、脑瘫、情绪行为障碍等其他类型;在教育层次方面,由强调义务教育阶段的教育发展为向非义务教育阶段的两端延伸;在教育方式方面,从单一的在特殊教育学校接受教育扩展出随班就读、送教上门、远程教育等多元的教育形式;在课程标准方面,从无到有地建立了盲、聋、培智学校义务教育课程标准;在师资建设方面,由最初盲聋学校师资的缺乏到现在特殊教育师资培养制度初步形成;在教育经费方面,从"对经济困难的残疾学生,应当酌情减免学费和其他费用"到义务教育阶段的"两免一补""对家庭经济困难的学生实行高中阶段免费教育"等等。这些措施都有力地推动了特殊教育事业的快速发展。

表3-3 特殊教育政策法规一览表(截至2018年)

特殊教育政策法规	通过时间/年
《无障碍环境建设条例》	2012
《关于促进残疾人按比例就业的意见》	2013

---

① 张欣,黄永秀.新中国70年特殊教育政策法规发展:保障与督导[J].现代特殊教育,2019(18):12-18.

续表

特殊教育政策法规	通过时间/年
《残疾人托养服务基本规范(试行)》	2013
《特殊教育提升计划(2014—2016年)》	2014
《中华人民共和国教育法》	2015(修订)
《国务院关于加快推进残疾人小康进程的意见》	2015
《国务院关于全面建立困难残疾人生活补贴和重度残疾人护理补贴制度的意见》	2015
《全国孤独症和智力残疾儿童康复人员培训项目实施方案》	2015
《国家手语和盲文规范化行动计划(2015—2020年)》	2015
《关于加强特殊教育教师队伍建设的意见》	2012
《关于加强残疾人文化建设的意见》	2012
《特殊教育教师专业标准(试行)》	2015
《普通学校特殊教育资源教室建设指南》	2016
《"十三五"残疾青壮年文盲扫盲行动方案》	2016
盲校、聋校和培智学校义务教育课程标准	2016
《关于开展职业院校残疾人康复人才培养改革试点工作的通知》	2016
《残疾人职业技能提升计划(2016—2020年)》	2016
《普通学校特殊教育资源教室建设指南》	2016
《残疾人文化体育工作"十三五"实施方案》	2016
《"十三五"加快残疾人小康进程规划纲要》	2016
《贫困残疾人脱贫攻坚行动计划(2016—2020年)》	2016
《中国残联手语和盲文项目管理办法(试行)》	2017
《中华人民共和国残疾人教育条例》	2017(修订)
《第二期特殊教育提升计划(2017—2020年)》	2017
《残疾人参加普通高等学校招生全国统一考试管理规定》	2017
《中共中央、国务院关于促进残疾人事业发展的意见》	2008

2. 国家特殊教育政策法规的特点

近些年我国特殊教育政策法规体现了以下几个方面的特征。

第一,特殊教育政策法规所涵盖的对象范围进一步扩大。在深入拓展阶段,相关政策法规提出了要"逐步解决"重度肢体残疾、重度智力残疾、孤独症、脑瘫和多重残疾儿童少年的教育问题。从涵盖类别来看，特殊教育对象不再局限于盲、聋哑、智障三类，孤独症、脑瘫和多重障碍等其他类别的群体被纳入其中；从障碍程度来看，政府逐渐重视障碍程度较重的儿童少年的教育安置情况。

第二，特殊教育政策法规的制定中越来越重视特殊教育事业的均衡发展。相关政策文件对中西部学校建设、资金保障、特教师资和教学康复设备等方面都做出了明确的规定，以加强中西部特殊教育建设，缩小其与东部地区的差距。

第三，特殊教育体系逐渐完善，政策法规内容不断丰富。从纵向来看，特殊教育政策法规从最初仅重视残疾人义务教育和职业教育的发展，到现阶段开始深入发展学前教育、以职业教育为主的高中教育和高等教育；从横向来看，特殊教育政策法规强调多学科的交叉与合作，其内容不仅涉及课程设置改革、师资培养等教育领域，还涉及医疗康复仪器设备配备、康复救助制度等医疗与康复领域。

第四，初步形成了具有中国特色的特殊教育法律法规体系，但仍然缺乏系统性，尚未形成合力的体系。尤其是由于缺少健全法律法规的保障，特殊教育发展时冷时热，特殊教育事业和相关法律法规仍然滞后于经济社会发展和教育事业发展水平。在立法层面，当前我国特殊教育立法层次较低，缺乏专门的特殊教育法律，约束力不够。从已有的特殊教育法律法规来看，仍然以部门法规和规章为主，如《残疾人教育条例》。即便是《宪法》和《义务教育法》，其中关于残疾儿童教育的相关规定也较简略、零散，缺乏体系。从内容来看，现行特殊教育法律和政策规定过于模糊，缺乏可操作性；倡导性的表述和非强制性的规定过多，权利和责任主体不明确，导致政策执行成为一种象征性的执行，不利于特殊教育具体工作的开展和落实。例如，虽然在每个相关的法律文件中都确立了着重普及义务教育阶段三类残疾儿童教育，逐步发展非义务教育阶段教育，包括学前与高中层次以上的教育，但这些规定只是提供了特殊教育发展结构的大体框架，对于各层次之间的衔接、规模以及发展方式等都没有明确的界定。

3. 国家特殊教育政策执行情况

近年来，党中央、国务院高度重视残疾人教育事业，并相继出台各种政策来促进特殊教育事业的发展。2014年教育部发布了《特殊教育提升计划（2014—2016年）》，力求经过三年努力，初步建立布局合理、学段衔接、普职融通、医教结合的特殊教育体系,使办学条件和教育质量进一步提升。一些研究者对地方如何贯彻特殊教育提升计划进行深入分析与解读。黄汝倩围绕"提高普及水平""加强条件保障""提升教育教学质量"三大任务,对地方贯彻国家《特殊教育提升计划(2014—2016年)》政策文件情况进行分析,研究发现:① 各地着力保障残疾儿童少年义务教育,逐步推进学前和高中阶段教育;② 特殊教育学校学生、随班就读学生和送教上门学生的6 000元生均公用经费得到落实,残疾学生资助经费、特殊教育专项经费等不断提高,特殊教育基础能力建设进一步加强;③ 教师编制、特殊津贴、专业发展及激励措施方面的政策不断推进,课程建设、教学改革受到关注。同时,地方在贯彻与实施《特殊教育提升计划(2014—2016年)》时也存在诸多不足,如地方政策制定者专业化水平不足,地方政策措施操作性不强,执行效果难以检测等。① 丁勇结合江苏的实际,探讨区域贯彻落实《特殊教育提升计划(2014—2016年)》的策略,指出江苏省为了贯彻《特殊教育提升计划(2014—2016年)》主要从以下几个方面着手:围绕提升特殊教育普及水平,初步形成较为完备的特殊教育体系;提升特殊教育教学质量,提高残疾学生的综合素质;积极推进随班就读,加快提高特殊教育普及率;加强特殊教育教师队伍建设,提升特殊教育教师专业化水平;提升特殊教育保障水平,支持特殊教育发展。②

2017年7月28日,教育部等七部门印发《第二期特殊教育提升计划(2017—2020年)》(以下简称"二期计划"),在"一期计划"的基础之上,对特殊教育提出更高的要求,给其后四年特殊教育的发展指明方向。各省、自治区和直辖市为贯彻落实"二期计划",在文件颁布之后也相继颁布了各自区域范围内的提升计划,以巩固"一期计划"的成果,进一步提高发展质量。截至2018年12月,内地31个省(直辖市、自治区)出台贯彻实施意见的有27个。对27个政策文本进行分析,会发现各省都会依据自身情况在"二期计划"的基础上做适当修改(如贵州、山西、江苏、河南),但也有的省份没有做出改动(如安徽)。教育政

---

① 黄汝倩.地方贯彻《特殊教育提升计划(2014—2016年)》的政策研究[J].中国特殊教育,2015(8):3-8.

② 丁勇.让每一个残疾孩子都能接受合适的教育——关于区域贯彻落实《特殊教育提升计划(2014—2016年)》的思考[J].现代特殊教育,2015(2):1-5.

策已越来越强烈地影响着一个国家教育的发展,并在很大程度上决定着国家教育的走向。① 本书基于各地颁布的相关政策,采用文本分析的方法,将各地政策文本内容进行对比分析,以期总结出目前政策制定上存在的亮点和不足之处,为后期政策的改进提供一定的借鉴。

(1) 不同地区在教育普及率上都关注义务教育,非义务教育阶段成为不同地区特殊教育发展的政策差距所在

"二期计划"的总体目标对学前教育、义务教育入学率等几个方面做出规定。各省根据自身情况,也相继在特殊儿童入学率上提出自己的目标。总体来看,在义务教育阶段,虽然入学率比例不一,但各省都会明确规定。"二期计划"提出:到 2020 年,各级各类特殊教育普及水平全面提高,残疾儿童少年义务教育入学率达到 95% 以上,非义务教育阶段特殊教育规模显著扩大。各省(自治区、直辖市)义务教育入学率的情况如表 3-4 所示。从各省(自治区、直辖市)的文件中可以看出,甘肃规定义务教育入学率达到 90%,青海、湖南、吉林、新疆规定达到 95%,这两个水平都低于"二期计划"中"达到 95% 以上"的要求。因此,这几个省(自治区、直辖市)更加侧重于发展义务教育,甚至对入学率的提高制订年计划。比如,青海规定 2017 年入学率从 80% 以上到 90% 以上不等,之后逐年上升,2020 年上升到从 93% 以上到 98% 以上不等;湖南要求从 2018 年到 2020 年分别达到 92%、93%、95%。除这些省(自治区、直辖市)外,大部分省(自治区、直辖市)提出的义务教育阶段入学率都能和文件中的要求保持一致。

表 3-4 各省(自治区、直辖市)对残疾儿童少年义务教育入学率的要求

低于 95%	达到 95%	高于 95%
甘肃(90%)	青海、湖南、吉林、新疆	重庆、广东、广西、河南、云南、天津、辽宁、山西、湖北、宁夏、贵州、四川、安徽、海南、陕西、福建、河北、江西(95%以上)、浙江、江苏(98%)、上海(99%以上)、北京(100%)
1	4	22

相比于义务教育阶段的规定,学前阶段和高中阶段的入学率却仅有少数省(自治区、直辖市)明确提出,这几个省(自治区、直辖市)都是已经完成义务教育

---

① 韩清林. 教育政策的若干理论与实践问题[J]. 当代教育科学,2003(17):3-6,9.

阶段入学率的省（自治区、直辖市）。对于义务教育普及率高于95％的省（自治区、直辖市）来说，它们更加关注非义务教育学段。例如，山东、浙江、江苏、重庆四省（直辖市）要求，到2020年，普及15年特殊教育，学前三年入园率分别达到90％、90％以上、80％以上、80％以上；浙江、江苏进一步对高中阶段入学率提出要求，规定特殊教育高中阶段入学率达到85％、80％以上。

对学段的侧重不同，一定程度上表现出我国特殊教育学段发展的不平衡，以及特殊教育发展水平存在地区差异这两个问题。首先，国家相关法律的缺失以及法律中对各学段入学率的不同规定导致我国教育中存在学段发展不平衡的情况。国家通过《义务教育法》对适龄儿童入学提出强制性要求，但是尚未形成完整的学前教育法规体系[①]和高中阶段教育法规体系[②]，并且，现阶段我国不同学段的入学率也存在很大差异。《国民经济和社会发展第十三个五年规划纲要》提出将义务教育巩固率提高到95％，但是规定学前三年毛入园率提高到85％、高中阶段毛入学率达到90％以上。可见，在法律的影响之下，我国不同学段的发展存在差异，这一点在法律驱动更加明显的特殊教育领域尤为突出。这也导致当前我国特殊教育的发展格局存在极大的学段发展不平衡的现象，这不利于特殊教育的长足发展。

此外，青海、新疆、甘肃等省（自治区）的残疾人义务教育普及率低和当地的教育发展水平低是分不开的。青海、新疆等地都属于西部经济发展水平较低的地区。经济因素对于西部地区人均受教育水平具有决定性影响。[③] 经济发展水平的不平衡导致教育水平发展的不平衡，西部地区经济发展落后于非西部地区，这是不争的事实，这在教育上反映为西部地区义务教育普及率低于非西部地区。因此，西部地区学段普及率上的差异也体现出我国教育发展中存在的区域不平衡的问题。

（2）学校基础建设从关注数量逐渐过渡到关注质量，但质量发展严重失衡

国民义务教育是一种平等教育，应该使所有的学生在平等的条件下得到培

---

① 沙莉，杨利民，刘园.依法保障学前教育发展的国际经验及启示[J].人民教育，2018(9)：27-33.
② 余雅风.论我国普通高中教育的法律规制[J].华南师范大学学报，2010(6)：21-27.
③ 张薇，廖毅.经济因素对民族省份与西部地区人均受教育水平的差异分析[J].求索，2017(7)：96-101.

养、得到发展,而只有加强基础学校建设,办好每一所学校,才能更好地体现义务教育的平等性原则[①]。因此,各省都非常重视特殊教育学校的基础建设。在具体措施上,各省纷纷落实"二期计划"中建立特殊教育学校的规定。海南、湖北、四川、广东等大部分省份都提出,到2020年,基本实现市(地)和30万人口以上、残疾儿童少年较多的县(市)都有一所特殊教育学校;人口不足30万也没有特殊教育学校的县,由地级市设立特殊教育学校或者建立特殊班。贵州还对第二所特殊教育学校的建设提出要求。实际上,建设特殊教育学校这一要求在第一期《特殊教育提升计划(2014—2016年)》中就有所体现。各省在"一期计划"提出后就尤其关注特殊教育学校的建设。我国特殊儿童的教育主要来自特殊教育学校,因此特殊教育学校办学质量的好坏直接关系到每个残疾儿童的身心发展,影响着残疾儿童父母的期待值。[②] 因此,除特殊教育学校的建设外,还有部分省(直辖市)对特殊教育学校在2020年前的质量提出要求,例如广东、甘肃要求根据《特殊教育学校建设标准》对特殊教育学校进行标准化改造和建设;北京提出修订《办学条件标准》,各区要建成达标的特殊教育学校和标准化区级特殊教育中心。此外,海南规定在2020年前力争每所特殊教育学校都有能力完成九年义务教育。

但很多省份都仅仅停留在特殊教育学校的建设上,却没有重视后期的质量管理与评估,也没有质量完善与提高的进一步举措。除此之外,目前我国特殊教育学校的发展还存在很多问题,如还没有形成一套全国性的完整的特殊教育学校办学质量评价体系[③],评价主体单一、评价要素覆盖面较窄、运行效率不高等。从特殊教育学校的规模上看,2014年我国特殊教育学校数量已经达到了2 000所,这在世界上是绝无仅有的。[④] 对比之下可见,我国特殊教育学校数量发展和质量发展间存在显著不平衡,质量的发展被远远地甩在了数量发展的后面。这对那些就读于特殊教育学校的儿童来说无疑是不利的,对那些寄希望于特殊教育学校的特殊儿童的家庭而言无疑也是一种打击。因此,如何提高特殊

---

① 赣州市教育委员会.加强薄弱学校建设 为全面推进素质教育奠定基础[J].江西教育,1998(5):3-4.
② 李俊杰.特殊教育学校办学质量督导评估指标体系研究[J].学周刊,2019(10):163.
③ 陈全银,汤滟秋,肖乐.台湾地区特殊教育学校办学质量的评估及其启示[J].现代特殊教育,2019(1):76-80.
④ 刘全礼.论我国特殊教育的对象问题[J].中国特殊教育,2016(6):3-7,16.

教育学校质量是研究者们今后需要进一步探索的问题。

(3) 对特殊教育群体的关注从单一逐渐到多样,但关注力度仍然不够

以前的法律法规文件中,各地有关特殊教育的政策均围绕着三类残疾儿童(盲生、聋生、智力障碍学生)①。通过对各省的文件分析发现,已经有很多省份关注到了其他类型的特殊儿童,主要包括孤独症儿童、脑瘫儿童、多重障碍儿童等。例如,各个省份都鼓励积极探索举办孤独症儿童少年特殊教育学校(部)。青海、吉林、辽宁要求对特殊教育学校进行转型改造,将招收单一障碍类型学生的特殊教育学校逐步转变为招收孤独症儿童、脑瘫儿童、多重残疾儿童的综合特殊教育学校。广东提出盲、聋哑学生的生均公用经费标准不低于普通儿童的8倍以上,同时,智力障碍、孤独症、脑瘫及多重障碍学生的生均公用经费标准不低于普通儿童的10倍以上。青海提出要组建孤独症特殊教育教研队伍。此外,重庆还将留守儿童纳入特殊儿童的范畴,关注到他们的入学问题。

因此,从政策内容上看,政策的受益群体在逐渐扩大。受关注群体的扩大是一大进步,但是同时我们也应该关注到,很多其他类型的特殊儿童并没有涉及,例如学习障碍、情绪与行为障碍儿童等。除盲、聋、智力落后儿童之外的其他特殊儿童得到的关注度仍然不够。我国法定残疾人包括视觉残疾、听觉残疾、智力残疾、精神残疾等八类特殊人群,但分析各省的政策文本会发现,很多文件中都没有完全覆盖所有类型的儿童。对特殊教育群体的关注不平衡,也导致除盲、聋、智力障碍之外的特殊儿童被法律边缘化。从现实情况看,因为学校系统的不接纳或者缺乏足够的资源和专业能力为他们提供针对性的教育,大多数其他类型的残疾儿童少年无法得到合适的康复治疗和教育机会。根据全国残疾人基本服务状况和需求专项调查,全国残疾儿童少年中没有解决好义务教育问题的,3/4因残疾程度重无法入学,一半以上为孤独症、脑瘫等非传统特教对象。无论是法律上的规定不足,还是现实情况下服务体系的不完善,都表明对非传统特殊教育对象的重视程度不一,拉大了不同类型特殊儿童之间的差距,更不利于特殊教育整体发展。

---

① 李静郁,孙玉梅.地方贯彻《特殊教育提升计划(2014—2016)》的政策文本分析[J].绥化学院学报,2017(4):151-154.

(4) 多样措施完善特殊教育专业支撑体系,但缺乏参与者之间的合作

为了建立更加健全的服务体系,各省在"二期计划"的基础上制定了本省的特殊教育专业支持措施,对资源中心、教研员、康复师、专家委员会等机构或人员配备进行规定。首先,各省都要求建立资源中心,并在此基础上对资源中心的密度、职能、管理、质量提出要求。另外,培训特殊教育相关人员也是主要的专业支持措施。例如广东、辽宁要求在教研机构设置特殊教育教研员,并对教研员的职责、编制做出规定。北京提出为学区内有特殊教育需求的儿童少年配备语言治疗、物理治疗等专业教师。最后,很多省份通过建立专家委员会来促进特殊教育支撑体系的完善,例如广西、广东、河南等。江苏在建立专家委员会的基础上还提出建立专家资源库,并要求教育行政部门根据专家委员会的鉴定结果和建议来安排学生的入学,以及加强专业化特殊教育教师队伍建设等。

以上规定中虽然强调了专业人员、专业机构、专业知识的地位和作用,表明专业人士应该从事专业的事情,但是各省的文件中并没有要求建立明确的合作路径与机制,因此缺乏各类专业人士之间的合作。而以美国为首的西方发达国家尤其重视不同主体间的合作。如英国政府一直在积极探索有效的专业人员参与模式,最终确立了联合各专业人员的"部门间合作模式",以多学科、多部门专业人员合作参与的方式来满足特殊儿童及其家庭的需求。① 多部门、多人员的参与是保证特殊教育健康发展、融合教育有效开展的重要途径。因此,在完善特殊教育专业支撑体系的同时,还要注重不同主体间的合作。只有多学科背景专业人员共同参与,才能确保特殊儿童得到恰当的服务。另外,家长、志愿者、社区服务人员等非专业但与特殊儿童联系紧密的人员也尤其重要。正如《特殊教育需要行动纲领》中规定的那样:实现对特殊教育需要儿童进行成功教育这一目标,不仅仅是教育行政部门和学校系统的任务,它还需要家庭、社区与志愿组织的参与以及广大公众的支持。美国特殊儿童的个别化教育计划的制订就需要管理者、教师、家长、专业人员等组成小组共同参与。② 重视特殊教育支持保障体系建设,是提高特殊教育服务质量的保障,也是提升残疾人受教育

---

① 张莉,周兢.英国学前融合教育"部门间合作模式"及启示[J].中国特殊教育,2007(6):10-14,19.

② 于素红.个别化教育计划的现实困境与发展趋势[J].中国特殊教育,2012(3):3-8,27.

水平的迫切需求。因此,健全专业支撑体系是一个良好的发展趋势。但是,专业人士之间、专业人士和非专业人士之间的通力合作才能使专业体系发挥最大的作用。特殊教育专业化发展离不开多方合作,反过来合作机制的健全也能促进专业发展。特殊教育的发展需要遵循"整体大于部分之和"的原则,所有参与主体间的合作程度才是决定特殊教育有效性的关键。因此,专业人员间应达成相互的理解,明确各自承担的角色和职责,及时交流共享信息,并加强与非专业人士的合作,促进不同主体的参与,使特殊儿童权益得到最大化的保护。

(5) 重视终身教育体系构建,但可操作性和衔接性不足

各省的文件都强调终身学习的教育理念,体现在文件中,都关注到特殊儿童学前教育、学校教育和毕业后的教育。这也符合世界特殊教育发展的潮流。例如辽宁、四川、宁夏等省(自治区)都对基础教育、高等教育和继续教育进行了规定。在学前教育上,各省将特殊教育学校和特殊幼儿园相结合,支持特殊教育学校办好一个特殊幼儿园;将残疾人高中教育和职业教育相结合,要求创立以职业教育为主的高中教育;各省在高等教育入学考试上提出要求,落实《残疾人参加普通高等学校招生全国统一考试管理规定》,为残疾人参加普通高考提供便利条件。

但是由于各地依然将工作重心放在义务教育上,依然关注提高特殊儿童义务教育入学率,因此很多地区的政策中对非义务教育阶段的规定都简单化,并不具体,降低了政策的可操作性以及各学段之间的衔接性。例如,只有广东提出制定《特殊幼儿园的办园标准》,也只有几个地区在非义务教育的要求方面进行了明确的量化规定。例如,只有吉林明确提出,到 2020 年,职业技术学校达到 400 人的办学能力。河南、天津、四川等一些省(直辖市)对增加残疾人高等教育招生总量和支持增设适合残疾人学习的相关专业的学校进行了明确规定。辽宁提出支持广播电视大学和普通高校成人教育学院面向残疾人开展远程教育,等等。此外,还存在很多表述不明的"软"法,例如广西表示支持有条件的地区举办专门招收残疾孩子的特殊幼儿园,这里并没有明确"如何支持"和"何种条件"。海南规定其他市县(区)特殊教育学校待条件成熟以后逐步开设普通高中和中职课程,这里的"成熟条件"也界定不明。这些不具体的规定不仅没有实际意义,也给政策实施带来难度。

此外,融合教育背景下残疾学生的社会支持系统是一个连续的生态系统。连续首先就体现在不同发展时期,残疾学生所需的支持相互衔接,逐步向更高层次过渡。[①] 但是在各省的规定中,除了提出改革高中教育以促进高中教育与职业教育相结合,改革残疾人高考制度以促进高中教育和高等教育相结合外,很少见到有关不同学段之间、学校与社会之间、学校与家庭之间相互衔接的规定。要实现特殊儿童的顺利转衔就必须建立完善的转衔机制,如美国在残疾学生义务教育阶段即启动转衔计划,而且转衔计划始于小学,跨越初中和高中阶段,并与学生的发展目标以及持续的评估手段相结合。[②]

(6)为教师发展提供支持,但不能满足专业化发展要求

特殊教育师资培养是我国师资培养不可缺少的组成部分,师资水平也是影响特殊教育质量的关键因素之一。因此,各省的文件都对其提出全方位的改革要求,并给予支持。但是由于特殊教育教师数量和专业化发展程度都比较低,现有的政策依旧无法满足其发展。

对特殊教育教师的重视主要表现为,各省不仅对特殊教育教师职前培训的时长、管理制度、标准等方面有要求,还对特殊教育教师的资格认证、工作津贴、职称评定、教师编制等方面提出新的要求,很多省份还进一步对课程教学改革提出改进的要求。这些要求包括课程方案的实施,课程资源建设,校本教材的研发,个别化等教学方法的推进,教具、学具和康复辅助器具的开发应用,等等。这些课程教学上的改革也可以减少教师工作上的负担和压力,在课程设计与实施、学生教学与管理等方面给予教师支持。可见,特殊教育教师队伍的建设和质量的提升已经逐渐成为特殊教育领域的重中之重。

但是,文件中很多规定依旧不能满足特殊教育教师专业化发展的要求,主要体现在以下几点。例如:① 只有江苏、辽宁等省份提出要建立特殊教育资格证制度,大部分省份都只规定特殊教育教师需配备教师资格证;② 特殊教育教师的职前培养仅仅对学时、管理等方面提出要求,并没有包含具体的课程内容、

---

① 牛爽爽,邓猛.融合教育背景下的残疾学生社会支持系统探析[J].中国特殊教育,2015(9):3-8.
② 林潇潇,邓猛.美国学习障碍学生的转衔及对我国特殊教育的启示[J].中国特殊教育,2014(3):42-47.

课程结构和考核标准;③ 某些省份的政策文本中没有针对课程教学改革的相关内容,并且很多省份的改革缺乏具体可操作的措施;④ 文件中较少体现特殊教育教师人文关怀的内容,也没有关注到"复合型"特殊教育教师的培养。

4. 不同区域执行与实施国家特殊教育政策的情况

在对国家特殊教育政策的执行与实施方面,限于各区域的政治、经济和文化实际情况,较发达地区与西部和中部具体情况有所不同。

(1) 较发达地区:全面执行,有所突破

① 执行的程度。

从调查中可以发现,我国较发达地区在国家特殊教育政策的贯彻落实上呈现出以全面执行为主、突破为辅的特点。较发达地区的多数省份都能够按照国家特殊教育政策来制定本省及其下辖各地区的特殊教育发展政策。例如,广东中山市某特殊教育负责人 LKY 谈道:"广东省的提升计划,包括下面各地市的提升计划,我觉得没有什么特别大的突破,基本上还是按照国家基本要求在做,感觉没有像长三角和北京那些地方那样,取得比较大的突破。基本上就是国家提升计划提出要求,然后我们差不多照搬下来。"

近年来,北京市在特殊教育的政策推进方面做出了有益的探索和切实的实践,走在全国前列。在政策推进方面,北京市特殊教育发展的目标是落实国家政策要求,同时超越于国家政策。北京市某特教中心负责人 SY 表示:"北京市就按照国家的整体方案吧,首先是要按照方案,要全部执行。因为北京是发达地区,是首都,所以它肯定是在政策突破和落实推进上,应该更高于国家政策。"

从特殊教育提升计划的颁布来看,北京市特殊教育提升计划在入学率、特殊教育的覆盖范围、融合教育的地位等几个方面,相比于国家出台的特殊教育提升计划,都"有所突破"。SY 主任表示,在入学率方面,"入学率国家规定的是95%,北京市提出达到99%"。在特殊儿童的规定方面,北京市已经将国家规定的七类残疾儿童拓展到了有特殊教育需要的儿童。SY 主任说:"国家还是七类残疾儿童,实际上还是残疾人教育,但是北京在提到特殊儿童时已经不限于七类,文件里明确提出来,有特殊需要的孩子都可以。只要提出申请就可以接受特殊教育服务,所以这也是一个突破。"在融合教育方面,北京市正式提出了"全面推进融合教育",并指出融合教育应该是"普特共担,责任共担"。"在融合教育上,因为国家二期,包括一期中所提的,主要就是全面推进全纳教育。但北京市在二期里提到的是融合教育,提到的是普特共担,责任共担。也就是说,北京在二期提升计划里提的已经是全面推进融合教育了。"同时,为了保障残疾学生接受普通教育的权利,北京市还率先提出了残疾学生"免试就近入学和优先入学"两个原则。SY 主任表示:"在入学方面,北京的做法是先不去隔离,先不去按照类别给予分类。在政策上所有的儿童都享有免试的、就近的入学权利,这是跟普通儿童一样的公平性的政策。在此之外,还要优先于普通孩子,就是残疾孩子要优先入学。那么这个优先是什么意思呢?比如说同等的学区里边的孩子,今年入学的一共有 1 000 个,如果学位只有 900 个,那么残疾孩子是优先排在前面入学的。所以,我想这个其实也体现了融合教育里面所倡导的很多理念和新的意涵。"

② 政策执行中的困难。

总的来说,在政策执行方面,北京市在执行国家政策的时候,首先是全面地执行,其次就是要高于国家的政策。但在高于国家政策标准的实施中,北京市特殊教育也会面临一些障碍,其中最主要的是融合教育的保障缺乏。

近些年来北京市一直在推行融合教育,基本上可以做到普通学校对残疾学生的"零拒绝"。但融合教育不仅是让残疾儿童进得去普通学校,关键是让他们能够在普通学校中获得高质量的教育。从北京市融合教育的发展来看,融合教育的政策在执行中仍然面临一些困难和挑战。一是融合教育的保障缺乏政策引领。SY 主任认为:"让他们能够真正地融入学校里面,重要的是师资能跟得上,提供相应的保障支持,包括技术和资源。其实政策落地,真的有很多困难,这就是其中一个。"二是领导对融合教育政策的认同不够。"行政领导和区县的教委领导,他们对这个政策是不是能够真正认同?"三是普通教师和家长对融合教育政策的消极态度。"普通学校里面的干部、老师,包括普通儿童的家长,他们是不是真的能理解这样一个理念?"四是学位紧张,普通学校中特殊儿童的生存空间狭小。"因为北京不同于其他地区,你们应该也能感受到北京的生源情况,在全国来讲,北京的学位也是非常紧张的。如果放在西部地区,情况可能是不一样的。"五是教育均衡化的发展需要经历一个过程。"北京现在都倡导均衡化,就是优质学校均等化。北京融合教育发展的这五年,也是教育整体改革的五年,就是均衡化的改革。但均衡也需要一个逐步的过程,首先需要把这些优质学校打散,比如说将优质师资分配到不同的学校,让每个学校都成为优质的学校。在这样一个教育变革环境下,我觉得其实也给了融合教育一个很好的契机。但如何让融合真正地实现,关键还是需要一个发展的历程和整体的推进。这个整体推进的过程,需要时间的积累,需要资源的积累,需要各方面的支持。"

对于广东地区来说,国家政策执行的主要难度首先是,国家政策要求的模糊性所导致的操作和执行困难问题。某特殊教育负责人LKY表示:"因为国家有一些规定要求并不是特别明确,可执行性不是特别清晰,到了省里这边,也没有做进一步的突破。所以到了我们下面的时候,有些东西就很难去推进。比如说,国家政策里面提到,给送教的老师提供支持保障之类的,但是到了下面省市就执行不了,因为它没有写应该怎么补助或者根据什么来做。经常出现这种类似的情况。"

其次是政府不同部门之间的工作协调。某特殊教育负责人LKY说:"之前做第一期提升计划的时候,我们也参与得比较多,包括讨论稿。在这个过程当中就会发现,好些东西就是没有办法突破。因为不仅仅是教育部门负责讨论稿,其实教育局也同意了我们里面的一些建议和要求,但是拿到其他部门的时候,比如财务部门和人事部门,他们就要问这个说法你有什么政策依据。然后我们找了其他地市的模式,比如说那个地区的这个做法是什么,人家也不买这个账。他们说他们只认上面有没有什么政策文件或者是条文。所以我们当时做的这个条文,很多就被其他部门否掉了。就是跨部门的沟通上容易出现问题。因为其他部门并不能像我们这样对特殊教育有这么深的认识,他们就没有那么强的意愿支持或者促进特殊教育。"

最后是缺乏政策实施的督导。某特殊教育负责人LKY表示:"关于执行的另外一个问题,我觉得跟督导有关系。现在政策制定出来之后,它实施的效果到底是什么样的?地方上就是将报告提上去,但是其实上面也没有进行专项督导,并没有真正地看你是什么情况,落实得怎么样。所以很多时候就是按照自己的报告来。然后今年也听到省教育厅在开会的时候,厅长点名批评有多少个地市的提升计划落实得不好。但是那个会议我们也没参加,就是听说过这种情况。我觉得这第二块的情况主要就是,如果要执行的话,还是需要从上到下的督导和检查。"

③ 未来特殊教育发展的重点：机制完善与质量提升。

对于北京市特殊教育未来的发展重点，最为关键的是建立好特殊教育支持保障体系，使之能够真正有效地建设和运行起来。首先是保障机制的完善，特别是师资保障。SY 主任说道："要把机制再完善，就是按更精细的分类去培养专业的人，使其具有相应的专业资质，然后让这样一个实施举措能够有畅通的路径和流程。这是我们下一步重点要推的。"

其次，着力推进北京市特殊教育提升计划的政策。一是继续推进融合教育，为特殊儿童提供优质平等的教育。SY 主任指出："要逐步实现融合教育。在文件里面我们提到的是，让每一个儿童在自然平等的环境里接受优质的教育。那如果以这个为标准的话，难度其实还蛮高的。首先，自然的肯定就是普通教育的、非隔离的，然后也是平等的，一个友好的、生态的环境，然后提供适合的、优质的教育，那其实是蛮高的一个目标。"二是加强特殊教育的质量与评估工作建设。SY 主任指出："这几年，北京要大力开展特殊教育质量评估，因为这个是我们的一个短板。质量评估包括各类学校的，比如融合教育的质量评估、特殊教育学校的评估、残障孩子的评估监测等等。然后，我们还要开发相应的一些评估工具。残障孩子的相关支持服务体系离不开质量评估，为什么他就到了这个学区？为什么他要接受这个特殊服务？这个孩子为什么要接受这样的一种教育安置？其实这一切都是基于评估，没有评估，后续的工作是没有头绪的，所以评估这套资源系统要逐步完善和建立。"三是师资队伍的培养。"主要包括师资队伍的层次、师资队伍的资质、师资队伍的培养，使其结构合理，数量充足，能够满足现在的需求。"

④ 特殊教育发展所需要的支持与保障。

第一是法律的支持与保障。SY 主任认为："最好的保障实际上是立法。目前的《残疾人教育条例》应该说算是一个法规，但不是法律；2017 年发布的修订版，倡导的就是以普通教育方式为最优的一种教育安置，但是没有真正地从融合教育角度去倡导。所以还是希望能真正做到立法，也就是从国家层面来立法。"

第二是建立融合教育督导制度。"在融合教育方面也要有教育督导，就是在国家的质量评价体系里面,把融合教育真正嵌入特殊教育中去,让它成为一个很重要的核心指标。这样的话,我们再推这一块可能会力度更大,收益会更大一些。"

第三是师资保障,特别是普通学校的融合师资培养。SY 主任表示:"应该说特殊教育相关专业的人才是急缺的。北京相对全国而言资源应该算比较丰厚的,但是就我们来看的话也还是非常急缺。尤其现在普通学校里,所有的普通学校都有特殊儿童。但就目前北京市而言,可能只有一个特教学院(北京联大)在培养特殊教育师资。但是特教学院培养的师资进入普通学校时还是有很多盲点或者短板,满足不了普通教育的需要。所以我想对于师资这一块,职前和职后其实有很多层面需要弥补或者提升。"中山市某特殊教育负责人 LKY 表示,随着特殊教育的发展,现在教师培训越来越多,后续应该进一步完善培训制度,提高培训质量。LKY 指出:"现在教师有很多培训的机会,但是我觉得这些培训缺乏延续性,就是缺乏长期的规划。然后这些培训好多时候不是跟实践联系得特别紧。所以老师觉得培训内容好像跟自己的工作不是特别搭,效果就不够理想。"

通过国家层面的制度或者是法律体系做好这三个方面的工作,有助于发达地区推进特殊教育和融合教育的跨越式发展。

(2) 中西部地区:竭力争取,重重阻碍

① 政策执行的程度。

中西部地区在执行国家特殊教育政策方面面临重重阻碍,国家规定的生均经费、教师和学生补贴并不会自然而然地落实到每一所特殊教育学校,而是需要学校花费大量的时间和精力去争取这些国家政策所规定的应得资源。甘肃定西市某特殊教育学校校长 LP 表示:"提升计划上讲的都挺好的,但是下面落实起来有时候就有问题。比如说8%的残疾人就业保障金,本来要拨给特殊教育学校用于教师培训等,但政府部门收下那个钱,还要用作其他用途。我 2016 年 3 月打报告要钱,也不多,就要 13 万多。那 13 万我就要了两三年,答应都答应,但资金就是一直不给拨下来。你从财政上往回要,那是一件很漫长的事情。许多地方都是这样子的。"兰州某特殊教育学校校长 ZS 也提道:"比如说前两天,甘肃省人民政府下发的文件,要落实特殊教育津贴。现在到人家县上去,县上说自己只承认甘肃省人社厅的文件,甘肃省人民政府的文件反而不执行。你说可笑不可笑,省政府的文件不执行,要人社厅的,人社厅当然不给这个文件。跟人社厅说要文件的时候,他们说要跟财政厅商量,关键在这,你说对吧?"

② 政策执行中的困难。

国家特殊教育政策在执行过程中面临的另外一个关键问题是:国家政策的宏观性和模糊性使得地方在执行时打折扣或者不执行。很多地方政府在执行国家特殊教育政策时都要求国家在相关政策文件中给出充分的依据。郑州盲聋学校校长说:"只要是下发文件形式的政策,在目前这个情况下,我觉得最终都能落实,就是你得找出政策依据。但如果国家政策文件中没有明文规定,那么实行起来就会有一定的障碍。比如说特教津贴这一块,第一期提升计划的时候,李教授他们就在做这个特教津贴,他们当时没敢写 50%,只写了 40%,怕一下子涨太多,不好通过。河南省教育厅、民政局、财政厅全部都签了字,最后一个厅签不了字,人事厅就不给签字,这个事情就泡汤了。他们说没有依据,国家没有这样的文件出台。"重庆市合川区特殊教育学校校长也提到了类似的问题。他说:"实际上这些政策落实起来,最大的一个问题可能还是不够具体,不够明确。这些政策包括国家的、重庆市的,还有区里的,都不够具体。我举个例子,比如说提升计划里面都提到了,对特殊教育教师职称评定、评先选优这些方面予以倾斜,但没有说怎么倾斜。到地方,你没有一个明确的依据,就没办法给你倾斜。比如职称评定,高级职称对于特殊教育教师的倾斜政策是比例多一点,还是要求低一点?没有具体的说法。"

③ 西部特殊教育学校发展的困境。

一是校舍、经费等资源仍然紧缺,特别是地方的经费和资源支持短缺。甘肃定西市某特殊教育学校校长 LP 说:"我这边就是每生的 6 000 元经费保证了,但是还有一项是每生 500 元的生活及交通补助,到现在还没有落实。当然地方财政确实不容易,拿不出来。前面的 6 000 元经费是中央的转移支付,肯定能拿到。"

二是地方政策对特殊教育重视程度不够,特殊教育仍然处于可有可无的状态,特殊教育学校在夹缝中生存。在西部一些地区,特殊教育学校仍然没有独立地位,由国家专项特殊教育学校建校经费项目资助的校舍往往被普通学校侵占。这在定西市和兰州市都有所反映。定西市某特殊教育学校校长LP说:"我们学校要到的是国家800万的特殊教育项目,当时建成之后就改成普校了,就先招的普校学生。后来在2016年,国家对临洮县进行优化教育均衡化验收,要求每30万人口以上的城市一定要有特殊教育学校,所以就把我从那边调过去当特殊教育学校的校长,那时候才发展特教。我们作为校长和老师,没有权力干涉人家,那都是政府行为。"兰州市某特殊教育负责人LF说:"榆中现在没有单独的特殊教育学校。当时建学校的时候,这个项目是专门的国家特殊教育学校项目;但是建好以后是和普通学校在一起办学,制约了特殊教育的发展。校舍也不够用,人员的编制、经费也都受到一些影响。它和永登学校是同期办起来的,但是永登的发展要比榆中更好一点,因为它是独立办学的。所以如果渝中特殊教育学校能够独立办学,可能发展劲头,包括规模和质量,应该都会有一个质的提升。这是我们目前面临的一个问题。我们也做了很多工作,包括教育局的工作也做了,但是到今天为止,还是没有进展。"

三是特殊教育教师的专业化发展。由于西部地区所处位置较偏僻,特殊教育学校中很少有专业化的特殊教育教师,对它们来说,最为重要的是增加特殊教育专业人才。对此,定西市某特殊教育学校校长LP说:"我现在缺少的就是:第一要加大对教师的培训,尤其是专岗教师培训。第二,需要跟教体部门再联系一下,给我们分配一些高校特殊教育专业的学生,带动我们的团队继续前行。因为人事这方面不是学校能做主的,需要教育局给出编制。"

(三) 特殊教育经费投入

全国教育经费统计快报显示,2017年国家财政性教育经费为34 204亿元,占国内生产总值(827 122亿元)的比重为4.14%。相比于普通教育,充足、稳定的经费投入对特殊教育事业的发展显得愈加重要。扩大特殊教育规模和提升特殊教育质量,都离不开各项经费的持续投入。近十年来,我国特殊教育经费尤其是财政性经费投入总量不断增长,为特殊教育持续发展提供了有力的物质保障。要切实办好特殊教育,不仅要加大国家和社会的经费投入力度,而且要科学合理地进行经费配置。在加大财政性教育经费投入的同时,如何科学合理地分配和使用经费,是新时期面临的新任务和新挑战。

1. 国家特殊教育经费投入情况

(1) 特殊教育经费总体投入稳步增长,并以国家财政性拨款为主

图 3-1 数据表明,我国特殊教育经费投入由 2006 年的 26.93 亿元提高到 2016 年的 129.11 亿元,净增 102.18 亿元,年均增速为 17.57%。国家财政性教育经费占特殊教育学校经费总投入比例由 91.32% 提高到 97.74%,2010 年以后维持在 95% 以上,总体上呈稳步增长态势,可见国家对特殊教育经费投入力度明显加大。对比各项收入的比重可以看出,国家财政性教育经费是特殊教育学校经费收入来源的主渠道,为残疾人教育事业发展提供了有力的物质基础,使残疾儿童少年平等受教育权利的实现得到了有效保障。

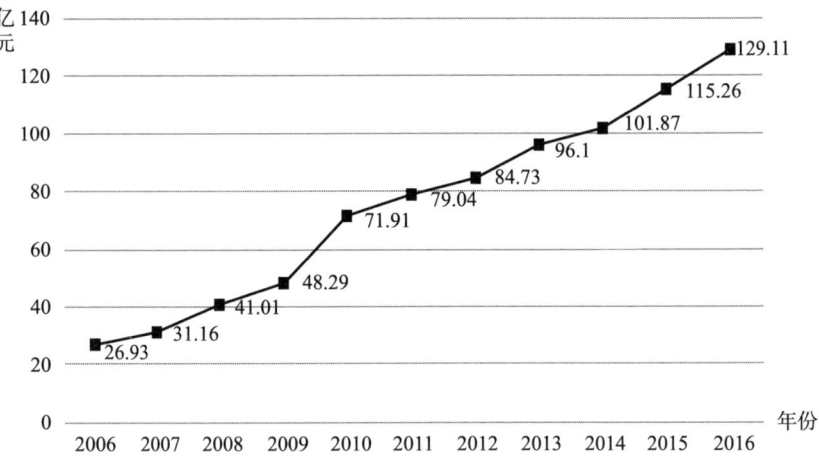

图 3-1 我国特殊教育经费投入

从非财政性教育经费投入情况来看(表 3-5),民办学校中举办者投入占特殊教育经费总投入的比例甚微,除 2015 年以外,均低于 0.1%,2009 年以后该比例基本保持在 0.02% 左右。包括学杂费在内的事业收入自 2008 年以后基本呈逐年降低趋势,事业收入占特殊教育经费总投入的比例也从 2008 年的 3.19% 下降至 2016 年的 0.62%。值得注意的是,社会捐赠经费占特殊教育经费收入的比例,2016 年为 0.22%,比 2006 年减少近 1.2 个百分点,显现出日益萎缩的迹象。这一现象表明,我国在引导社会力量捐资助学、吸纳社会资金、发动社会团体和公民个人举办特教机构方面仍有待进一步加强。充分挖掘广泛

而丰富的社会资源,是保障我国特殊教育持续稳定发展的必要途径。

表3-5 我国特殊教育经费收入来源及其结构比例①

年份	合计		国家财政性教育经费		公共财政预算教育经费		民办学校中举办者投入		社会捐赠经费		事业收入		其他教育经费	
	亿元	亿元	占比(%)	亿元	占比(%)	亿元	占比(%)	亿元	占比(%)	亿元	占比(%)	亿元	占比(%)	
2006	26.93	24.59	91.32	21.93	81.44	0.02	0.07	0.38	1.42	0.92	3.42	1.02	3.77
2007	31.16	28.81	92.46	26.13	83.85	0.01	0.01	0.38	1.20	1.08	3.47	0.89	2.86
2008	41.01	38.25	93.26	33.38	81.38	0.02	0.04	0.43	1.05	1.31	3.19	1.01	2.46
2009	48.29	45.48	94.19	40.69	84.27	0.01	0.02	0.49	1.01	1.17	2.43	1.13	2.35
2010	71.91	68.38	95.09	61.99	86.21	0.02	0.02	0.64	0.89	1.03	1.43	1.84	2.56
2011	79.04	76.69	97.03	65.49	82.85	0.02	0.02	0.52	0.66	0.77	0.98	1.04	1.31
2012	84.73	82.01	96.79	71.34	84.20	0.02	0.02	0.44	—	0.98	1.16	1.35	1.59
2013	96.10	93.19	96.97	77.75	80.90	0.02	0.02	0.37	0.38	0.71	0.74	1.81	1.89
2014	101.87	98.91	97.09	85.85	84.28	0.03	0.03	0.39	0.38	0.69	0.68	1.84	1.81
2015	115.26	112.51	97.61	103.57	89.86	0.13	0.11	0.27	0.23	0.82	0.71	1.53	1.33
2016	129.11	126.19	97.74	115.26	89.27	0.03	0.02	0.29	0.22	0.80	0.62	1.79	1.39

注:数据来源于《中国教育经费统计年鉴》"各级各类教育机构教育经费收入情况(全国)",比例由研究者计算所得,此处所列经费统计对象均为特殊教育学校,不包括工读学校。

(2) 特殊教育学校的国家财政性教育经费占国内生产总值比重低于0.02%,占全国教育经费支出的比例不足0.4%,占国家财政性教育经费比例总体偏低

为考察国家对特殊教育投入水平,陈纯槿分别计算了特殊教育学校的国家财政性教育经费占国内生产总值、公共财政支出、全国教育经费支出和国家财政性教育经费的比例。②

---

① 陈纯槿.我国特殊教育经费投入规模与配置结构变化趋势[J].中国教育政策评论,2018(0):214-232.
② 陈纯槿.我国特殊教育经费投入规模与配置结构变化趋势[J].中国教育政策评论,2018(0):214-232.

如表3-6所示,2006—2016年特殊教育学校国家财政性教育经费占国内生产总值的比例处于0.011%至0.017%之间。其中2006、2007年的比例为0.011%,2010年的比例达到峰值,其后略有下降,至2016年达到2010年同等水平,占0.017%。其间,特殊教育学校国家财政性教育经费占公共财政支出的比例为0.058%—0.076%。其中,2006—2009年的比例平均为0.06%,2010年的比例达到最高值,为0.076%,其后有所下降。2010年以后,特殊教育学校国家财政性教育经费投入占国内生产总值和公共财政支出的比例呈减弱态势,说明特殊教育财政性经费的稳定增长机制有待加强。尽管近年来我国特殊教育经费投入持续稳定增长,但是在全国教育经费投入总量中,特殊教育财政性投入比重偏低。特殊教育学校国家财政性教育经费占全国教育经费支出比例为0.237%—0.350%。尽管2007年的比例略有下降,但2008年以后逐步回升,2010年的比例达到0.350%,为历年最高值。究其原因,2010年我国特殊教育学校的基本建设支出为10.7亿元,比2009年净增8.2亿元,占特殊教育学校经费支出比例为15.94%,这一比例显著高于其他年份的基本建设支出份额。

表3-6 特殊教育学校国家财政性教育经费支出比例

年份	特殊教育学校国家财政性教育经费 亿元	国内生产总值 亿元	占比(%)	公共财政支出 亿元	占比(%)	全国教育经费支出 亿元	占比(%)	国家财政性教育经费 亿元	占比(%)
2006	24.59	219 438.5	0.011	40 422.7	0.061	9 815.3	0.251	6 348.4	0.387
2007	28.81	270 232.3	0.011	49 781.4	0.058	12 148.1	0.237	8 280.2	0.348
2008	38.25	319 515.5	0.012	62 592.7	0.061	14 500.7	0.264	10 449.6	0.366
2009	45.48	349 081.4	0.013	76 299.9	0.060	16 502.7	0.276	12 231.1	0.372
2010	68.38	413 030.3	0.017	89 874.2	0.076	19 561.8	0.350	14 670.1	0.466
2011	76.69	489 300.6	0.016	109 247.8	0.070	23 869.3	0.321	18 586.7	0.413
2012	82.01	540 367.4	0.015	125 953.0	0.065	28 655.3	0.286	23 147.6	0.354
2013	93.19	595 244.4	0.016	140 212.1	0.066	30 364.7	0.307	24 488.2	0.381
2014	98.91	643 974.0	0.015	151 785.6	0.065	32 806.5	0.301	26 420.6	0.374

续表

年份	特殊教育学校国家财政性教育经费	国内生产总值		公共财政支出		全国教育经费支出		国家财政性教育经费	
	亿元	亿元	占比(%)	亿元	占比(%)	亿元	占比(%)	亿元	占比(%)
2015	112.51	685 505.8	0.016	175 877.6	0.064	36 129.2	0.311	29 221.5	0.385
2016	126.19	744 127.2	0.017	187 755.2	0.067	38 888.4	0.324	31 396.2	0.402

注：特殊教育学校国家财政性教育经费、全国教育经费支出和国家财政性教育经费数据来源于《中国教育经费统计年鉴》；国内生产总值和公共财政支出数据来源于《中国统计年鉴》，比例由研究者计算得到。

（3）特殊教育学校生均教育经费支出明显高于普通学校，也高于同期人均国内生产总值

对比各级各类学校生均教育经费支出数据可以发现，2006年以后特殊教育学校生均教育经费支出均高于学前到普通高等学校的生均教育经费。具体来看，2016年特殊教育学校的生均教育经费支出为61 395元，比2006年净增44 773元；普通小学和普通初中的生均教育经费支出分别为11 399元和16 010元，分别占特殊教育学校生均教育经费的18.6%和26.1%。换言之，特殊教育学校的生均教育经费支出分别是普通小学和普通初中的5.4倍和3.8倍，足见特殊教育学校的生均教育经费远高于普通学校。相比于普通教育，特殊教育学校生均成本显著更高。究其原因，特殊教育学校需要配置有别于普通学校的专用资源教室、生活无障碍设施和辅助设备，以及教师和辅助人员等，而且很多残疾儿童少年接受教育时需要寄宿，如2014年寄宿生占特殊教育学校在校生人数比例为30%，生均成本相应提高。加之各省（自治区、直辖市）在制定各级教育的生均财政拨款标准时向特殊教育重点倾斜，因而特殊教育学校的生均教育经费支出明显高于普通学校（图3-2）。

2006—2016年特殊教育学校生均教育经费支出呈逐年增长态势（图3-3）。从绝对值来看，特殊教育学校生均教育经费由2006年的1.66万元增加到2016年的6.14万元，净增4.48万元。其间，年均增速保持在14.79%，2010年增幅最大，达47.35%。除2006—2008年以外，特殊教育学校生均教育经费支出均

高于同期人均国内生产总值。特别是 2010 年以后,特殊教育学校生均教育经费的增幅愈加明显。数据显示,2016 年我国特殊教育学校生均教育经费指数为 1.14,比 2006 年高出 15 个百分点,足见我国特殊教育学校生均教育经费得到了明显提高。

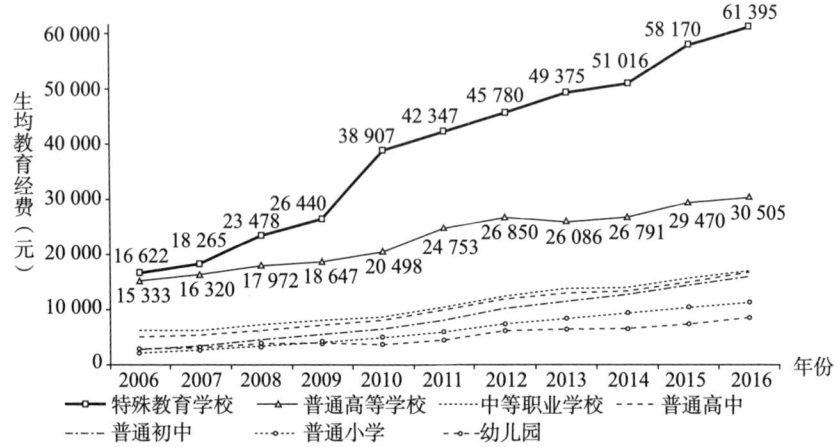

图 3-2　我国各类学校生均经费支出①

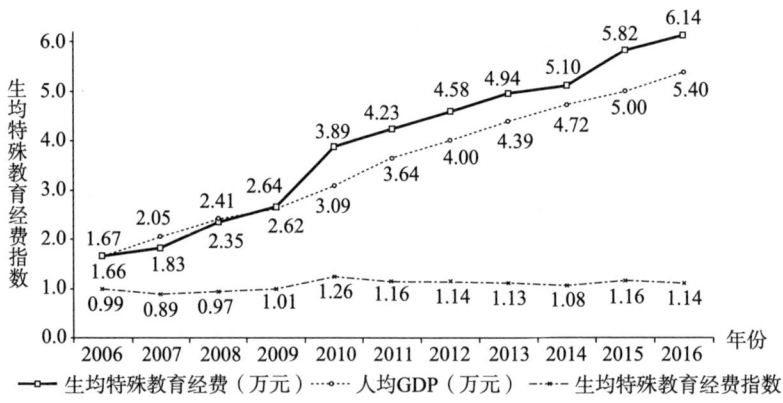

图 3-3　我国特殊教育学校生均教育经费②

---

①　陈纯槿.我国特殊教育经费投入规模与配置结构变化趋势[J].中国教育政策评论,2018(0):214-232.

②　陈纯槿.我国特殊教育经费投入规模与配置结构变化趋势[J].中国教育政策评论,2018(0):214-232.

（4）我国特殊教育学校生均教育经费存在地区差异，经济越发达地区经费投入越高

从各省份特殊教育学校生均教育经费与人均地区生产总值的关系来看，特殊教育学校生均教育经费位居前列的北京、上海、天津，其人均国内生产总值也较高；特殊教育学校生均教育经费较低的新疆、河南、贵州等省（自治区），其人均国内生产总值也较低（图3-4）。这反映了地区经济发展是特殊教育发展的重要基础，各省份特殊教育发展的差距与地区经济发展的不平衡、不充分有着高度关联。回归分析发现，人均国内生产总值对特殊教育学校生均教育经费的回归系数为0.8477（$p<0.001$），说明地区经济发展水平对区域特殊教育发展有极其显著的正向影响，即经济越发达省份，地区特殊教育财政投入越多，特殊教育经费投入水平越高。与经济较发达的东部地区相比，四川、广西、江西、河南、贵州等中西部地区特殊教育学校生均教育经费偏低，整体落后于全国特殊教育发展水平，成为深化区域特殊教育改革发展亟须加强的薄弱地带。

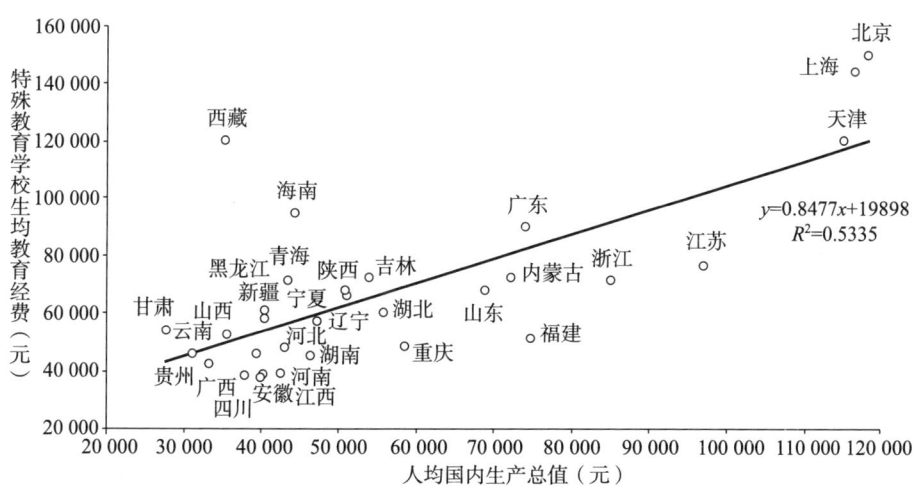

图3-4　我国特殊教育学校生均教育经费与人均国内生产总值的关系

2. 不同地区特殊教育经费执行情况

（1）义务教育阶段特殊儿童的生均经费：发达地区超标实现，适当提高；欠发达地区最低保障，量力而行

生均经费是衡量教育投入水平最可靠的指标之一。《第二期特殊教育提升

计划（2017—2020 年）》指出，义务教育阶段特殊教育学校生均公用经费每生每年应不低于 6 000 元，随班就读、特教班和送教上门的义务教育阶段生均公用经费标准按特殊教育学校标准执行。笔者调查发现，全国各地均已逐步落实义务教育阶段生均公用经费的最低标准。兰州某特校校长 ZS 指出："每生 6 000 元的这个经费是已经得到保证的了。"重庆某特殊教育资源中心负责人 THM 表示："生均经费就是国家要求的最低标准 6 000 元，特殊教育学校学生、随班就读学生还有送教上门学生，这些学生的生均经费都是一样的。"兰州资源中心负责人 LF 表示："生均经费是每生每年 6 000 元，包括特教班的学生都是。随班就读的学生也按照 6 000 元来的，只要明确是特教孩子，我们应该都是按照 6 000 元来的，送教上门纳入学籍的学生也一样。"特殊儿童生均经费已得到最低保障，这有利于保障特殊教育学校正常运转，正如重庆某特殊教育负责人 XG 所说："至少保障达到国家最低标准，能够达到这个标准的话，至少能够保证特殊教育学校的正常发展。"同时，这也有利于促进教育公平、义务教育均衡发展。

而部分发达地区在最低标准的基础上，提高了义务教育阶段特殊教育学校生均公用经费。北京某特殊教育中心负责人 SY 说："北京市特殊教育学校中残疾学生的生均经费目前是 12 000 元，随班就读、送教上门的学生都一样。"《天津市第二期特殊教育提升计划（2017—2020 年）实施方案》中规定：义务教育阶段特殊教育学校生均公用经费拨款每生每年不低于 6 000 元，到 2018 年生均公用经费达到 10 000 元标准。现有标准高于以上标准的，不得降低经费保障水平。山东省为贯彻落实《第二期特殊教育提升计划（2017—2020 年）》，规定：提高特殊教育生均公用经费标准。2019 年义务教育阶段特殊教育生均公用经费要达到 8 000 元，学前、高中阶段特殊教育生均公用经费参照执行。浙江省规定，义务教育阶段特殊教育学校生均公用经费应按当地普通同级学校生均公用经费的 10 倍以上拨付，高中及以上特殊教育学校（院）生均公用经费按当地普通同级学校生均公用经费的 5 倍以上拨付。这反映了受地区经济发展条件的影响，特殊教育经费投入上存在区域差距，表现为经济发达地区在特殊教育经费投入总量上较经济欠发达地区更多。

(2) 特殊教育经费投入重点：欠发达地区"硬件"先行，发达地区"软件"优先

调查发现，重庆、甘肃等中西部欠发达地区特殊教育经费的投入重点主要

是特殊教育硬件。这些省市当前特殊教育经费投入重点放在加强特殊教育基础能力、改善办学条件上,如对学校进行改造,购置教育教学设备、康复设备等。如重庆某区特殊教育中心负责人THM所说:"(经费投入重点)是特殊教育学校的硬件设施建设,比如资源教室的建设这些方面。"重庆某县特殊教育资源中心负责人DDQ表示:"首先是办公经费。要购买相关的设备设施来改善学校的办学条件,它主要是以一种办公经费开支的形式来维系学校运转。比如像我们配置的孤独症互动康复平台等,这些都是市财政这边出的专项经费在配备。"加强特殊教育基础能力、改善办学条件也被写入各省、直辖市、自治区的二期提升计划中。如《重庆第二期特殊教育提升计划(2017—2020年)》规定:"市、县政府可根据需要,设立专项补助资金,改善办学条件。县(市、区)政府要加强特殊教育基础能力建设,为接收残疾儿童少年的各级各类学校进行无障碍环境改造,为融合教育资源中心配建符合需求的资源教室、康复个训教室等。"通过硬件设施的建设,改善办学条件,更好地服务于特殊教育群体。重庆某区特殊教育资源中心负责人DDQ说:"比如今年暑假,我们学校两栋楼的卫生间的改造。之前的卫生间是按照普通学校的标准来做的,对于那些脑瘫孩子还有孤独症孩子,肯定是用起来不那么方便,所以我们就根据实际需求情况,报到上面去了,然后上面就通过了,我们这个项目也就开始实施了。"兰州特殊教育资源中心负责人LF表示:"投入还是在硬件建设这一块,我觉得设施设备应该说是很不错了。"重庆某县特殊教育资源中心负责人XG表示:"从组织结构上给予了保障,我们现在的教育资源基本形成了1个中心、6个基地、120个校园的这样一个辐射的网络。它以学校为主阵地,然后又打造了6个基地,也建了相对规范的具有示范意义的资源教室。"甘肃定西某特殊教育负责人LP表示:"近几年更多的还是侧重于学校办学条件的改善,最近几年应该各个地区都差不多,特殊教育学校的办学条件有了一个质的飞跃。从2009年开始,建学校、修房子。到2013年、2014年就开始采购设备,然后到近几年做学校文化和无障碍设施建设,这是必须要有的。"由此可见,自提出二期提升计划以来,特殊教育学校的教育设施有很大改善,教育教学环境和特殊学生的生活辅助设施都有一定程度的提升。

而在经济发达省份,在特殊教育基本设备设施得到保障的前提下,特殊教育经费投入的重点开始转向师资培养。特殊教育教师是特殊教育事业发展的基础和动力。通过提高特殊教育教师专业化水平以提高特殊教育或随班就读工作的质量早已成为特殊教育中的一个核心命题。北京市特殊教育中心负责人SY说:"这几年主要是投入支持保障体系和师资队伍培养,包括各类教师的培养,比如针对情绪行为障碍的老师的培养、康复类老师的培养,基本上每年都会有大量经费。"北京某区特殊教育中心负责人WHX表示:"它(特殊教育经费)主要是用在人员和公用上,一部分就是学校的公用建设,其次就是师资,教师的工资、培训等方面。"广东中山市特殊教育负责人LKY表示:"经费要更多地往人这块投,随班就读教师其实做了很多工作,但是没有什么待遇。送教老师也是,现在也没办法给人家特别好的回报。我觉得经费的投入应该更多地侧重于老师的补助或者是工作量的补助。还有就是一些全员性的、专业性的培训,包括骨干教师的培训,希望能够把经费往人上面投入。"

(3) 目前特殊教育经费投入存在的问题

① 欠发达地区,特别是中西部地区特殊教育经费投入相对不足。

相比于东部地区,中西部地区特殊教育学校生均公用经费偏低。《中国教育统计年鉴》数据显示,截至2016年,全国特殊教育学校校舍面积当年新增438 906.37平方米,其中中西部地区218 889平方米,占全国的49.9%;校舍危房面积为66 992.91平方米,其中中西部地区为61 793平方米,占全国的92.2%。上述数据表明,特殊教育学校危房校舍集中分布在中西部地区。

由于特殊儿童独特的教育需求,所需教学辅助设备花费大,教育成本相对较高。如特殊儿童需要额外的教育康复训练、功能训练等,特殊教育经费需求就比普通教育的经费需求更大了。但目前来看,特殊教育的生均经费仍处于相对不足的状态,特殊教育财政经费投入与特殊教育事业发展需求相比仍有很大差距。具体表现在资源教室的建设以及师资培训等方面。

我国资源教室建设刚刚起步,部分学校尚未建立起资源教室,也有部分学校即使建设了资源教室,但由于资源教师多重角色冲突、专业能力不足等原因,资源教室的使用并未取得应有的效益。重庆某县特殊教育资源中心负责人XG说:"我觉得重点就是对于资源教室的建设还要加大力度、加快速度,让更多的学生都能享受到优质的教育资源。"

访谈中,多数负责人表示,应重视特殊教育师资队伍建设。首先,随班就读教师专业技能有待提高。目前绝大多数随班就读教师并不是专职的资源教师或随班就读教师。如重庆某县特殊教育资源中心负责人 XG 所说:"师资培训,我觉得还有待加强。教师继续教育这一方面,现在都是把特殊教育纳入普通教育中进行。虽然教育有相通的地方,但是特殊教育还是有它的特殊性,特别是有一部分学校有一些中老年教师,他们中有一部分是转岗来的,缺乏特殊教育这块的知识。所以面对学生的一些特殊情况,他们就不知道怎么处理。"其次,特殊教育教师的专业技能也有待加强。重庆某县特殊教育学校校长 WL 表示:"我觉得教师的培训、培养上还要加大力度。毕竟从普校转岗过来的老师,对特殊教育的理解,以及对特殊教育的认可度都还有待提升。"

② 经费投入结构不均衡,随班就读经费不足。

本次调查发现,当前我国特殊教育经费投入结构不均衡,具体表现为,以特殊教育学校为主要投入对象,随班就读学校缺少经费支持。这导致随班就读学校的经费非常短缺,绝大多数地区没有常规性的随班就读经费拨款制度。

北京市特殊教育中心负责人 SY 表示:"(随班就读学校)经费是这样申请的,有多少随班就读的孩子,就根据标准给你多少生均经费。学校里边也可以申请项目经费,是按照财政专项走的。"

郑州某区县随班就读工作负责人 LYX 表示:"希望有经费保障我们随班就读的学生,现在这个经费保障还不足,只能是有残疾证的学生,才能够获得经费保障。"

随着随班就读工作的开展,绝大多数儿童就读于普通学校。但随班就读保障机制尚不健全、支撑体系尚不完备,资源教室建设还有很多不足。因此,国家在对特殊教育学校提供财政支持的同时,也要给予随班就读学校财政支持。

③ 特殊教育经费投入以专项资金为主,经费支出自主性不足。

本次调查发现,目前特殊教育经费主要是依靠专项经费来提供,通过专项经费确保特殊教育学校和随班就读学校的正常运行。专项经费主要用于购置设备、改造环境等,这为特殊教育的发展提供了基本的保障。但多数特殊教育负责人表示希望加大经费支出的自由度,以学生需求为导向进行经费预算的分配和使用。

重庆某特殊教育学校校长 WL 表示:"市里面来的很多经费都属于专项经

费。这个专项经费只能专款专用,有些地方我们想使用,但是又不能使用。就是说我们不能够灵活地使用经费,只能用来添置设备设施。比如我们学校的临时聘用教师已经达到了30多人,人力资源经费都要将近百万,学校经费不够,而市里的专项经费又不能用在这上面。"

郑州某特殊教育资源中心负责人DS表示:"经费投入方面主要是国家的专项经费都有指定用途。比如说拿一笔专项经费,它适用于医教结合,或者说设备设施,你就必须按照指定的用途去用。"

北京市特殊教育中心负责人SY表示:"现在的经费管理制度,就是只能让你去买一些设备仪器,购置大件物品,比如资源教室里的器具,类似于这种训练性、耗材性、学习用品性的设备。其实有些时候,在使用经费的时候并不是很方便,因为特教的经费跟所有的经费都一样,需要按照相关的经费管理制度执行。但是特教确实有它的特殊性,我们也希望能够针对特殊儿童的特殊性来出台一些更细致的经费管理的制度。"

④ 送教上门服务缺乏经费支持。

送教上门是实施特殊教育的一种补充形式,《特殊教育提升计划(2014—2016年)》中就明确提出,在特殊教育领域开展"送教上门"服务。本次调查发现,送教上门服务在实施过程中遇到较多困难,其一就是对送教上门的服务对象——特殊学生以及送教上门的实施主体——特殊教师缺乏经费支持。

兰州某特殊教育资源中心负责人LF表示:"有一个困难,就是送教上门。我们在2014年、2016年应该是有两个试点的送教上门。可能通过这几年的摸索,我们也有一些经验,但是困难也很多。一是上面没有具体的标准,再就是我们现有的师资,没有办法保证完成大批量的、更多的送教上门工作。包括老师的待遇怎么去发放,省里也没有具体的标准,这就给底下学校带来一些困难。"

送教上门教师经费的缺乏不仅出现在中西部地区,即使北京和广东这些发达地区也面临同样的问题。

北京海淀区特殊教育中心负责人WHX表示:"送教上门,现在可以说是没有师资,我们也没有这种专项的资金来满足送教上门的购买服务。"

广东中山市特殊教育负责人LKY表示:"对于送教上门教师的补助没有特

别硬性的相关规定,特别是在对于津贴、补贴的发放都有特别严格限制的情况下。之前就听说珠海、东莞这些地区因为没法给老师发工作补助,送教上门工作就没法做,没法开展。我们这里一直是给老师发,然后老师也去做。但是今年也面临一个问题,今年巡视组开始对这方面的问题进行巡视,他们就提到,发放补助有没有相关的一些政策文件的依据,所以最近我们也遇到了困难。如果送教上门没有相关的经费,我们下一年恐怕就很难做了。"

(四)特殊教育体系结构

我国的特殊教育在新中国成立之前属于社会慈善、救济的福利事业。1951年国家颁布《政务院关于改革学制的决定》,将特殊教育正式纳入教育体系,成为国家教育系统的重要分支。20世纪90年代至今,国家相继出台《关于发展特殊教育的若干意见》《残疾人保障法》《关于"十五"期间进一步推进特殊教育发展和改革的意见》《关于进一步加快特殊教育事业发展的意见》,以及"特殊教育提升计划"等政策性文件,特殊教育逐渐从"普及与提高相结合"走向"质量提升"。目前我国的特殊教育体系已经初步形成各类残疾幼儿教育到义务教育、盲聋和肢残等残疾青年高等教育、成人教育的体系(表3-7)。除了体系建设之外,特殊教育在受教育者残疾种类、受教育年限、层次、融合教育等方面也获得发展。特殊教育的对象由传统的盲、聋儿童拓展到智力障碍、肢体障碍、言语障碍、多重障碍、孤独症等类型儿童,以保障各类残疾儿童的教育公平。

表3-7 我国特殊教育层次结构[①]

年级	学历教育		非学历教育
4	普通大学特殊教育专业、学院	残疾人高等职业技术学院	职业培训中心
3			
2			
1			
3	普通、特殊高级中学	残疾人中等职业技术学院	
2			
1			

---

① 邓猛.融合教育背景下中国特殊教育体系发展研究[M].南京:南京师范大学出版社,2016:85.

续表

年级	学历教育		非学历教育
9	九年一贯制 特殊教育学校	初级中学	初级职业技术学校
8			
7			
6		普通学校随班就读、 普通小学特殊班	—
5			
4			
3			
2			
1			
—	普通幼儿园、特殊儿童学前康复机构、特殊教育学校幼儿园		

除了传统的特殊教育安置形式,如特殊教育学校、特殊儿童学前康复机构,普通学校中的普通班级和特殊班级、送教上门、医教结合也成为残疾儿童的安置形式之一。

1. 特殊教育学生

(1) 残疾儿童入学率有了很大提升,但上学难的问题仍然存在

近年来我国普及残疾儿童义务教育的力度很大,2012年特殊教育在校人数为378 751人,到了2018年上升到了665 942人(图3-5),相比2012年增加了75.83%。残疾儿童入学率大幅提升,截至2017年底,我国视力、听力、智力残疾儿童少年义务教育入学率达90%以上。

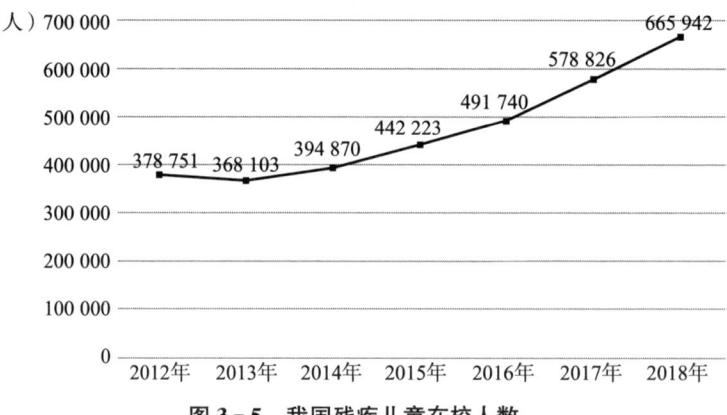

图3-5 我国残疾儿童在校人数

尽管截至2017年底我国残疾儿童入学率已经接近90%,但仍低于普通小学的净入学率(99.5%)和初中的毛入学率(98%)。另外,这一数字的统计只集中于盲、聋、智障三种类型的残疾儿童,其他障碍类型,如孤独症、脑瘫、重度和多重残疾儿童少年的义务教育情况则未纳入统计。而这些残疾类型的儿童由于教育和康复费用较高,接受教育更为困难。普通学校拒绝残疾儿童入学、普通学生家长联名抵制残疾儿童入学的事件时有发生。根据《国家中长期教育改革和发展规划纲要(2010—2020年)》中期评估特殊教育专题评估结果,尽管我国未入学残疾儿童数从2010年的14.5万人减少至2013年的8.3万人,视力、听力以及智力残疾学生入学率提升(图3-6),但孤独症、脑瘫、多重残疾学生人数逐年增加。

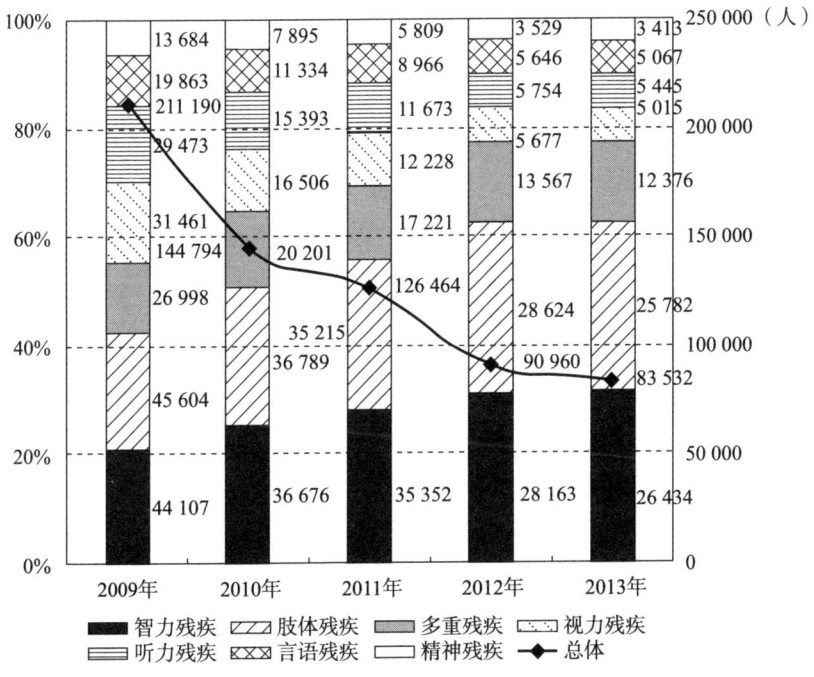

图3-6 2009—2013年未入学学龄残疾儿童少年人数

(2) 我国在校残疾学生入学率存在地区、性别和城乡差异

第一,我国东部与中西部在残疾儿童入学率方面不均衡。根据《中国残疾人事业统计年鉴2016》公布的数据,北京市2015年残疾儿童义务教育入学率已经达到99.1%,天津市未入学残疾儿童仅有554人,上海市未入学残疾儿童仅

有30人。而在人口本来就相对较少的中西部地区各省(直辖市、自治区),未入学的残疾儿童却均在千人以上。湖南省未入学适龄残疾儿童达到7396人,云南省未入学残疾儿童达到4275人,甘肃省未入学残疾儿童为2834人。根据相关媒体报道,全国残疾儿童中没有解决好义务教育问题的,81%为农业户口,近80%生活在中西部地区。

第二,从特殊教育在校生的性别构成来看,女性比例始终保持在33%—37%,特殊儿童在校生主要以男性为主(图3-7)。国家统计局发布的《2006年第二次全国残疾人抽样调查主要数据公报(第二号)》显示,在全国残疾人口中,男性为4277万人,占51.55%;女性为4019万人,占48.45%。从而可大概推测,目前残疾儿童中女性的受教育比例依然偏低,仍有大部分残疾女童未能顺利接受特殊教育。

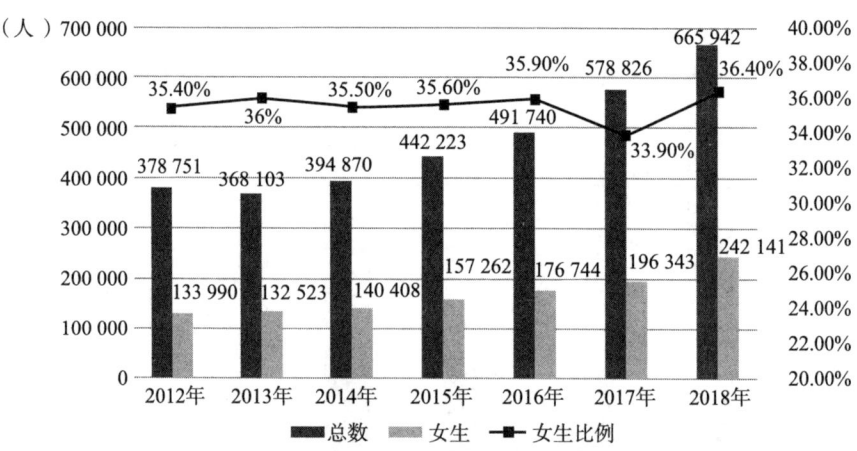

图3-7 我国特殊教育在校生的性别差异

第三,从在校生的城乡分布来看,从2012年到2018年,城区和镇区特殊教育在校生的比重一直维持在75%左右,而乡村特殊教育在校生比例只有25%左右(图3-8)。即目前正接受特殊教育的学生主要集中在城镇,乡村学校的在校生人数由于乡村教育条件落后等原因一直没有较大增加。

(3) 不同教育阶段的残疾学生差异较大,高中阶段残疾学生严重不足

首先是高中阶段在校残疾学生人数未见明显增长。在历年《全国教育事业统计公报》中,有关特殊教育的部分,"在校生"人数一直作为一项重要指标用来

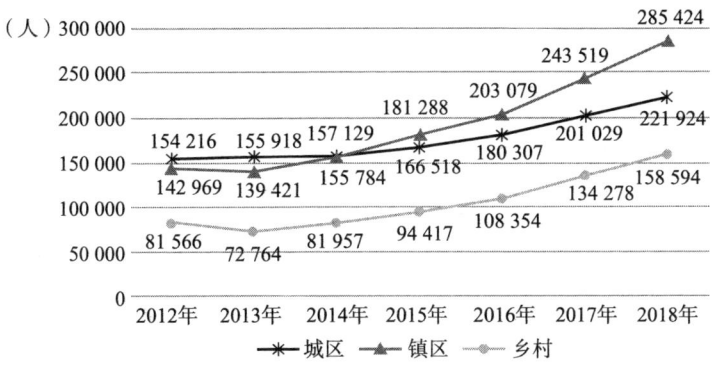

图 3-8 我国特殊教育在校生的城乡差异

描述特殊教育的发展状况。图 3-9 显示,从 2012 年到 2018 年,残疾学生在校人数逐年增长。但是,这一增长首先是由小学阶段在校生人数增长引起,2012 年小学阶段在校生人数为 26.85 万人,2018 年增长到 47.92 万人,增长率高达 78.47%;其次是初中阶段在校生人数增长较大,2012 年初中阶段在校生人数为 9.98 万人,2018 年增长到 17.62 万人,增长率约为 76.55%;而高中阶段在校生人数在 6 年内只增长了 54 人,几乎没有变化。此外,将在校残疾高中生人数占中小学残疾学生总人数的比例,与全国高中生人数占中小学学生总数的比例相对比,也可以发现明显的差距。从 2013 年到 2017 年,全国高中生的占比分别

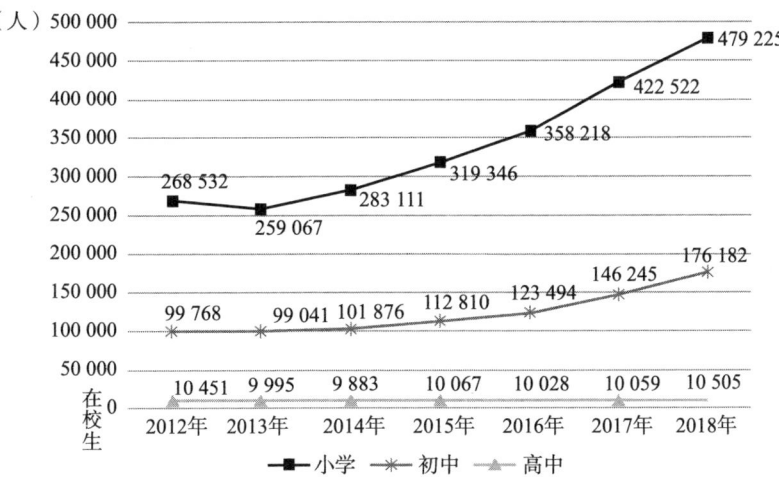

图 3-9 2012—2018 年各教育阶段在校残疾学生人数变化

是 24.05%、23.16%、22.40%、21.80%、21.46%,而残疾高中生的占比分别是 2.72%、2.50%、2.28%、2.04%、1.74%。残疾高中生人数占比远远低于全国高中生人数占比。此外,从各省(直辖市、自治区)的情况看,各省发展情况很不均衡,例如 2017 年天津和上海高中在校残疾学生占中小学残疾学生总数的比例最高,分别是 10.94%和 8.89%,而有些省的比例低至 0.13%、0.38%,几近于无。①

2. 特殊教育教师

从全国来看,我国在特殊教育教师方面呈现出以下特点。

(1) 特殊教育学校专任教师人数不断增加,但师生比却在降低

2012—2018 年全国特殊教育学校专任教师人数呈逐年上升趋势。截至 2018 年底,全国特殊教育学校专任教师 58 656 人,比 2012 年增加 14 959 人,增幅 34.23%(图 3-10)。但从师生比(专任教师数与特殊教育学校在校生人数的比值)来看,我国特殊教育学校的师生比却在降低。2012 年,特殊教育学校师生比为 1∶4.10,2018 年下降到了 1∶4.63。从师生比这一相对量的指标来看,2012 年教育部实施的《特殊教育学校建设标准》规定,盲校、聋校的师生比应为 1∶3.5,培智学校师生比应为 1∶2,而 2018 年我国特殊教育学校在校生有 27.15 万人,专任教师有 58 656 人,其师生比约为 1∶4.63,远低于国家规定的标准水平。这表明尽管专任师资数量不断增长,但无论是全国还是各地区,我国对特教专任教师的供给相对特教教师的需求而言仍有较大的缺口。

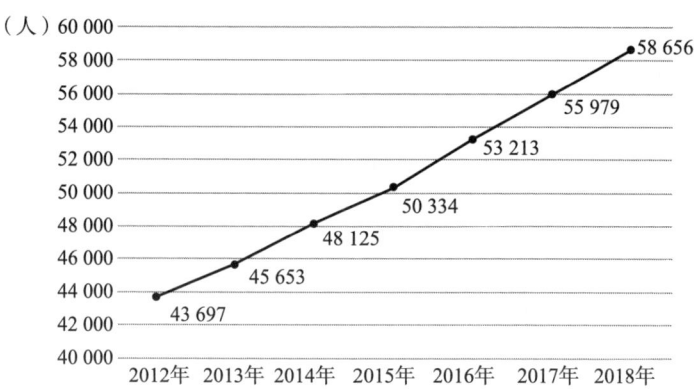

图 3-10 我国特殊教育学校专任教师人数变化

---

① 杨希洁.当前特殊教育发展若干特点及问题的思考[J].中国特殊教育,2019(8):8-13.

(2) 特殊教育教师培训不断增加,师资质量进一步提升

2012—2018 年全国特殊教育教师参加特殊教育培训的人数呈逐年上升趋势。2018 年有 44 375 名特殊教育教师参加培训,较 2012 年增加了 23 987 人,增幅 117.65%。从参训人数的比例来看,参加特殊教育培训的教师比例由 2012 年的 46.66% 提高到 2018 年的 75.65%(图 3-11)。

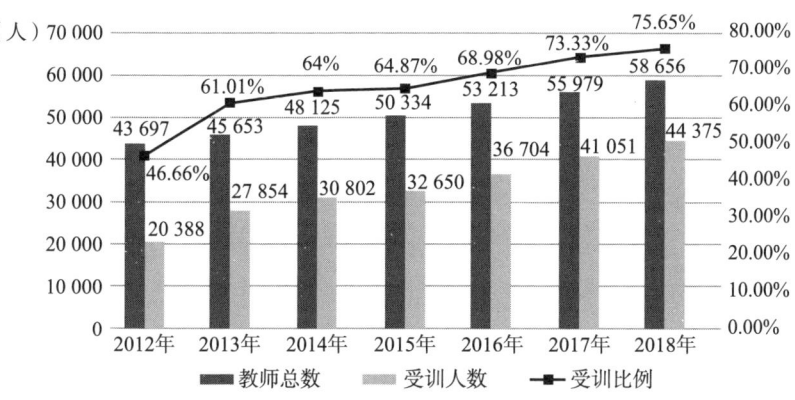

图 3-11 特殊教育教师接受培训情况

3. 残疾学生的教育安置

(1) 残疾学生教育安置形式

相关数据显示,从我国不同安置环境中残疾学生的比例来看,绝大多数学生都是通过随班就读和特殊教育学校的形式来学习;其中随班就读的残疾学生的比例最大,其次是特殊教育学校,再次是送教上门,特殊教育班中残疾学生的比例最少(图 3-12)。

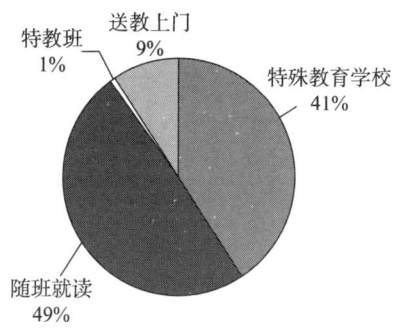

图 3-12 不同安置环境中残疾学生的比例

(2) 特殊教育学校

① 我国特殊教育学校数量不断增加,学生人数不断增加,但人数所占比例却在下降。

近年来,我国特殊教育学校数量连年增加,从 2012 年的 1 853 所增加到 2018 年的 2 152 所,7 年间增加了 299 所,基本实现了 30 万人口以上且残疾儿童较多的县都有 1 所独立设置的特殊教育学校的目标(图 3-13)。

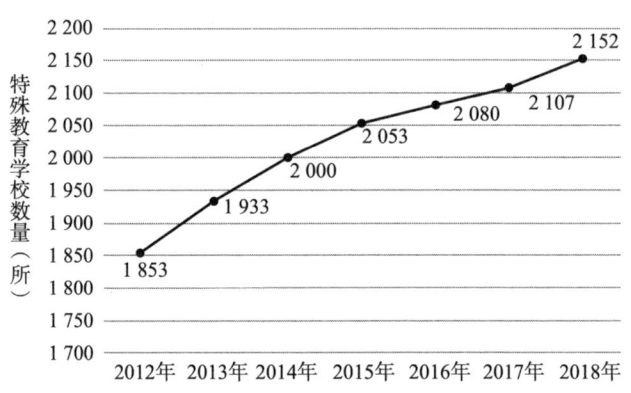

图 3-13 我国特殊教育学校的数量变化

从特殊教育学校中的残疾学生人数来看,从 2012 年至 2018 年这 7 年间,尽管残疾学生在特殊教育学校中的总体人数在增加,但所占的比例却在不断下降。其中 2013 年所占比例最高,达到 48.14%,到 2018 年,只有 40.77% 的残疾学生在特殊教育学校中接受教育(图 3-14)。

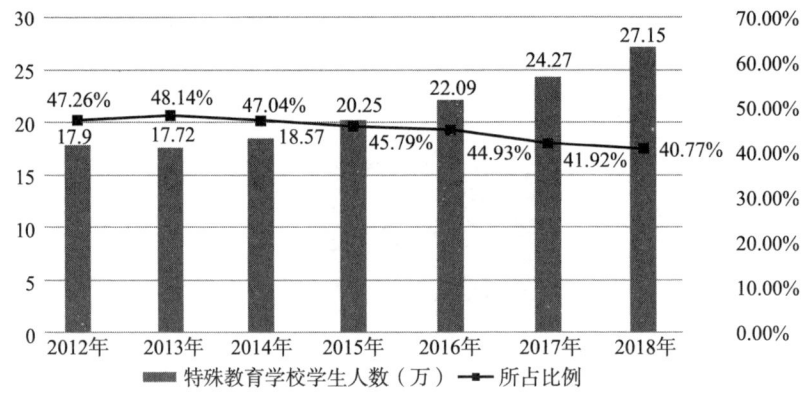

图 3-14 我国特殊教育学校学生人数及其所占比例

② 我国特殊教育学校分布不均衡,城镇特校数量明显多于乡村。

我国特殊教育学校的数量分布存在城乡与地区发展不平衡的问题。从城乡分布来看,2016年城市和县镇拥有的特殊教育学校的数量分别是998所和946所,而农村只有136所特殊教育学校,占学校总数的比例为6.5%。与之相对的是,农村在校残疾学生有108 354人,占在校生总数的比例为21.4%。因此,农村以占6.5%的教育资源担负着超过20%的残疾学生的教育工作。同时,目前我国乡村特殊教育学校不仅数量缺乏,办学条件(教学环境与教学设施)还相对较差,残疾学生的生活辅助设施如食堂、澡堂等条件简陋。特殊教育学校承载着残疾儿童教育与康复资源,是残疾儿童接受教育的基础与保障,但我国特殊教育学校在城乡与地域上存在着人口与资源的严重不均衡。从地区分布来看,中西部特殊教育学校建设仍难以满足残疾学生需求。2007年,国家实施的"中西部地区特殊教育学校建设"项目基本保障了30万以上人口的县拥有1所独立设置或综合类的特殊教育学校,但仍有589个人口在30万以下的县没有特殊教育学校,属于特殊教育资源"空白县"。这些地区的残疾学生义务教育面临很大的困难。

(3) 随班就读

从2012年到2018年,在普通学校随班就读的残疾学生人数总体在不断增加,但随班就读学生的人数比例呈现高低起伏变化。在2016年之前,在普通学校随班就读的残疾学生人数比例呈现不断增加的趋势;但2017年和2018年,残疾学生随班就读的整体比例却在连续下降(图3-15)。

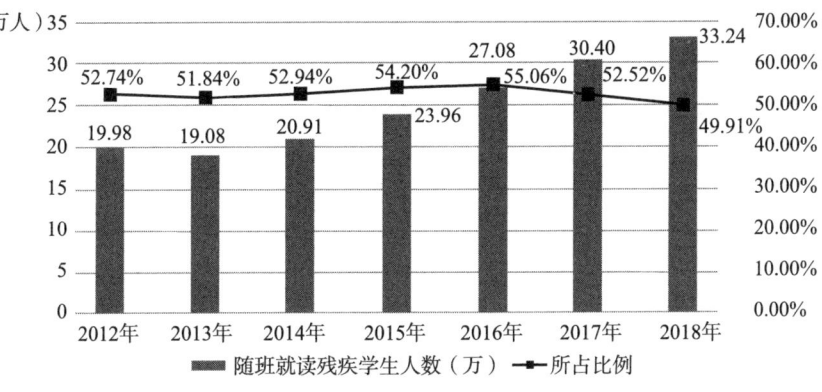

图3-15 我国随班就读残疾学生人数及其比例

(4) 送教上门

① 送教上门的残疾学生急速增加。

2017年开始,送教上门的残疾学生开始纳入接受教育的残疾学生人数统计之中。从图3-16中可以看到,我国送教上门的残疾学生在2017年还只有31 894人,但到了2018年,就达到了62 039人。仅一年,送教上门的残疾学生人数就翻了将近一倍。

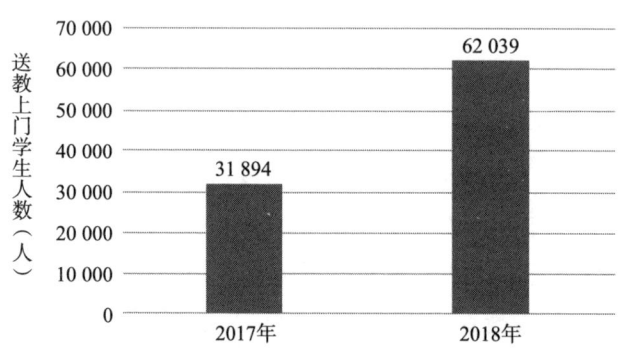

图3-16 送教上门学生人数变化

② 处于"进退两难"局面的送教上门。

2017年教育部等七部门发布《第二期特殊教育提升计划(2017—2020年)》,提出:"对不能到校就读、需要专人护理的适龄残疾儿童少年,采取送教进社区、进儿童福利机构、进家庭的方式实施教育。以区县为单位完善送教上门制度,为残疾学生提供规范、有效的送教服务。"但送教上门在实际运行中却是进退两难,一方面国家政策要求推动,另一方面在实际工作中面临着重重困难,其中主要是送教上门工作缺乏资源和具体的政策,如教师的补助、送教的时间和送教的标准等方面的政策。

第一,送教上门的师资紧张。兰州某区县特殊教育负责人LF说:"我们正式在编的老师只有30多个,教学任务非常紧张。而送教的对象分布在全县各乡镇,我们前前后后服务了五六十个孩子。这一部分孩子的教学任务我们不能在上课期间完成,因为上课期间我们要对在校的孩子进行教学,送教下乡我们就只能利用双休日和节假日的时间。"

第二,没有为送教上门老师提供补助,很大程度上源于现在送教上门政策中对教师补助条款的缺乏。重庆某特殊教育学校校长 THM 表示:"现在我们这还没有对送教老师的补助。因为目前从国家到市里这个层面,对这一部分都没有一个明确的政策。国家层面没有,重庆市层面我们呼吁了很多次,也没有,到县里面自然而然也不敢有。我们现在处在一个很尴尬的位置,一方面我们要做这个事情,但另一方面我们作为一线的管理者,真的很不忍心看到老师们长年累月利用双休日下乡。"另一县资源中心负责人 DDQ 也表示:"没办法出费用给送教上门教师。比如说你送教上门,到人家家里面去,课时费也好,评估费也好,家长培训的费用也好,都是没有经费支持的。"

第三,交通不便。甘肃定西市某特殊教育学校负责人 LP 表示:"老师去送教肯定要乘车,乘车送教有一个问题。国家现在规定不能私车公用,但我们学校是没有公车的。对特殊教育学校而言,没有公车,公车私用的情况是不存在的,但是又禁止私车公用,送教上门老师就只能乘车。乘车的话也有些具体问题。有些孩子住的地方交通不方便,没有车直接到那去,得转好多次汽车,然后转车的过程中有些地方车还不能去,可能还会转乘摩托车,摩托车的安全性又没保障。交通是一个问题。交通费用报销方面,特殊教育没有单独的规定,也只提了一下参照公务员出差补助的方式来报销,就是按里程来。但刚才我说的这几种情况,要转乘公交车、大巴车、面包车、摩托车,很多都没有票据。没有票据,怎么报销? 不可能老师去送教还自贴腰包,这是一个问题。"

第四,送教上门的时间短。重庆某特殊教育学校校长 WL 表示:"我们现在一般是半个月去一次,就这样都觉得力不从心。每一次送教都要从早上 7 点钟出发到晚上六七点钟才能够回来,有的一户就要花三四个小时。"另一特殊教育资源中心主任 XG 表示:"我们现在有 8 个送教学生,每周一次。但是实际上据我们了解,有送教需求的学生数量还是很大的,远远不止这 8 个。但是没办法,我们不可能来做假,说我送了 30 个学生,一学期去了一次,那样就没什么意义。"

第五,送教上门学生资格缺乏统一标准,需要学校自己把握。对于选择为哪些残疾学生提供送教上门服务,重庆某特殊教育资源中心主任 DDQ 表示,并没有统一的标准,而是靠"内心"把握。"现在没有一个特别明确的标准让我来衡量哪个孩子该送教到家,哪个孩子不送教到家,我们就是用这么一句话来操作,自己内心做把握,大概就这样。"也有地区针对行为和情绪障碍学生采用送教上门。郑州特殊教育负责人 DS 表示:"目前我们送教就是在学生每学期开学报名之后进行入学评估,如果他确实不适应班级教学,比如说特别多动,还有攻击行为,确实没办法在学校班级进行正常的学习,那家长同意的话,我们就给他送教。""最终确定的话一般就只能按照先来后到的原则了。如果我们名额满了,后面有这个需求的,我们也没办法满足了,也只能给他做正面的解释工作。"

即使在广东这种发达地区,对残疾学生送教上门的标准也比较模糊。中山市主要针对两类残疾学生提供送教上门:一是家长无法陪读的;二是因残疾程度重无法入学的。中山某特殊教育负责人 LKY 表示:"每年我们学校招生的时候,基本前提就是有一些程度特别重的孩子需要家长陪读,但是有些家长确实没有办法陪读,最后我们无奈之下就把他转成送教。这是第一种情况。第二种情况就是残联那边会做一个未入学学生的入户调查。只要是在残联办了残疾证,就会登入他们的信息系统。残联会要求每个村,或是每个社区的居委会专门入户去做调查,核实有没有入学。如果没有入学的话就会报到各个镇、区、街道的教办那里,然后统一收集到我们这里,我们就会把他纳入送教了。"

第六,送教上门缺乏制度保障,很大程度上依赖于教师的爱心。在访谈中我们也了解到,很多特殊教育教师对送教上门持积极态度很大程度上源于教师的爱心和职业使命。重庆某特殊教育学校校长 XG 表示:"现在我们的老师基本上是在无怨无悔做这样一个事情。凡是纳入送教下乡的孩子,用一句话来说,就是太可怜了。我们的老师如果不对他们用心教育的话,真的感觉自己内心过不去。这些孩子家庭极端的困难,他们没有能力把孩子送到学校来。有的孩子身体状况特别糟糕,也没有办法送来。我作为校长,从内心深处是不情愿做这个事情的,但是我们的职业道德、我们的职业使命,又促使我们的老师不得不做这样一件事情。"最终的结果是进退两难:"不做,我们的良心过不去;做了,老师心里面又感觉到很不平衡,付出了这么多,就这样。"

③ 送教上门的需求和保障。

一是当前在送教上门方面特殊教育学校需要国家政策依据和支持。郑州某特殊教育负责人FCS表示:"在送教上门这个方面,我们特别需要国家提供一些实施的政策依据和支持,我觉得真是要在这个方面呼吁一下。不仅仅是我们郑州地区,我相信,可能全国有很多省市都存在这个问题。因为我们也经常开会,也在和周边省市的一些特殊教育学校进行沟通交流,应该都普遍存在这个问题。国家不出文件,再往下确实也是不太好推进。"

二是需要送教上门的经费支持,给实施送教上门的教师提供基本的交通补助和工作津贴。重庆某特殊教育负责人DDQ认为:"我觉得送教上门的保障,首先是要保障我们每一位老师下乡所需要的往返交通费用,这是很重要的一个方面。因为我们重庆这个地区教师还没有进入公车改革的领域,我们教师是没有车补的。如果说按照相关的政策来定的话,我们每一位老师下乡只能坐公交车去。我们学校在县城,而我们送教下乡的孩子分布在全县的各个乡镇,有的乡镇坐公交车单程长达两三个小时。公交车往往不能到孩子的家门口,我们还要走村路,有的时候走路都要走一个多小时,才能把教学送到孩子的家里面。如果真的按照国家现在相关的交通费用报销,老师们单程花了三四个小时,往返要七八个小时,整整一天,报销的车费就只有十多块。我想这个是没有一个老师愿意做的。其次就是希望能够给老师们一些工作补贴。老师们利用双休日送教已经很辛苦了,我觉得应该给予老师们一定的课时费。他们毕竟要为每一个孩子备课,要把电脑送到孩子的家里面去上课,还要做教具,要花费很多的心血。而且现在送教下乡还需要老师们完善相关的资料档案。应该说每一个老师都花费了大量的心血,我觉得应该给予他们一定的补偿。"

(5) 不同残疾类型的教育安置情况(以智力障碍为例)

① 在特殊教育学校中的智力障碍学生人数和比例都在不断增加。

从图3-17中可以看出,从2012年至2018年,我国智力障碍学生的人数基本保持不断增加态势,他们在特殊教育学校中的人数也在增加。而且从比例来看,越来越多的智力障碍学生进入特殊教育学校接受教育。在2012年,只有44.96%的智力障碍学生在特殊教育学校中接受教育,但到了2018年,59.31%的智力障碍学生进入特殊教育学校接受教育。

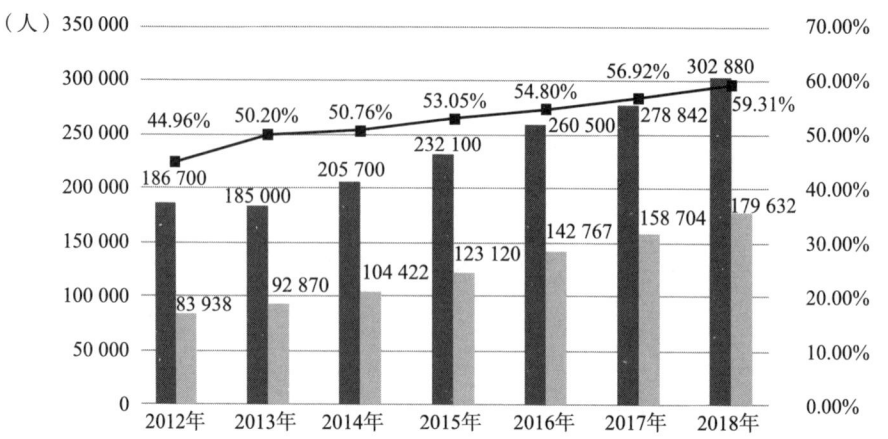

图 3-17　特殊教育学校中的智力障碍学生人数变化趋势

② 在普通学校随班就读的智力障碍学生人数增加缓慢,比例也在不断下降。

根据教育部公布的数据,近些年我国随班就读智力障碍学生人数的变化趋势表明:智力障碍学生的总数在增加,随班就读的人数也在缓慢增加。2013 年在普通学校随班就读的智力障碍学生为 89 505 人,到 2018 年增加至 120 435 人,比 2013 年增加 34.6%;但从比例来看,随班就读智力障碍学生的比例却在逐年下降。2013 年有 48.38% 的智力障碍学生在普通学校随班就读,但到 2018 年,只有 39.76% 的智力障碍学生在普通学校随班就读(图 3-18)。对于这其中

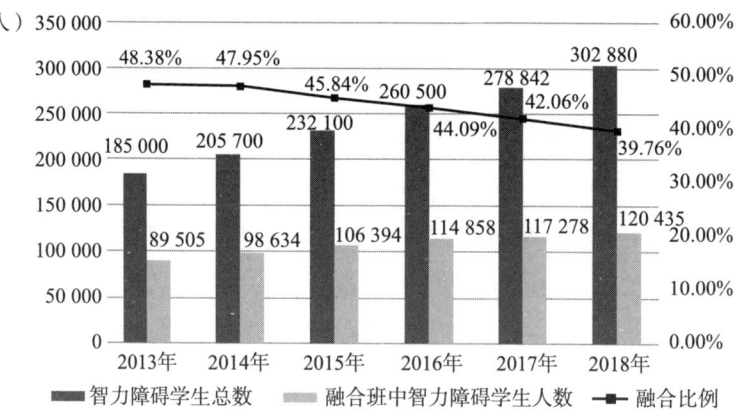

图 3-18　在普通学校随班就读的智力障碍学生人数变化趋势

的原因,我们可以从几个方面来理解:一是残疾学生入学率提升,使得在校残疾学生总数增加;二是中重度智力障碍学生人数在增加,他们更多的去了特殊教育学校。这些中重度智力障碍学生的增加并不意味着在智力障碍的发生率方面,重度残疾出现率变高了,更多的是因为他们有了入学机会。而在过去,他们基本上是没有机会进入学校的。

4. 残疾学生学前教育与中高等教育情况

当前我国特殊教育的政策与发展重点都在义务教育阶段,残疾儿童早期教育和中高等教育的发展相对滞后,由此形成了我国特殊教育"中间大、两头小"的"纺锤形"发展格局。

(1) 学前特殊教育在不断发展,但仍集中于学龄前康复,入园率仍然较低

从目前的情况来看,绝大多数残疾幼儿都无法在正规教育机构接受教育。据相关调查显示,尽管近两年各地按照提升计划的要求,都在积极推进残疾儿童学前教育,但总体来看,我国残疾儿童学前教育仍处于刚起步阶段,幼儿的入园率比较低,许多贫困地区基本还处于空白状态。根据第二次全国残疾人抽样调查中四川省的数据推算,全省0—6岁残疾儿童共有10万余人,但其中接受早期教育康复的残疾儿童只占总数的8%左右;全省各类幼儿园达12 903所,却少有幼儿园附设特殊幼儿班;在全省125所特殊教育学校中,附设幼教班的不足10所,就读的幼儿只占全省学前特殊儿童总数的0.5%。即使是在经济发达省份,残疾幼儿的入园率也远远低于普通幼儿的入园率。以浙江省为例,2016年浙江省残疾儿童幼儿园入园率仅为66.75%,与普通儿童入园率的97.1%相比,低了30余个百分点。尽管当前我国教育部门并没有关于残疾幼儿学前教育的具体数据统计,但我国大多数残疾幼儿都无法在康复机构和幼儿园中接受教育,多数残疾幼儿及家庭仍处于一种无从认定、无人问津、无人理解、无法获助的痛苦境地。

从我们的调查来看,无论是东部发达地区还是西部地区,学前特殊教育的发展都面临着困难。当前我国在学前领域,针对特殊儿童更多的是早期康复与训练,幼儿园的早期教育还比较欠缺。

根据本次调查的情况,对于发达地区来说,学前特殊教育的首要挑战就是幼儿园学位资源的稀缺性,普通幼儿已存在严峻的入园困难,特殊儿童面临的

形势更加严峻。北京市特殊教育中心负责人 SY 表示:"大环境就是学前的孩子入学都难,正好赶上这几年是一个高峰。这个程度非常严重,普通孩子的入园率可能也就能保证 50%。现在有一种半日制的,上午一批孩子,下午一批孩子,能保证 80%。前几年出现一个二胎的生育高峰,而幼儿园太少,所以在这样一个大环境下,残疾儿童入学就会更难了。"学前特殊教育发展面临的另一个困难是幼儿园缺乏接收特殊幼儿入园的推动力。中山市某特殊教育负责人 LKY 表示:"学前教育在这里主要是以民办的幼儿园为主。在以民办为主的情况下就很难去推进,因为人家没有什么动力,然后行政的政策对他们来说又没有太大的压力。"山东青岛某幼儿园园长 LSQ 表示:"绝大多数幼儿园都是私立的,都是民办幼儿园。所以在这些幼儿园里去做特殊教育还是很难的,因为他们不愁生源。你把这样特殊的孩子送进去,对他们来讲没有什么额外经济上的好处,他们又要投入更多的精力,所以这一块是比较难去开展的。"

在北京市,关注更多的是特殊幼儿早期康复的"全覆盖"。北京市特殊教育中心主任 SY 表示:"对于残疾孩子,首先是要认定是残疾,政府就会给他提供教学前干预,就可以给他报销,可以到机构,也可以到幼儿园,或者到特教学校里面去。我们提到的是全覆盖,就是学前早期康复全覆盖,但能不能全日制入园,现在应该说是蛮难的。"海淀区特殊教育负责人 WHX 也表示:"虽然文件上是支持鼓励普通幼儿园招收特殊孩子,但在底下操作这个层面上还存在学位紧张的问题。义务教育阶段都很好办,不管怎么样我们都能满足特殊孩子入学,想尽各种办法克服困难,但是学前这块需要国家政策的推进。实际上在推进的过程中,我们也跟一些园长在聊,真的,他们正常孩子还收不过来,况且又是非义务教育阶段,他们可以收也可以不收。"广东中山市也是采取类似方式,将学前重点放在特殊幼儿的康复方面。中山市特殊教育负责人 LKY 表示:"这两年,学龄前康复还是发展得很迅速,但是学龄前教育就推进得比较难。"

对于西部地区来说,学前特殊教育则基本是缺失状态。兰州某区特殊教育负责人 LF 表示:"从兰州市来看,学前也是一个短板。残疾孩子的学前教育,不管从省里还是市里来看,视障这块是一个缺失,就是没有专门针对视障孩子的学前教育,全省都没有。这是一个问题。当然孩子也要分情况的,有的是全盲的,也有低视力的,但是目前没有专门针对这些孩子的。"另一特殊教育学校校长 ZS 表示:"好的一点就是,不管规模大还是小,这个孩子如果能够进行早期矫治,都能够送到省里的听力语言康复中心去进行矫治。兰州市层面,在正宁路上也有一个兰州市聋儿语训中心。幼儿园的随班就读这一块,情况不是太好。通俗地讲,就是学前孩子随班就读的面不广。我们到底下调查数据的时候发现,好像都没有学前机构能够接收特殊孩子,这是一个值得关注的问题,学前这块需要给一些政策。但我们的县、区层面,刚才也讲了,像榆中就明确要求,县上的公办学校、私立学前机构,必须要无条件接受残疾幼儿,但是这个量还是非常少的。"

(2) 残疾人中高等教育有所发展,但仍然远远落后于普通学生

在我国,中高等教育对残疾人来说仍然属于少数人的精英教育。首先,高中阶段教育(包括普通高中和中等职业技术学校)发展缓慢,残疾学生入学率低(图 3-19 和图 3-20)。根据 2018 年中国残疾人事业发展统计公报,全国共有特殊教育普通高中班(部)102 个,在校生 7 666 人;其中聋生 5 554 人,盲生 2 056 人,其他 56 人。残疾人中等职业学校(班)133 个,在校生 19 475 人。而根据教育部 2016 年至 2018 年全国教育事业发展统计公报,残疾学生毕业人数分别为 5.29 万、5.92 万和 6.94 万。由此可见,只有 11% 左右的残疾学生能够进入高中层次的学校接受教育。

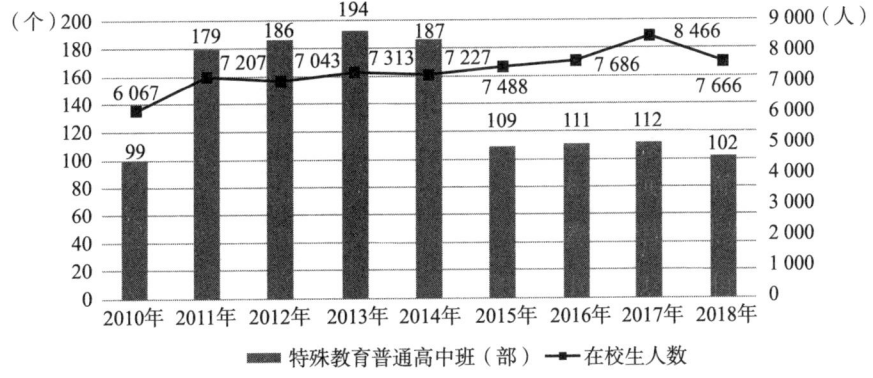

图 3-19 我国特殊教育普通高中班数量及在校生人数

高中层次教育的缺乏,导致残疾人高等教育发展极为落后,残疾人高等教育与社会和普通高等教育的发展不相适应。残疾人高等教育尚未普及,进入高

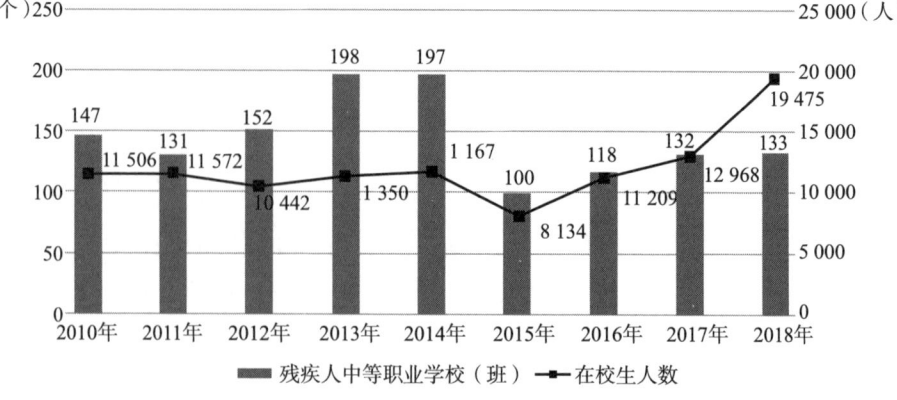

图3-20 我国残疾人中等职业学校数量及在校生人数

校的残疾人很少。①（图3-21）2016年,我国普通高等教育毛入学率已达到42.7%,而残疾人高等教育毛入学率尚不足适龄人口的2%,残疾大学生数量仅占高等教育入学人数的1.5‰,远低于美国(全美2011—2012学年度普通高校中残障学生比例为11.1%)和英国(英国2013—2014学年度高校中残障学生比例为10.24%)等教育强国的比例。② 此外,我国高等融合教育招收的残疾学生

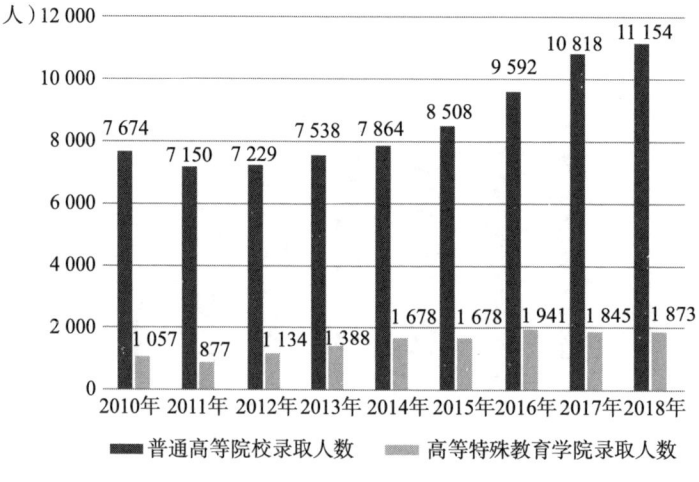

图3-21 高等院校每年招收的残疾学生人数

---

① 段玄锋.我国残疾人接受高等教育的现状研究[J].绥化学院学报,2013(10):46-51.
② 李欢,汪甜甜.我国残疾人高等教育区域布局协调性的实证研究[J].中国特殊教育,2018(8):3-10,17.

类型少,局限于盲、聋、肢残三类,且大多停留在专科和本科层次,研究生及以上层次的很少。而且我国残疾人高等教育专业设置有限,如盲人以按摩为主,聋人以计算机、艺术设计等对听力要求不高的专业为主。由于普通高校不具备人员培训和相应的服务设施等条件,残疾学生在普通高等教育系统中,处于某种程度的隔离状态,不利于他们的身心和能力发展。

二、特殊教育学校发展现状与需求

(一) 调查设计

1. 调查对象基本情况

本次调查从我国东部、中部、西部、西南、东北以及东南地区共抽取148所特殊教育学校,此次问卷的填写者主要是各个学校的校长、教务主任、总务主任等,其中校长作答的占到35.81%。所调查学校的基本信息主要涵盖学校所属的区域、学校的性质和类型等方面。此次调查对象的基本情况如表3-8所示。

表3-8 特殊教育学校发展情况调查对象(n=148)

变量	类别	个数	百分比(%)
身份	学校校长	53	35.81
	总务处主任	4	2.70
	教务处主任	20	13.51
	德育处主任	3	2.03
	其他管理人员	68	45.95
学校性质	小学	14	9.46
	初中	3	2.03
	高中	1	0.68
	完全中学	4	2.70
	九年一贯制	126	85.14
学校类型	盲校	1	0.68
	聋校	1	0.68
	培智学校	69	46.62
	综合性特殊教育学校	77	52.03

2. 调查工具

根据我国特殊教育学校发展的实际情况以及特殊教育学校发展质量的相关研究文献,笔者编制了《我国特殊教育中长期发展现状与需求调查(特殊教育学校)》问卷。为了保证所使用问卷的内容效度,研究者参考了我国特殊教育学校支持保障体系的相关文件、《中国特殊教育发展报告(2014年)》以及《国家中长期教育改革和发展规划纲要(2010—2020年)》中期评估中关于特殊教育专题评估报告的相关内容。本问卷编制好后,首先邀请3位特殊教育专家审阅问卷的形式与内容并提出修改意见;然后,向3位有着丰富经验的特殊教育学校负责人征求修改意见,就问卷的维度、内容和语言进行讨论和修改,以判断构念及所包含的题目内容是否恰当,进而作为题目筛选及题目语义修饰修改的参考。

本问卷包括两个部分:第一部分是基本信息部分,包括作答教师的性别、年龄、教龄、职称、有无培训等个人基本信息以及所属学校的类型和资质;第二部分是问卷的核心部分,涉及特殊教育学校发展的主要方面,包括特殊教育学校学生及教师基本情况、残疾学生的安置与教育、为残疾学生提供的支持与服务、家校合作、残疾学生的就业与转衔、获得的教育支持与资源等方面的内容。

3. 调查与数据整理

本次调查要求特殊教育学校的负责人填写,但在问卷发放过程中,也出现了同一个学校两位负责人都填写了问卷的情况,所以我们没有录入这些重复性的负责人的数据。经过调查和回收,共获得全国不同地区的148所特殊教育学校的有效数据。数据整理工作包括:合并不同区县调查的数据;补充题项缺失值,全部以平均值"3"替代;剔除重复数据。

(二)特殊教育学校发展现状

1. 教师情况

(1)教师的学历以本科为主,研究生层次的教师较为缺乏

在教师学历方面,本次调查的148所学校的5 945位教师中,大部分教师都是本科学历,占所调查教师的69%;其次是专科学历的教师,占23%;硕士及以上学历的教师和高中及以下学历的教师比较少,比例分别为6%和2%(图3-22)。

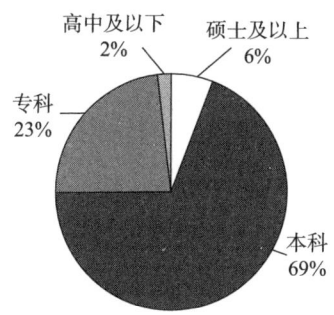

图 3-22 特殊教育学校教师的学历结构

从所调查的 148 所学校来看,有 120 所(81.1%)学校没有硕士及以上学历的教师,有 29 所(19.6%)学校仍然有高中及以下学历的教师。由此可见,绝大多数特殊教育学校仍然缺乏高学历的特殊教育教师。

(2) 教师年龄以中青年为主

从特殊教育教师的年龄结构来看,当前特殊教育教师以中青年教师为主。图 3-23 数据显示,在 148 所学校的 5 945 名教师中,中青年教师,即 40 岁及以下的教师比例为 71%。其中,30 岁及以下的教师占 34%,31 至 35 岁的教师占 19%,36 至 40 岁的教师占 18%。

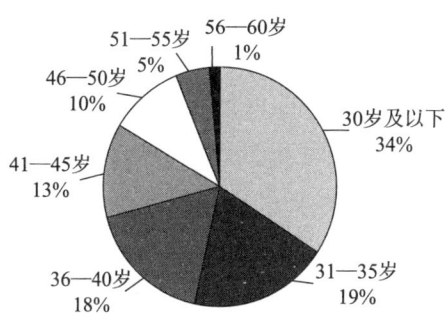

图 3-23 特殊教育学校教师的年龄结构

(3) 大多数教师的工资津贴超过基准线 30%

调查发现,当前不同地区和学校的教师所享受的特殊教育津贴补助比例并不相同。图 3-24 显示,大多数教师所享受的特殊教育津贴补助超过 30%。其中 21% 的特殊教育教师享受的特教津贴为当地事业单位绩效工资基准线的

60%,17%的教师享受的特教津贴为50%,14%的教师享受的特教津贴为40%,12%的教师享受的特教津贴为35%。尽管如此,仍然有少部分教师享受的特教津贴比例过低,26%的教师享受的特教津贴没有超过30%。

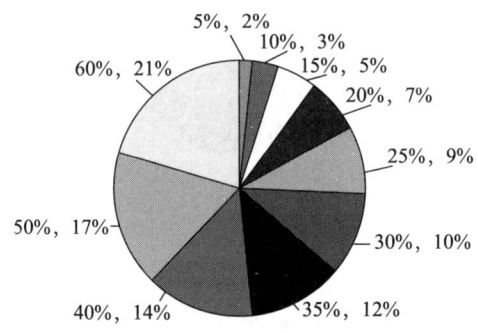

图3-24 特殊教育学校教师的工资津贴

2006年出台的《义务教育法》中,第三十一条明确规定:"特殊教育教师享有特殊岗位补助津贴。"国家通过立法的形式明确规定了特殊教育教师享有特殊津贴。为提高特殊教育教师生活待遇,改善特殊教育教师的生存状态,《特殊教育提升计划(2014—2016年)》中提出,"全面落实国家规定的特殊教育津贴等特殊教育教师工资待遇倾斜政策"。长期以来,特教教师的特教津贴比例保持在15%,《特殊教育提升计划(2014—2016年)》颁布以来,各省(直辖市)纷纷提高特教津贴比例。① 通过访谈了解到,北京地区特殊教育教师的特教津贴为当地事业单位绩效工资基准线的25%;甘肃特教津贴比例2018年落实到30%;河南教龄低于10年的特殊教育教师执行15%的特教津贴标准,教龄高于10年的教师享受20%的特教津贴;重庆地区特教津贴仍在执行国家规定的最低标准15%。敖勇前等人对我国西部地区县域特殊教育发展现状的调查显示:长期以来,特教教师的特教津贴比例保持在15%,《特殊教育提升计划(2014—2016年)》颁布以来,各省(自治区)纷纷提高特教津贴比例,如内蒙古将特教津贴比例提升至25%,宁夏、西藏提高至30%,陕西提高至50%等,此外,部分省份还

---

① 敖勇前,王庭照,张梅.我国西部地区县域特殊教育发展现状调查[J].当代教师教育,2017,10(4):86-91.

采取从事一定年限特教工作后退休的特教教师保留特教津贴的政策。[①] 2017年,国家《第二期特殊教育提升计划(2017—2020年)》指出:"落实并完善特殊教育津贴等工资倾斜政策,核定绩效工资总量时适当倾斜。对普通学校承担随班就读教学管理任务的教师,在绩效工资分配上给予倾斜。"

(4)学校采取促进教师专业素养提升的措施

调查表明,特殊教育学校都采取了多种方式来提高本校特殊教育教师的专业化发展水平,表 3-9 中各项措施的选择人数均在 50% 以上。其中,采取得比较多的措施是鼓励教师参加评课与教学比赛(85.71%)、为教师提供特殊教育方面的信息和资源(84.35%)、鼓励教师参加校外特殊教育培训(84.35%)、鼓励教师开展特殊教育研究促进教学(76.87%)等。

表 3-9 特殊教育学校提高教师特殊教育专业素质水平的措施

提高教师素质水平的措施	人数(人)	百分比
为教师提供特殊教育方面的信息和资源	124	84.35%
邀请地区特教中心或校外专家进行培训与指导	86	58.50%
鼓励教师参加校外特殊教育培训	124	84.35%
鼓励教师提升特殊教育方面的学历	92	62.59%
建立校内教师专业素质考核制度	75	51.02%
鼓励教师开展特殊教育研究促进教学	113	76.87%
鼓励教师参加评课与教学比赛	126	85.71%
没有特别措施	4	2.72%

在访谈中我们了解到,一些地区根据实际情况,采取了卓有成效的策略开展特色活动,增长技能,分享经验,促进特殊教育教师专业化发展。如北京特殊教育中心主任 SY 谈道:"北京有 16 个区,但各区发展不均衡,差异性很大。结合现状,我们设计了一个特殊教育优质联盟,还有一个影子培训。"通过 SY 主任的介绍,我们了解到,特教联盟是指将北京划分为四块,每一块有一个特色教育优质资源区,以此来带动其他相对薄弱的地区,形成联盟。特教联盟在制度及

[①] 敖勇前,王庭照,张梅. 我国西部地区县域特殊教育发展现状调查[J]. 当代教师教育,2017,10(4):86-91.

经费上均有所保障,特殊教育教师在联盟内开展联合教研、联合培训、联合工作坊、跨校执教等活动。SY主任说:"通过这样的一种策略,带动北京的师资,一是能够促进优中再优,二是实现区域间的均衡发展。"

此外,许多一线学校也组织开展了不少特色活动。例如,重庆渝中区特殊教育学校定期开展专业方面的竞赛活动、故事分享活动,增长专业技能的同时,教师间也能相互分享经验;河南郑州市盲聋哑学校通过开展盲文、手语等特殊教育基本功竞赛,挖掘教师潜力,夯实教师专业基本功。此外,还有很多学校开展微课评比等活动。

2. 生师比

在调查的148所学校中,残疾学生人数最多的有539位,最少的仅有24位。在教师人数方面,在编教师最多的有192位,最少的仅有4位(表3-10)。

表3-10 特殊教育学校的生师比

	平均数	最大值	最小值	标准差
学生人数	147	539	24	115.98
教师人数	46	192	4	41.89
生师比	3.60	7.26	1	1.5

从生师比的具体情况来看(图3-25),大多数特殊教育学校的生师比都在2至4之间,少数学校的生师比达到6以上。从生师比的比例来看,33%的学校中学生与教师的比例在(2—3):1,30%的特殊教育学校中生师比达到(3—4):1,仍然有17%的特殊教育学校生师比达到5以上。

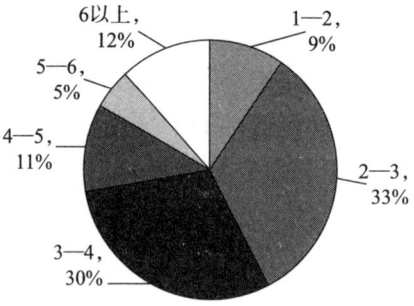

图3-25 我国特殊教育学校生师比

对于生师比较大的学校,我们通过访谈了解到,一方面是由于教师编制的限制,另一方面则是近些年特殊儿童入学率提升,导致学生人数大大增加。例如,我们在对重庆某县特殊教育学校的访谈中了解到,该校的学生有200多人,老师却只有30多人,生师比接近6∶1。对此,校长表示,由于编制的限制,学生入学的人数远远超过引进新教师的规模,导致生师比越来越大。该校校长XG表示:"我们学校218个学生,在编的教师只有30多个。我觉得重点是教师太少了,离提升计划里面的编制要求差距很大,那里规定大概是3∶1。如果按照3∶1,我们218个学生,老师得要70多个人,但我们现在还只有39个,有编制的是35个。虽然每一年还得给我们编制,教师每年都在进,但是这还是不够。"

3. 残疾学生的安置与教育

(1) 残疾学生类别

从当前特殊教育学校的学生残疾类别来看,智力残疾、孤独症、多重残疾、脑瘫和言语残疾等类型的残疾学生在特殊教育学校中占多数,视力残疾学生人数较少(图3-26)。

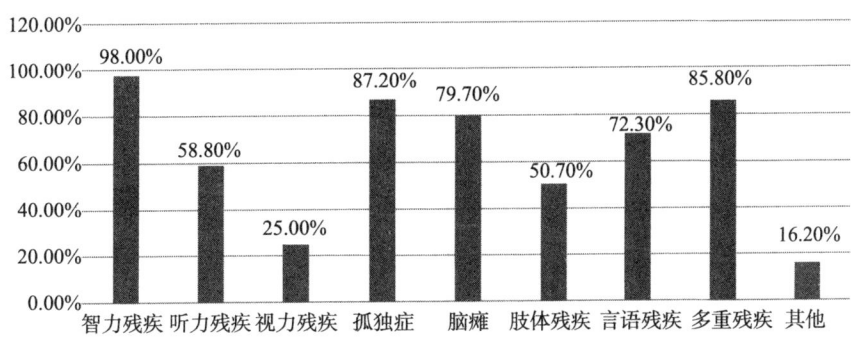

图3-26 特殊教育学校残疾学生类别

(2) 学校应对学生教育安置不当的措施

残疾学生进入特殊教育学校首先面对的是教育安置的恰当性问题,包括学生的年级和班级分配、康复训练的计划安排等。开学后,如果发现学生的教育安置形式不恰当,特殊教育学校也会采用各种方式来进行处理。从调查中可以发现,残疾学生教育安置形式不恰当的现象比较普遍,只有2.93%的学校负责人表示没有出现过此类情况。同时也可以看到,在出现这类情况时,绝大多数学校都会积极采取措施来应对。图3-27中数据显示,58.50%的学校采用校内自行调整安置的方式,48.98%的学校采取由班级教师加强训练的方式。同时,也有40.82%的学校在遇到残疾儿童安置形式不恰当时,会建议家长转校。

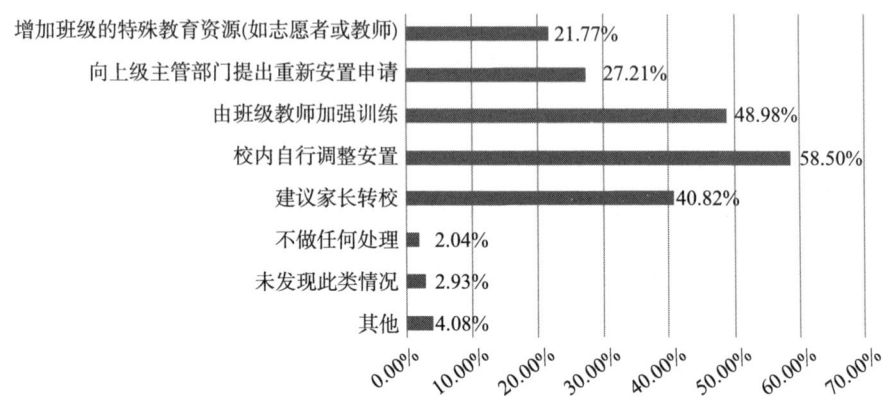

图3-27 学校应对学生教育安置不当所采取的措施

(3) 学校对于新入学特殊儿童的准备工作

针对本学年入学或转入的特殊儿童,绝大多数学校都会为他们做特别的准备工作,只有4.76%的学校没有做特殊准备。在已经做出特别准备的学校中,学校做得比较多的工作是为特殊学生精心安排适当的班级教师(76.87%)、主动收集学生过去的资料(71.43%)、安排学生和家长到校参观(64.63%)、为特殊学生安排适当的教室位置(61.9%)、安排所需要的辅具和专业服务(52.38%)(表3-11)。

表3-11 学校为新入学特殊儿童做的准备工作

措施	人数(人)	占比
没有特别准备	7	4.76%
安排学生和家长到校参观	95	64.63%
主动收集学生过去的资料	105	71.43%
安排适当的教室位置	91	61.9%
安排所需要的辅具或专业服务	77	52.38%

续表

措施	人数(人)	占比
安排适当的班级教师	113	76.87%
改善校内无障碍设施	47	31.97%

此外,也有一些学校会对新入学的特殊儿童进行再次评估,以了解特殊儿童的学习能力,便于安排班级和老师。重庆某特殊教育学校校长 WL 表示:"我们都会做入学评估。我们有一个评估小组,都是专业老师。家长报名的时候,我们就会对学生做一个入学评估,了解这个孩子的大概能力,看看把他安排在哪个班级合适。"

(4) 特殊教育学校个别化教育计划的实施情况

在个别化教育计划的实施方面,多数学校都会积极为特殊儿童制订个别化教育计划,并根据学生的发展情况进行修改。图 3-28 中数据显示,59.18%的学校表示,他们会在开学后一个月内就为特殊学生制订 IEP;61.90%的学校表示,他们每学期至少为特殊学生评估修订一次个别化教育计划。

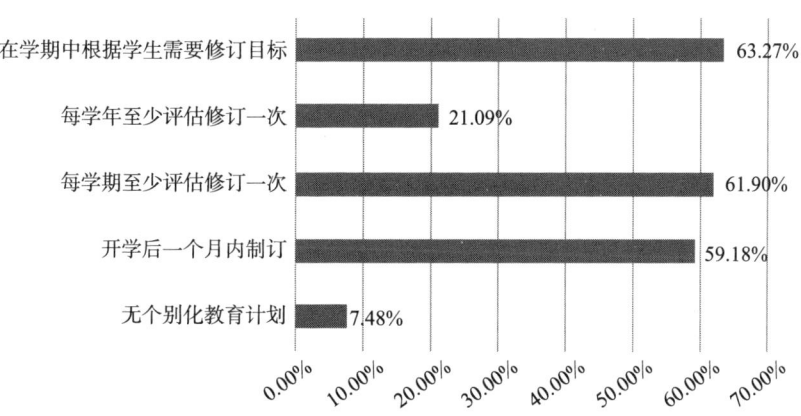

图 3-28 个别化教育计划的实施情况

(5) 特殊教育学校的课程与教材

教材是课程实施的主要工具。在课程标准出台之后,国家已经出版了培智学校一年级统编教材,并开始向全国推广。从当前特殊教育学校教材的使用情况来看(图 3-29),特殊教育学校使用的教材主要是国家教材(57.82%)、借用其他特殊教育学校的教材(55.10%)和校本教材(46.26%),只有少数学校还在使用普通教育教材(24.49%)。

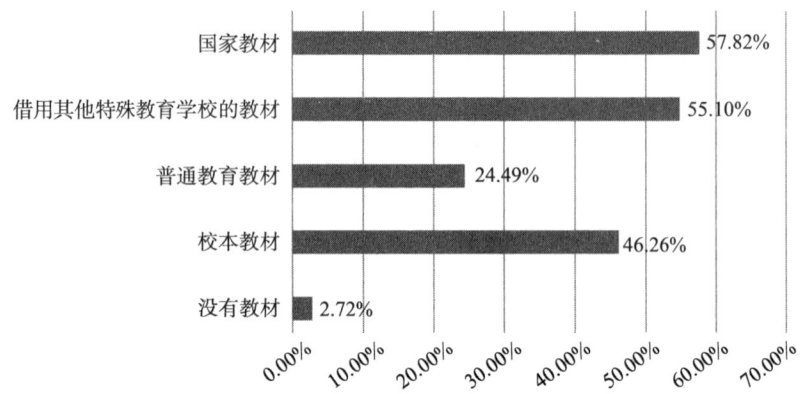

图 3-29　特殊教育学校教材的使用情况

但同时也有一些特殊教育学校表示,由于国家教材面向全国,对本学校的残疾学生缺乏适用性。北京市某特殊教育学校由于培智学生障碍程度普遍偏重,无法直接使用国家教材。LX 主任表示:"对于国家教材,可能因为现在学生的障碍程度特别重,我觉得别的省市没准能用,但我们用不了,真用不了。我们一年级的孩子连书都拿不了,恨不得拿起来就撕,根本就不可能让他用教材。他的行为管理和日常规范都没有,来了都不知道怎么做。所以肯定得带着他们先知道秩序,先得带着他们知道师生互动,听指令,得有这些。好多孤独症、脑瘫的那些孩子,坐都坐不住,注意力时间太短。要按那套教材上课,我们上不了,学生真不行。"对于教材的使用,LX 主任表示,他们只能从国家教材中选择教学内容。"我们就从一年级教材里边选一些我们可以做的,但是目前我们一年级有两个班,有一个班有 8 个孩子,其中有 7 个孤独症,基本上全都是孤独症的小孩。有一个唐氏的,能力比较好,因为孤独症小孩沟通不行,所以全是孤独症的就完了,就把那个小孩搁在这边。另外一个班就基本上都是脑瘫,特别差。所以他们这两个班就从那套教材里选,在咱们孩子能接受的基础上再改教材。"

从特殊教育学校课程开设的情况来看,大多数特殊教育学校在根据国家要求开设"7+5"课程的同时,也会根据本校的学生发展和地区文化开设多样化的综合课程和校本课程。图 3-30 显示,完全按照"7+5"课程体系来开设课程的特殊教育学校只有三分之一(33.33%),综合课程(45.58%)和校本课程(41.50%)成为很多特殊教育学校的课程选择。

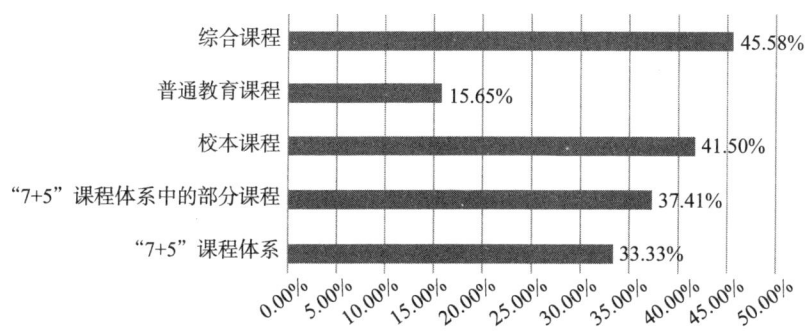

图 3-30　特殊教育学校课程开设情况

从特殊教育学校课程建设中存在的问题来看,超过一半的特殊教育学校负责人表示,他们在课程建设中遇到的主要问题是课程评价缺乏标准(67.35%)、不同年级的课程之间缺乏衔接(55.78%)、课程内容资源缺乏(55.78%)。此外,还有 47.62% 和 44.22% 的学校表示,他们存在缺乏教材以及课程体系与结构单一的问题(图 3-31)。

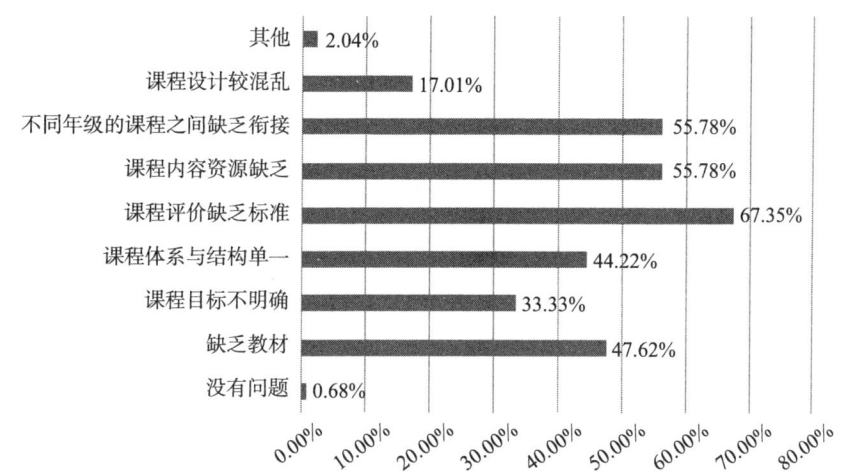

图 3-31　特殊教育学校课程建设中存在的问题

除了很多特殊教育学校所反映的缺乏课程评价标准之外,另一个普遍的问题就是国家课程标准要求太高。北京市某特殊教育学校 LX 主任说:"它(国家课程标准)的要求太高了,我们的学生达不到,中年级的那些标准,我们的孩子到九年级都达不到。我们好多职高的学生可能差不多,因为我们职高是全北京市选拔来的,学生的程度还可以。但是在国家课标里边,高中低年级的标准真有点高,对我们学生来说。"对于这种高标准,LX 主任认为主要是因为国家课程标准面向全国,但北京的培智学校学生障碍程度都比较重,很难达到面向全国的课程标准。LX 主任表示:"国家课标对于我们学生来说,差得有点多。因为它考虑到全国培智学校学生的情况,可是我们学生程度比较重,所以它对我们来说是一个高标准,我们落实起来可能比较困难。"

(6) 特殊教育学校促进普特融合

在促进普特融合方面,调查中发现,大部分特殊教育学校都会为特殊儿童的融合提供机会,只有 16.33% 的学校表示本校没有安排特殊儿童与普通儿童的融合活动。在已经安排普特融合的学校中,特殊教育学校中特殊儿童的融合主要是通过附近普通学校学生到本校交流来实现的(67.35%),也有 38.1% 的学校安排残疾学生不定期参加普通学校所举办的活动(图 3-32)。

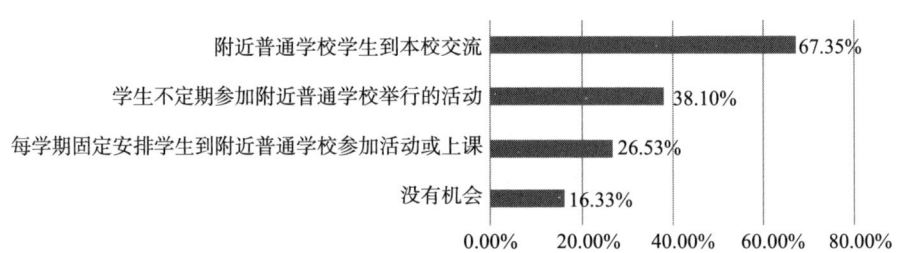

图 3-32　特殊儿童与普通儿童的融合活动

(7) 提供给本校特殊儿童的支持服务项目

当前特殊教育学校为本校特殊儿童提供的支持服务主要包括,教育辅助器材(64.63%),特教相关专业服务(60.54%),协助申请残联和民政局相关社会福利补贴(59.18%),改善校园无障碍设施(53.06%),安排志愿者、实习生和见习生帮助(53.06%)等(表 3-12)。

表 3-12 提供给本校特殊儿童的支持服务项目

选项	人数(人)	比例
教委特殊教育工作者的巡回辅导	22	14.97%
特教相关专业服务(康复训练或专业治疗)	89	60.54%
安排志愿者、实习生、见习生帮助	78	53.06%
改善校园无障碍设施	78	53.06%
教育辅助器材	95	64.63%
协助申请教育补贴、医疗服务等费用	57	38.78%
协助申请相关社会福利(如残联、民政局补贴等)	87	59.18%
其他(请说明)	2	1.36%

在为学生提供支持性服务方面,当前特殊教育学校所面临的主要问题是特殊教育相关专业服务不足(70.75%),这是大多数学校所面临的共同问题。在协助学生申请教育补贴、医疗服务等费用(45.58%),教委特殊教育工作者的巡回辅导(45.58%),协助申请相关社会福利(40.82%)等方面也存在较多困难(图 3-33)。

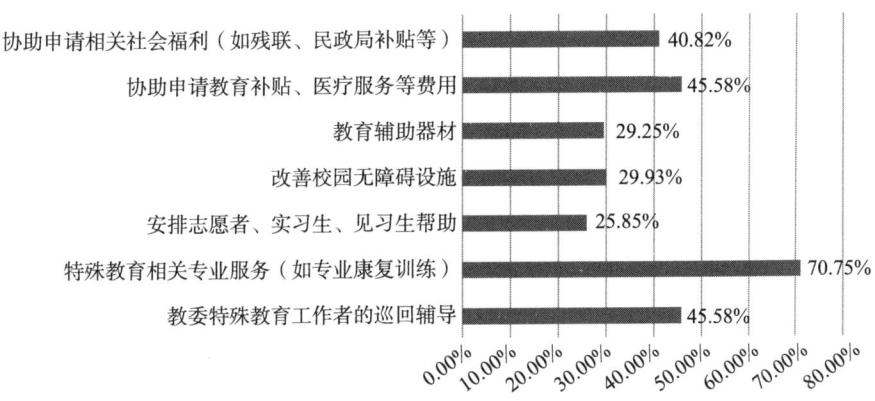

图 3-33 学校在提供支持性服务中存在的困难

(8) 特殊教育学校无障碍设施建设

教育部 2015 年工作要点中提到,要落实好《特殊教育提升计划(2014—2016 年)》,加强无障碍设施改造。如图 3-34 所示,目前调查的学校中,无障设施拥有率居前三位的分别是坡道及扶手、楼梯双侧扶手和轮椅进出道路。其中无障碍设施中"坡道及扶手"拥有率最高,达到69.39%;其次是楼梯有双侧扶手,拥有率达到67.35%;再次是方便轮椅进出的出入口及道路,拥有率为63.27%。此外,无障碍厕所的拥有率为52.38%,而具备升降电梯的学校也达到了45.58%。

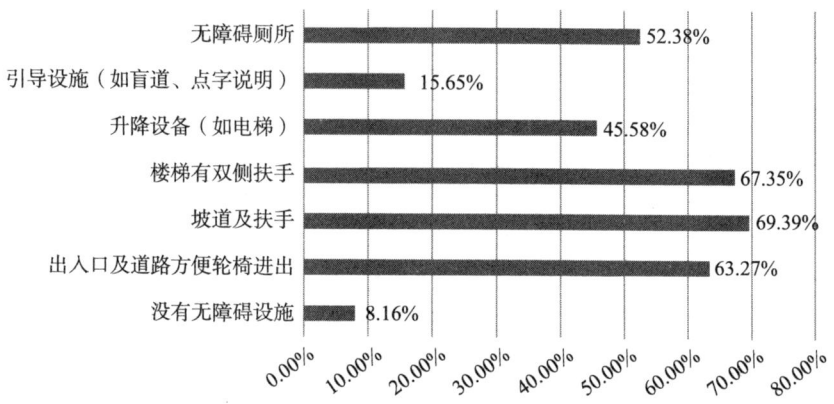

图3-34 特殊教育学校无障碍设施情况

在学校建筑与无障碍设施和理念的符合程度上,多数学校负责人表示,学校中的大部分建筑符合无障碍设施要求。图3-35显示,其中57%的学校负责人表示,学校中的建筑"大部分符合"无障碍的理念,8%的负责人表示"完全相符";也有35%的学校表示自己学校的建筑还达不到无障碍设计的要求。

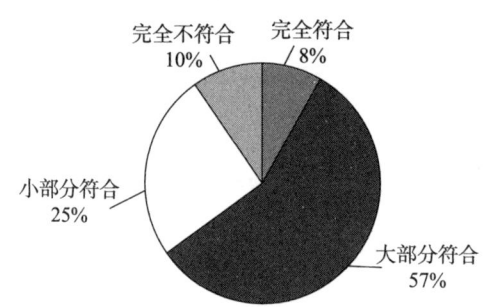

图3-35 无障碍设施的符合情况

(9)资源中心为残疾儿童提供的支持与服务

在调查的 147 所特殊教育学校中,有 73.47%(108 所)的特殊教育学校兼为当地的特殊教育资源中心。

作为资源中心,特殊教育学校为本地区其他特殊教育学校和随班就读残疾儿童提供多样化服务。从调查来看,其中最主要的是为残疾儿童随班就读提供专业咨询与培训、特殊儿童的评估与鉴定以及巡回指导,提供这些服务的学校分别达到 64.81%、58.33% 和 50.00%。此外,还有 41.67% 的学校为随班就读残疾儿童提供康复训练与治疗(表 3-13)。

表 3-13 资源中心为本区域内其他学校开展特殊教育提供的支持和服务

选项	小计	比例
特殊儿童的评估与鉴定	63	58.33%
巡回指导	54	50.00%
特殊教材的制作(如大字体课本、盲文或有声书籍)	14	12.96%
提供康复训练与治疗	45	41.67%
提供专业咨询与培训	70	64.81%
提供教材	21	19.44%
提供教育辅助器材借用	36	33.33%
其他	7	6.48%

作为资源中心,特殊教育学校不仅需要承担本校特殊儿童的教育教学,它们同样需要为本区域内其他没有来校上课的或在普通学校随班就读的残疾儿童提供支持服务。从表 3-14 中的调查数据可以发现,目前提供给校外特殊儿童或未在校上课的本校学籍内特殊儿童的支持服务项目最主要的是提供送教上门服务,有 80.95% 的学校承担这一任务,其次是特殊儿童家长咨询与讲座(53.06%)和特殊儿童康复训练(51.02%)。

表 3-14 提供给校外特殊儿童的支持服务项目

选项	小计	比例
特殊教育巡回指导	42	28.57%
送教上门服务	119	80.95%

续表

选项	小计	比例
特殊儿童康复训练	75	51.02%
特殊儿童家长咨询与讲座	78	53.06%
为学校附近社区内的特殊儿童提供服务	32	21.77%
评估服务	49	33.33%
其他	4	2.72%

在对重庆某特殊教育资源中心的访谈中,我们了解到,由于区县特殊教育资源中心并没有单独的编制和行政地位,因此它们对校外,特别是对普通学校中残疾儿童随班就读工作的指导只能是建议性的。THM主任说:"我们最开始的话,就是就这些方面的工作给他们提供一些指导和咨询,还有就是关于随班就读学生心理压力的疏导。这是最开始的工作,然后逐渐地深入到家庭,和家长沟通;再就是指导任课教师、学校的行政领导,他们该如何参与进来,从学校层面制定一些相关制度,给一些保障等。总之就是随着他们工作的进展情况,我们会从各方面提一些建议。因为我们毕竟只是资源中心的指导老师,没有行政职务,所以很多时候,比如说他们学校工作比较忙,这些工作可能就不是很跟得上。"

4. 送教上门

在送教上门方面,在所调查的147所特殊教育学校中,有79.59%(117所)的学校承担本地区的送教上门工作,有20.41%(30所)学校没有承担送教上门工作。

(1) 特殊教育教师对送教上门的态度

特殊教育学校大多数教师对送教上门都持不同程度的积极态度,其中40%的学校负责人表示本校的教师"积极"参与送教上门,29%的教师"非常积极",只有5%的学校教师对送教上门比较消极(图3-36)。

在访谈中我们也了解到,很多特殊教育教师对送教上门持积极态度很大程度上源于他们作为教师的爱心和职业使命。对于这种依靠爱心和奉献来维持的送教上门,有老师表示,这种形式并不能持久,也不会带来高质量的教学。郑州某特殊教育学校校长FCS表示:"总感觉做这个工作真的就是一个负担,我说

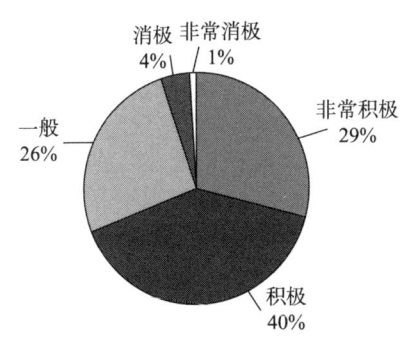

图 3-36 特殊教育学校教师对送教上门的态度

实在的,实际上就是一个负担。你做这个工作,如果单纯地奉献,什么都没有,可能奉献一两年行,奉献一二十年是很困难的。我想有一些人可能达到了那样的思想境界,但是你要普遍地都达到这个境界是不现实的。"

(2) 送教上门的师生比

从送教上门的师生比来看,平均为 1∶2.2。从负责送教上门工作的教师来看,有的特殊教育学校仅有 1 位教师从事送教上门工作,有的学校则多达 60 位。而在送教上门的学生人数方面,有的学校只负责 1 名学生,而有的学校则需要负责 218 位学生的送教上门工作(表 3-15)。

表 3-15 送教上门的师生比

	平均数	最大数	最小数	标准差
送教上门教师	14	60	1	12.18
送教上门学生人数	31	218	1	39.20

从访谈中发现,师资紧缺,送教上门教师资源不足,是当前基层特殊教育学校开展送教上门的普遍性问题。重庆市某特殊教育资源中心主任 DDQ 说:"我们这边三个老师陪着两个老师,去年我们有个老师还挺着大肚子去送教上门。没办法,人手很缺,然后这学期开学的时候,因为那边两个老师都先后生产,送教的老师人数更少了。"

甘肃省定西市某特殊教育学校校长 LP 也反映了同样的问题:"最远的那个学生距离学校 40 公里左右,由于很多老师都不愿意去,我就开我的车自己去,我也不求一分钱回报。送教的老师一天下乡补助只有 20 块钱,那很辛苦的。但是后来我还听到有人又质疑我私车公用,有些时候还要找我的麻烦,所以今年我就不出去了。因为没有专门送教的老师,我们老师只能挤出一部分时间来,周六、周日去送教,一个学生大概花半天,到学生家里就要两个小时。"

(3)送教上门的频率和时间

调查发现,当前我国残疾儿童在送教上门中多数都得不到足够的教育时间。从送教上门的频率来看,53%的学校表示,他们负责的残疾儿童每月会享受 1 次送教上门服务;30%的学校表示,他们负责的残疾儿童每月会享受到 2 次送教上门服务。能够为本区域残疾儿童提供每月 3 次及以上服务次数的学校只有 17%。在访谈中,我们得到的结果类似。比如郑州某特殊教育资源中心负责人 DS 表示:"送教老师给那些孩子送教的时间是有安排的,像刚才说的玻璃娃娃,是一个月两次。有的孩子是根据家长的要求,有的是一个月一次,反正至少一个月都有一次。"

从每次送教上门的时间来看,多数学校为残疾学生提供送教上门的时间都安排在周末;服务的时间都在 2 个小时以内,其中提供 1 个小时送教上门服务的学校为 25%,提供 2 个小时服务的为 49%。

(4)送教上门的教师补助

对于送教上门教师的补助,调查发现,超过一半的学校,即 52%的学校没有为送教上门教师提供任何补助。在为送教上门教师提供补助的学校中,补助也明显偏低。21%的学校为教师提供的补助在 100 元以内,14%的学校为教师提供的补助在 100—200 元以内,超过 200 元的学校只有 13%。

学校之所以没有为送教上门老师提供充足的补助,很大程度上源于现在送教上门政策中对教师补助条款的欠缺。

甘肃定西市某特殊教育学校校长 LP 说:"政府要确定一下,送教上门一次,给老师补助多少钱,每一次交通费多少,包括每一次要给老师的保险。送教上门老师的补助要体现在实实在在的文字性的东西上,不然学校里有钱的话,送教上门给 200 元补助也可以,但是违反政策的话,可能会惹上麻烦。"

(5)送教上门的内容

在送教上门的内容方面,学校负责人对所调查的各项内容的回答率均在

50%以上。表3-16中数据显示,教师为残疾学生提供最多的服务就是言语与动作等方面的康复训练(91.45%),其次是指导家长对儿童进行技能训练(81.2%)和对残疾儿童进行生活技能训练(80.34%)。此外,还有学科知识教学(69.23%)、家长咨询(如提供有关教育、医疗与残疾儿童福利等方面的信息)(69.23%)、感统训练(63.25%)以及心理辅导(58.12%)。

表3-16 送教上门的服务内容

选项	小计	比例
学科知识教学	81	69.23%
康复训练(如言语、动作)	107	91.45%
感统训练	74	63.25%
心理辅导	68	58.12%
生活技能训练	94	80.34%
指导家长对儿童进行技能训练	95	81.20%
家长咨询,如提供有关教育、医疗与残疾儿童福利等方面的信息	81	69.23%

5. 家校合作

(1)家长参与残疾学生教育康复情况

从家长参与残疾儿童的教育康复情况来看,绝大多数家长都会不同程度地参与进来,仅有7%的学校表示有家长从不参与残疾儿童康复训练。相比之下,有37%的学校负责人表示,家长会"经常"参与到残疾儿童的康复训练之中,56%的学校表示,家长会"偶尔"参与孩子的康复训练(图3-37)。

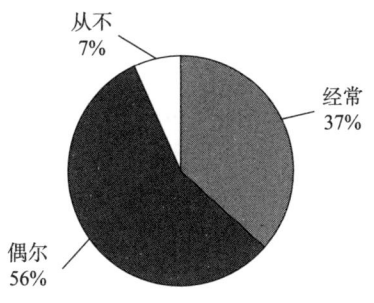

图3-37 家长参与残疾学生教育康复情况

(2) 学校为特殊儿童家庭提供的服务

从学校为特殊儿童家庭提供的服务来看,学校也会组织不同类型的活动。表3-17显示,特殊教育学校为特殊儿童家庭提供比较多的分别是开展家长讲座或课程(73.47%),开展亲子活动(73.47%),为家长提供个别咨询或辅导(67.35%),为家长提供特教、医疗、升学或就业等相关信息(59.18%),协助家长申请社会福利和补助(57.82%)等。

表3-17 学校为特殊儿童家庭提供的服务

选项	小计	比例
开展家长讲座或课程	108	73.47%
开展家长团体活动或联谊	66	44.90%
开展亲子活动	108	73.47%
协助家长参加家长团体	43	29.25%
为家长提供个别咨询或辅导	99	67.35%
为家长提供特教、医疗、升学或就业等相关信息	87	59.18%
协助家长申请社会福利和补助(如:教育部门、残联、民政部门补贴等)	85	57.82%

(3) 学校采取促进家长参与的措施

为了促进家长与学校的交流与互动,特殊教育学校采取了一些措施。表3-18中的调查数据发现,特殊教育学校在促进家长参与方面采取最多的措施是举办学生作品展览,有76.87%的学校举办过此类活动。其次是开展亲子活动,有70.75%的学校为残疾学生举办过亲子活动。依次还有家长陪读(63.27%)、鼓励家长参与孩子的个别化教育计划制订(62.59%)、开展家长经验交流(61.22%)和家长代表参加学校会议(55.10%)等。

表3-18 学校采取促进家长参与的措施

选项	小计	比例
没有特别做法	5	3.40%
举办学生作品展览(学生成果展/教学成果展等)	113	76.87%
开展家长经验交流/分享活动	90	61.22%
鼓励家长参与孩子的个别化教育计划制订	92	62.59%

选项	小计	比例
开展亲子活动	104	70.75%
家长陪读	93	63.27%
家长代表参加学校会议	81	55.10%

6. 特殊儿童的就业与转衔

(1) 特殊教育学校为毕业或已离校的特殊儿童提供的支持与服务

在为毕业或已离校的特殊儿童提供的支持和服务中,63.95%的特殊教育学校表示他们会为学生和家长提供职业教育或职业信息;还有46.26%和46.94%的学校表示,他们会为毕业的特殊儿童说明升学的政策和开设职业教育课程。相对来说,为特殊儿童提供支持性就业服务的学校则较少,仅有34.69%(图3-38)。

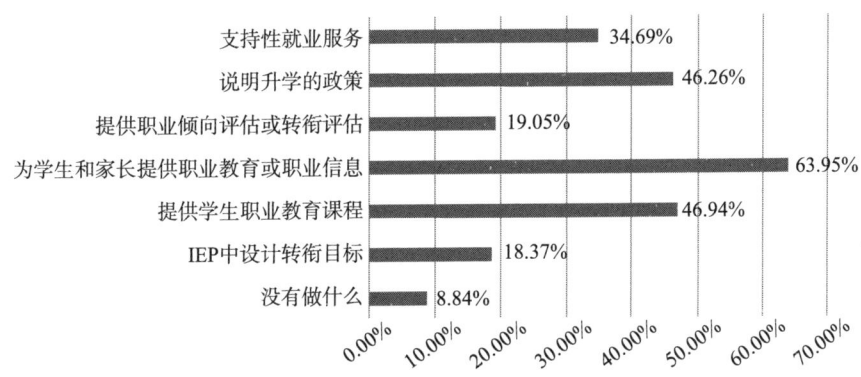

图3-38 为毕业或已离校的特殊儿童提供的支持与服务

(2) 特殊儿童就业转衔中遇到的困难

近些年来,特殊教育学校为特殊儿童安排就业转衔时遭遇的困难,从表3-19中可以看出,最主要的是不容易找到实习场所,有63.27%的学校遇到过此类问题。其次是就业市场有限,有60.54%的学校反映此问题。此外,还有少部分学校会遇到人力不足,难以追踪残疾学生就业的情况(44.90%)以及与升学和就业单位沟通有困难(34.01%)等问题。

表 3-19 特殊儿童就业转衔中遇到的困难

选项	小计	比例
没有困难	6	4.08%
就业市场有限	89	60.54%
不容易找到实习场所	93	63.27%
学校职业教育专业与就业市场需求不符	47	31.97%
人力不足,难做追踪	66	44.90%
家长不配合	22	14.97%
与升学或就业单位沟通困难	50	34.01%
其他	16	10.88%

7. 学校获得的教育支持与资源

(1) 为特殊教育学校提供支持和资源的单位

图 3-39 中数据显示,从对特殊教育学校的发展促进来看,为特殊教育学校提供资源和支持最多的是区、县教委(59.86%),其次是民政部门和残联就业部门(49.66%),再次是大学特殊教育系所和特殊教育科研院所,比例分别为42.86%和38.78%。相比而言,医疗机构和民间机构或团体所起的作用较小,只有24.49%和25.17%。

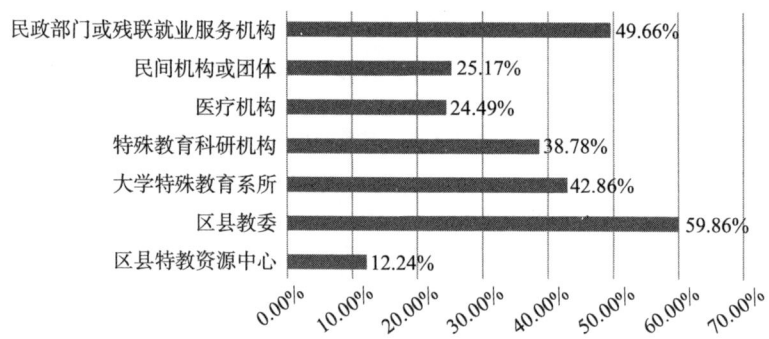

图 3-39 为特殊教育学校提供支持和资源的单位

(2) 特殊教育学校的经费来源

图 3-40 显示,特殊教育学校的经费来源,主要依赖于教育部门拨款,所占

比重为87.76%,其次是残联部门拨款(31.97%),而爱心企业和民间团体的经费相对较少(24.49%和17.01%)。

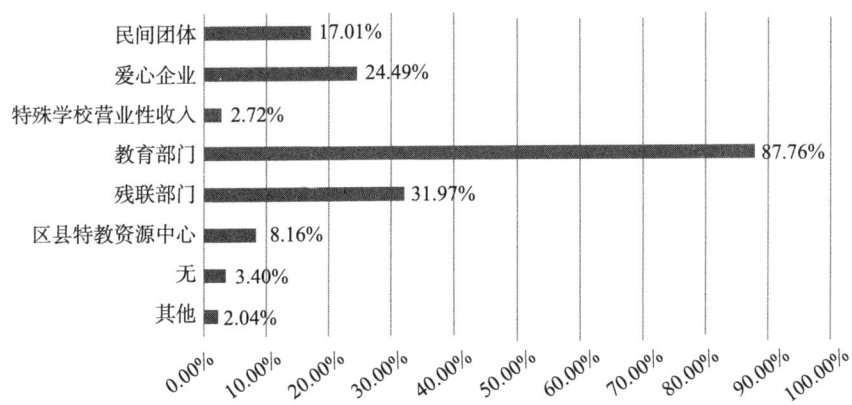

图3-40 特殊教育学校的经费来源

（3）教育部门为特殊教育学校提供的支持保障

教育部门提供给特殊教育学校的服务项目主要是教师专业培训,有72.11%的学校对此做出选择,这是教育部门提供的最多的服务项目。其次是额外补助教学硬件设备及软件,有49.66%的学校做出选择(表3-20)。

表3-20 已获得区、县教育部门或市教育部门提供的支持保障

选项	小计	比例
额外补助教学硬件设备及软件	73	49.66%
帮助改善无障碍设施	46	31.29%
提供教师专业培训	106	72.11%
提供相关专业人员或经费	52	35.37%
加强与区县教委及特教中心的协调合作	29	19.73%
其他（请说明）	12	8.16%

2010年,教育部在"国培计划"中将特殊教育教师培训全面纳入并统筹实施,并与中国残疾人联合会合作委托特殊教育教师培训中心和相关单位定期举办骨干教师培智教育培训班、骨干教师盲教育培训班、骨干教师随班就读培训

班等系列培训班。[①] 访谈中,不同地区接受访谈的教师都提到,其所在地区的特殊教育教师会参与"国培计划",此外,也参加省、市、县等多级特殊教育教师职后培训以及校本培训。如重庆某特殊教育学校校长WL在访谈中说道:"我们都是校本培训与外出培训相结合。比方说去年,我们请了西南大学特殊教育专业的江小英老师到我们学校,对我们的老师进行全员培训。"

(4) 生均经费满足残疾学生发展的情况

对于生均经费是否能够满足残疾学生的教育教学需要,多数学校表示可以满足,其中7%的学校表示完全可以满足,54%的学校表示基本可以满足。同时也有22%的学校表示当前的生均经费无法满足需要(图3-41)。

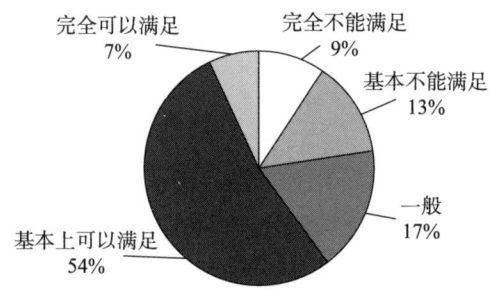

图3-41 特殊教育学校生均经费的满足情况

(三) 特殊教育学校发展需求

特殊教育学校的进一步发展还需要多方面的支持与保障。图3-42中调查数据发现,特殊教育学校最需要的是专业人员支持和教育与康复训练技术支持,反映此方面问题的学校均超过90.00%,分别为93.20%和91.16%;其次是特殊教育政策支持、特殊教育行政管理部门支持和经费支持,反映此方面问题的学校分别为88.44%、87.07%和85.03%;再次是学校环境建设支持和上级督导评估支持,反映此两方面问题的学校分别为78.23%和71.43%。

---

① 陈时强.专业发展视域下的特殊教育教师入职教育有效性研究[J].教育理论与实践,2018, 38(5):24-25.

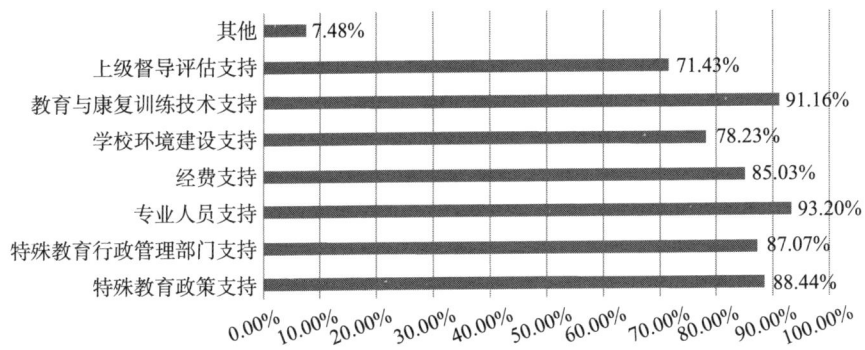

图 3-42 特殊教育学校所需要的支持保障

(1) 特殊教育学校所需要的国家政策支持

从政策支持来看,当前特殊教育学校最需要的政策支持是对特殊教育学校教师专业发展与师资培训方面的规定,有 88.44% 的学校反映此方面的需求;有 81.63% 的学校反映他们需要明确各级教育和其他管理部门对特殊教育学校发展的责任主体;80.95% 的学校需要政策提供对残疾学生鉴定、评估与安置的相关规定。此外,还有 78.23% 和 76.87% 的学校表示,他们需要对特殊教育财政经费收支的规定和对学校与相关就业指导、康复、福利部门的衔接进行明确规定(表 3-21)。

表 3-21 特殊教育学校所需要的国家政策支持

选项	小计	比例
对残疾学生入学方面的政策规定	95	64.63%
明确各级教育和其他管理部门对特殊教育学校发展的责任主体	120	81.63%
提供对残疾学生鉴定、评估与安置的相关规定	119	80.95%
对特殊教育学校教师专业发展与师资培训的相关规定	130	88.44%
对特殊教育财政经费收支的规定	115	78.23%
对学校与相关就业指导、康复、福利部门的衔接进行明确规定	113	76.87%
其他	5	3.4%

(2) 特殊教育学校所需要的教育管理部门支持

在学校所需要教育管理部门提供的支持中,调查发现(表 3-22),特殊教育学校反映最多的是需要教育管理部门提供教师专业培训(87.07%),其次是增加教师编制(81.63%)、提供相关专业人员(80.95%)。此外,还有一些学校表示,他们需要教育管理部门额外补助教学硬件设备及软件(60.54%)和协助鉴别评估特殊学生(59.18%)。

表 3-22 特殊教育学校所需要的管理部门支持

选项	小计	比例
额外补助教学硬件设备及软件	89	60.54%
帮助改善无障碍设施	66	44.90%
提供教师专业培训	128	87.07%
提供相关专业人员或经费	119	80.95%
协助鉴别评估特殊学生	87	59.18%
增加教师编制	120	81.63%
加强与区县教委及特教中心的协调合作	69	46.94%

从访谈中可以看出,随着越来越多的残疾学生进入学校,对教师的数量要求也日渐增加。很多特殊教育学校都面临着编制不足的问题。重庆某特殊教育资源中心 THM 主任说:"如果按师生比来说的话,我觉得还是不够的,因为我们两所学校都是缺编的。我们特殊教育学校跟普通学校是一样的,都需要指标,比如今年我们本来想进体育教师、英语教师,但是我们只有进一位老师的指标。"

(3) 特殊教育学校所需要的专业人员支持

图 3-43 显示,在特殊教育学校的各项工作中,最需要的专业人员主要是康复训练人员(93.88%),其次是专业评估人员(77.55%)、高校或科研机构的特殊教育专家(74.15%)、教学经验丰富的教师(70.75%)。

(4) 建立完善特殊教育教师准入制度

2001 年,国务院办公厅转发的教育部、人事部等九部门《关于"十五"期间进一步推进特殊教育改革和发展的意见》中再次提出"制定特殊教育教师资格条

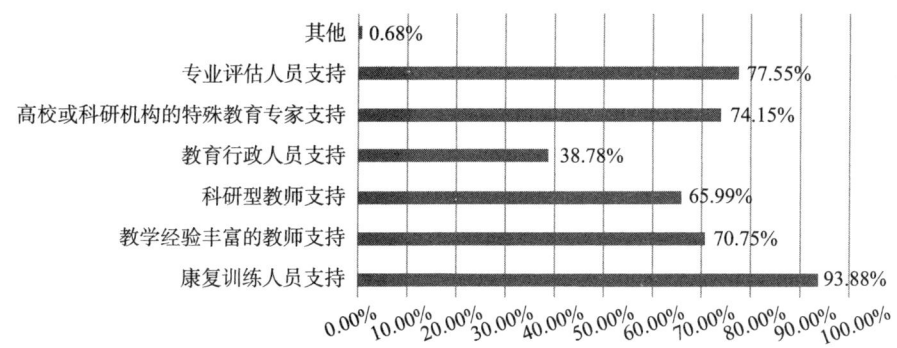

图 3-43 特殊教育学校所需要的人员支持

件有关规定"。2012年,教育部颁布的《关于加强特殊教育教师队伍建设的意见》提出,"坚持质量数量并重。为提高特殊教育教师队伍质量,要制订特殊教育学校教师专业标准,完善特殊教育教师准入制度,探索建立特殊教育教师专业证书制度"。提高特殊教育教师队伍水平,促进教师专业发展,就必须实行特殊教育教师资格准入制度,制定我国特殊教育教师的入职标准,对特殊教育教师的专业发展提出明确要求,从国家的政策层面加以保障,从而从根本上保证特殊教育教师队伍的质量。访谈对象 XG 老师说:"从国家层面有这样一种强制性要求的话,地方也就相继出台政策规定,执行的时候有依据,有特殊教育教师准入制度,有特殊教育教师资格证,就有了明确的规定和要求。"因此,我国应建立明确的特殊教育教师的准入制度和认证标准,它是特殊教育教师队伍走向专业化发展的重要保障,也是完善特殊教育教师知识体系、提升特殊教育教师专业能力的重要基础。

(5) 建立特殊教育指导中心,配备特殊教育教研员

当前,我国部分地区已经相继建立特殊教育指导中心,并配备特殊教育教研员,但并未在全国范围内实施。访谈对象 XG 表示:"我了解到一些区县做得比较好,他们配备了一些专业的特殊教育指导人员。"特殊教育指导中心,相当于特殊教育领域的教育学院和校外教育机构,发挥管理与服务、研究与指导、评估与训练功能,整体推进区域特殊教育。特殊教育教研员则要加强课程教学实施的研究与指导,针对核心问题开展专题研究。郑州某特殊教育资源中心 FCS

主任也指出:"郑州现在建了资源教室,有资源教师,但实际上没有专业的人去指导,不知道怎么开展工作,可能是另一种浪费。所以说,需要有配备特殊教育专业人员的特教指导中心。"可见,建立特殊教育指导中心,配备特殊教育教研员,构建一支结构合理、素质优良、管理有序的特殊教育教研队伍,成为提高特殊教育教师的科研水平和专业素养,提升特殊教育研究的专门性和有效性,最终提升特殊教育质量的必然要求。

(四)研究结论

1. 我国特殊教育学校的发展现状

通过对以上样本的调查,可以总结出我国特殊教育的发展呈现以下特点。

第一,在教师方面,当前我国特殊教育学校教师的学历以本科为主,高层次的研究生学历的教师缺乏;以中青年教师为主,老年教师数量较少。从特殊教育教师津贴来看,尽管当前大部分学校的特殊教育津贴已经达到或者超过了30%,但仍有部分地区特殊教育教师津贴较低,甚至处于15%的水平。在教师专业发展方面,特殊教育学校越来越重视提高教师的专业化水平,并采取卓有成效的策略开展特色活动,增长技能,分享经验,促进特殊教育教师专业化发展。但同时研究也发现,在重视教师质量的同时,当前特殊教育学校教师也出现了数量不足的问题,并导致特殊教育学校的师生比不升反降。这在很大程度上是由于残疾学生数量的不断增加和教师编制的限制所致。目前,智力残疾、孤独症、多重残疾、脑瘫和言语残疾等类型的残疾学生在特殊教育学校中占多数。经调查发现,生均经费基本可以满足特殊学生的教育教学需要。

第二,就学生的安置方式而言,如果发现学生的教育安置形式不恰当,特殊教育学校会采用各种方式进行调整。针对本学年入学或转入的特殊儿童,绝大多数学校都会为特殊学生做特别的准备工作,例如为学生精心安排适当的班级教师、主动收集学生过去的资料、安排学生和家长到校参观等。

第三,在学校教育方面,学校极为重视学生IEP的制订,为学生创设无障碍设施环境以及提供各种支持服务。在课程建设方面,大多数特殊教育学校在根据国家要求开始"7+5"课程的同时,也会根据本校学生的发展和地区文化开设多样化的综合课程和校本课程。在教材使用方面,以国家教材为主,但由于各地特殊教育学校和学生的差异,主要是选择性地使用国家教材,同时主动开发校本教材。在课程建设中遇到的主要问题是国家课程标准太高,学校无法达到,缺乏与本校学生相符的课程标准,同时还存在课程内容资源缺乏和不同年级的课程缺乏衔接等方面的问题。在为学生提供的支持性服务中,大部分特殊教育学校都会为特殊儿童的融合提供机会,例如通过请附近普通学校学生到本校交流来实现。此外,特殊学生在特殊教育学校中还会得到教育辅助器材、特殊相关专业服务、协助申请残联和民政局相关社会福利补贴等方面的支持和服务。

在特殊教育学校的功能方面,研究发现,当前国内多数特殊教育学校属于当地的特殊教育资源中心,为本地区其他学校和随班就读残疾儿童提供多样化的支持与服务,如提供送教上门服务、特殊儿童家长咨询与讲座、特殊儿童康复训练等。大多数教师对送教上门持积极态度,但这多数源于教师自身的爱心,送教上门缺乏政策支持与保障。送教上门的内容主要为言语与动作等方面的康复训练、指导家长对儿童进行技能训练和生活技能训练等,但送教上门的频率较低,教师缺乏相应的补贴。

从家校合作来看,绝大多数家长都会不同程度地参与到残疾儿童的教育与康复过程中。学校也会为特殊儿童家庭提供一系列服务,例如开展家长讲座或课程,开展亲子活动,为家长提供个别咨询或辅导,为家长提供特教、医疗、升学或就业等相关信息。此外,学校也会组织一些活动,促进学生家长参与,增进其与教师的互动,促进家校合作,如举办学生作品展览、开展亲子活动、家长陪读、鼓励家长参与孩子的个别化教育计划制订等。

在特殊学生的就业与转衔方面,多数学校会为特殊学生提供支持性就业服务,包括为学生和家长提供职业教育或职业信息以及为毕业的残疾学生说明升学的政策和开设职业教育课程,但直接提供支持性就业服务的学校则较少。同时,特殊儿童在就业过程中仍然会遇到多方面的障碍,如实习场所匮乏、就业市场有限等问题。

2. 我国特殊教育学校的发展需求

首先,从为特殊教育学校提供支持和资源的单位来看,区、县教委及民政部门、残联就业部门等都会为特殊教育学校提供一定的支持和资源,如经费资源、教师培训等方面。相比而言,医疗部门和民间团体与组织所起的作用较小。作为对特殊教育学校支持最大的部门,教育部门提供给特殊教育学校的服务项目主要是教师专业培训,其次是额外补助教学硬件设备及软件。从特殊教育学校的经费来源看,主要依赖于教育部门拨款和残联部门拨款,爱心企业和民间团体的经费支持相对较少。多数学校的生均经费能够满足残疾学生的教育教学需要,但也有少数学校表示当前的生均经费无法满足需要。

其次,从未来发展所需要的支持保障来看,特殊教育学校还需要专业人员支持、教育与康复训练技术支持、特殊教育政策支持、特殊教育行政管理部门支持和经费支持。其中,政策方面所需要的支持主要为:特殊教育学校教师专业发展与师资培训,明确各级教育和其他管理部门对特殊教育学校发展的责任主体,提供对残疾学生鉴定、评估与安置的相关规定,对特殊教育财政经费收支,以及学校与相关就业指导、康复、福利部门的衔接进行明确规定。行政管理部门支持主要为教师专业培训、教师编制等方面。专业人员支持主要包括康复训练人员、专业评估人员以及特殊教育专家。除此之外,还需要建立完善特殊教育教师准入制度,建立特殊教育指导中心,配备特殊教育教研员。

三、随班就读学校发展现状与需求

(一) 研究过程与方法

本研究采用问卷调查的方法,通过分层随机抽样对全国多个地区(北京、河南、辽宁、广东、云南、内蒙古、重庆、福建、湖南)的残疾儿童随班就读情况展开调查,通过网络问卷和邮寄纸质问卷的方式向170所承担随班就读的普通学校发放问卷,每个学校发放1份。最后回收问卷158份,回收率92.9%,其中有效问卷149份,有效率为87.6%,涉及149所普通教育学校。

1. 研究对象

问卷的填写者半数为各个学校的中层领导(包括总务处主任、教务处主任、德育处主任等),占总体人数的54.4%,此外还有部分学校校长(12.03%)和其他管理人员。所调查学校主要为小学(67.09%)、初中(10.76%)、完全中学(9.49%)和九年一贯制学校(12.66%)。本次调查对象未涉及高中。调查学校学生规模在500—1 000人的学校占比最高,达到29.3%,其次是500人以下的学校。

2. 研究工具

在综合国内外有关随班就读相关文献的基础上,本研究自行编制了《我国特殊教育中长期发展现状与需要(普通学校)》进行调查。问卷初步编制完成后,邀请3位特殊教育专家审阅问卷的形式和内容,请他们提出修改意见。随后向3位具有丰富随班就读经验的教师征求修改意见,就问卷的维度、内容和语言进行修改和调整,形成问卷的最终版本。该问卷共47题,其中开放性问题2题,填空题9题,多项选择题27题,分为学生及教师基本情况、资源教室建设与运行情况、特殊儿童的安置与教育、为特殊儿童提供的支持与服务、家校合作、特殊学生的转衔与就业、所获得的资源与支持七个部分。

3. 数据整理与分析

本研究使用SPSS软件对数据进行录入与分析,主要使用描述性统计的方法。

(二) 随班就读学校的发展现状

1. 学生及教师基本情况

研究调查了99所小学、17所初中、15所完全中学和19所九年一贯制学校。小学构成本次调查的主体,占比为66%,其他三个类型的学校约占10%。

(1) 随班就读学生以轻度智力残疾为主,其次是肢体残疾

从图3-44中可以看出,智力残疾学生是随班就读残疾学生中的主要组成部分,占比达到89.3%,肢体残疾(52.7%)和孤独症学生(46.7%)的数值约为智力残疾学生比例的一半,听力残疾学生的比例达到36.7%,多重残疾学生

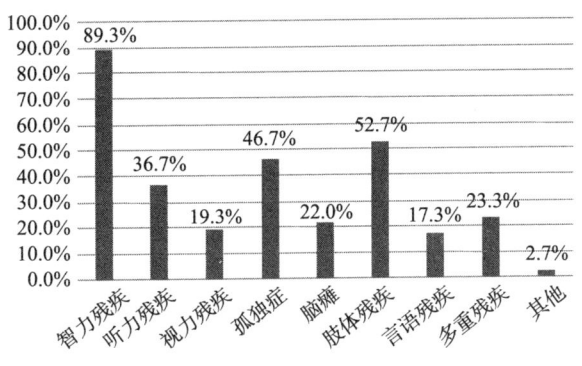

图3-44 随班就读学生的障碍类型

(23.3%)和脑瘫学生(22.0%)比例接近,视力残疾学生(19.3%)和言语残疾学生(17.3%)的比例小于20%,其他障碍类型多为注意力缺陷儿童。

(2)随班就读教师队伍呈现年轻化的状态

从随班就读教师占全校教师总人数的比例来看,随班就读教师比例很小,这些老师10.0%具有硕士学历,40.7%为本科学历,45.3%持专科及以下学历。从年龄分布来看,40岁及以下的随班就读教师占64.8%,可以看出随班就读教师队伍呈现年轻化的状态,如表3-23所示。

表3-23 随班就读教师的基本信息

项目	水平	人数	占比(%)
随班就读教师最高学历	硕士及以上	15	10.0
	本科	61	40.7
	专科	63	42.0
	高中及以下	5	3.3
随班就读教师年龄	30岁以下	502	18.5
	31—35岁	606	22.3
	36—40岁	651	24.0
	41—45岁	461	17.0
	46—50岁	324	11.9
	51—55岁	138	5.1
	56—60岁	31	1.1
资源教师	专职	25	11.9
	兼职	185	88.1

(3)专职资源教师较少,多数资源教师都是兼职

调查发现,绝大多数资源教师都是兼职,只有少数资源教师是专职。表3-23数据显示,88.1%的资源教师是其他学科教师兼任,11.9%的资源教师是专职。

(4)多数随班就读教师能够获得特教津贴,并在职称评定等方面获得优先

第一期特殊教育提升计划中便提出,要提高特殊教育教师的特教津贴,在

随班就读教师这一群体当中,落实这一政策的比例有60%,特教津贴最多可达50%。资源教师当中有42.7%获得了特教津贴。多数学校表示将会在职称晋升、评优评先等方面优先考虑随班就读教师(或资源教师),作为对他们承担特殊教育任务的补偿。

(5)随班就读教师培训偏少

在教师培训方面,随班就读教师平均每年接受培训的次数为4.06次,绝大多数的学校每年培训随班就读教师的次数为5次及以下(图3-45)。

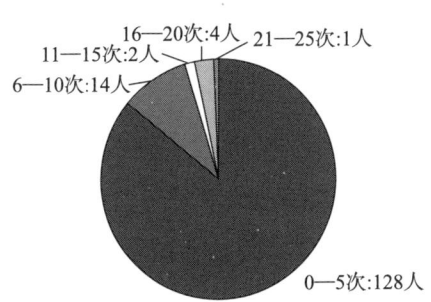

图3-45 随班就读教师接受培训的次数

(6)提高随班就读教师特殊教育专业素养的措施

从图3-46中可以看出,各选项人数均不超过20%,表明普通学校提高随班就读教师专业素养的措施比较少。从已采取的措施来看,在教师的特殊教育专业素质水平方面,提供特殊教育相关的信息和资源是学校的首选(20%),同时,他们还鼓励教师参加校外的特殊教育培训(19.7%),以提高教师的专业知

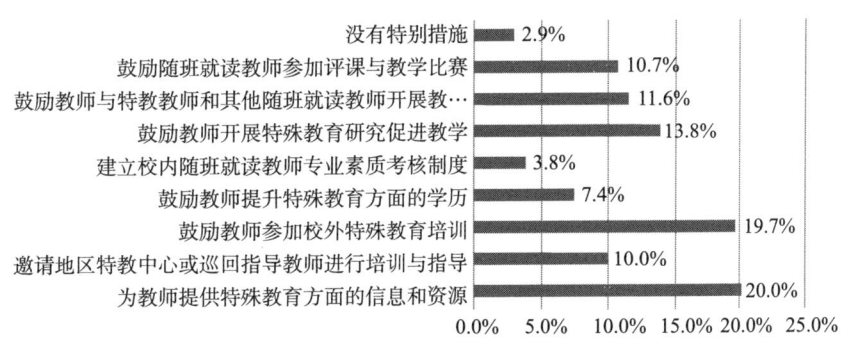

图3-46 提高随班就读教师特殊教育专业素养的措施

识和专业技能。除了校外的特殊教育培训,13.8%的随班就读教师还会开展特殊教育研究来促进教学。10%的学校会邀请地区特教中心和巡回指导教师共同交流经验。有7.4%的学校鼓励教师提升特殊教育方面的学历,使自身的专业水平进一步提高,加强教师的专业化发展。在日常的教学之外,有10.7%的教师会参加评课和教学比赛,相互切磋。当然,校内的专业素质考核制度也不容忽视,但目前仅有3.8%的学校建立了该制度。

2. 资源教室的建设与运行情况

近一半的学校没有建设资源教室,有资源教室的学校当中,有的最早在2002年就开始探索资源教室的运用,各地区之间差异显著。发达地区如北京,资源教室的初始投入最大值为100万元,年运行经费为27万元。

(1) 资源教室的配备

图3-47中数据显示,资源教室当中,最常用的设备是图书及影音资料(90.3%)和康复训练设备(88.9%)。由于资源教室承担着校内残疾儿童的评估工作,评估量表及软件也是资源教室的重要配备之一(72.2%)。玩具和教材教具使用比例相近,约为80%。心理咨询设备的比率稍高,达到83.3%。

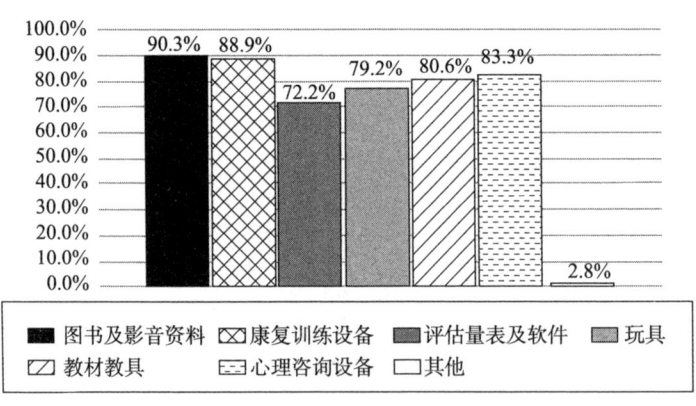

图3-47 资源教室的主要配备

(2) 资源教室的主要功能

图3-48显示,目前资源教室的主要功能是为残疾学生及家长提供咨询服务(76.4%),为残疾学生提供康复训练和档案管理(均为75.0%),为普通学生提供学习辅导、心理咨询(69.4%),开展残疾学生诊断与评估(44.4%),为普通

教师提供培训和教学资源(41.7%)。

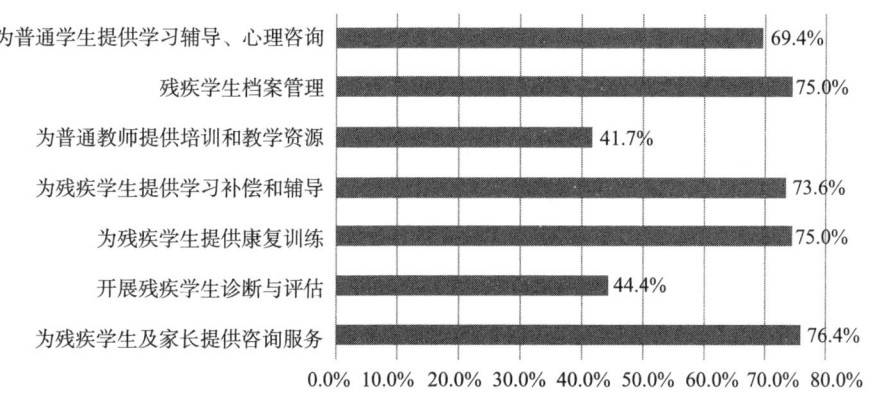

图 3-48 资源教室的主要功能

(3) 资源教室的开放时间

调查发现,有超过一半的普通学校能够做到资源教室全天开放。图 3-49 显示,有 52.0% 的资源教室全天开放,14.7% 的学校每天固定时间开放资源教室,每周固定时间开放的比例为 12.7%,11.3% 的资源教室只有在需要时才会开放。拥有资源教室的学校中,仅有 9.3% 的学校表示资源教室使用频率较低,基本处于不开放的闲置状态。

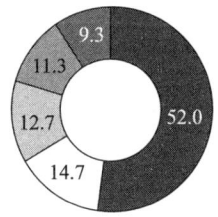

图 3-49 资源教室的使用频率(%)

(4) 资源教师的工作

调查发现,近八成的学校没有专职的资源教师,其中三分之一的学校由其他教师兼任资源教师,9.7% 的学校则没有资源教师。资源教师的主要工作是参与学生的教育诊断和评估(63.9%)、提供特殊家长咨询和教师培训等服务

(72.2%),在资源教室内对特殊学生进行教学(61.1%)或承担行政和管理类工作(58.3%)(图3-50)。

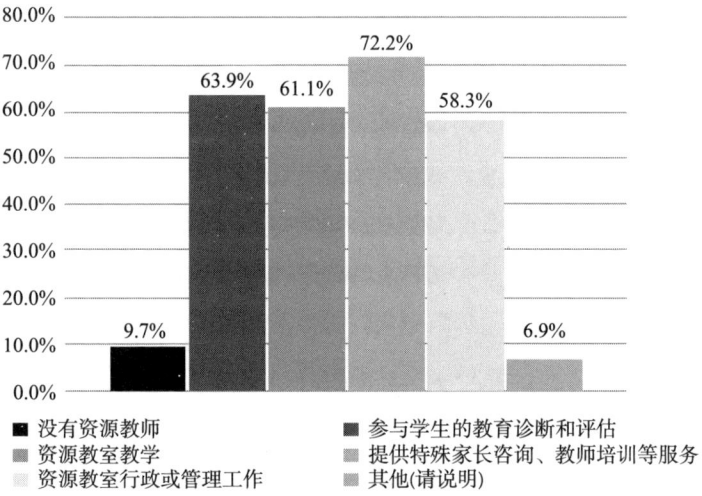

图3-50 资源教师承担的具体工作

3. 特殊儿童的安置与教育

(1) 入学后发现特殊儿童教育安置不恰当时的措施

图3-51显示,19.4%的学校表示特殊儿童的随班就读工作能够顺利开展,未发现教育安置形式不当的情况。如果发现特殊儿童的教育安置形式不当,有的学校选择在校内自行调整安置(23.7%),或者由班级教师加强训练(23.3%)。也有部分学校建议家长转校(8.7%),或者向上级主管部门提出重

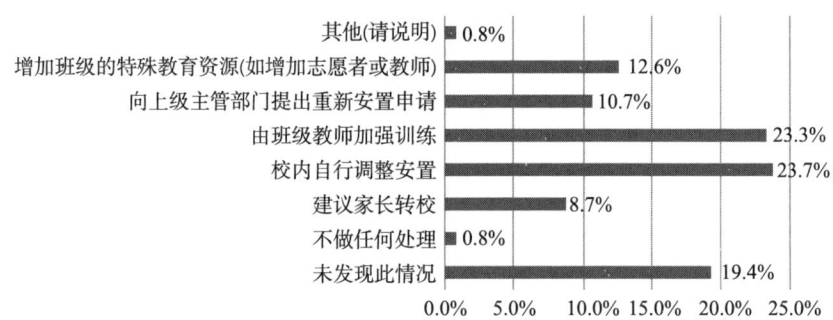

图3-51 入学后发现特殊儿童教育安置不恰当时的措施

新安置申请(10.7%)。增加班级中的志愿者或教师等增加特殊教育资源的方式使用率较低,仅有12.6%,极少数学校发现情况后不做任何处理(0.8%)。

(2) 是否主动鉴别疑似特殊儿童

有超过七成的学校建立了特殊儿童鉴别机制,并由学校特教工作人员统筹处理上报,仅有25%的学校尚未建立此类制度(图3-52)。

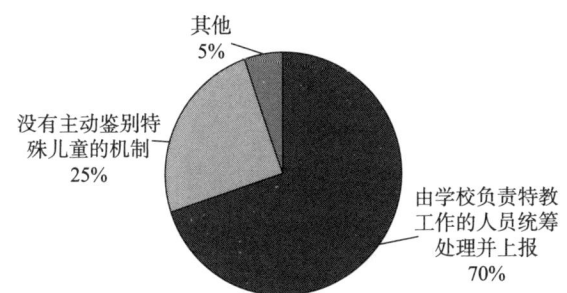

图3-52 是否主动鉴别疑似特殊儿童

(3) 发现特殊需要学生的处理方式

在发现有特殊教育需要的学生之后,学校最常见的方式是请父母带学生到医院检查(34.6%),请专业的医生给予评估和鉴定。也有近35%的学校向校内的教师寻求帮助,比如负责特殊教育工作的教师(23.2%)和经验丰富的教师(11.9%)。同时,他们也会征求随班就读教研组的意见(8.1%),并邀请特殊教育学校教师(11.4%)一同参与学生的评估与鉴定。也有7.8%的学校会请示上级主管部门,为学生安排新的安置形式。

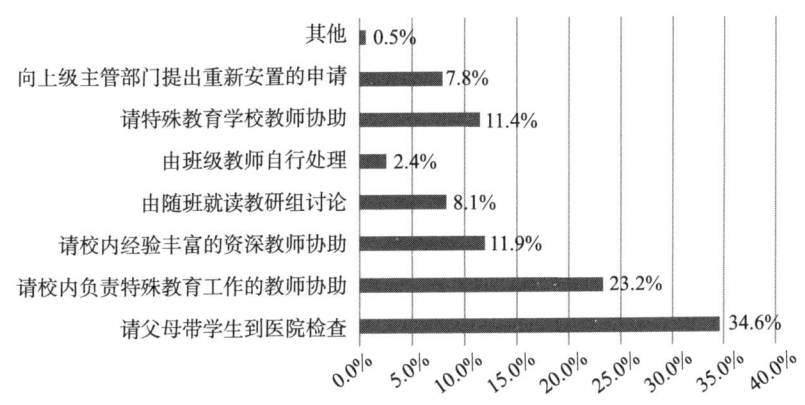

图3-53 发现特殊需要学生的处理方式

在发现学生的特殊需求之后,大多数学校仍然是让特殊学生采用随班就读的方式继续就读。图3-54中数据显示,超过90%的随班就读学生在校内与普通学生一起上课,也有4.7%的学校设置特殊班,为特殊学生提供更个性化和差异化的教学,仅有7.3%的学生在重新评估之后转入特殊教育学校,或者转到其他普通学校(4.0%)。

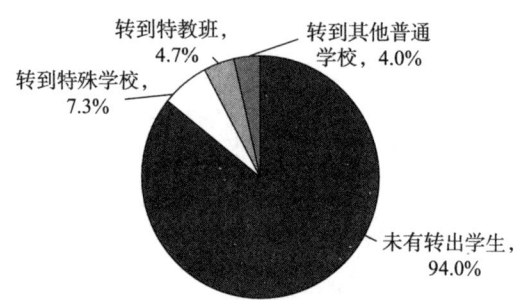

图3-54 上学年特殊儿童转入其他安置场所的情况

(4)学校为特殊儿童入学做的准备工作

为了给残疾学生提供更加适宜的校园学习生活,随班就读学校首先会进行人员方面的沟通和安排,其次是相关辅助方面的工作。学校会主动收集学生过去的资料(74.0%),并安排教师与家长进行会谈(70.7%),沟通学生的个性需要,并为学生安排适当的座位(64.7%)和班级教师(55.3%),同时安排教师参加特殊教育培训(48.0%),并调整校内的资源,提供学生需要的辅具、专业服务(32.7%)或调整教师的时间(22.7%),安排方便特殊学生的康复训练和其他活动,并改造校内的无障碍设施(25.3%)(图3-55)。

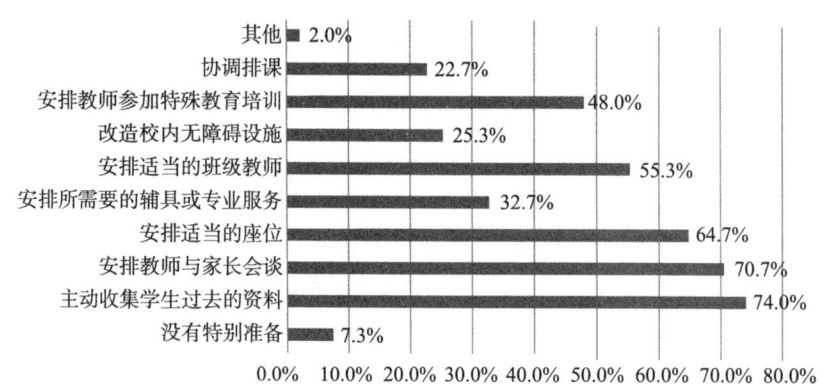

图3-55 学校为特殊儿童入学做的准备工作

(5) 个别化教育计划的制订与实施

个别化教育计划是特殊学生接受优质教育的有效保障,因此56.7%的学校会在开学一个月后制订个别化教育计划,随着课程与教学的进展而不断调整目标,52%的学校至少每学期评估修订一次,16%的学校至少每学年评估修订一次,也有12%的学校表示没有为特殊学生制订个别化教育计划(图3-56)。

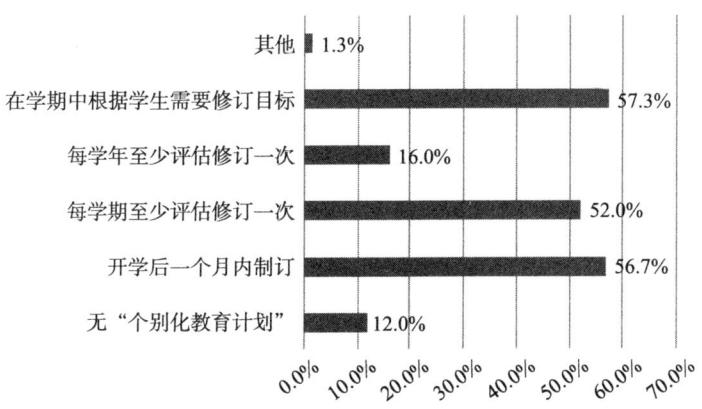

图3-56 个别化教育计划制订情况

(6) 课程调整

在课程内容调整方面,22%的学校未进行调整,特殊学生与普通学生使用相同的课程,绝大多数(82%)的学校会采取降低难度、缩小范围的方式针对残疾学生的学习能力做出调整,48%的学校会添加与学生生活能力训练相关的内容,18.7%的学校会根据学生特点为他们开设新的课程(图3-57)。

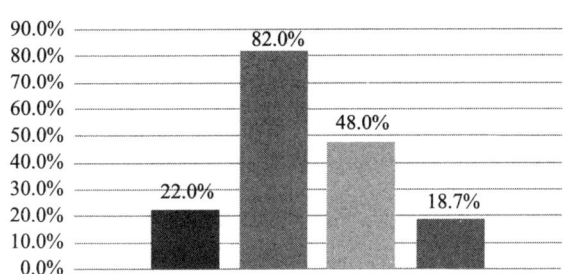

图3-57 残疾学生的课程内容调整

图 3-58 显示,在残疾学生参加全校性考试时,46.7%的学校并未做出调整,39.3%的学校会根据学生能力调整评价标准,25.3%的学校选择改用其他评价方式。除此之外,改变试题呈现方式(如放大试题、念考题)是最常见的措施(18.7%),延长考试时间、改变作答方式(如口头回答、电脑作答)、调整试题内容或题数、安排特殊考场、不参加全校性考试的比例相近(分别为14.0%、11.3%、14.0%、14.7%、12.7%)。使用辅助器具(如盲人电脑)的方式,仅有1.3%。

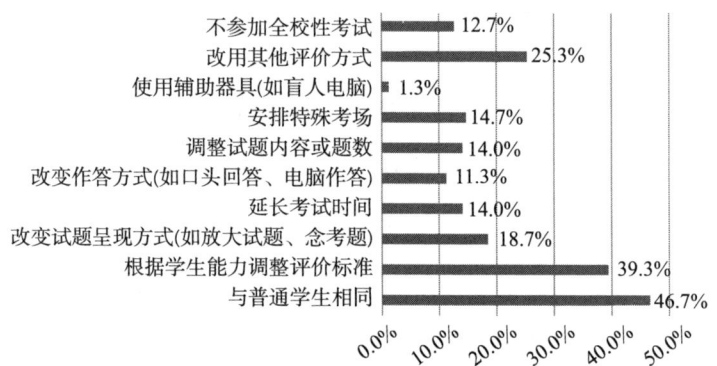

图 3-58 随班就读学生参加学校考试的调整方式

参加完考试之后,42.7%的特殊学生的成绩不纳入班级考评成绩,54.0%的学校会把特殊儿童的考试成绩纳入班级日常教学成果的考评范围(图 3-59)。

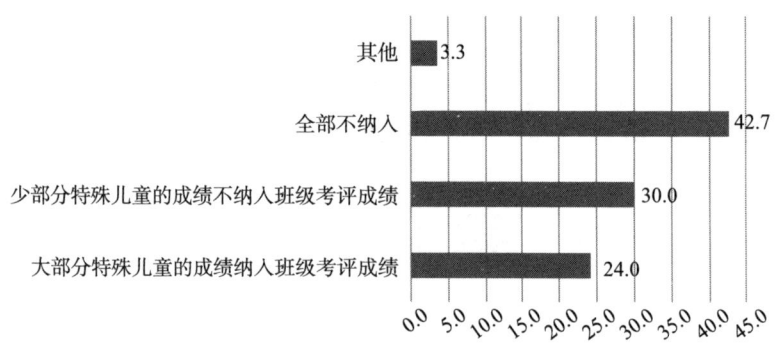

图 3-59 残疾儿童成绩是否纳入班级总体成绩

4. 为特殊儿童提供的支持与服务

(1) 为特殊儿童提供的支持服务项目

图 3-60 显示,支持服务方面,近半数的学校会安排专门的教师在班级中辅助教师教学(42.0%),48.7%的学校会安排教师辅助特殊儿童学习和课后辅导,33.3%的学校会请教委派遣的特殊教育工作者以巡回指导的方式提供支持,并改善校园的无障碍设施(35.3%),17.3%的学校会安排特教相关专业服务(康复训练或专业治疗),提供教育辅助器材和协助申请相关社会福利(如教育补贴、医疗服务、残联或民政局补贴等)的比例相近(分别为 20.7%和 22%),提供志愿者、实习生、见习生帮助的比例有待提高(仅为 8.0%)。

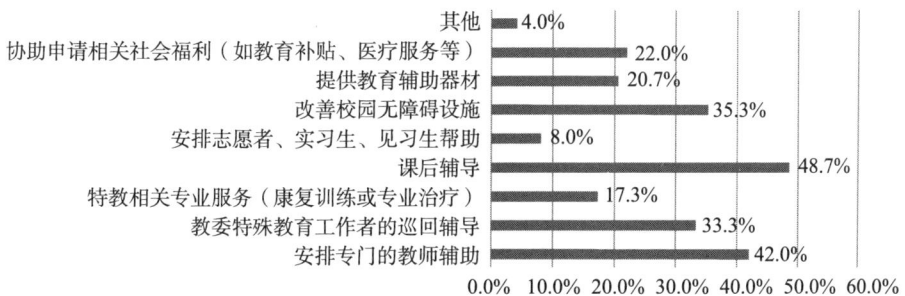

图 3-60 为特殊儿童提供的支持服务项目

(2) 学校内的无障碍设施情况

调查发现,一些随班就读学校仍然缺乏最基本的无障碍设施。图 3-61 显示,23.3%的学校没有无障碍设施。较常见的无障碍方式是方便轮椅进出的出入口及道路(53.3%)、坡道及扶手(48%),双侧扶手比例较少(20%)。30.7%

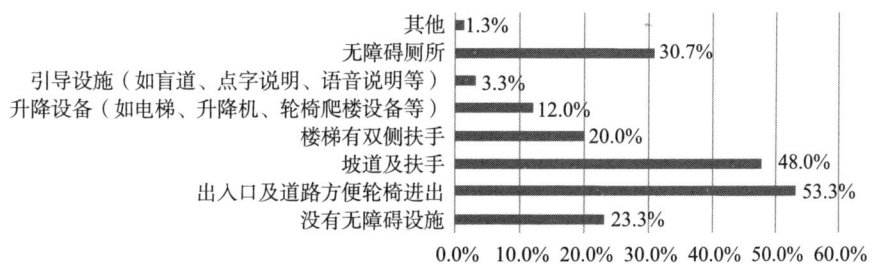

图 3-61 校园内的无障碍设施

的学校的无障碍厕所已有保障,但升降设备(如电梯、轮椅爬楼设备)较少(12%),仅有3.3%的学校设置了盲道、点字说明、语音说明等引导设施,总体环境设施对肢体障碍学生较为友善,不利于视力障碍和听力障碍学生的在校学习生活。

总体而言,大部分学校觉得自身的建筑设施符合无障碍设计的要求,仅有7%的学校对无障碍设施感到不满,并提出重新设计和改造校内无障碍设置的要求(图3-62)。

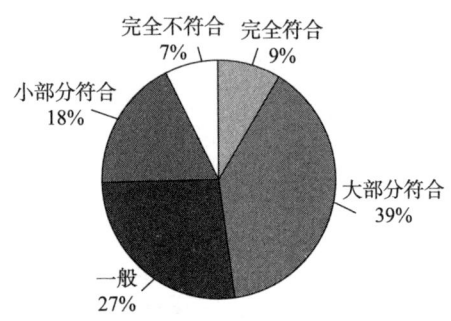

图3-62 建筑设施符合无障碍设计的程度

(3) 给校外特殊儿童提供的支持服务项目

对于无法在校内和普通学生一同上学的儿童,36.7%的学校未提供任何服务。有部分学校开展了送教上门服务(30%),或为特殊儿童家长提供咨询和讲座服务(34.7%),超过两成的学校会以康复训练(24.7%)、巡回指导(22%)的方式促进儿童的发展(图3-63)。

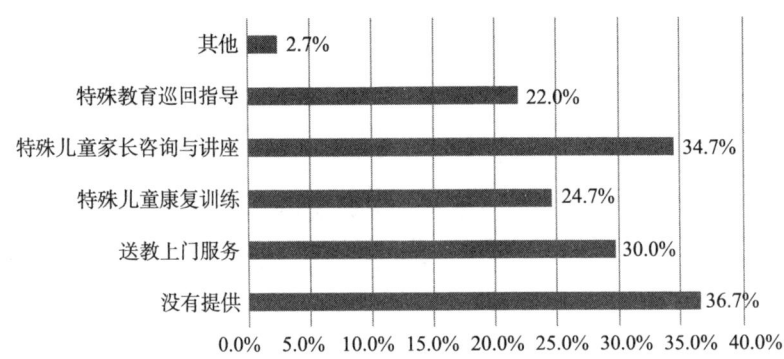

图3-63 给校外特殊儿童提供的支持服务项目

(4) 普通学校开展特殊儿童教育康复面临的最大困难

特殊儿童可能终身都会面临康复的问题。在教育康复方面,普通学校认为遇到的最大困难是康复师资的缺乏(60.7%),学科教师、经费、训练设备、训练场所也面临着同样紧缺的问题(分别为 52.7%、26.7%、36.0%、28.0%)。同时,36.7%的教师表示需要更加具有针对性的培训来提高康复训练能力,也有 4%的教师对教育康复表达了抵触的情绪。更有 8.7%的普通儿童家长表示反对校内的教育康复(图 3-64)。

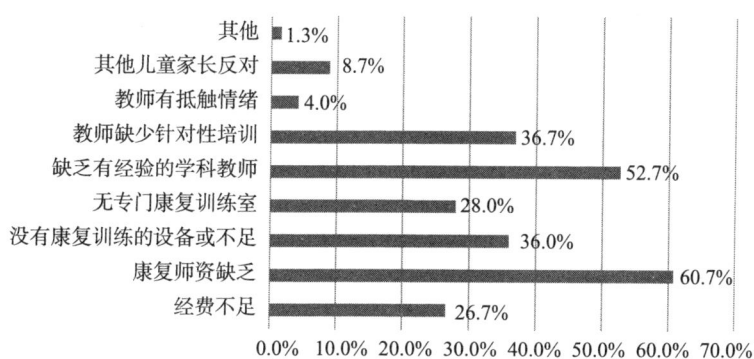

图 3-64　特殊儿童教育康复面临的最大困难

(5) 普通学校开展特殊儿童教育康复最紧迫的需求

如何满足残疾儿童最迫切的教育康复需求,康复师资的增加得到了最多的呼声(68.7%)(图 3-65)。与困难相一致,学校希望从经费支持(38.0%)和针

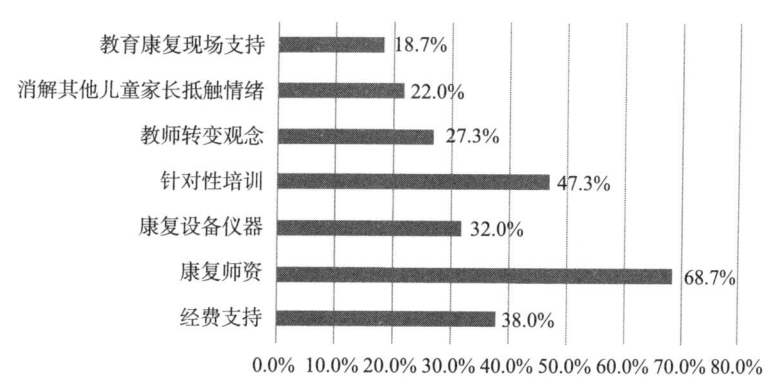

图 3-65　特殊儿童教育康复最紧迫的需求

对性培训(47.3%)两个方面取得突破,并希望改善硬件设施环境,购入康复设备仪器(32.0%),以期儿童在康复训练后取得更好的效果。也有学校认为,需要更多的资源和支持来转变教师观念(27.3%)、消解其他儿童家长的抵触情绪(22%),也期待获得更多教育康复现场支持(18.7%)。

5. 家校合作

(1) 学校给特殊儿童家庭提供的服务

学校不仅承担着教育教学的任务,也发挥着社会联结作用,为特殊儿童的家长提供支持服务。在多种多样的服务当中,最常见的是为家长提供个别咨询或辅导(75.3%),开展家长讲座或课程(44.7%),协助家长申请来自教育部门、残联、民政部门的各种社会福利和补助(44.7%)在家庭群体中也颇受欢迎。同时,家长也表示对特教、医疗、升学或就业等相关信息密切关注(32.0%),团体活动和联谊(20.7%)也为家庭与学校、家庭与家庭、家庭与儿童之间提供了更多建立联系和深入交流的机会(图3-66)。

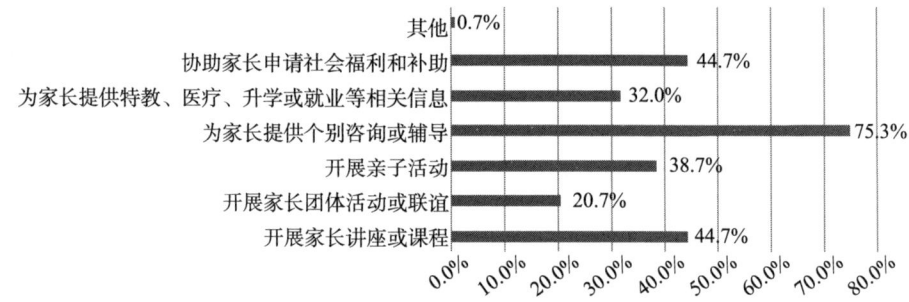

图 3-66 学校给特殊儿童家庭提供的服务

(2) 促进家校合作的措施

随班就读学校会采取多样化的措施促进家校合作,最主要的是定期召开家长会和鼓励家长参与个别化教育计划制订。图3-67显示,67.3%的学校会定期召开家长会,52.0%的学校鼓励家长参与儿童的教育计划制订,保障家长的知情权、参与权,充分尊重家长的意见。除了这些措施,家长陪读以及定期的经验交流、分享活动的比例均超过35.0%,亲子活动的比例也达到34.0%。23.3%的学校以学生作品展览的方式,展示学生的手工作品和教师的教学成果,欢迎家长进入班级了解残疾儿童和普通儿童的日常学习和互动状态,促进残疾学生、普通学生、残疾家长、普通家长、教师等多个群体间的联系,消除隔阂与偏见,携手共建相互支持的和谐校园。

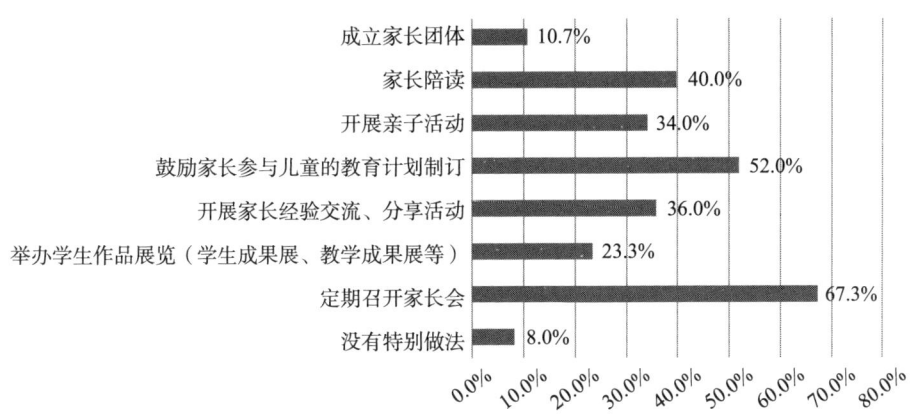

图3-67 促进家校合作的措施

6. 特殊学生的转衔与就业

(1) 为离校的特殊学生提供的支持服务

调查发现,为离校的特殊学生提供的支持服务主要集中于信息性的服务,对特殊学生转衔的直接促进措施较少。数据显示,随着年龄的增长,小学和初中阶段的残疾学生面临着升学或就业的选择,虽然有60.0%的学校会向学生说明升学政策,也有42.0%的学校为学生和家长提供职业教育信息,但这些内容并没有在学生的个别化教育中得以体现。数据显示仅有6.7%的学校会在个别化教育计划当中设置转衔目标,提供职业教育课程的学校仅占全体的7.3%(图3-68)。总体来说,普通学校中特殊学生转衔和就业的机制有待进一步完善。

(2) 为特殊学生安排就业转衔时遇到的困难

在实际实施过程当中,约8.7%的学校表示他们在升学和与就业单位沟通方面存在障碍,同时由于就业市场有限(12.0%),学生很难在离开学校以后顺利进入工作市场,不容易找到实习场所(6.0%)。学校的职业教育专业与就业市场需求不符(4.7%)也成为残疾学生就业转衔的障碍之一,即使学生能够找到工作,也会面临家长不配合(4.7%)、实习单位其他同事接纳程度不高

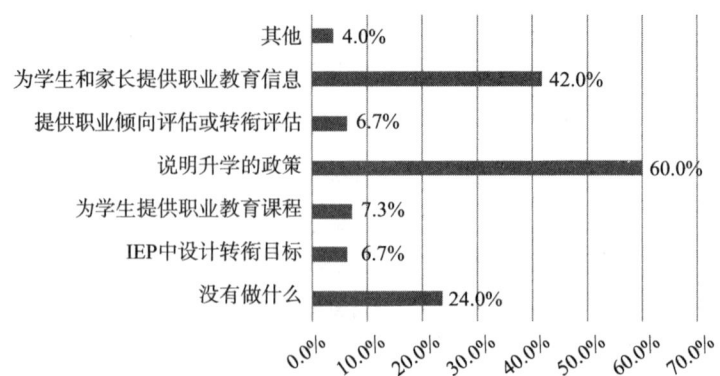

图 3-68　为离校的特殊学生提供的支持服务

(6.7%)的问题(图 3-69)。因为调查的学校当中有 99 所小学,这些学校的特殊学生毕业后尚未面临就业问题,所以有一些学校并没有为学生安排就业转衔。

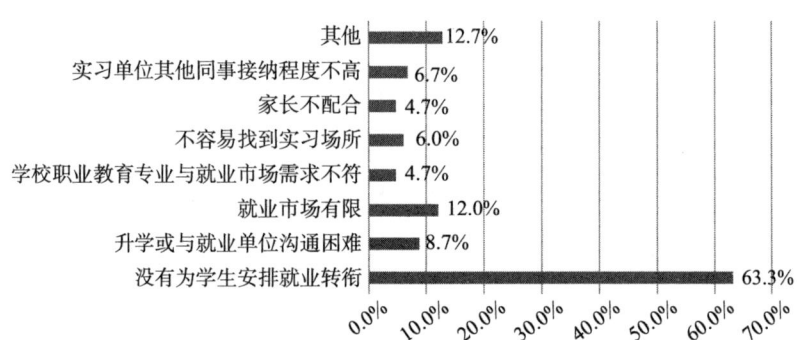

图 3-69　为特殊儿童安排就业转衔时遇到的困难

(三) 随班就读学校的未来发展需求

1. 学校所获得的资源与支持

(1) 获得的校外特殊教育资源

随班就读质量的提升离不开诸多校外机构和组织的支持,调查中发现,区县的特殊教育资源发挥着不容小觑的影响力,58.7%的学校表示从区县特教资源中心获得主要的援助(图 3-70),教育行政部门(36.0%)也发挥着力量,其他专业人员如物理治疗师、言语治疗师、心理咨询师和医生等专业人员的帮助

(12.0%)使得校内的特殊教育工作能够顺利开展。同时,10%的学校从特殊学生家长获得资源,承担科研和社会责任义务的大学(6.0%)也和学校开展教育教学与科研联系,输送实习生或见习生来支持普通学校随班就读工作的进行。另有26.0%的学校表示校内没有自行安排资源,也从未获得政府提供的支持与服务。

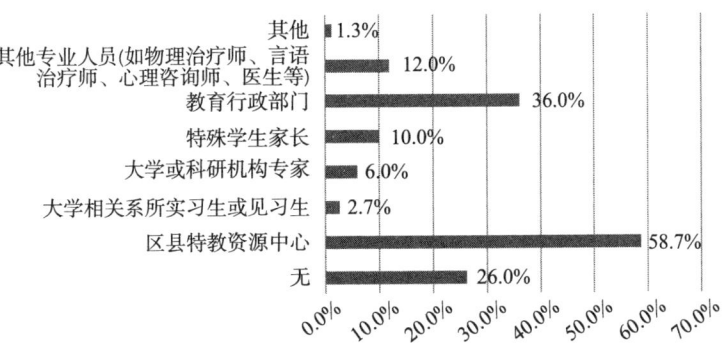

图 3-70 上一学年获得的校外特殊教育资源

相应地,84.7%的学校认为区县特教资源中心发挥了最大的力量,有46.0%的学校认为区县教委对自身发展提供了最大的帮助(图3-71)。特殊教育科研机构是24.0%的学校的选择,医疗机构、民政部门或残联就业服务机构的支持比例都接近11%。

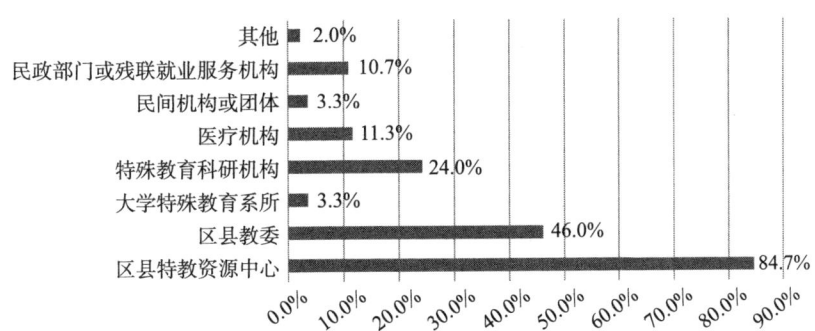

图 3-71 对学校随班就读工作帮助最大的单位

(2) 教育部门提供的专业支持项目

图3-72显示,区县和市级教育部门提供的最多帮助是教师专业培训,绝

大多数学校都选择了此项(70.7%)。其次为加强学校与教委、特教中心的协调合作(36.7%)。协助解决特殊个案、协助鉴别评估特殊学生、提供相关专业人员或经费的比例都在30%左右,不足两成(18%)的学校选择额外补助教学硬件设备及软件,在校内增加专任的特殊教育教师则较少提到(5.3%)。

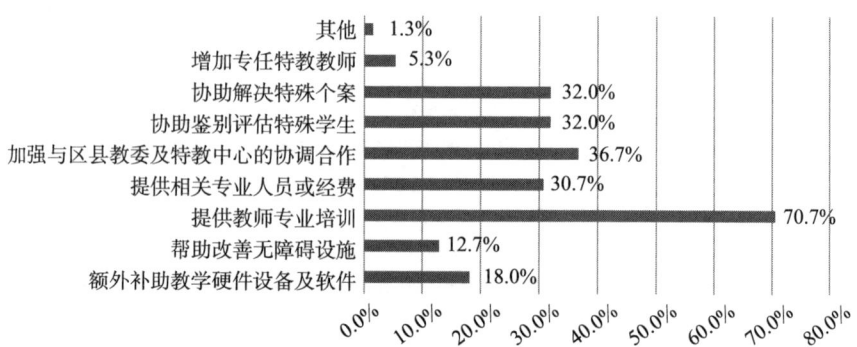

图3-72　教育部门提供的专业支持项目

(3) 随班就读的经费来源

调查发现,随班就读的经费主要来自教育部门拨款,其他来源的经费很少。然而图3-73中数据显示,也有18.7%的学校表示没有专门的随班就读经费,10.7%左右的学校通过自筹的方式筹集随班就读的经费。社会公益组织与爱心企业捐助的比例仅占5.3%。

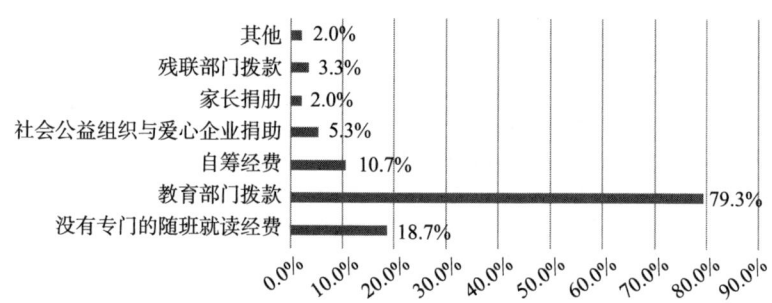

图3-73　随班就读的经费来源

调查中发现,特殊学生每年的生均经费存在较大差异,最高可达20 000元,最少仅有400元。对于当前生均经费能否满足特殊学生的教育教学需求,150

所调查的学校传达出不同声音。仅有28.7%的学校认为当前经费能够满足学生的教育教学需要,36%的学校认为经费不足以覆盖特殊学生教育教学支出。

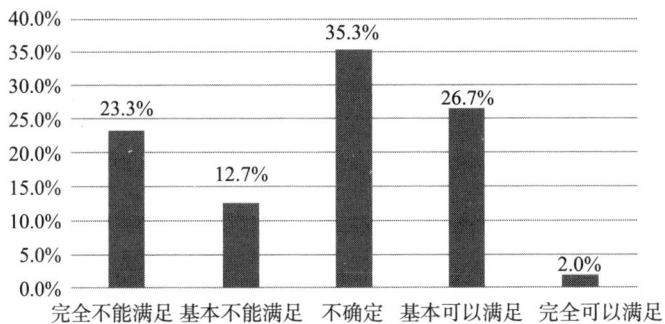

图3-74 当前生均经费是否满足特殊学生的教育教学需求

2. 随班就读学校发展的需求

在所需支持方面,专业人员支持是所有支持保障当中呼声最高的选项(78.0%),选择经费支持的比例高达64.7%,比选择随班就读政策支持的多出近5%,超过一半的学校表示需要教育与康复训练技术的支持(54.7%),而48.0%的学校认为自身在融合性环境建设方面需要更多的帮助,除此之外,有22.7%的学校提到需要上级来督导评估(图3-75)。在重要性排序方面,1—7名分别是专业人员、随班就读政策、经费、随班就读管理、教育与康复训练技术、融合性环境建设和上级督导评估的支持,除了随班就读政策在重要性和急需性

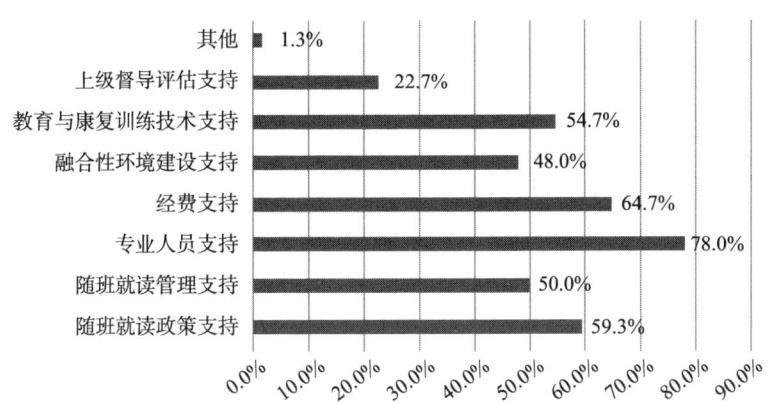

图3-75 普通学校推动随班就读所需要的支持保障

上的平均综合得分高出经费0.5分之外,其他的排名顺序和百分比的多寡一一对应。

具体到政策方面,图3-76中数据显示,81.3%的学校认为应当明确对随班就读教师专业发展与师资培训的相关规定,如设定准入制度、建设专业教师培训机制。同时,71.3%的学校呼吁政策中应当提供对残疾学生鉴定、评估和安置的相关规定。超过半数学校(51.3%)表示需要在政策中明确各级教育部门对普通学校推动随班就读工作的责任主体,并明确规定随班就读财政经费(58.7%),从制度和经费两个方面保障普通学校随班就读工作的持续和稳定开展。同时,选择明确学校与相关就业指导、康复、福利部门的衔接,明确对残疾学生入学"零拒绝"的比例也超过40%,分别为47.3%和42.0%。

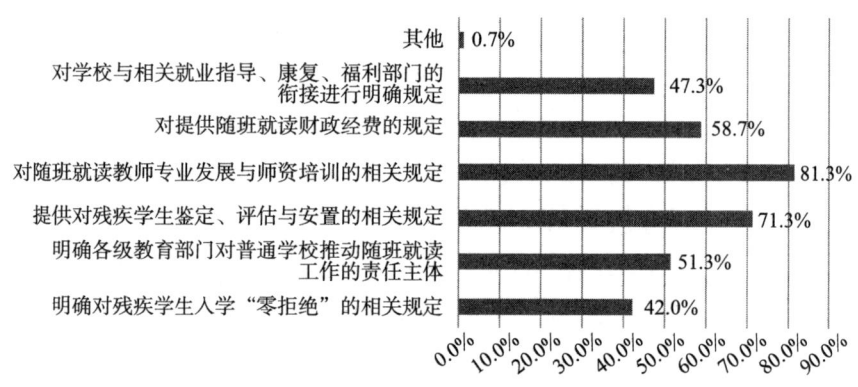

图3-76 普通学校随班就读需要的政策支持

为提高随班就读质量和教师队伍的专业化水平,绝大多数的学校(85.3%)希望获得专业的资源教师的帮助,近六成的学校报告需要康复训练人员(58.7%),50.0%的学校表示需要专业评估人员,选择特殊教育科研型教师和随班就读的专业管理人员的比例(同为55.3%)也超过一半,更有23.3%的学校认为学校发展需要高校或科研机构的特殊教育专家的合作与支持(图3-77)。

面对这样的状况,教育部门能够提供哪些支持给普通学校呢?呼声最高的依然是教师专业培训,这一比例达到83.3%(图3-78)。专业人员和经费的支持、增加更多专任特殊教育教师编制的比例也超过60%,分别为66.0%、67.3%。也有学校要求教育部门协助鉴别评估特殊学生,这一比例为57.3%。

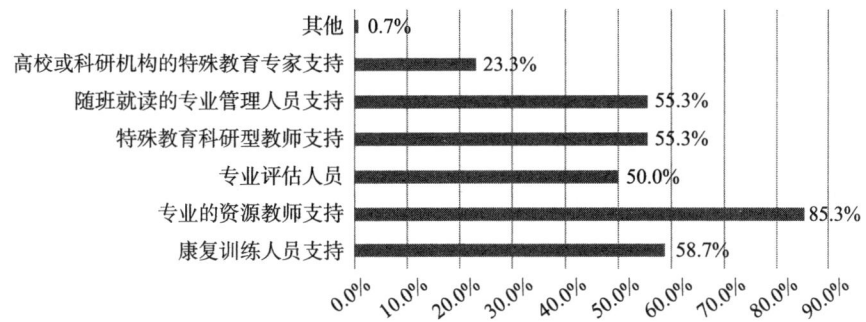

图 3-77 普通学校随班就读需要的人员支持

同时学校还希望能够增加教学硬件设备及软件的额外补助(45.3%),帮助学校改善无障碍设施建设(40.0%),这些软硬环境的需求数据与前面的数据一致。除此之外,加强与区县教委及特殊教育中心的协调合作也被35.3%的学校认为是最需要教育部门提供的支持。

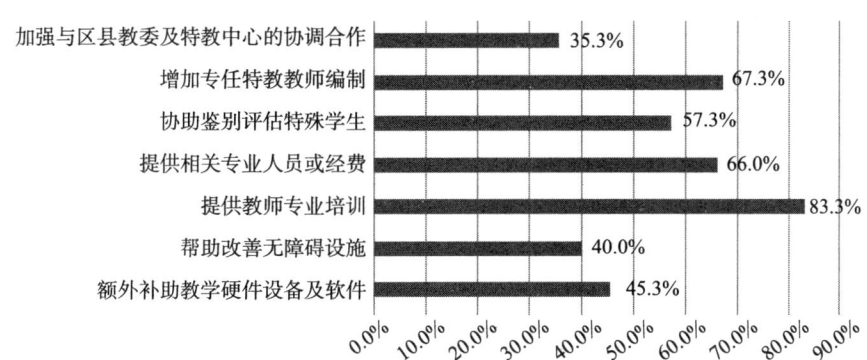

图 3-78 普通学校随班就读需要的教育部门支持

(四)研究结论

1. 普通学校实施随班就读的现状

通过对我国随班就读学校发展情况的调查,可以得出以下结论。

第一,在教师发展方面,有以下特点:① 随班就读教师队伍呈现年轻化趋势,且学历结构均衡。② 多数随班就读教师能够获得特教津贴,并在职称评定等方面获得优先。③ 普通学校提高随班就读教师专业素养的措施比较少,随班就读教师的培训较为缺乏。

第二,在资源教室的建设与运行方面:① 多数随班就读学校资源教室的设备多样化,包括图书及影音资料、康复训练设备、评估量表和软件以及玩具和教材教具等。② 资源教室的功能比较齐全,涉及残疾学生及家长的咨询服务、残疾学生的康复训练和档案管理,以及普通学生的学习辅导、心理咨询等。③ 超过一半的普通学校能够做到资源教室全天开放,少数学校资源教室使用频率较低,基本处于不开放的闲置状态。④ 大多数学校没有专职的资源教师,由其他教师兼任资源教师,有些学校甚至没有资源教师。资源教师主要负责学生的教育诊断和评估、为特殊儿童家长提供咨询和教师培训等服务。

第三,在特殊儿童的安置与教育方面:① 多数随班就读学校建立了特殊儿童鉴别机制,并由学校特教工作人员统筹处理上报;最常见的处理方式是请父母带学生到医院检查,请专业的医生给予评估和鉴定。在发现学生的特殊需求之后,大多数学校仍然是让特殊学生采用随班就读的方式继续就读。② 为了给残疾学生提供更加适宜的校园学习生活,多数学校会主动收集学生过去的资料,并安排教师与家长进行会谈,沟通学生的个性需要,并为学生安排适当的座位和班级教师。③ 在课程内容方面,绝大多数学校会采取降低难度、缩小范围的方式针对残疾学生的学习能力做出调整,但却有接近一半的学校在残疾学生参加全校性考试时未做出任何调整,并且有接近一半的学校不将残疾学生的成绩纳入班级成绩中。

第四,在提供的支持与服务方面:① 随班就读学校在为特殊儿童提供的支持与服务中,比较普遍的做法是安排专门的教师在班级中辅助教师教学以及辅助特殊儿童学习和课后辅导,也有三分之一的学校会请教委派遣的特殊教育工作者以巡回指导的方式提供支持,并改善校园的无障碍设施。② 一些随班就读学校仍然缺乏最基本的无障碍设施。③ 虽然普通学校已经着手提高随班就读教师的专业能力,但康复师资紧缺、教师特教教学能力欠缺的问题仍然会长时间制约特殊儿童随班就读的质量。

第五,在家校合作方面:① 学校给特殊儿童家庭提供的服务中最常见的是为家长提供个别咨询或辅导,也有少部分学校开展讲座课程,协助家长申请来自教育部门、残联、民政部门的各种社会福利和补助等。② 随班就读学校会采取多样化的措施促进家校合作,最主要的是定期召开家长会和鼓励家长参与个别化教育计划定制。

第六,在特殊学生转衔与就业方面:① 调查发现,为离校的特殊学生提供的支持服务主要集中于信息性的服务,例如说明升学政策、为学生和家长提供职业教育信息,但对特殊学生转衔的直接促进措施较少,如将转衔纳入 IEP 和开始转衔课程。② 在所调查的学校中,绝大多数学校没有考虑特殊学生的就业问题。③ 随着随班就读工作的推进,特殊学生在升学过程中面临着幼小衔接、小升初、高中高职就业等问题,转衔阶段的个别化服务体系建设有待加强。

2. 普通学校实施随班就读的发展需求

在学校所获得的支持与资源方面:① 获得的校外特殊教育资源,主要来源于区县特教资源中心,其次是教育行政部门。② 教育行政部门提供的支持项目最主要的是教师专业培训。③ 随班就读的经费主要来自教育部门拨款,其他来源的经费很少。

在所需支持方面,随班就读学校所需要的支持依次为专业人员支持、经费支持、政策支持、教育与康复训练支持。在重要性排序方面,从 1—7 名分别是专业人员、随班就读政策、经费、管理、教育与康复训练、融合环境和上级督导评估的支持,除了随班就读政策的重要性和急需性的平均综合得分高出经费支持 0.5 分之外,其他的排名顺序和百分比的多寡一一对应。

政策方面,应当明确对随班就读教师专业发展与师资培训的相关规定,设定准入制度、建设专业教师培训机制;政策中应当明确对残疾学生鉴定、评估和安置的相关规定;需要在政策中明确各级教育部门对普通学校推动随班就读工作的责任主体,并明确规定随班就读财政经费,从制度和经费两个方面保障普通学校随班就读工作的持续和稳定开展。

在人员支持方面,为提高随班就读质量和教师队伍的专业化水平,随班就读学校希望获得专业的资源教师、康复人员、评估人员、特殊教育科研型教师和管理人员。

在教育管理部门支持方面,随班就读学校最需要教师专业培训,其次是专业人员和经费的支持以及增加更多专任特殊教育教师编制。

四、特殊教育学校教师专业化发展现状与需求

本部分分别从特殊教育学校教师基本信息、特殊教育学校教师专业化发展、课程与教学情况、所需要的支持与资源、特殊儿童的教育和康复需求与支持等方面描述我国特殊教育发展情况与需求的调查结果。

(一) 研究设计

1. 研究对象的基本信息

本书采用分层随机抽样的方法,从我国东部、中部、西部、西南、东北以及东南地区共选取 2 200 名随班就读教师作为研究对象,回收问卷 2 069 份,回收率 94.04%,剔除无效问卷 94 份,得到有效问卷 1 975 份,有效率 95.45%。研究对象的基本信息见表 3-24。

表 3-24 特殊教育学校教师的基本信息表

项目	水平	人数(人)	占比(%)
性别	男	391	19.8
	女	1 584	80.2
年龄	30 岁及以下	697	35.3
	31—35 岁	354	17.9
	36—40 岁	389	19.7
	41—45 岁	263	13.3
	46—50 岁	161	8.2
	50 岁以上	111	5.6
从事特殊教育的教龄	5 年及以下	860	43.5
	6—10 年	477	24.2
	11—15 年	179	9.1
	16—20 年	195	9.9
	20 年以上	264	13.4
职称	初级	958	48.5
	中级	764	38.7
	副高级	194	9.8
	高级	59	3.0

续表

项目	水平	人数(人)	占比(%)
最高学历	高中、中师及以下	20	1.0
	专科	399	20.2
	本科	1 473	74.6
	硕士及以上	83	4.2
学校所处的位置	县城	569	28.8
	郊区	175	8.9
	市区	1 195	60.5
	其他	36	1.8
所在特殊教育学校的类型	盲校	52	2.6
	聋校	129	6.5
	培智学校	596	30.2
	综合性特殊教育学校	1 198	60.7
专业背景	学科类专业(如中文、数学、英语、化学、物理及其他)	424	21.5
	特殊教育	731	37.0
	心理学	45	2.3
	医学康复	41	2.1
	文体艺术类	231	11.7
	其他教育类专业(如教育学、小学教育、学前教育等)	355	18.0
	其他	148	7.5
是否获得教师资格证	获得	1 897	96.1
	未获得	78	3.9
与学校的人事关系	正式在编	1 785	90.4
	合同聘用	190	9.6
目前的薪酬情况	2 000 元以下	42	2.1
	2 000—4 000 元	789	39.9
	4 000—6 000 元	811	41.1

续表

项目	水平	人数(人)	占比(%)
目前的薪酬情况	6 000—8 000 元	257	13.0
	8 000—10 000 元	56	2.8
	10 000 元以上	20	1.0

如表 3-24 所示,接受调查的特殊教育教师中,男性教师占 19.8%,女性教师占 80.2%。从年龄分布上来看,接受调查的教师年龄多集中于 30 岁及以下,占到 35.3%,31—35 岁的教师占 17.9%,36—40 岁的教师占 19.7%,41—45 岁教师占 13.3%,46 岁及以上的占比相对较少。从从事特殊教育教龄来看,教龄在 5 年及以下的特殊教育教师占比高达 43.5%,其次为 6—10 年,占 24.2%。特殊教育教师中,职称多为初级和中级,分别占 48.5% 和 38.7%。最高学历多集中于本科,占比高达 74.6%,而高中、中师及以下学历和硕士及以上学历的人数相对较少。接受调查的特殊教育教师所在的学校所处位置半数以上处于市区,占 60.5%,其次处于县城的占 28.8%,处于郊区的较少,占 8.9%。所在特殊教育学校的类型多为综合性特殊教育学校,有 1 198 所,占 60.7%,其次为培智学校,596 所,占 30.2%,盲校和聋校仅占 2.6% 和 6.5%。特殊教育教师的专业背景方面,特殊教育专业的教师占 37.0%,其次为学科类专业教师,如中文、数学、英语、化学、物理等学科教学专业,占 21.5%,相比之下,心理学和医学康复类专业的教师占比较少,仅为 2.3% 和 2.1%。所调查的特殊教育教师中,获得教师资格证的教师占 96.1%,正式在编的教师占 90.4%,当前的薪酬状况多为 2 000—6 000 元,其中获得 4 000—6 000 元薪酬的教师占 41.1%,薪酬在 2 000—4 000 元的教师占 39.9%。总体而言,调查对象中,以女性特殊教育教师为主,从事特殊教育的时间多集中于 5 年及以下,学科背景以特殊教育和学科教学类专业为主,绝大多数教师正式在编,获得教师资格证,当前薪酬为 2 000—6 000 元,最高学历多为本科,所在学校多为综合性特殊教育学校,学校所处位置多为市区。

2. 调查工具

根据我国特殊教育学校发展的实际情况以及特殊教育学校教师专业发展的相关研究文献,编制了《我国特殊教育中长期发展现状与需求调查(特殊教育学校教师版)》。本问卷编制好之后,首先邀请3位特殊教育专家审阅问卷的形式与内容并提出修改意见;然后,向3位有着丰富经验的特殊教育学校负责人征求修改意见,就问卷的维度、内容和语言进行修改和讨论,以判断构念及所包含的题目内容是否恰当,进而作为题目筛选及题目语义修饰修改的参考。

本问卷包括两个部分,第一部分是基本信息部分,包括特殊教育教师的性别、年龄、教龄、职称、收入等个人基本信息;第二部分是问卷的核心部分,主要调查特殊教育教师的专业发展现状与需求以及特殊儿童教育与康复现状和需求。

3. 数据统计与分析

本研究使用SPSS软件对数据进行录入与分析,主要包括描述性统计、方差分析、t检验等。

(二) 特殊教育学校教师专业化发展现状

1. 教师专业素养

教师专业素养量表共18题,包含教学能力、理念与认知、沟通与合作、反思与发展4个维度。根据下表中的数据来看,教学能力、理念与认知两个维度的发展水平较高,沟通与合作、反思与发展两个维度的得分处于平均水平。4个维度从高到低依次为:理念与认知>教学能力>反思与发展>沟通与合作(表3-25)。

表3-25 教师专业素养各维度的平均分及标准差

维度	教学能力	理念与认知	沟通与合作	反思与发展	总量表
M	4.06	4.25	2.25	2.26	4.18
SD	0.80	0.77	0.43	0.42	0.75

根据独立样本t检验的结果,不同性别特殊教育教师在教学能力、理念与认知、沟通与合作、反思与发展4个维度上存在显著差异($P<0.05$),且均为女性得分显著高于男性(表3-26)。

表3-26 教师专业素养性别差异比较(M±MD)

维度	教学能力	理念与认知	沟通与合作	反思与发展	总量表
男($n=391$)	4.03±0.87	4.13±0.88	2.22±0.49	2.24±0.48	4.10±0.85
女($n=1\ 584$)	4.07±0.78	4.27±0.74	2.26±0.42	2.27±0.41	4.20±0.72

续表

维度	教学能力	理念与认知	沟通与合作	反思与发展	总量表
t	-0.841	-3.322	-1.884	-2.138	-2.380
sig	0.025	0.000	0.000	0.000	0.000

以特殊教育教师年龄为自变量,教师专业素养总量表及各维度为因变量,进行单因素方差分析。结果显示(表3-27),不同年龄的特殊教育教师在教学能力、沟通与合作、反思与发展及总量表上差异显著。

表3-27 教师专业素养年龄差异比较(M±SD)

年龄	人数	教学能力	理念与认知	沟通与合作	反思与发展	总量表
30岁及以下	697	3.98±0.75	4.21±0.73	2.20±0.40	2.24±0.41	4.12±0.68
31—35岁	354	3.96±0.85	4.18±0.84	2.18±0.46	2.19±0.45	4.08±0.82
36—40岁	389	4.13±0.79	4.28±0.77	2.30±0.42	2.28±0.41	4.24±0.74
41—45岁	263	4.07±0.83	4.25±0.80	2.28±0.44	2.25±0.41	4.20±0.78
46—50岁	161	4.13±0.83	4.29±0.81	2.30±0.43	2.27±0.46	4.24±0.79
50岁以上	111	4.32±0.67	4.40±0.59	2.43±0.37	2.40±0.35	4.42±0.60
F	—	5.602	2.040	9.516	4.990	5.04±0.57
sig	—	0.000	0.070	0.000	0.000	0.000

2. 教师专业发展与培训

(1) 教师专业化方面存在的问题

从图3-79中可以看出,在教师专业化方面,特殊教育教师认为自身存在的问题多集中为"科研能力不足"(64.8%)、"特殊教育专业知识不够"(60.9%)、"特殊教育专业技能不熟练"(60.1%)。可见,在教师专业化方面,特殊教育教师所面临的问题多为专业知识、技能的缺乏及科研能力的不足。除此之外,有33%的教师表示对专业发展方向不明确,24.7%的教师表示对专业理念不清晰,这也是缺乏专业知识的侧面体现;10.8%的教师选择了学历水平较低。这说明,特殊教育教师专业化的职前培养和职后培训都有待加强。

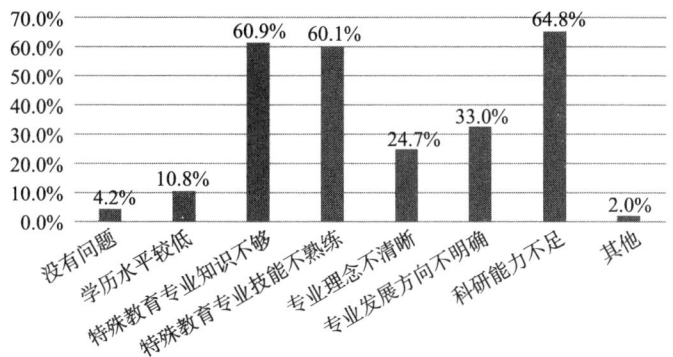

图3-79 特殊教育学校教师专业化存在的问题

(2) 学校提高教师专业素质水平的措施

从图3-80可见,接受调查的特殊教育教师所在学校就提高教师专业素质水平,做出了形式多样的努力。其中"开展校内培训与经验交流",选择的人数占80.9%,除此之外,学校也会为教师提供校外特殊教育培训的机会(70.0%),鼓励教师参加说课和讲课比赛(67.1%),鼓励教师开展科研促进教学(54.6%),提供教师参加特殊教育会议和讲座的机会(55.9%),提供特殊教育专业相关信息(55.7%)等。但相比之下,较少的教师选择建立校内教师专业素质考核制度(40.0%),说明教师专业素质考核的相关制度还有待完善。

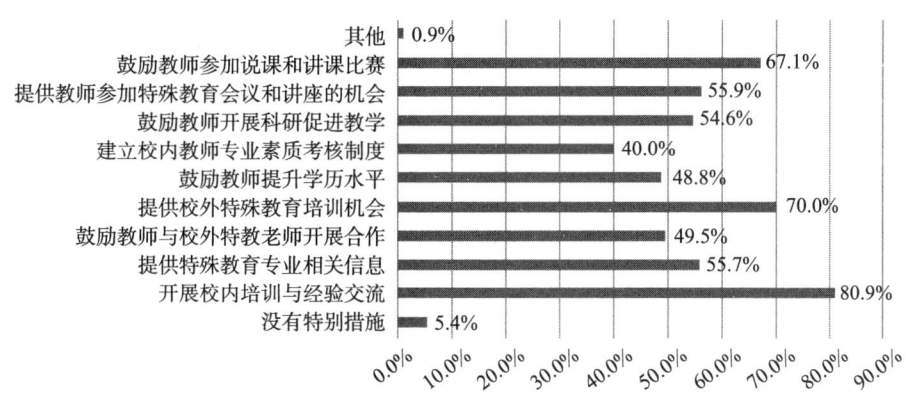

图3-80 学校提高教师专业素质水平的措施

(3) 教师专业化方面最为迫切的需要

结合特殊教育教师认为自身在教师专业化方面存在的问题及学校为提升教师专业化水平出台的相应措施来看,当前,特殊教育教师在教师专业化方面最为迫切的需求为"掌握一定的康复技能"(69.5%),这与专业背景中医疗康复专业的教师占比较少有直接关系;除此之外,"学习特殊教育相关专业知识""提高自己的科研能力""学习特殊教育教学与管理策略"与当前所面临的问题相对应(图3-81)。

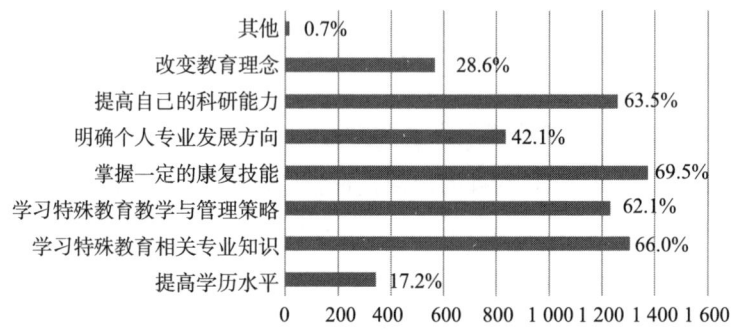

图3-81 教师专业化方面最为迫切的需要

(4) 促进特殊教育教师专业化途径中,效果最好的渠道

根据对促进特殊教育教师专业化途径的调查结果,有28%的教师选择了专业人员现场指导,25%的教师选择了在职培训,20%的教师选择了老教师经验传授。可见,专业人员的培训、在职培训、老教师经验传授,是调查对象认为的提升特殊教育专业化水平的途径中效果最好的;相比之下,选择网络资源学习(13%)与职前专业院校培养(14%)的人数较少。(图3-82)因此,在后续的教师专业化培训的途径选择上,应更多集中于选择人数较多的三种。

(5) 教师专业化的阻碍因素

由表3-28可知,从调查对象的选择来看,"缺乏特殊教育相关专业知识和技能"(57.0%)、"工资待遇福利较差"(54.9%)成为阻碍特殊教育教师专业化发展的主要影响因素。

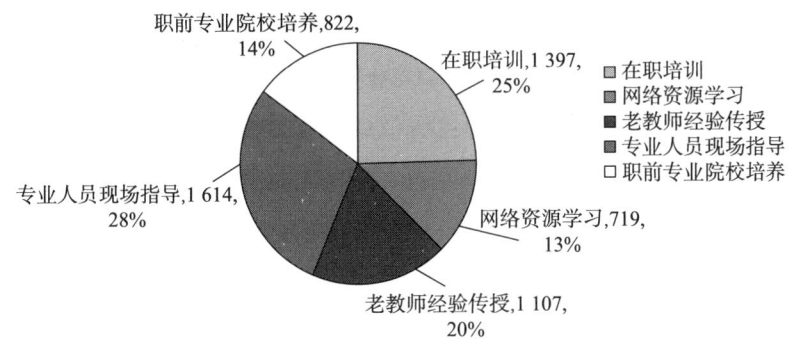

图 3-82 促进特殊教育教师专业化途径中效果最好的渠道

表 3-28 特殊教育教师专业化发展的阻碍因素

选项	响应		个案百分比
	个案数	百分比	
国家政策重视力度不够	806	11.8%	40.8%
学校领导不重视	398	5.8%	20.2%
工资待遇福利较差	108.5	15.9%	54.9%
职前培养专业化程度低	777	11.4%	39.3%
教学和课程开发自主性受限制	808	11.9%	40.9%
缺乏特殊教育相关专业知识技能	1 125	16.5%	57.0%
自我提升意识薄弱	624	9.2%	31.6%
其他	25	0.4%	1.3%

(6) 专业化发展方面特殊教育教师需要的支持

特殊教育教师在专业化发展方面需要多方面的支持,包括提供充分的培训机会、评奖评优与职称评定方面予以倾斜、特殊教育专家指导、骨干教师的经验传授、教育科研辅助、提供特殊教育方面的各种信息资源(如图书、网络资源等)。调查结果显示,"提供充分的培训机会"(77.2%)、"特殊教育专家指导"(74.0%)、"提供特殊教育方面的各种信息资源(如图书、网络资源等)"(65.3%)三方面需求量较大。

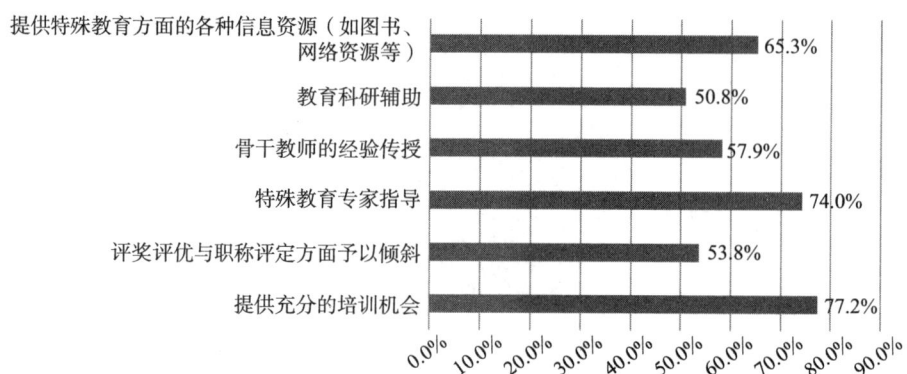

图 3-83 专业化发展方面特殊教育教师需要的支持

(7) 在职培训的有效方式

因调查结果中 70.7% 的调查对象在培养特殊教师专业化途径中,选择了"在职培训"作为最好的方式之一。进而对在职培训的有效方式进行调查,发现"实地参观考察""专家指导案例教学""特殊教育方面的研讨会"是特殊教育教师认为的有效方式;其次,"骨干教师高级研修课程""校内系统培训""短期培训班培训""专家讲座"被认为是较为有效的方式;选择"在线网络课程学习"的教师仅占 5%。如图 3-84 所示。

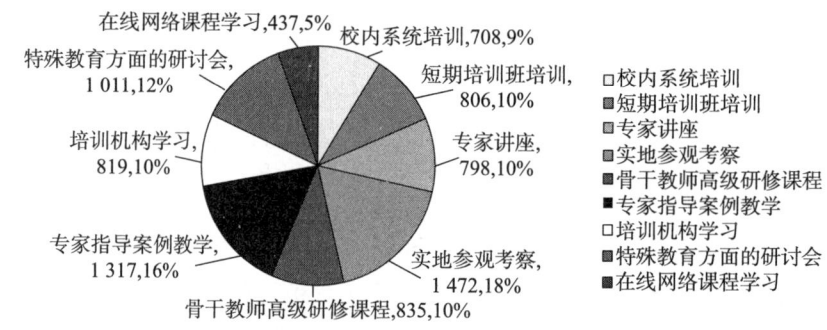

图 3-84 在职培训的有效方式

(8) 调查对象已参加的在职培训

由图 3-85 可知,接受问卷调查的特殊教育教师已经参加的在职培训中,针对"特殊教育基本理论知识"(70.8%)和"特殊教育教学方法与策略"(65.0%)两个方面的内容较多;其次,"个别化教育计划的制订""残疾儿童的评估与鉴定方法""残疾儿童康复与训练技能""残疾儿童生理和心理发展"四个方面的培训内容均在40%左右;相比之下,针对"家校合作与沟通"的培训相对缺乏。

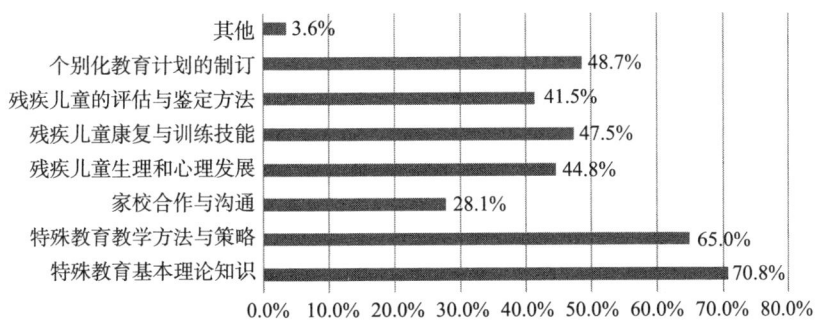

图3-85 调查对象已参加的在职培训的内容

(9) 希望提升的特殊专业知识和技能

经上述调查发现,特殊教育教师认为自身存在的问题多集中于"特殊教育专业知识不够"(60.9%)、"特殊教育专业技能不熟练"(60.1%)等,结合已有培训内容多针对"特殊教育基本理论知识"(70.8%),因此,对特殊教育教师希望获得提升的特殊教育专业知识和技能进行调查。图3-86显示,对于"残疾儿童康复与训练技能"(76.6%)的需求量最大;其次希望在"特殊教育教学方法与策略"(66.0%)、"残疾儿童的评估与鉴定方法"(63.7%)、"个别化教育计划的制订"(59.1%)、"残疾儿童生理和心理发展"(58.1%)等方面获得提升;由于教师已参加的培训中"家校合作与沟通"的内容相对较少,对于该方面知识与技能提升的要求,占41%。

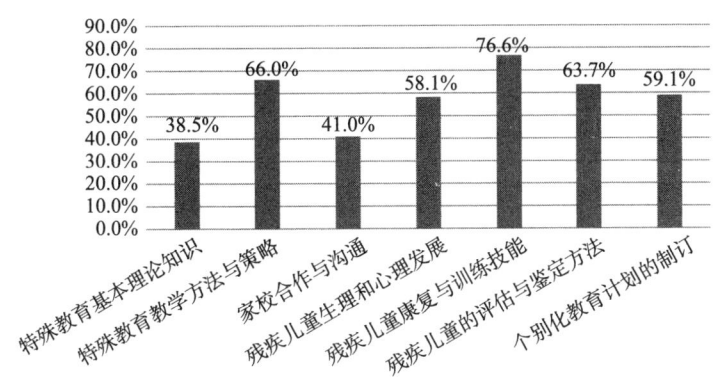

图3-86 希望提升的特殊专业知识和技能

(10) 特殊教育教师对所接受的特殊教育培训针对性的评价

图 3-87 可见,大多数教师认为自己所接受的特殊教育培训能够对日常工作有所帮助。其中,72%的特殊教育教师认为特殊教育培训部分解决了培训前在相关工作中遇到的问题与困惑;19%的特殊教育教师认为特殊教育培训很少能解决培训前在相关工作中遇到的问题与困惑;选择"完全解决了培训前在相关工作中遇到的问题与困惑"(7%)与"培训没有任何帮助"(2%)的教师相对较少。

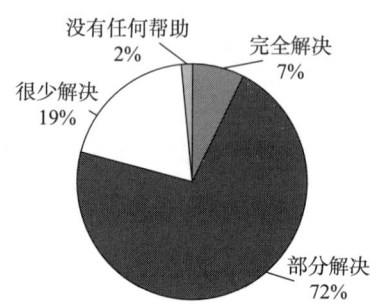

图 3-87 特殊教育教师对所接受的特殊教育培训针对性的评价

(11) 当前特殊教育教师在职培训存在的问题

由图 3-88 可以看出,接受问卷调查的特殊教育教师认为在职培训中存在的首要问题是"学校培训名额少,培训机会太少"(61.5%)。其次,在具体的培训中则存在以下几个主要问题:"培训内容没有针对性,缺乏系统性、操作性"(49.2%)、"培训方式单一"(40.7%)、"培训时间、地点安排与教学工作冲突,不

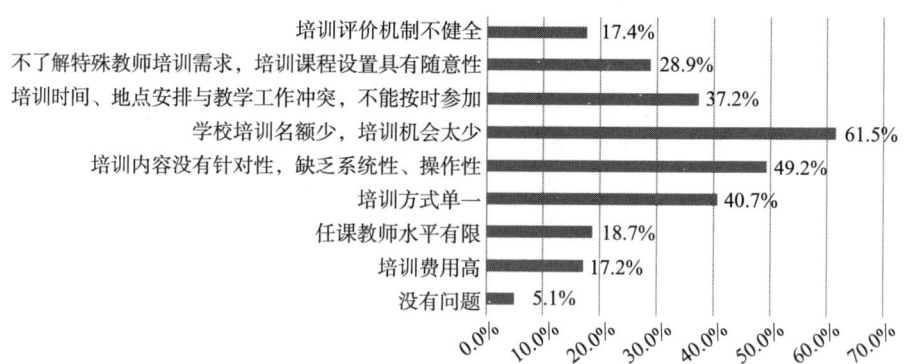

图 3-88 当前特殊教育教师在职培训存在的问题

能按时参加"(37.2%)、"不了解特殊教师培训需求,培训课程设置具有随意性"(28.9%)。可见,如何建立一个有效的培训体系,保证培训的数量和质量是特殊教育老师最关心的问题。此外,还有部分老师认为培训中存在"培训评价机制不健全"(17.4%)、"任课教师水平有限"(18.7%)、"培训费用高"(17.2%)等问题。从整体上来看,目前的特殊教育教师在职培训还不能满足教师的实际需求。

3. 课程与教学情况

(1) 特殊教育教师对使用教材的态度

在特殊教育学校的教材使用上,多数教师认为应该使用多样化的教材,而不只是一种。图3-89显示,近六成的教师认为"特殊教育学校要综合使用校本教材、地方教材和国家统一教材"(59.0%)。另外,还有21.4%的教师认为"特殊教育学校需要使用国家统一教材",13.9%的教师认为"特殊教育学校要使用自己开发的校本教材",4.5%的教师认为"特殊教育学校要综合使用其他学校和地区的教材,无须使用校本和国家教材"。由于存在地区差异,特殊教育教师在教材的采用上更多的是出于综合的考虑。

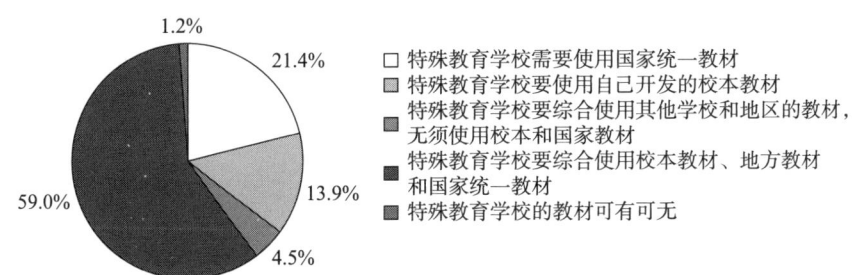

图3-89 特殊教育教师对使用教材的态度

(2) 当前国家教材所存在的问题

通过图3-90可以看出,当前特殊教育教师认为国家教材存在的最主要问题是"教材内容不符合本地实际,缺乏地域性"(54.0%)以及"教材内容脱离学生的生活实际"(45.0%)。总的来看,统一的国家教材很难顾及不同地区特殊教育学校的不同需求。此外还有以下几个问题:"教材内容偏离学生的培养目标"(27.2%)、"教材内容难度过高"(36.2%)、"教材内容缺乏组织性和系统性"

(29.9%)。可见教师对教材的要求更多的是从实用性的角度出发,国家教材对于教师来说还存在很多的问题。

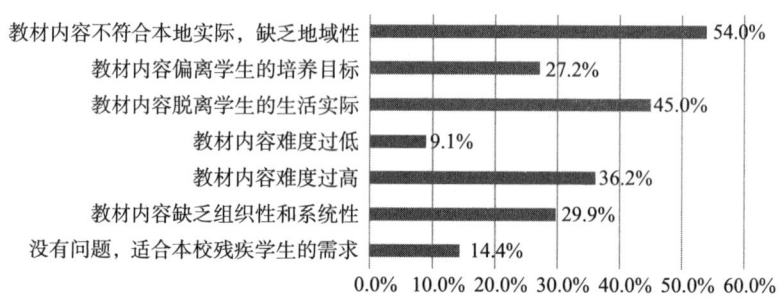

图 3-90　当前国家教材所存在的问题

（3）为特殊学生确定课程目标时遇到的困惑

从图 3-91 可以看出,在为特殊学生确定课程目标时,特殊教育教师遇到的困惑是多方面的。其中主要的问题有"不知道如何为学生设计最恰当的目标"(42.2%)、"不知道如何和新课程标准相结合"(42.5%)以及"不知道如何与学生的 IEP 相结合"(42.4%)。但另外几个问题,比如"不知道如何为不同能力水平的学生确定目标"(34.7%)、"不知道如何根据本班学生的情况调整教材中的目标要求"(32.6%)、"不了解学生的发展潜力"(29.6%)也很突出,说明如何准确地确定课程目标仍然是特殊教育教师需要不断探索的问题。

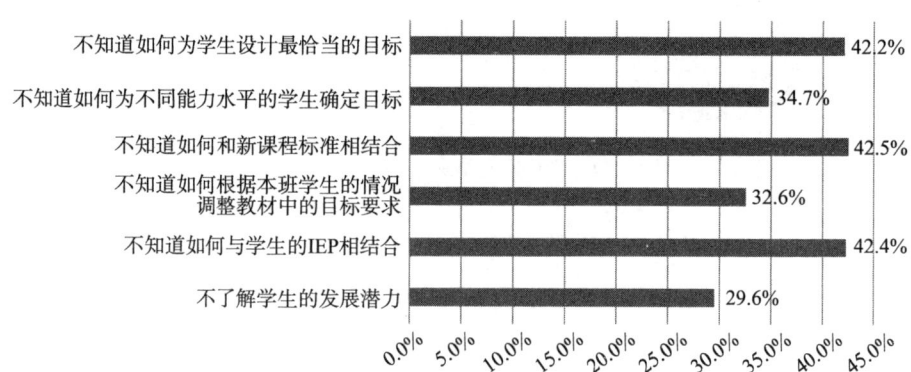

图 3-91　为特殊学生确定课程目标时遇到的困惑

(4) 为特殊学生选择课程内容的来源

从图 3‑92 可以看出,各选项占比差别不大,说明教师在为特殊学生选择课程内容的来源方面是多样化的。其中,国家教材内容最多,占比达到 29%;校本教材内容其次,占比达到 24%。其他还包括网络课程资源、临时自编内容等。

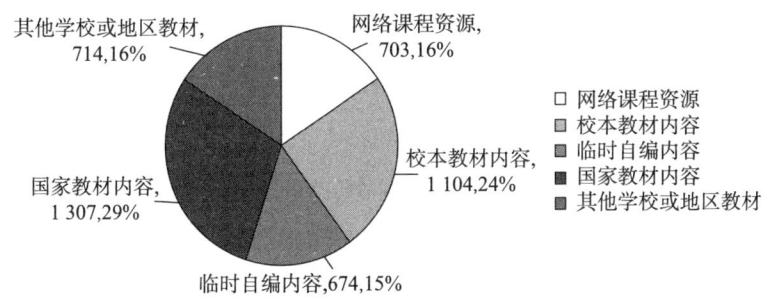

图 3‑92　为特殊学生选择课程内容的来源

(5) 为特殊学生选择课程内容时遇到的问题

从图 3‑93 可以看出,特殊教育教师在为学生选择课程内容时遇到的问题是多方面的。其中"缺乏课程资源"是最主要的问题,占比达到 57.9%;"不知道如何将课程内容与新课程标准相结合"(47.4%)与"不知道如何将课程内容与学生的 IEP 相结合"(46.1%)两个问题也很突出。可见对于特殊教育教师来说,如何适应国家对特殊教育的新课程改革依然是他们课程内容选择的主要问题。

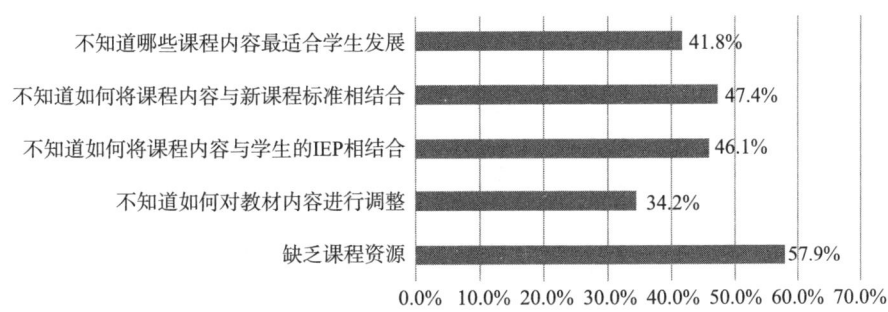

图 3‑93　为特殊学生选择课程内容时遇到的问题

(6) 针对班上能力程度不同的残疾学生对课程内容进行的调整

调查结果显示,绝大多数教师都会根据残疾学生的能力对课程内容做出改变,其中最普遍的做法是内容调整。图3-94显示,84.9%的调查对象会"针对个别学生的学习能力做出调整,如降低难度、缩小范围等"。实际上由于特殊学生个体之间差异比较大,针对不同能力的特殊学生进行课程内容调整是一种必要的措施。63.6%的教师会"添加与个别特殊学生生活能力训练相关的内容",43.4%的教师会在课程内容相同的情况下给予不同学生不同的评价标准。

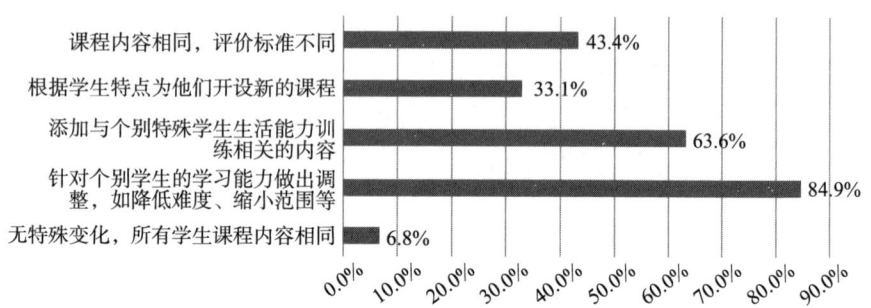

图3-94 针对班上残疾学生的课程内容调整

(7)教学过程中为学生提供的课程学习支持

由于特殊教育在具体实践中的特殊性,针对不同的学生加以课程学习支持是必要的,因此对特殊教育教师在教学过程中为学生提供的课程学习支持进行调查。图3-95显示,各选项占比差别不大,说明特殊教育学校教师会普遍使用提供个别化辅导(26.1%)、提供教学引导(28.2%)、同伴支持(19.7%)、多媒体技术(25.8%)这四种方法。

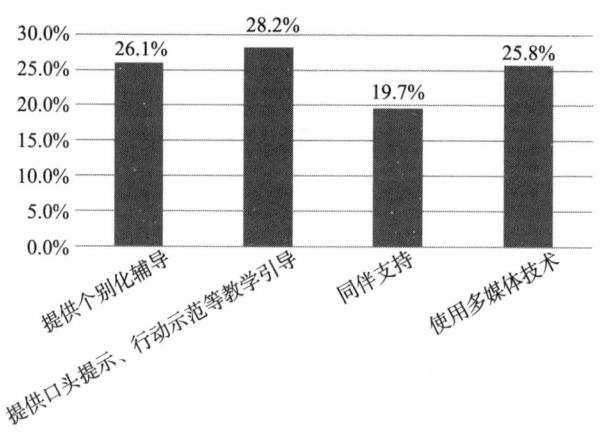

图3-95 教学过程中为学生提供的课程学习支持

(三) 特殊教育学校教师专业化发展需求

1. 所需要的支持与资源

(1) 从事特殊教育工作所遇到的困难

表3-29显示,"教育和管理残疾学生,工作压力大"(70.1%)是特殊教育教师从事特殊教育工作所遇到的最主要的困难。另外,"家长不配合"(53.7%)、"工资与补助比较低"(52.7%)、"缺乏特殊教育知识与技能"(43.5%)、"学校缺乏教育残疾学生的资源"(42.1%)也是主要因素。

表3-29 特殊教育教师从事特殊教育工作所遇到的困难

项目	响应		个案百分比
	个案数	百分比	
教育和管理残疾学生,工作压力	1 384	23.1%	70.1%
家长不配合	1 060	17.7%	53.7%
时间紧张	578	9.6%	29.3%
学校缺乏教育残疾学生的资源	832	13.9%	42.1%
工资与补助比较低	1 041	17.3%	52.7%
没有正式编制	171	2.8%	8.7%
缺乏特殊教育知识与技能	860	14.3%	43.5%
没有困难	37	0.6%	1.9%
其他	42	0.7%	2.1%

(2) 教育教学工作中需要的支持

从图3-96可以看出,结合特殊教育的发展情况与个人因素等方面考虑,特殊教育教师认为在具体的教学工作中需要的支持最主要的包括"专业人员的专业支持"(77.6%)和"国家和教育部门对于特殊教育教师方面的政策支持"(77.2%)。此外,"经济支持""特殊学生家长的支持"和"学校领导对特殊教育教师的管理支持"也很重要。

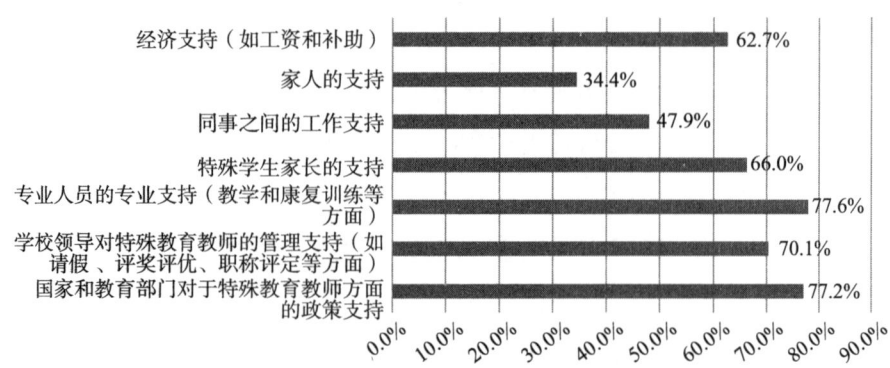

图 3-96 教育教学工作中需要的支持

(3) 当前所需要的政策支持

图 3-97 调查结果显示,在对政策支持的需求方面,"工资和津贴的政策"(76.7%)、"特殊教育教师地位的政策"(74.2%)、"特殊教育教师专业化发展的政策"(74.8%)是最主要的方面。可见对特殊教育教师来说,目前最迫切的需求主要来自改善自身的工作条件,包括收入和地位的提升,其次则是提高特殊教育教师本身的专业化程度。

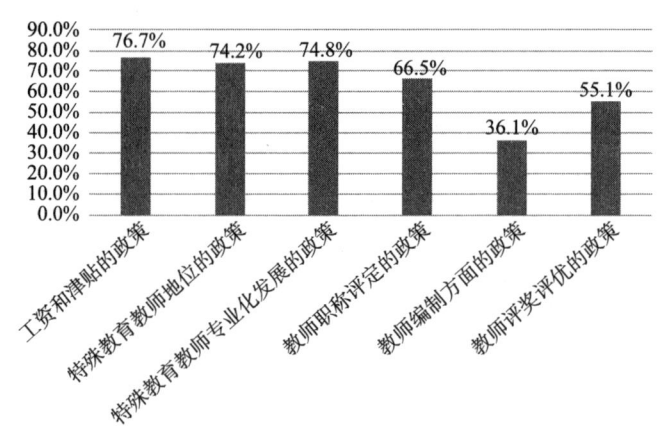

图 3-97 当前所需要的政策支持

(4) 对当前特殊教育教师津贴的满意程度

图 3-98 显示,49%的教师对津贴的满意程度为一般,非常满意的教师只

占 4%,非常不满意的教师则占到 11%。结合之前的调查可知,大多数的特殊教育教师并不满意当前的收入水平。

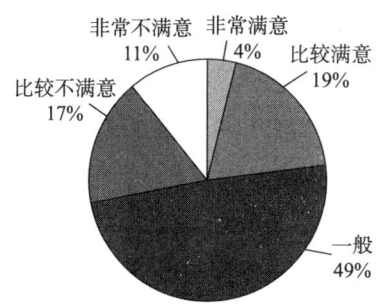

图 3‑98　对当前特殊教育教师津贴的满意程度

2. 特殊儿童在教育与康复方面的需求和支持

(1) 特殊教育教师认为特殊学生所需要的支持

图 3‑99 显示,特殊教育教师认为特殊学生需要的支持主要来自三方面,包括"康复训练支持"(84.4%)、"求职与就业支持"(81.7%)和"生活补助等经济支持"(69.4%)。

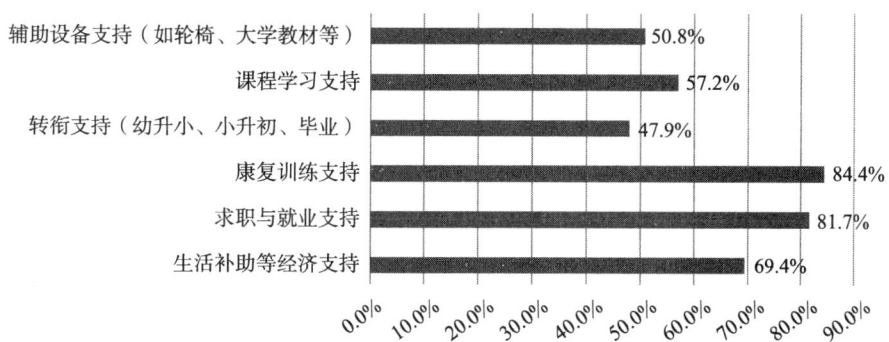

图 3‑99　特殊学生所需要的支持

(2) 特殊学生在经济上所需要的支持

在经济支持的具体内容方面,图 3‑100 显示,特殊学生最主要的需求在于"资助经济困难家庭"(88.7%),其次则是"提高生活补助"(72.8%)、"提供免费午餐和接送"(53.3%)和"增加和提高奖学金"(47.2%)。

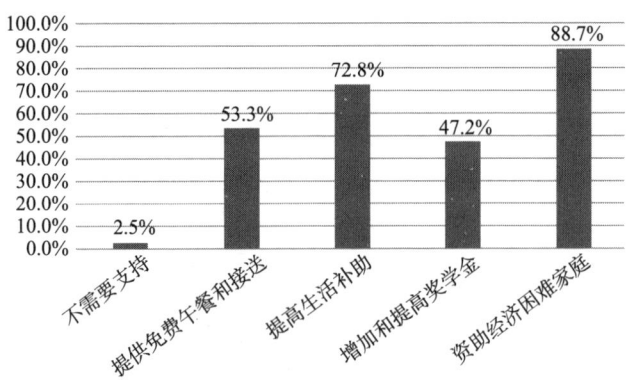

图 3-100 特殊学生在经济上所需要的支持

（3）残疾学生在求职和就业方面的不利因素

由图 3-101 可知,在残疾学生求职和就业的不利因素方面,调查对象认为最主要的不利因素来自社会方面,即"工作机会缺乏"（85.2%）,这与当下求职困难的整体社会环境是一致的。其次"工作种类少"（77.0%）、"社会不接纳"（76.8%）、"工作能力有限"（74.4%）也是主要的不利因素。可以看出,在特殊教育教师心目中影响特殊学生就业的主要方面依然是来自外界环境的压力,而个人由于身心不适应不能工作的则占 53.0%。

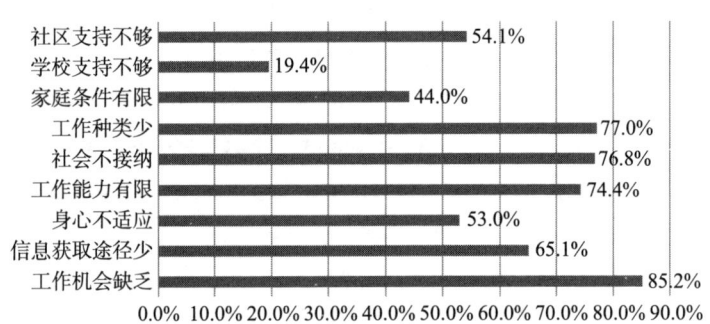

图 3-101 残疾学生在求职和就业方面的不利因素

（4）残疾学生最急需的职业指导和就业服务

图 3-102 的调查结果显示,调查对象认为残疾学生最急需的指导和就业服务主要包括"职业技能指导"（80.9%）和"就业需求和岗位信息"（76.7%）。

前者是社会分工所导致的,特殊教育教师在职业技能方面有所欠缺,只能依靠专业的职业指导来进行补充;后者则是由信息的不匹配决定的,特殊的就业需求和岗位信息需要专门的职能部门来提供。此外,由于残疾学生大多数情况下与社会的直接接触较少,因此在职业生涯规划、就业程序与技巧指导、就业心理咨询方面同样需要专业的帮助。

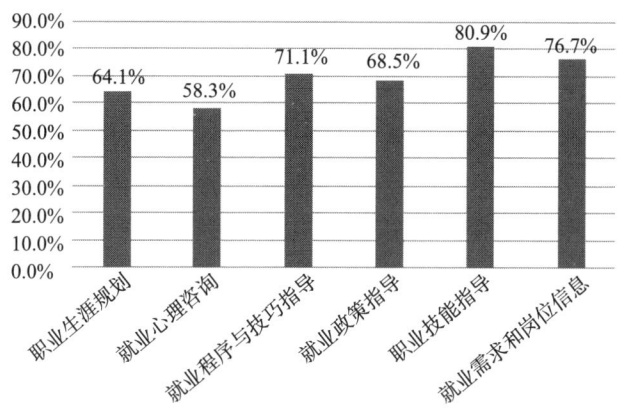

图 3-102 残疾学生最急需的职业指导和就业服务

(5) 残疾儿童教育与康复面临的最大困难

图 3-103 显示,残疾儿童教育与康复面临的最大困难主要集中在专业的特殊教育师资缺乏(77.7%),其次是教师缺少针对性培训(67.1%)、教育与康复的硬件环境较差(67.1%)以及缺乏有经验的学科教师(65.5%)几个方面。可见,目前特殊教育行业最稀缺的资源仍然是师资力量,有经验有技能的老师依然是最宝贵的财富。

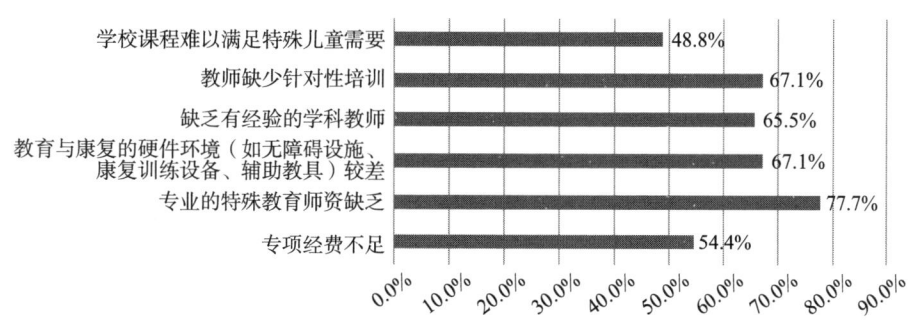

图 3-103 残疾儿童教育与康复面临的最大困难

(6) 残疾儿童教育与康复最紧迫的需求

从图 3-104 可以看出,残疾儿童教育康复所面临的困难和最紧迫的需求是一致的,最紧迫的需求依然是具有专业技能的教师。如何培训具有专业技能的特殊教育教师已经成为特殊教育亟待解决的问题。

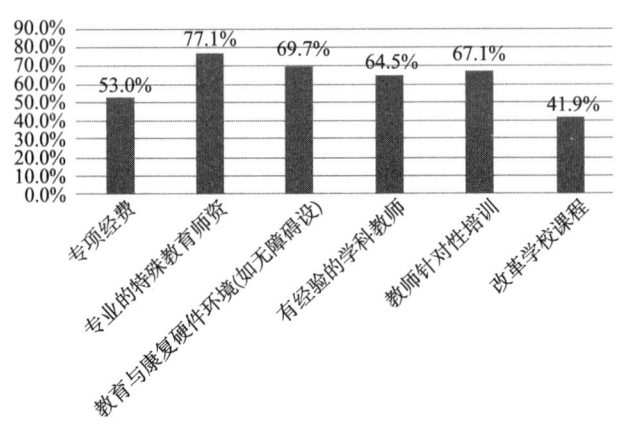

图 3-104 残疾儿童教育与康复最紧迫的需求

(7) 转衔过程(幼升小、小升初、毕业)中残疾学生所需要的支持

不同学校和不同教育阶段的教学内容和教师都不相同。调查结果显示,在转衔过程中残疾学生最需要的支持主要包括制订个别化转衔计划(72.3%)和提前建立与转衔学校(单位)之间的联系(70.5%)。开设转衔课程有助于帮助残疾学生提前做好心理和技能准备。由于转衔具有持续性,因此提供后续的跟踪支持也是必要的。而具体的政策规定则有赖于政府相关部门的关注和支持。

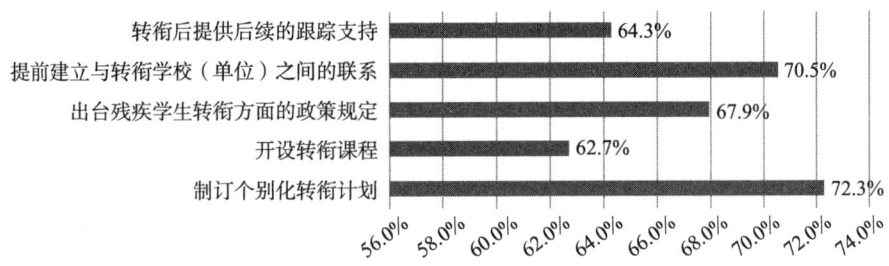

图 3-105 转衔过程中残疾学生所需要的支持

(四) 研究结论

从教师专业素养来看,特殊教育教师在理念与认知、教学能力两个维度上的水平较高,在沟通与合作、反思与发展两个维度上的得分相对较低。不同性别特殊教育教师在教学能力、理念与认知、沟通与合作、反思与发展上存在显著差异($P<0.05$),且女性得分均显著高于男性。不同年龄的特殊教育教师在教学能力、沟通与合作、反思与发展及总量表上差异显著。

从教师专业发展与培训方面来看,特殊教育教师所面临的问题多为专业知识、技能的缺乏及科研能力的不足,特殊教育教师专业化的职前培养和职后培训都有待加强。此外,职后培训不够专业、系统,缺乏特殊教育相关专业知识和技能,工资待遇福利较差,是阻碍特殊教师专业化发展的主要影响因素。

从特殊教育教师课程与教学情况来看,统一的国家教材很难顾及不同地区特殊教育学校的不同需求。如何准确地为特殊学生确定课程目标仍然是特殊教育教师不断探索的问题。如何适应国家对特殊教育的新课程改革依然是他们选择课程内容的主要方向。此外,对特殊教育教师来说,目前最迫切的需求主要是改善自身的工作条件,包括收入和地位的提升,其次则是提高特殊教育教师本身的专业化程度。

特殊教育教师认为特殊学生需要的支持为康复训练的支持、求职与就业支持、生活补助等经济支持。目前特殊教育行业最稀缺的资源仍然是师资力量,有经验有技能的老师依然是最宝贵的财富。而残疾儿童教育康复所面临的困难和最紧迫的需求是一致的,最紧迫的需求依然是具有专业技能的教师。如何培训具有专业技能的特殊教育教师已经成为特殊教育面临的亟待解决的问题。

教育和管理残疾学生工作压力大,是特殊教育教师从事特殊教育工作所遇到的最主要的困难。特殊教育教师认为,在具体的教学工作中需要的支持最主要的包括专业人员的专业支持以及国家和教育部门关于特殊教育教师方面的政策支持。特殊教育教师在教师专业化方面最为迫切的需求为"掌握一定的康复技能"。特殊教育教师在专业化发展方面需要多方面的支持,提供充分的培训机会、特殊教育专家指导、提供特殊教育方面的各种信息资源三方面需求量较大。

五、随班就读教师专业化发展现状与需求

(一) 研究设计

1. 研究对象的基本信息

本研究采用分层随机抽样的方法,从我国东部、中部、西部、西南、东北以及东南地区共选取 641 名随班就读教师作为研究对象,回收问卷 603 份,回收率 94.1%,剔除无效问卷 24 份,得到有效问卷 579 份,有效率 90.3%。研究对象的基本信息见表 3-30。

表 3-30 随班就读教师的基本信息表(N=579)

类别	水平	人数(人)	占比(%)	类别	水平	人数(人)	占比(%)
性别	男	107	18.5	是否教授过残疾学生	是	477	82.4
	女	472	81.5		否	102	17.6
年龄	30 岁及以下	131	22.6	教龄	10 年以下	203	35.1
	31—35 岁	82	14.2		10—20 年	175	30.2
	36—40 岁	144	24.9		20 年以上	201	34.7
	41—45 岁	128	22.1	教授残疾学生的时间	1 年及以下	199	34.4
	46—50 岁	73	12.6		2—3 年	167	29.1
	50 岁以上	21	3.6		4—5 年	95	16.6
职称	初级及以下	175	30.2		5 年以上	113	19.7
	中级	261	45.1	最高学历	专科及以下	43	7.4
	副高	60	10.4		本科	494	85.3
	高级	39	6.7		研究生及以上	42	7.3
	无职称	44	7.6	专业背景	学科类专业	310	53.5
月收入	4 000 元以下	76	13.1		艺术和体育类	62	10.7
	4 001—6 000 元	286	49.4		特殊教育	18	3.1
	6 001—8 000 元	190	32.8		其他教育类	126	21.8
	8 000 元以上	27	4.7		心理学	26	4.5
					医学康复类	1	0.2
					其他	36	6.2

2. 调查工具

根据我国随班就读学校发展的实际情况以及随班就读教师专业发展的相关研究文献,本研究编制了《我国特殊教育中长期发展现状与需求调查(随班就读教师版)》。本问卷编制好之后,首先邀请3位特殊教育专家审阅问卷的形式与内容并提出修改意见;然后,向3位有着丰富经验的随班就读学校负责人征求修改意见,就问卷的维度、内容和语言进行修改和讨论,以判断构念及所包含的题目内容是否恰当,进而作为题目筛选及题目语义修饰修改的参考。

本问卷包括两个部分,第一部分是基本信息部分,包括随班就读教师的性别、年龄、教龄、职称、收入等个人基本信息;第二部分是问卷的核心部分,主要调查随班就读教师的专业发展现状与需求以及特殊儿童教育、康复现状与需求。

3. 数据统计与分析

本研究使用SPSS软件对数据进行录入与分析,主要包括描述性统计、方差分析、t检验等。

(二) 随班就读教师专业化发展现状

1. 随班就读教师专业化发展现状及需求情况

(1) 随班就读教师专业素养的总体情况

就整体随班就读教师专业素养量表来说,分值越高代表随班就读教师专业素养越高。根据《随班就读教师专业素养量表》测量的结果(表3-31),随班就读教师专业素养总量表的平均值为3.97,将其转换为百分等级为74.25%,表明随班就读教师专业素养总体水平处于上等水平。就四个分量表而言,随班就读教师在教学能力、沟通与合作、理念与认识、反思与发展四个维度上的平均分分别为:3.89、4.12、4.03和3.88,将其转换为百分等级分别为72.25%、78.00%、75.75%和72.00%,这也说明随班就读教师在教学能力、沟通与合作、理念与认识、反思与发展四个维度上均处于上等水平。

表3-31 随班就读教师专业素养各维度描述统计(N=579,M±SD)

	M	SD
总量表	3.97	0.76
教学能力	3.89	0.81

续表

	M	SD
沟通与合作	4.12	0.75
理念与认识	4.03	0.86
反思与发展	3.88	0.82

采用配对样本t检验,对随班就读教师在专业素养各维度上进行差异检验(表3-32)。结果表明随班就读教师在沟通与合作维度上的得分显著高于教学能力、理念与认识、反思与发展;随班就读教师在理念与认识维度上的得分显著高于教学能力、反思与发展。

表3-32 随班就读教师专业素养各维度配对样本t检验(M±SD)

	M	SD	t	Sig(双侧)
教学能力-沟通与合作	−0.23	0.38	−14.777***	0.000
教学能力-理念与认识	−0.14	0.56	−6.078***	0.000
教学能力-反思与发展	0.01	0.32	0.208	0.836
沟通与合作-理念与认识	0.09	0.56	4.017***	0.000
沟通与合作-反思与发展	0.24	0.42	13.700***	0.000
理念与认识-反思与发展	0.14	0.58	5.961***	0.000

注:* $p<0.05$, ** $p<0.01$, *** $p<0.001$。

(2)随班就读教师专业素养在人口学变量上的差异分析

以随班就读教师性别为自变量,教师专业素养总量表及各维度为因变量,进行独立样本T-Test。结果显示(表3-33),不同性别的随班就读教师在理念与认识维度的得分存在显著性差异($t=2.498, p<0.05$),男性随班就读教师的理念与认识得分显著高于女教师,但在其他维度上不存在显著性差异。

表3-33 随班就读教师专业素养在性别上的差异比较(N=579,M±SD)

		N	教学能力	沟通与合作	理念与认识	反思与发展	总量表
性别	男	107	3.98±0.91	4.14±0.82	4.22±0.86	4.00±0.90	4.07±0.85
	女	472	3.87±0.79	4.12±0.74	3.99±0.85	3.86±0.80	3.95±0.74
	t		1.372	0.216	2.498*	1.641	1.556

注:* $p<0.05$, ** $p<0.01$, *** $p<0.001$。

以随班就读教师教龄为自变量,教师专业素养总量表及各维度为因变量,进行单因素方差分析。结果显示(表3-34),不同教龄的随班就读教师在理念与认识维度上存在显著性差异(F=4.159,p<0.05)。经多重检验发现,在理念与认识维度上,10年以下(p<0.05)和10—20年(p<0.05)教龄随班就读教师的理念与认识得分显著高于20年以上教龄的教师。

表3-34 随班就读教师专业素养在教龄上的差异比较(N=579,M±SD)

		教学能力	沟通与合作	理念与认识	反思与发展	总量表
教龄	①10年以下	3.92±0.90	4.12±0.80	4.08±0.90	3.92±0.90	4.00±0.84
	②10—20年	3.91±0.76	4.15±0.73	4.11±0.79	3.93±0.77	4.01±0.71
	③20年以上	3.84±0.76	4.10±0.73	3.91±0.87	3.81±0.78	3.91±0.72
	F	0.530	0.221	4.159*	1.199	1.092
	LSD			①>③*,②>③*		

注:* $p<0.05$, ** $p<0.01$, *** $p<0.001$。

2. 教师专业发展与培训

(1) 随班就读教师在教育残疾儿童的过程中遇到的问题

从随班就读教师在教育残疾儿童过程中面临的问题来看,表3-35显示,反映"不知道如何管理和解决残疾儿童的行为问题"的随班就读教师比例超过了一半,占50.78%。46.63%的随班就读教师反映在教育残疾儿童的过程中"不知道教育残疾儿童的教学方法和策略",43.52%的随班就读教师反映"不了解如何为残疾儿童制订个别化教育计划",43.18%的随班就读教师反映"不知道如何为残疾儿童做课程调整",42.31%的随班就读教师反映"不了解残疾儿童的学习特点和需求"。另外,反映"不知道如何评价残疾儿童的学习""不知道如何为残疾儿童设定教学目标"的随班就读教师分别占35.92%、32.64%。这表明随班就读教师在教育残疾儿童的过程中还面临着较多的问题。

表3-35 随班就读教师在教育残疾儿童的过程中遇到的问题

水平	N	占比
不了解残疾儿童的学习特点和需求	245	42.31%
不知道教育残疾儿童的教学方法和策略	270	46.63%

续表

水平	N	占比
不知道如何为残疾儿童做课程调整	250	43.18%
不知道如何为残疾儿童设定教学目标	189	32.64%
不知道如何评价残疾儿童的学习	208	35.92%
不了解如何为残疾儿童制订个别化教育计划	252	43.52%
不知道如何管理和解决残疾儿童的行为问题	294	50.78%
其他	18	3.11%

(2) 学校为提高随班就读教师特殊教育专业水平采取的措施

为提高随班就读教师特殊教育专业水平,绝大多数学校采取了不同的措施,只有9.33%的学校尚未采取措施。在采取措施的学校中,"为教师提供特殊教育方面的信息和资源"和"鼓励教师参加校外特殊教育培训"的学校比例超过了一半,分别占56.82%和51.3%。此外,还有32.82%的学校"邀请地区特教中心或巡回指导教师进行培训与指导",34.72%的学校"鼓励教师开展特殊教育研究促进教学"(表3-36)。可以看出,学校重视并通过多样化的途径提高随班就读教师的专业水平。

表3-36 提高随班就读教师特殊教育专业水平的措施

水平	N	占比
为教师提供特殊教育方面的信息和资源	329	56.82%
邀请地区特教中心或巡回指导教师进行培训与指导	190	32.82%
鼓励教师参加校外特殊教育培训	297	51.3%
鼓励教师提升特殊教育方面的学历	130	22.45%
建立校内随班就读教师专业素质考核制度	110	19%
鼓励教师开展特殊教育研究促进教学	201	34.72%
鼓励教师与特教教师以及其他随班就读教师开展教学合作	157	27.12%
鼓励随班就读教师参加评课与教学比赛	155	26.77%
没有特别措施	54	9.33%

(3) 随班就读教师专业化发展的需求

在融合教育专业发展过程中,超过一半的随班就读教师需要"特殊儿童情绪与行为管理的策略与知识""特殊儿童教学与课程调整的技能与策略"和"特殊教育或融合教育的相关知识",分别占69.43%、64.94%和57.17%(图3-106),这与随班就读教师在教育残疾儿童过程中面临的问题相对应。

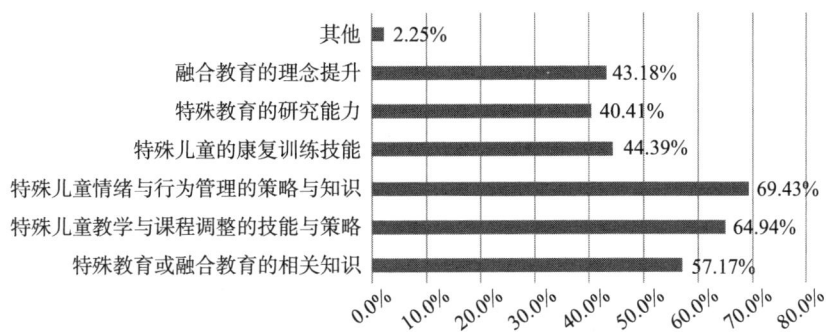

图3-106 随班就读教师专业化发展的需求

（4）随班就读教师为提高自身专业水平所期望的途径

就随班就读教师为提高自身专业水平所期望的途径而言,调查显示(图3-107),除了1.73%的教师不希望提高自身的专业水平之外,绝大多数老师都期望提高自身的专业水平。其中,采取比较多的途径为"特殊教育相关培训"(64.94%)、"特殊教育专家现场指导"(60.97%)、"优秀课堂观摩与研习"(60.79%)和"骨干教师经验传授"(50.43%)。

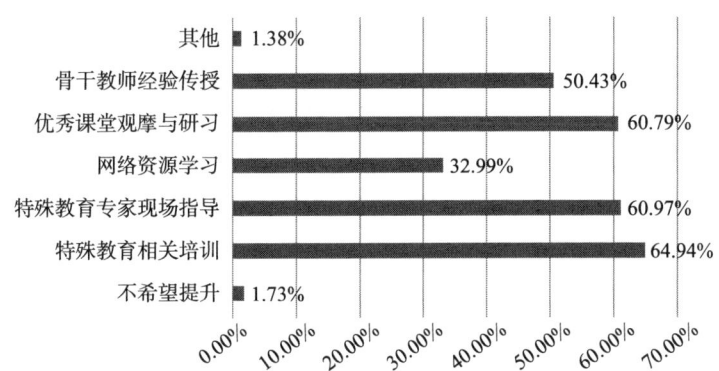

图3-107 随班就读教师为提高自身专业水平所期望的途径

（5）学校对随班就读工作的重视程度

就学校对随班就读工作的重视程度而言,调查结果显示(图3-108),42%

的学校非常重视随班就读工作,38%的学校比较重视随班就读工作,仅有2%的学校不重视随班就读工作。这表明,绝大多数的学校都重视随班就读工作。

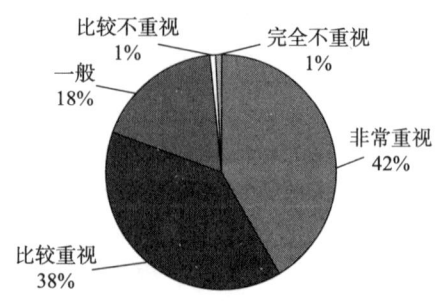

图3-108 学校对随班就读工作的重视程度

(6)阻碍随班就读教师专业化发展的因素

在对阻碍随班就读教师专业化发展因素的调查中发现(图3-109),62%的教师认为"缺乏特殊教育相关专业知识和技能"是阻碍自身专业化发展的因素,50.78%教师认为"随班就读教师额外补贴低"是主要因素。同时,"职后培训不够专业、系统""教学和课程调整自主性受限制"和"职前培养专业化程度低"也是不容忽视的制约因素。这表明随班就读教师专业化发展的制约因素既包括外在因素也包括内在因素。

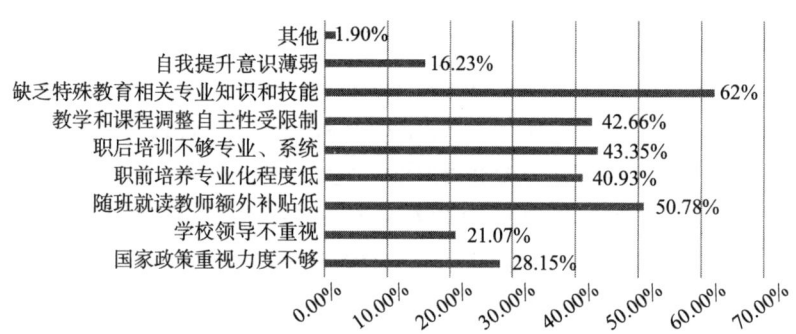

图3-109 阻碍随班就读教师专业化发展的因素

(7)随班就读教师在专业化发展方面希望获得的支持

对随班就读教师专业化发展所需的支持进行调查,研究结果表明(图3-110),一半以上的随班就读教师希望得到"充分的培训机会""特殊教育专家指导"和"评奖评优与职称评定方面予以倾斜",分别占 62.35%、62.18% 和 54.40%。还有近一半的教师选择"提供特殊教育方面的各种信息资源"(40.41%)和"骨干教师的经验传授"(48.19%)。这与阻碍随班就读教师专业化发展的因素息息相关。上述调查发现,随班就读教师在工作中面临着补贴较低及缺乏特殊教育相关的知识和技能等问题。

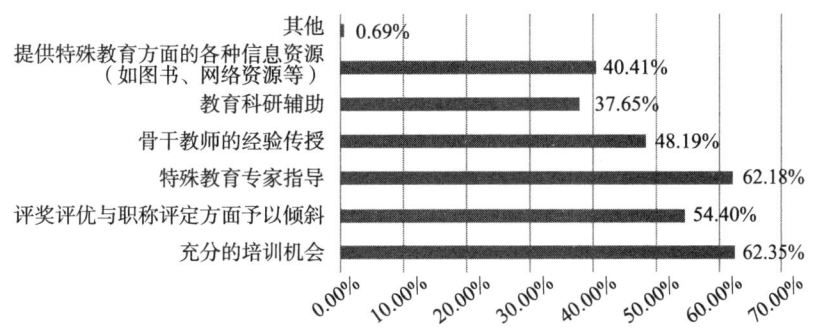

图 3-110 随班就读教师在专业化发展方面希望获得的支持

(8) 随班就读教师参加工作后累计接受特殊教育培训的时长

普通学校开展融合教育并非仅仅是资源教师、随班就读教师的责任,也是全体教师的责任,因为教师人人都有责任教育所有的学生。随班就读班主任教师、任课教师应当掌握随班就读基本教学原则和方法,具备基本的特殊教育基础知识和技能。随着融合教育工作的开展,本研究发现仍有 35.58% 的随班就读教师从未接受过特殊教育的相关培训,接受过 6 个月以上培训的教师比例仅有 8.46%(图 3-111)。这说明,随班就读教师的特殊教育相关培训范围和力度仍需加大。

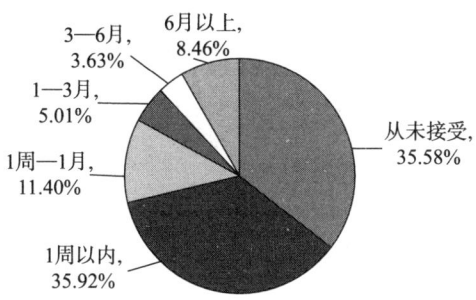

图 3-111 随班就读教师参加工作后累计接受特殊教育培训的时长

(9) 有效的在职培训方式

在对随班就读教师认为有效的在职培训方式的调查中发现,六成多的教师认为实地参观考察是最有效的在职培训方式(61.14%),其次,"专家指导案例教学"(50.09%)、"短期培训班培训"(41.62%)、"专家讲座"(37.31%)和"校内系统培训"(31.43%)也是较多教师认为比较有效的在职培训方式(图3-112)。

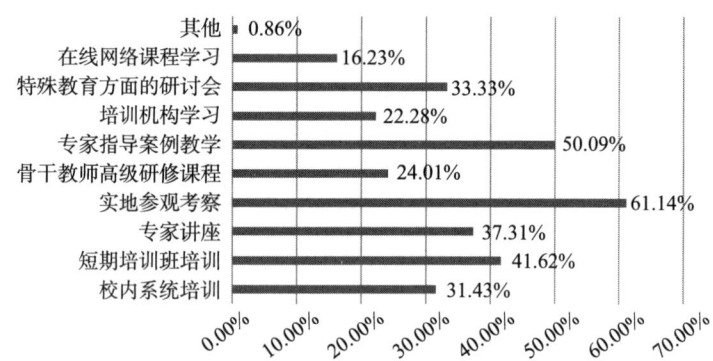

图3-112 有效的随班就读教师在职培训方式

(10) 特殊教育培训的针对性

上述调查结果发现,绝大多数随班就读教师接受过教师培训。而对培训效果的调查结果表明(图3-113),仅有8%的教师认为培训完全解决了工作中遇到的问题,还有5%的教师认为所接受的培训对自身没有任何帮助。此外,61%的教师认为所接受的培训部分解决了工作中遇到的问题。这表明,当前的随班就读教师培训的成效尚待提高。

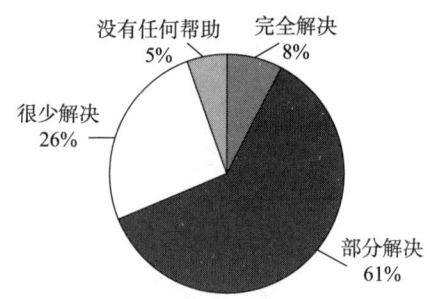

图3-113 随班就读教师特殊教育培训的针对性

(11) 随班就读教师在职培训存在的问题

就随班就读教师在职培训存在的问题而言,仅有3.97%的教师反映当前的在职培训没有问题,而近一半的教师认为在职培训的时间、地点安排与教学工作冲突,不能按时参加(45.25%)。还有多数老师选择"培训内容没有针对性,缺乏系统性、操作性"和"学校培训名额少,培训机会太少",分别占38%和36.96%(表3-37)。这表明当前随班就读教师的在职培训无论在形式上还是在内容上都亟待改善。

表3-37 随班就读教师在职培训存在的问题

水平	N	占比
没有问题	23	3.97%
培训费用高	59	10.19%
培训内容没有针对性,缺乏系统性、操作性	220	38%
任课教师水平有限	120	20.73%
培训评价机制不健全	141	24.35%
学校培训名额少,培训机会太少	214	36.96%
培训方式单一	126	21.76%
培训时间、地点安排与教学工作冲突,不能按时参加	262	45.25%
不了解普通教师培训需求,培训课程设置具有随意性	121	20.9%
其他	18	3.11%

(12) 随班就读教师专业知识和技能需求

随班就读教师的素质是提高融合教育质量的重要一环,他们不仅需要掌握基本的教育教学知识和技能,也要具备基本的特殊教育知识和技能。通过对随班就读教师专业知识和技能需求的调查,大多数教师认为应了解"残疾儿童生理和心理发展"(65.63%),以及具备"融合教育教学方法与策略"(66.32%)的技能。还有45.25%的教师期望掌握"残疾儿童康复与训练技能",44.21%的教师希望加强"家校合作与沟通"能力,以及42.14%的教师希望能够掌握"残疾儿童的评估与鉴定方法"(图3-114)。这表明,随着融合教育工作的开展,随班就读教师面临着机遇与挑战,随班就读教师专业化需求逐渐强化。

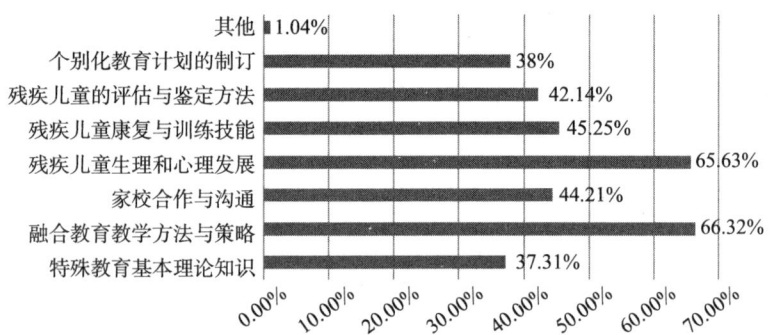

图 3-114 随班就读教师专业知识和技能需求

(三) 随班就读教师专业化发展需求

1. 随班就读教师需求与支持

(1) 随班就读教师在评奖、评优或评先工作中是否得到优先考虑

本研究发现,仅有 20.21% 的随班就读教师反映他们在评奖、评优或评先工作中会得到优先考虑,绝大多数教师没有这种优先待遇(79.79%)(图 3-115)。

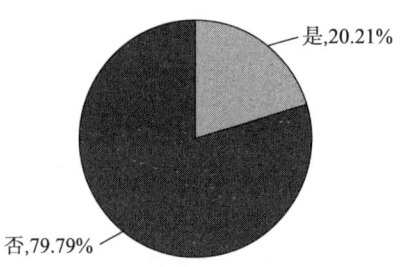

图 3-115 随班就读教师在评奖、评优或评先工作中的优先性

(2) 随班就读教师是否享受到地区规定的特殊教育教师津贴

在上述调查分析中发现,补贴低是阻碍教师专业化发展的一个重要因素。在对随班就读教师特教津贴的调查中发现,超过一半的随班就读教师未享有地区规定的特殊教育教师津贴(62.87%)(图 3-116)。

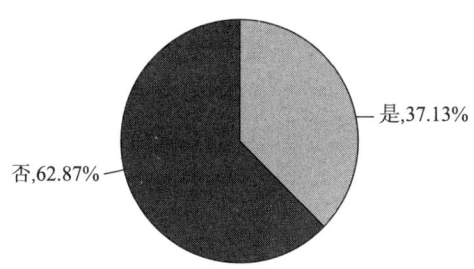

图 3-116 随班就读教师是否享受到特殊教育教师津贴

(3) 随班就读教师对当前津贴的满意程度

从随班就读教师对津贴的满意程度来看,图 3-117 显示,对津贴非常满意的随班就读教师仅占 3.80%,比较满意的有 14.51%。还有近一半的教师觉得"一般",不满意的教师比例达到 37.13%。这表明,当前的津贴政策很难满足随班就读教师的需求,是影响教师专业化发展的一个重要外在因素。

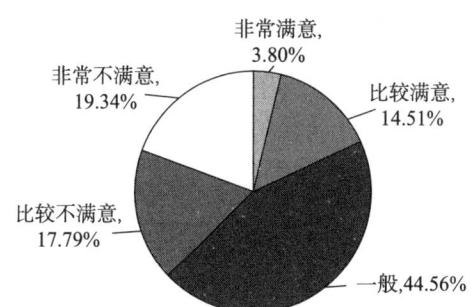

图 3-117 随班就读教师对当前津贴的满意程度

(4) 随班就读教师在工作中遇到的外在困难

从随班就读教师工作遇到的外在困难来看,只有 1.38% 的教师反映没有外在困难,而绝大多数教师反映"班级学生多,难以兼顾普通学生与残疾学生"和"缺乏专业人员指导",分别占 68.57% 和 56.48%。除此之外,40.24% 的教师认为"随班就读教师地位和责任不明确",34.37% 的教师认为"学校缺乏教育残疾学生的资源"(表 3-38)。这表明,随班就读教师在融合教育教学实践中面临着较多的外部挑战,如何为随班就读教师创造良好的外部环境是提高随班就读教师教育教学质量需要考虑的因素。

表3-38 随班就读教师在工作中遇到的外在困难

水平	人数(人)	占比
班级学生多,难以兼顾普通学生与残疾学生	397	68.57%
普通学生家长反对	102	17.62%
随班就读教师地位和责任不明确	233	40.24%
缺乏专业人员指导	327	56.48%
学校缺乏教育残疾学生的资源	199	34.37%
同事不理解	25	4.32%
没有补助	132	22.8%
学校领导不支持	25	4.32%
没有困难	8	1.38%
其他	10	1.73%

(5)随班就读教师在工作中遇到的内在困难

就随班就读教师面临的内在困难而言,表3-39显示,多数教师反映"日常工作压力大,难以照顾到残疾学生"(68.05%)和"特殊教育专业知识与技能不足"(66.32%),还有34.89%的教师反映"难以应对残疾学生出现的学习和管理问题",30.4%的教师反映"个人缺乏从事教育残疾学生工作的动力和意向"。

表3-39 随班就读教师在工作中遇到的内在困难

水平	人数(人)	占比
没有困难	12	2.07%
日常工作压力大,难以照顾到残疾学生	394	68.05%
特殊教育专业知识与技能不足	384	66.32%
个人缺乏从事教育残疾学生工作的动力和意向	176	30.4%
难以应对残疾学生出现的学习和管理问题	202	34.89%
其他	11	1.9%

(6)随班就读教师在工作中已经获得的支持

调查发现,仍有超过三分之一的随班就读教师在工作中没有得到任何支持。图3-118显示,有37.31%的随班就读教师反映在工作中没有获得支持。在随班就读教师已经获得的支持中,"学校提供特殊教育相关资源"占 34.20%。还有 20.55% 的教师有"工资补助",16.41% 的教师享有"巡回指导教师的定时指导"。

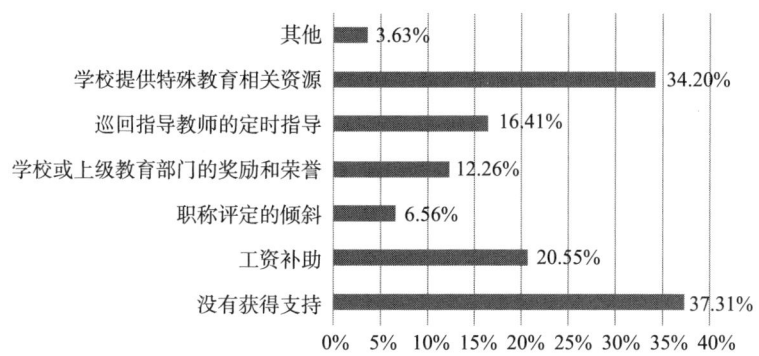

图 3-118 随班就读教师在工作中已经获得的支持

(7) 随班就读教师在教育教学工作中所需的支持

在对随班就读教师在教育教学工作中所需的支持的调查中发现,大多数教师希望得到"学校领导对特殊教育教师的管理支持"(73.23%)、"专业人员的专业支持"(69.78%)、"国家和教育部门的政策支持"(68.57%)和"经济支持"(54.92%)(图 3-119)。

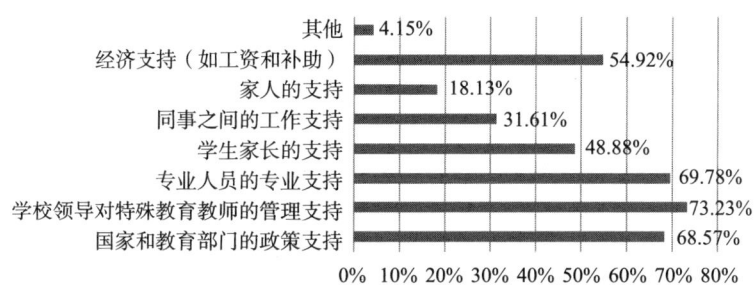

图 3-119 随班就读教师在教育教学工作中所需的支持

(8) 随班就读教师所需要的政策支持

从随班就读教师所需的政策支持来看,超过一半的教师希望得到"特教津贴的政策"(68.05%)、"随班就读教师地位与责任的政策"(63.56%)、"随班就读教师专业发展的政策"(60.97%)、"随班就读教师职称评定的政策"(55.61%)和"教师评奖评优的政策"(50.78%)方面的支持(图 3-120)。

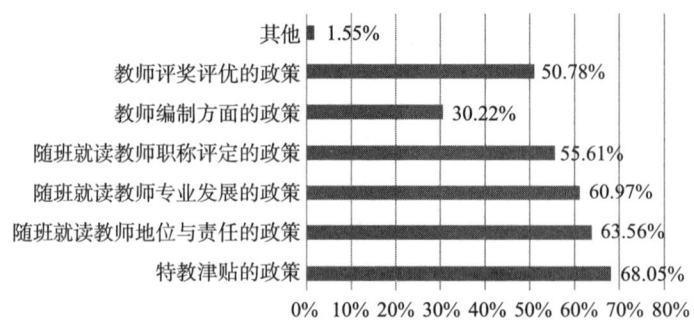

图 3‑120 随班就读教师所需要的政策支持

2. 特殊儿童的教育、康复需求与支持

（1）个别化教育计划的实施情况

从个别化教育计划的制订情况来看，仅有 17.96% 的教师没有为随班就读学生制订个别化教育计划。从制订频率来看，26.03% 的教师会在开学后一个月内为随班就读学生制订个别化教育计划，24.70% 的教师选择根据学生需要灵活修订个别化教育计划，23.14% 的教师选择每学期至少修订一次，还有 7.08% 的教师每学年至少修订一次（图 3‑121）。这表明大部分教师能够针对随班就读学生的发展情况对他们的个别化教育计划进行周期性的修订。

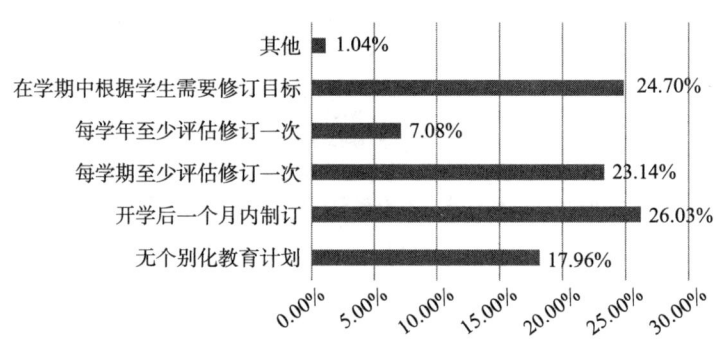

图 3‑121 随班就读学生个别化教育计划的实施情况

（2）随班就读学生的课程内容调整情况

表 3‑40 显示，就随班就读学生的课程内容调整情况而言，19.69% 的教师反映随班就读学生的课程无特殊变化，与普通学生相同。而大多数教师在教学

过程中"会针对残疾学生的学习能力做出调整,如降低难度、缩小范围等"（69.43%）,还有 32.64% 和 14.68% 的教师会结合学生的实际情况和特点添加新的教学内容。

表 3-40 随班就读学生的课程内容调整情况

水平	人数（人）	占比
无特殊变化,与普通学生相同	114	19.69%
会针对残疾学生的学习能力做出调整,如降低难度、缩小范围等	402	69.43%
会添加与学生生活能力训练相关的内容	189	32.64%
根据学生特点为他们开设新的课程	85	14.68%
其他	13	2.25%

（3）随班就读学生考试采取的调整方式

从随班就读学生考试采取的调整方式来看,表 3-41 显示,近一半的教师反映随班就读学生与普通学生采取相同的考试方式（46.98%）,35.23% 的教师会根据学生能力调整评价标准。还有部分教师会通过其他一些手段调整随班就读学生的评价方式,如"改变试题呈现方式"（16.23%）、"调整试题内容或题数"（12.09%）、"改变作答方式"（11.92%）和"延长考试时间"（11.4%）。

表 3-41 随班就读学生考试采取的调整方式

水平	人数（人）	占比
与普通学生相同	272	46.98%
根据学生能力调整评价标准	204	35.23%
改变试题呈现方式（如放大试题、念考题、点字试卷）	94	16.23%
延长考试时间	66	11.4%
改变作答方式（如口头回答、电脑作答）	69	11.92%
调整试题内容或题数	70	12.09%
安排特殊考场	50	8.64%
使用辅助器具（如盲人电脑）	19	3.28%
改用其他评价方式	107	18.48%

续表

水平	人数(人)	占比
不参加全校性考试	53	9.15%
其他(请说明)	18	3.11%

(4) 随班就读学生的成绩是否纳入全班成绩

调查发现,多数学校都不将随班就读学生的成绩纳入全班成绩。图3-122显示,58.03%的教师反映随班就读学生的成绩不纳入班级考评成绩,只有26.60%的教师反映纳入班级考评成绩。

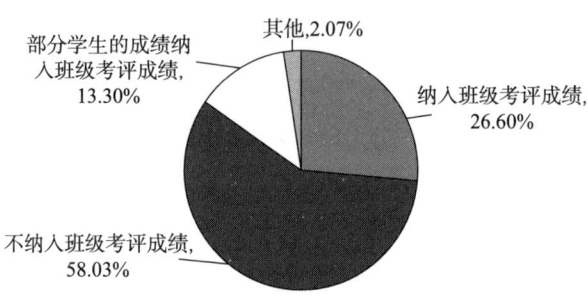

图3-122 随班就读学生的成绩是否纳入全班成绩

(5) 随班就读学生所需的支持

就随班就读学生所需的支持而言,超过一半的教师选择了"与同伴的交往互动支持""课程学习支持"和"康复训练支持",分别占73.58%、64.77%和62.18%(图3-123)。还有48.88%的教师认为随班就读学生需要生活补助等方面的经济支持,41.28%的教师认为随班就读学生需要转衔支持。

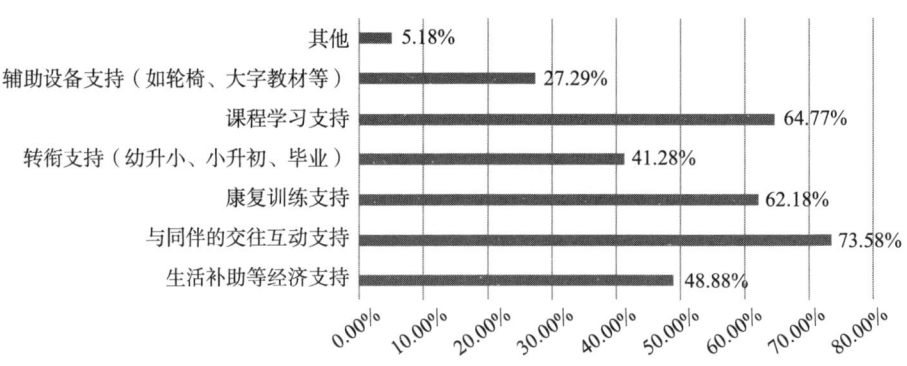

图3-123 随班就读学生所需的支持

(6) 随班就读学生所需的经济支持

就随班就读学生所需的经济支持而言,仅有7.25%的教师认为不需要提供经济支持。73.58%的教师认为应资助经济困难的随班就读学生家庭,52.33%的教师选择"提高生活补助",还有32.47%的教师认为应给随班就读学生"提供免费午餐和接送"(图3-124)。

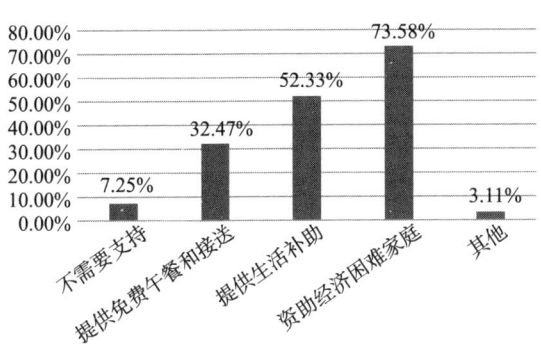

图3-124 随班就读学生所需的经济支持

(7) 随班就读学生教育康复面临的困难

在对随班就读学生教育康复面临的困难的调查中发现,76.17%的教师认为"专业的特殊教育师资缺乏",66.15%的教师认为"缺乏有经验的学科教师"。还有部分教师反映"教师缺少针对性培训""缺乏教育与康复硬件环境""缺乏融合性的氛围和文化"和"专项经费不足"(图3-125)。由此可见,师资是制约随班就读学生教育康复的重要因素。

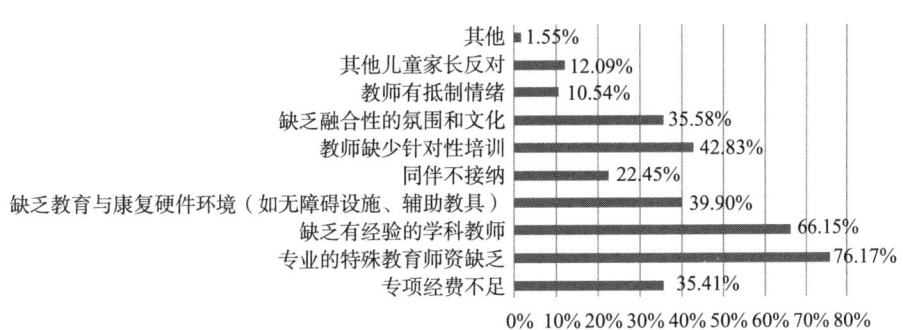

图3-125 随班就读学生教育康复面临的困难

(8) 随班就读学生教育康复的需求

就随班就读学生教育康复的需求而言,76.34%的教师选择"专业的特殊教育师资",62.18%的教师选择"对教师进行针对性培训",这与随班就读学生教育康复面临的困难是相对应的(图3-126)。此外,还有部分老师认为随班就读学生教育康复需要"教育与康复硬件环境"(41.11%)、"建设融合性的校园文化"(40.76%)和"经费支持"(38%)。

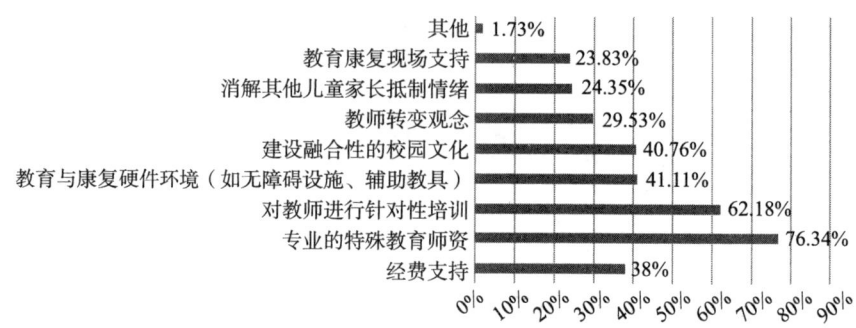

图3-126 随班就读学生教育康复的需求

(9) 在转衔过程中(幼升小、小升初、毕业)残疾学生所需要的支持

就随班就读学生在转衔过程中所需的支持而言,图3-127显示,超过一半的教师选择"制订个别化转衔计划"(62.69%)、"出台转衔方面的政策规定"(54.23%)、"提前建立与转衔学校(单位)之间的联系"(53.71%)和"开设转衔课程"(51.30%)。还有40.76%的教师认为需要为随班就读学生提供后续的跟踪支持。

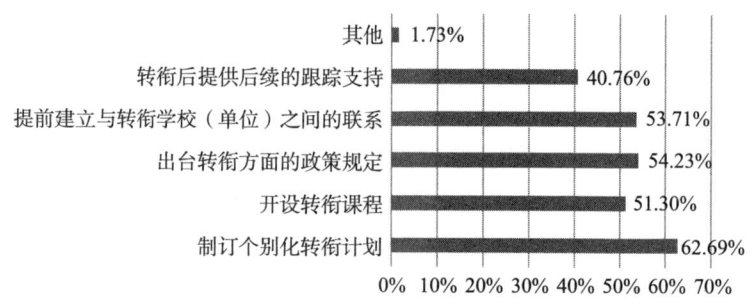

图3-127 残疾学生在转衔过程中所需要的支持

(四)研究结论

就随班就读教师专业素养发展现状来看,本研究发现,随班就读教师专业素养总体状况良好,具体表现在教学能力、沟通与合作、理念与认识、反思与发展四个方面。从性别来看,男性随班就读教师的理念与认识要高于女性教师。同时,不同教龄的随班就读教师在理念与认识维度上存在显著性差异,具体表现为随班就读教师的理念与认识得分随着教龄的升高而降低。本次调查还发现,缺乏特殊教育相关专业知识和技能以及额外补贴低是制约随班就读教师专业发展的两大因素。经调查,绝大多数随班就读教师未接受过特殊教育的相关培训或培训时间较短,而且培训效果尚待提高。多数教师反映,在教学过程中难以兼顾普通学生与残疾学生,而且缺乏专业人员指导,具体表现在:随班就读教师在教学过程中不知道如何管理和解决残疾儿童的行为问题、不知道教育残疾儿童的教学方法和策略、不了解如何为残疾儿童制订个别化教育计划等。研究结果还表明,绝大多数的学校都重视随班就读工作,为提高教师的专业水平采取了多样的措施,主要集中在"为教师提供特殊教育方面的信息和资源"和"鼓励教师参加校外特殊教育培训"两方面。

在教师专业化发展需求方面,随班就读教师希望获得"特殊儿童情绪与行为管理的策略与知识""特殊儿童教学与课程调整的技能与策略"和"特殊教育或融合教育的相关知识"等领域的知识与技能。他们希望通过培训、专家指导等方式来提高自己的专业水平,同时希望在评奖评优与职称评定方面予以倾斜。大多数教师认为实地参观考察是较为有效的在职培训方式。同时,教师希望获得来自学校领导、专业人员的支持以及政策支持、经济支持。其中,政策支持主要是津贴政策、职称评定政策等方面。

就特殊儿童教育与康复现状而言,绝大多数学生都有自己的个别化教育计划,而且在教学过程中,教师会根据学生的实际需求与能力进行教学调整,具体表现在教学内容、教学评价方式等方面。在特殊儿童康复现状上,目前还缺乏专业的师资资源以及硬件环境。从特殊儿童教育与康复需求来看,多数随班就读学生需要同伴支持、课程支持以及康复训练支持。除此之外,也需为特殊儿童以及家庭提供经济支持。特殊儿童教育康复需要建立专业的师资队伍以及加强硬件资源设施建设。在特殊儿童教育过程中,还应考虑其转衔需求。

第四章　我国特殊教育中长期发展目标

一、特殊教育中长期发展目标制定原则与意义

（一）目标制定原则

1. 坚持分类指导，有序推进

全面贯彻落实习近平新时代中国特色社会主义思想，结合实际，因地制宜，选择发展路径，着力解决特殊教育发展不平衡、不充分的问题，努力让每个孩子都能享有公平而有质量的教育。

2. 坚持统筹推进，普特结合

以普通学校随班就读为主体，以特殊教育学校为骨干，以送教上门和远程教育为补充，全面推进融合教育。普通学校和特殊教育学校责任共担、资源共享、相互支撑。

3. 坚持尊重差异，多元发展

尊重残疾学生的个体差异，注重潜能开发和缺陷补偿，提高特殊教育的针对性。促进残疾学生的个性化发展，为他们适应社会、融入社会奠定坚实基础。

4. 坚持普惠加特惠，特教特办

普惠性教育政策和工程项目要加大对特殊教育的支持力度。根据特殊教育实际，专门制定特殊的政策措施，给予残疾学生特别扶助和优先保障。

5. 坚持政府主导，各方参与

落实各级政府及相关部门发展特殊教育的责任，加强省一级对特殊教育的统筹。充分发挥社会力量的作用，学校、家庭和社会相互配合。

（二）目标制定意义

1. 为我国特殊教育事业中长期发展提供具体的政策建议

从我国构建和谐社会的大背景出发，以多学科理论为支撑点，以追求融合、公平与参与为理念，分析我国特殊教育发展现状与存在的问题，为我国特殊教

育事业中长期发展政策的制定与实施提供战略性、前瞻性的政策建议,促进我国特殊教育事业进一步发展。

2. 为我国特殊教育事业中长期发展确立明确的战略目标体系

本书试图在实证调查的基础上,对我国特殊教育发展取得的成就、存在的问题与挑战、发展需求与供给现实等方面进行系统的实证研究,建立中长期发展战略目标设计的评价标准与程序,通过量化的方式建立操作性较强的目标体系,为我国特殊教育政策制定及规划提供重要参考。

3. 为我国特殊教育事业中长期发展确立有效的推进策略

通过对我国特殊教育发展的现状与特点进行分析,结合其他国家相关的经验与教训,构建促进与改善我国特殊教育发展的实践策略与政策措施;为我国特殊教育事业中长期改革与发展的推进策略、机制及保障体系提供有价值的政策建议。

4. 有利于促进我国特殊教育的深入发展

本书通过对特殊教育发展的各个重要组成部分进行实证研究与理论思考,以期推动构建符合我国国情的特殊教育发展体系,确立相关的政策目标与措施,促进我国特殊教育发展,提升特殊教育质量。

5. 有利于保障残疾儿童平等接受高质量特殊教育的合法权益,促进社会公平正义,推动社会主义和谐社会的构建

特殊教育事业是一项系统的社会工程,与对人的基本权利的尊重与保护有紧密关系,它是一个社会文明发展水平的标志之一。本书研究成果将有利于缩小残疾人生活状况与社会平均水平的差距,实现特殊教育事业与经济社会协调发展,努力使残疾人同全国人民一道向着更高水平的小康社会迈进。

6. 有利于促进特殊教育质量的提高

本书的研究集中于特殊教育事业的促进与完善,所产生的政策建议在经过适当的途径转化为国家政策决策后,将对残疾儿童的教育产生重要影响,直接推动我国特殊教育与相关研究的发展。

7. 促进实验地区特殊教育改革

本书的研究调查对于实验学校及地区的残疾青少年教育与社区发展起到了促进作用,一些研究结论被当地政府机构采纳或者参考,对特殊教育发展政

策制定与实施、特殊教育改革与质量的提升起到指导与咨询的作用。

8. 本研究的系列成果将产生综合的社会影响

研究成果涉及论文、课题报告、政策建议等多个方面,将在国内重要学术期刊、相关网站、学术会议等多种平台进行交流与分享,收到较好的社会宣传效果与学术效益。本书的研究成果将会在国际 SSCI 索引期刊发表,在多个重要的国际学术会议及交流场合上进行分享与交流,有助于宣传我国特殊教育发展的成就,扩大我国文化影响力,产生积极的国际影响。

二、特殊教育中长期发展目标内容

(一) 全面普及残疾儿童少年义务教育,实现公平优质教育目标

1. 残疾儿童义务教育入学率达到 99% 以上

2006—2010 年我国三类残疾儿童义务教育毛入学率分别为 52.13%、57.11%、56.87%、61.11% 和 63.23%,除了 2008 年毛入学率较 2007 年略有下降外,整体呈现上升趋势。2011 年以来,我国特殊教育对象已经扩大到七类残疾儿童,2011—2014 年残疾儿童义务教育阶段的毛入学率较 2006—2010 年有明显的增长,分别为 75.46%、80.19%、81.09% 和 82.62%,整体呈现上升趋势,全国三类残疾儿童义务教育毛入学率年均增长率为 3.07%。[①] 2014 年,《特殊教育提升计划(2014—2016 年)》提出,"到 2016 年,全国基本普及残疾儿童少年义务教育,视力、听力、智力残疾儿童少年入学率达到 90% 以上,其他残疾人受教育机会明显增加"。2017 年《第二期特殊教育提升计划(2017—2020 年)》进一步提出,"到 2020 年,各级各类特殊教育普及水平全面提高,残疾儿童少年义务教育入学率达到 95% 以上,非义务教育阶段特殊教育规模显著扩大"。2019 年,视力、听力、智力三类残疾儿童少年义务教育入学率达到 90% 以上。

自特殊教育二期提升计划出台后,各省市也相继出台第二期特殊教育提升计划,并依据本省市现状制定相应的提升目标。例如,甘肃省二期提升计划提

---

① 许巧仙,常晓茗. 我国残疾儿童受教育权的实现:现状、困境与政府义务[J]. 人权,2017(3):65-77.

出,到 2020 年,全省残疾儿童少年义务教育入学率达到 90%;河北、陕西、吉林、福建等省的二期提升计划中提出,到 2020 年,残疾儿童少年义务教育入学率达到 95%以上;山东省提出,到 2020 年,普及十五年特殊教育,残疾儿童少年义务教育入学率达到 96%以上;江苏、浙江等省规定 2020 年适龄残疾儿童少年义务教育入学率达到 98%以上;《上海市特殊教育三年行动计划(2018—2020 年)》则提出,义务教育阶段残疾学生入学率达到 99%以上。可见,全国各省市在未来十年内残疾儿童义务教育入学率将存在较小差异。到 2030 年,全国残疾儿童义务教育入学率将达到 99%以上,任何学校不得以任何理由拒绝残疾儿童入学。

2. 每个残疾儿童都能获得适当的安置,融合教育成为特殊儿童安置主体方式

长期以来,我国特殊教育形成了以"特殊教育学校为骨干,以大量设置在普通学校的特殊教育班和吸收能够跟班学习的残疾儿童随班就读为主体"的发展格局,这也基本确定了义务教育阶段残疾儿童的安置方式。我国残疾儿童接受义务教育的形式主要有:在特殊教育学校接受特殊教育,在普通小学、普通(职业)初中特教班接受特殊教育,以及在普通小学、普通(职业)初中随班就读接受融合教育。通过对 2009—2018 年度教育统计年鉴数据分析发现,尽管随班就读的学生比例有所回落但依旧占比最大,在特殊教育学校接受教育的残疾学生人数和比例逐年增长,而普通学校特教班的学生人数比例则微乎其微。而送教上门特殊学生数量从 2017 年到 2018 年几乎增加了一倍(表 4-1)。可以推测,今后特殊教育学校和普通学校随班就读将仍然是残疾儿童义务教育阶段的两大主要安置方式。

表 4-1 2009—2018 年残疾儿童义务教育三种安置形式比例(%)

	2009 年	2010 年	2011 年	2012 年	2013 年	2014 年	2015 年	2016 年	2017 年	2018 年
特殊教育学校	35.83	37.59	42.08	45.76	46.71	45.70	44.54	44.93	41.92	40.77
普通学校特殊班	1.11	0.95	0.88	0.88	0.92	0.79	0.72	0.69	0.60	0.50
普通学校随班就读	63.06	61.46	57.04	53.35	52.37	53.51	54.74	54.39	51.97	49.41

续表

	2009年	2010年	2011年	2012年	2013年	2014年	2015年	2016年	2017年	2018年
送教上门	—	—	—	—	—	—	—	—	5.51	9.32
合计	100	100	100	100	100	100	100	100	100	100

到2030年,残疾儿童义务教育的安置方式将以融合教育为主,任何普通学校不得拒绝残疾儿童入学;特殊教育学校将成为义务教育阶段安置方式的重要补充,特殊儿童及其家长有权在两种安置方式之间做出选择。对于仍然无法到校接受教育的残疾儿童,各地区通过送教上门机制实施精准送教。

3. 每个残疾儿童都能获得公平、优质的教育

所谓公平,是指无论残疾儿童选择何种安置方式接受教育,任何学校不得以任何理由予以拒绝,且应平等接纳所有残疾儿童;同时每个残疾儿童都能平等获得就读学校的各类资源和相关服务。所谓优质,是指每个儿童都能在所就读的学校获得符合其特点、兴趣、能力和学习需要的个性化教育,并且确保每个儿童都能获得最大程度的发展。落实到具体学校或儿童个人时应按照以下原则。

首先,严格落实一人一案。为特殊儿童提供个别化教育是《特殊教育提升计划(2014—2016年)》中提出的明确要求,个别化教育计划、个别化家庭服务计划和个别化转衔计划是儿童个别化教育的直观体现。《第二期特殊教育提升计划(2017—2020年)》也明确提出推进差异教学和个别化教学,提高教育教学的针对性。为使残疾儿童获得公平、优质的教育与服务,不同部门、学科的专业人员要加强联系与合作,在儿童学前教育、义务教育、转衔期等时期制订符合学生需要的个性化方案,详细记录学生的评估情况、学习过程与发展结果,保证儿童真正从教育中受益。

其次,根据每个学生的特点和需要进行课程与教学调整。课程调整是指融合教育背景下,在保证普通教育原有课程的基础上,根据残疾学生的特点对其所学普通课程的内容和标准做出适当的调整或修正,以满足学生的特殊教育需要,具体可包括完全相同的普通教育课程、补充课程、层次性课程和替代性课程。教学调整包括教学环境的调整、教学内容的调整以及教学评价的调整,应对学生实施差异化教学、个别化教学、小步子教学、合作教学、结构化教学等教

学策略,提高包含残疾儿童在内的所有儿童的教育质量。

再次,保证家长的全面参与。优质的教育离不开残疾儿童家长的全面参与和配合。2017年《残疾人教育条例》中提到:"残疾儿童、少年的父母或者其他监护人应当……积极开展家庭教育,使残疾儿童、少年及时接受康复训练和教育,并协助、参与有关教育机构的教育教学活动,为残疾儿童、少年接受教育提供支持。"家长参与可以通过学校的家校合作机制来实现,使家长参与到儿童评估、鉴定、课程、教学与转衔等各个环节中,明确家长的责任和义务,建立相应的问责机制,保障家长的知情权、参与权和决定权。同时为家长提供相应的培训,提高家长的参与意识与专业技能,保护儿童及家长的合法权益。

(二) 全面推进融合教育,完善专业支持保障体系

努力让各类残疾孩子都有机会到普通学校平等接受教育,普及残疾儿童少年义务教育,实现教育公平目标,是残疾儿童少年更好地适应社会、融入社会的前提,是我国构建和谐社会、推进社会文明进步的重大举措。20世纪80年代以来实施的随班就读,是由我国特殊教育工作者根据我国国情探索出的对残疾学生实施特殊教育的一种形式,它以较为经济、便捷的方式使残疾儿童少年就近就便接受义务教育。在国家一系列政策、措施支持下,近年来我国的随班就读工作取得了举世瞩目的成就,大量残疾学生进入到普通学校学习。2017年修订的《残疾人教育条例》也明确强调,残疾人教育应当提高教育质量,积极推进融合教育,根据残疾人的残疾类别和接受能力,采取普通教育方式或者特殊教育方式,优先采取普通教育方式。

近年来,我国融合教育获得了很大的发展,安置在普通学校随班就读的残疾学生数量总体来看呈上升趋势。2009年,我国共有264 506名残疾儿童在普通学校随班就读。随着30万以上的县市区新建了大量的特殊教育学校,随班就读的残疾学生数量有所减少。到2013年,随班就读残疾学生数量减少到187 534人。2014年颁布施行的《特殊教育提升计划(2014—2016年)》要求,扩大普通学校随班就读规模,尽可能在普通学校安排残疾学生随班就读,加强特殊教育资源教室、无障碍设施等建设,为残疾学生提供必要的学习和生活便利,这使得我国随班就读的残疾学生数量逐渐增加。2018年,安置在普通学校的残疾儿童数量达到历史性的329 068人(图4-1)。所以,总体上来看,我国随班就读

获得了很大的发展。

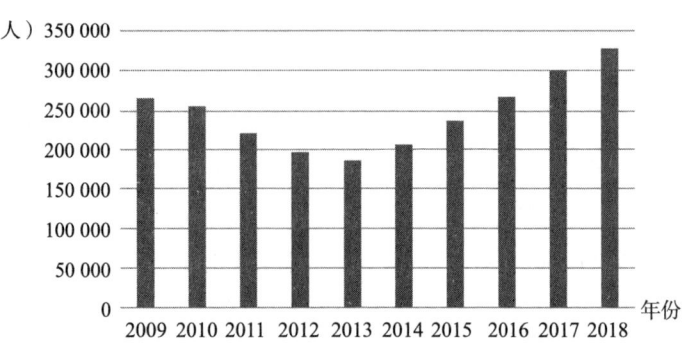

图 4-1 2009—2018 年随班就读残疾学生数量

然而,另一方面,我国特殊儿童随班就读人数占接受教育的残疾学生总人数的比例在不断下降。2009 年,有 63.06% 的残疾学生在普通学校随班就读,之后这个比例不断下降,到 2018 年达到最低的 49.41%,即接受教育的残疾学生中只有不到一半在普通学校随班就读(图 4-2),而送教上门的残疾学生在 2017 年有 31 894 名,到 2018 年,这个数值几乎翻了一倍,达到 62 039 人。在西方国家,随着社会经济的发展,融合教育入学率近年来不断提升,例如,欧盟 2016 年的统计数据显示,意大利的特殊儿童融合教育入学率最高,为 99.97%,比利时最低,为 92.02%,欧盟 28 个成员国的特殊儿童融合教育平均入学率为 98.19%。可见,在未来一段时间内,提升我国残疾学生随班就读比例应该成为我国特殊教育发展的方向。《第二期特殊教育提升计划(2017—2020 年)》提出,

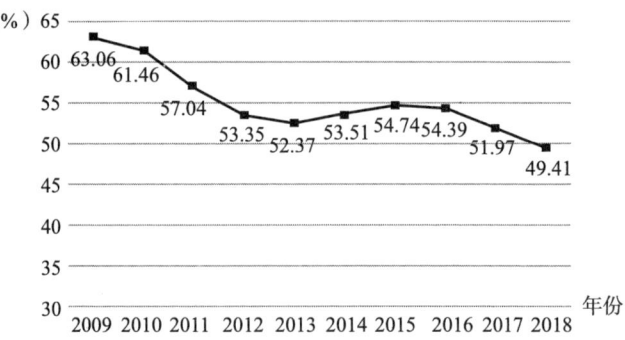

图 4-2 2009—2018 年随班就读残疾学生比例

到2020年,各级各类特殊教育普及水平全面提高,残疾儿童少年义务教育入学率达到95%以上,同时也应该强调不断提高残疾学生随班就读的比例。

我国随班就读工作取得了一些成绩,极大地增加了残疾儿童少年接受义务教育的机会。然而,"随班就坐""随班混读"等现象仍然普遍存在,其中重要的原因之一就是随班就读支持保障体系建设还不够完善。我国随班就读要坚持规模扩大和质量提升同步发展的思路,而提升随班就读质量关键在于建立完善的随班就读支持保障体系。一是加强顶层设计,突出政府主体责任。各级政府在随班就读的推行与发展中居于主导地位。随班就读本身就是一个由政府推行、自上而下的实践形式。政府的政策与相关制度构成了整个随班就读的宏观支持系统。政府支持主要包括从国家到地方的各级政府职能部门,为开展随班就读的普通学校提供政策、法规、资金支持以及指导机构建设等方面的支持。[①]二是普通学校、特殊教育学校、残联、民政、卫生、家庭及社区等组织机构充分发挥自身作用为随班就读提供支持。其中,普通学校与特殊教育学校是支持系统中最核心的两个环节。普通学校要为残疾学生营造融合的校园环境和班级环境,提高随班就读质量。特殊教育学校要发挥自身的优势,为特殊学生提供必要的支持。三是随班就读教师、资源教师、同伴以及其他人员是支持残疾儿童顺利进行随班就读的重要参与者。随班就读教师作为随班就读的首要参与者,对残疾学生在普通学校的学习、生活具有重要的直接影响。教师要针对残疾学生进行个别化教学等调整,满足学生多样化学习需求,让每个学生都能享受优质的教育。[②]资源教师要对特殊儿童进行个别辅导、补救教学,对普通班教师和家长提供咨询与支援服务,促进特殊儿童的发展。教师要引导同伴主动关心、帮助残疾学生,促进残疾学生学业、情感以及社会交往能力的发展。

(三)建立符合我国国情的特殊教育法律法规体系

改革开放以来,我国特殊教育的法律、法规不断完善,但必须承认的是,我国特殊教育立法层次偏低,缺乏系统性,尚未形成合力的体系。同时,与发达国家相比,到目前为止我国尚没有专门的《特殊教育法》。从国际特殊教育发展的

---

① 甘少杏,兰继军.随班就读支持保障体系的建设[J].绥化学院学报,2015(10):7-10.
② 邓猛.健全随班就读支持保障体系[J].现代特殊教育,2014(2):24-25.

趋势与人权的角度来看,通过立法实施特殊教育已成为衡量一个国家残疾人是否享受平等人权的基本尺度。①《中国残疾人事业"十二五"发展纲要》提出,今后要"进一步完善残疾人事业法律法规政策体系",《国家中长期教育改革和发展规划纲要(2010—2020年)》也明确指出,要"按照全面实施依法治国基本方略的要求,加快教育法制建设进程,完善中国特色社会主义教育法律法规"。所以,特殊教育的法制建设既是教育法制建设的重要内容,也是残疾人受教育权得以实现的保证。②

需要完善现有的条款,加强规范性和操作性。已有的特殊教育法规对我国特殊教育的发展起了巨大的推动作用,应继续修订完善。比如,2006年修订后的《义务教育法》和2008年修订后的《残疾人保障法》,以及2017年修订的《残疾人教育条例》,对残疾人教育方面的内容进行了很多完善,但仍有许多不足之处。一是法律的各项内容应具体、明确,如经费保障的具体比例、特教教师的专业标准、随班就读的具体程序和办法都应做出详细规定;二是应增加早期干预、评估鉴定以及学生转衔方面的具体规定,明确责任主体的职责和具体程序;三是应在国家立法基础上出台与地方实际情况相配套的法规;四是应强化法律责任,对各个方面的责任主体规定相应的奖励与惩罚措施,做到违法必究。③

完善特殊教育立法体系,要注意立法质量,提高特殊教育法的层次。目前,我国特殊教育立法的主要问题是缺少处于核心地位的《特殊教育法》,因此,国家立法机关应尽快制定统一的《特殊教育法》,以规范特殊教育活动和指导特殊教育立法实践,进而形成一个以《教育法》为母法,以《特殊教育法》为主体的法律体系。在这一法律体系中,既有从《教育法》《特殊教育法》《残疾人教育条例》到地方法规的纵向层次结构,以适应不同地区不同发展水平的客观要求,又有与《义务教育法》《教师法》等相联系的横向结构,同时每部法律法规都有相应的实施细则,这样就构成了既自成系统又不脱离其他教育法的特殊教育法律体

---

① 玛丽娅·里塔索尔莉.关于残疾人的立法问题[J].特殊教育研究,1994(3):21-25.
② 庞文,于婷婷.我国特殊教育法律体系的现状与发展[J].教育发展研究,2012(4):80-84.
③ 庞文.我国特殊教育法律研究综述及立法建议[J].宁波大学学报(教育科学版),2011(4):13-16.

系。① 此外,还要加强特殊教育相关法律、法规的宣传,加快制定实施细则,增强特殊教育法律条文的可操作性,确保条文的具体化。同时要加强特殊教育的执法力度,切实保障特殊儿童的受教育权。

(四)提高残疾幼儿入园率,规范早期教育与康复工作机制

1. 提高学前阶段残疾儿童入园率

残疾儿童学前教育的重要性已在国家各大政策文件中得以体现。2009年《关于进一步加快特殊教育事业发展的意见》指出:有条件的城市和农村地区要基本满足残疾儿童接受学前教育的需求。②《国家中长期教育改革和发展规划纲要(2010—2020年)》中指出,要因地制宜发展残疾儿童学前教育。《特殊教育提升计划(2014—2016年)》中提出,各地要将残疾儿童学前教育纳入当地学前教育发展规划,列入国家学前教育重大项目。《第二期特殊教育提升计划(2017—2020年)》指出,要支持普通幼儿园接收残疾儿童,在特殊教育学校和有条件的儿童福利机构、残疾儿童康复机构普遍增加学前部或附设幼儿园,在有条件的地区设置专门招收残疾孩子的特殊幼儿园。

然而,作为与义务教育相衔接的重要阶段,残疾儿童学前教育的发展并不尽如人意。以2000年第五次全国人口普查人口数推算,全国约有0—6岁残疾儿童139.5万,全国每年新增0—6岁残疾儿童约19.9万。2006年第二次全国残疾人抽样调查结果显示,我国有0—6岁残疾儿童167.8万,占残疾人总数的2.02%。数以百万计的各类残疾儿童迫切需要得到有效的康复训练与教育服务。但是,2001年,卫生部、公安部、中国残联、国家统计局在我国天津市、吉林省、河南省、江苏省、贵州省、甘肃省等6省市12个市县进行的0—6岁残疾儿童抽样调查显示,3—6岁残疾儿童接受学前教育率为43.92%,其中城市为61.48%,农村为26.41%,远低于普通幼儿入园率(70.55%)。研究指出,为残疾儿童提供学前教育的特殊机构严重匮乏,普通学前教育机构缺少接纳残疾儿童的师资力量和相应设施,残疾儿童早期康复教育需求与各类康复训练机构匮乏、市场供给不足的矛盾日益加剧,制约了残疾儿童早期教育康复工作的发展。③

---

① 侯俊.美国特殊教育立法成就对我国的启示[J].黑龙江教育学院学报,2009(12):38-39.
② 叶增编.我国残疾儿童学前教育权益保护政策探析[J].教育与教学研究,2014,28(1):112-116.
③ 庞丽娟,胡娟,洪秀敏.论学前教育的价值[J].学前教育研究,2003(1):7-10.

尽管国家文件中并未涉及残疾儿童的入园率,但是有些省市已对入园率做出明确要求。例如,江苏省在特殊教育二期提升计划中指出,到2020年,全省各级各类特殊教育普及水平全面提高,残疾幼儿学前三年入园率达到80%以上。山东省指出,到2020年,学前三年入园和接受康复教育训练率达到90%以上。浙江省指出,到2020年,学前三年入园率达到90%。此外,虽然有部分地区学前儿童入园率达到了90%以上,如佛山残疾儿童学前教育入学率保持在98%以上,然而从全国来看,残疾儿童学前教育入学率整体仍偏低。

到2030年,全国残疾儿童学前教育入园率将得到大幅提升,达到90%以上。普通幼儿园将成为残疾儿童学前教育的主要安置方式,特殊教育学校学前教育部、儿童福利机构以及康复机构是残疾儿童学前教育安置的重要补充。

2. 规范并完善残疾儿童早期教育、早期干预工作机制

长期以来,我国各级政府都非常重视儿童早期教育,通过制定各种政策来推进学前教育以及管理体制的建立。如北京市2001年7月颁布的《北京市学前教育条例》规定,倡导和支持开展3周岁以下婴幼儿的早期教育;2010年5月,国务院发布《国家中长期教育改革和发展规划纲要(2010—2020年)》,要求重视0—3岁婴幼儿教育;2012年4月,教育部发布《教育部办公厅关于开展0—3岁婴幼儿早期教育试点工作有关事项的通知》,决定选择部分地(市)开展0—3岁婴幼儿早期教育试点,就管理体制、管理制度、服务模式和服务内容等方面进行探索。总之,全国各级政府纷纷出台了相关的文件,表明了政府对推进0—6岁儿童早期教育的重视。① 然而,在另一方面,国家政策多停留在鼓励与促进的层面,未就监管规范等细化层面进行政策安排,缺乏上位法支撑,亟待建立完整的政策监管体系。

此外,我国还没有出台专门针对残疾儿童学前教育、早期教育的相关政策文件,但在其他特殊教育相关文件中已然涉及早期教育、早期干预体系的建立。例如,在《关于"十五"期间进一步推进特殊教育改革和发展的意见》中指出:"……要积极发展残疾儿童康复、教育事业,使残疾儿童学前教育水平有较大幅度提高;积极支持幼儿教育、特殊教育机构以及社区、家庭开展3岁以下残疾儿童早

---

① 谈秀菁.0—6岁特殊儿童教育体系建构策略研究[J].中国特殊教育,2009(8):8-12.

期康复、教育活动。"2008年《残疾人保障法》提出了"建立健全出生缺陷预防和早期发现、早期治疗机制"。2011年,《中国残疾人事业"十二五"发展纲要》提出:建立多部门联动的0—6岁残疾儿童筛查、报告、转衔、早期康复教育、家长培训和师资培养的工作机制,鼓励和支持幼儿园、特教学校、残疾儿童康复和福利机构等实施残疾儿童学前康复教育①。2013年发布的《0—6岁儿童残疾筛查工作规范(试行)》中提出:为进一步加强部门间合作,规范0—6岁儿童残疾早期筛查、治疗和康复工作,建立0—6岁儿童残疾筛查工作机制,使残疾儿童能够及时发现并得到康复服务提供政策指导。2017年《残疾人教育条例》中提到:"卫生保健机构、残疾幼儿的学前教育机构、儿童福利机构和家庭,应当注重对残疾幼儿的早期发现、早期康复和早期教育。"《第二期特殊教育提升计划(2017—2020年)》提出,鼓励各地整合资源,为残疾儿童提供半日制、小时制、亲子同训等多种形式的早期康复教育服务。可见,残疾儿童早期教育、早期干预工作机制的建立迫在眉睫。

到2030年,我国应建立起规范的0—6岁残疾儿童早期筛查、评估、干预、教育、转衔等管理工作机制,为残疾儿童及其家庭提供系统的支持与服务。

第一,建立特殊教育通报系统。通过通报系统平台收集汇总各省市地区每个残疾儿童的年龄、性别、残疾类型、残疾程度以及安置现状等信息,教育、医疗、康复和社会救助等部门可借助该平台全面掌握儿童的身心发展状况,并据此为每个有需要的儿童提供教育、康复、医疗和救助等服务。同时,该平台所提供的大量信息还可为政府制定决策和实施管理提供重要依据。

第二,规范残疾儿童的评估中心建设。明确相关单位工作职责,完善内部管理,发挥其在开展当地残疾学生教育评估、实施残疾学生教育评估工作指导与服务、开展教育评估工作研究等方面的作用。试行并优化残疾儿童认知能力、语言与沟通能力、运动能力、感知能力和社会适应能力等五大领域评估工具,推动评估工具的有效运用,对残疾学生开展个性化评估。

第三,开展多种形式的早期干预教育服务。灵活运用家庭支持式、家访式

---

① 叶增编.我国残疾儿童学前教育权益保护政策探析[J].教育与教学研究,2014,28(1):112-116.

和家庭托幼机构等早期干预方式为残疾儿童及其家庭提供服务。① 为残疾儿童提供半日制、小时制、亲子同训等多种形式的早期康复教育服务。为学前教育机构中符合条件的残疾儿童提供功能评估、训练、康复辅助器具等基本康复服务。

第四,成立由多学科、跨部门成员组成的转衔小组。特殊需要儿童的转衔服务实质上是儿童经历从一种教育形式到另一种教育形式的变化时所接受的各种服务,它的最终目的指向儿童对未来新环境的适应。② 特殊需要儿童的早期教育服务体系涉及教育、心理、医疗、卫生等多个部门,并需要教师、医生、心理学家、康复师、社会工作者、儿童家长或监护人等多方人员共同参与。在儿童转衔期,家长应与相关专业人员、当地政府部门代表、当前的教师以及未来学校的教师达成合作,为儿童下一阶段的学习与生活做好准备。

(五) 加快发展残疾人高中及职业教育

1. 提高残疾学生高中阶段入学率

据《残疾人事业发展统计公报》显示,2011 年我国已开办特殊教育普通高中班(部)189 个,其中聋人高中 145 所,盲人高中 19 所,其他高中 25 所;残疾人中等职业学校(班)131 所。2012 年,我国开办特殊教育普通高中班(部)已达到 186 所,其中聋人高中 121 所,盲人高中 22 所,其他高中 43 所;残疾人中等职业学校(班)152 个。2013 年,残疾人受教育权得到了更好的保障,进一步提高了残疾人素质和平等参与社会的能力。当年已开办特殊教育普通高中班(部)194 个,其中聋人高中 125 所,盲人高中 27 所,其他高中 42 所;残疾人中等职业学校(班)198 个。2010—2011 年,我国特殊教育普通高中在校生数明显增多,2012 年略有下降,2013 年又略有增加,与 2011 年基本持平。其中聋人高中在校生数从 2010 年至 2011 年有明显增多,到 2012 年又出现明显下降,2013 年聋人高中在校生数略有增加。盲人高中在校生数从 2010 年至 2013 年处于平稳增长的趋势。残疾人中等职业学校(班)在校生数除 2012 年略有下降外,基本平稳发展。到 2018 年,全国共有特殊教育普通高中班(部)102 个,在校生 7 666 人;残疾人中等职业学校(班)133 个,在校生 19 475 人,如图 4-3 所示。

---

① 贾婵娟. 美国特殊儿童早期干预模式[J]. 现代特殊教育,2011(1):43-44.
② 崔芳,于松梅. 美国学前特殊儿童转衔服务及启示[J]. 现代特殊教育,2010(1):40-42.

图 4-3 我国残疾学生中等教育情况

《第二期特殊教育提升计划(2017—2020 年)》非常重视残疾人高中和职业教育。该期提升计划指出：普通高中和中等职业学校通过随班就读、举办特教班等方式扩大招收残疾学生的规模。招生考试机构为残疾学生参加中考提供合理便利。依托现有特殊教育和职业教育资源，各省(区、市)集中力量至少办好一所面向本地区招生的盲人高中(部)、聋人高中(部)和残疾人中等职业学校。特教高中资源不足的地市在特殊教育学校增设高中部。尽管文件中没有对入学率做出明确要求，不过有些省市已经在提升计划中规定了残疾学生的入学率。例如，《上海市特殊教育三年行动计划(2018—2020 年)》中提出，到 2020 年，高中教育阶段残疾学生入学率达到 70%；浙江省特殊教育二期提升计划中提出，高中段入学率争取达到 85%。

到 2030 年，我国普通高中、特殊教育学校高中部将在办学规模上进一步扩大，办学质量上进一步提高，基本解决残疾学生高中教育阶段的安置和教育问题，全国残疾人高中段的入学率达到 90% 以上。

2. 改革特殊教育高中阶段课程，与高等教育接轨

当前残疾人高中阶段的教育尚存在一些问题，例如教学计划、课程设置不科学、不稳定，造成残疾人普通高中与残疾人高校衔接上不畅。政府、教育部门缺乏对残疾人高校和残疾人普通高中的全方位调控、管理和研究，没有把残疾人教育当成一个大系统进行研究，因此残疾人高校和残疾人普通高中衔接比较混乱，残疾人高等学校与中等教育学校的工作在许多方面是盲目进行的。最严重的是教学计划、课程设置的矛盾，残疾人高中教学随意性较大，而残疾人高等

教育正在起步阶段,课程建设还不完备,例如,高校计算机专业开设物理课程,但有相当一部分残疾人普通高中不开设物理课程。① 由于残疾人中等教育与残疾人高等教育在衔接上存在较大问题,在一定时间内如解决不好,势必会影响残疾人中等教育和残疾人高等教育的发展,挫伤残疾人接受教育的积极性,降低国家教育投入的社会效益。

残疾学生的身心特点和发展规律以及高校的现实情况要求必须改革残疾人普通高中的课程与教学结构,注重课程的综合性、功能性、实践性等特点,要根据学生差异提出不同的教学内容和要求,使不同类别、不同程度的残疾学生都能够通过高中教育得到发展,切实提高教育教学质量。普通高中课程标准应在坚持使学生普遍达到基本要求的前提下有一定的层次性和选择性,并开设选修课程,以利于学生获得更多的选择和发展的机会。②

到2030年,残疾人高中阶段的教育质量将获得提升,课程设置与义务教育和高等学校的要求相接轨,课程内容与教学方法根据每个残疾学生的特点及需要进行调整,满足学生学业发展和职业发展的需求。

3. 大力发展残疾人职业教育,丰富特殊教育学校职业教育办学模式

《中国残疾人事业"十五"计划纲要(2001年—2005年)》明确指出,特殊教育学校要"适应劳动力市场需求,大力开展残疾人职业教育"。教育部在关于"十五"期间进一步推进特殊教育改革和发展的意见中也提出,要充分利用教育资源,发展残疾人高中阶段教育,坚持以职业教育为主,通过教育使学生具备良好的职业道德和比较熟练的职业技能,提高他们平等参与社会生活的能力。③《中国残疾人事业"十二五"发展纲要》也指出:要大力发展残疾人职业教育;支持特教高中、残疾人中等职业学校建设,改善办学条件;扩大残疾人中等职业学校招生规模,拓宽专业设置,改革培养模式,加快技能型残疾人才培养;帮助农村残疾人和残疾人家庭子女接受职业教育。《第二期特殊教育提升计划(2017—2020年)》中也强调,要加强职业教育,支持校企合作,使完成义务教育

---

① 刘淑毓,曲学利. 我国残疾人高级中等教育的现状、分析和对策[J]. 现代特殊教育,2006(5):16-18.

② 刘淑毓,曲学利. 我国残疾人高级中等教育的现状、分析和对策[J]. 现代特殊教育,2006(5):16-18.

③ 赵小红. 弱智学生职业教育研究概述[J]. 中国特殊教育,2004(1):30-34.

且有意愿的残疾学生都能接受适宜的中等职业教育。

从职业教育专业与课程设置来看,当前多数综合性残疾人中等职业教育机构主要开设的专业有,工艺美术、电脑美术设计、服装设计与制作、动漫制作、按摩、针灸等,也有部分学校开设电子商务、社区公共事务管理、园艺等,例如辽宁省残疾人中等职业技术学校。其中,工艺美术、计算机及应用、电脑美术设计、烹饪、服装设计、美容美发及动漫制作等专业主要针对听力残疾与肢体残疾学生。专门招收视力残疾学生的中等职业教育机构主要开设的专业是针灸推拿、钢琴调律与音乐专业,例如北京盲校与上海盲校等。从学制来看,多数残疾人中等职业教育机构学制为三年,部分学校学制为两年或四年。[1] 残疾人中等职业教育机构一般会开设专业课、基础文化课,开展相关的实习实践,部分学校还开设了校本课程。以视力残疾人中等职业教育为例,北京市盲人学校钢琴调律专业设置的课程有公共基础课程、专业基础课及专业技能课等。公共基础课程如德育、体育与健康、语文、数学、英语、计算机应用基础等;专业基础课如视唱练耳、钢琴演奏、基本乐理、律学知识等;专业技能课如调律、钢琴结构与制造工艺、立式钢琴机械调整与维修、卧式钢琴机械调整与维修、音质调理与琴弦配置、调律实训及维修实训等。就教材而言,各残疾人中等职业教育机构状况不一,部分学校全部采用同类普通职业教育专业课程纲要与教材;多数学校一部分采用同类普通职业教育专业课程纲要与教材,另一部分自编。[2]

到2030年,残疾人职业教育的办学模式将进一步拓宽,专业设置的科学性和合理性进一步提高,职业教育将紧密结合市场需求、区域经济热点及发展趋势,紧扣当地的经济特色和优势产业,确保残疾学生毕业后顺利就业。

(六)大力发展残疾人高等教育,保障平等共享高等教育资源

1. 提高残疾人接受高等教育的比例

残疾人高等教育是我国特殊教育事业发展的一部分,也是我国残疾人事业发展的一个重要组成部分。2008年颁布的《中共中央国务院关于促进残疾人事

---

[1] 赵小红,都丽萍. 我国三类残疾人中等职业教育发展现状及对策[J]. 中国特殊教育,2014(1):10-16.

[2] 赵小红,都丽萍. 我国三类残疾人中等职业教育发展现状及对策[J]. 中国特殊教育,2014(1):10-16.

业发展的意见》强调,鼓励和支持普通高等学校开办特殊教育专业,各级各类学校在招生、入学等方面不得歧视残疾学生。据统计,在校普通大学生占全国人口的5%,残疾人大学生占全国残疾人的1%左右。1987年全国残疾人抽样调查结果显示,受过大学教育的残疾人只有0.3%,第二次全国残疾人抽样调查时已提高到1.47%,上升了3.9倍,但仍远低于普通人口中接受高等教育的比例(5.46%)。"十一五"期间,普通高校录取残疾考生35 272人,平均年增长率15%。残疾人高等继续教育(成人教育、电大等)起步晚,陆续从2003年、2004年开始招收残疾人,但是增长很快,已录取学生近万人。截至2011年底,经教育部批准,我国实施单考单招政策(经教育部和省、市考试院批准,由招生院校根据考生实际情况,单独命题、单独组织考试、单独录取,确保考试录取过程的公平、公正、公开的特殊招生政策)专门招收残疾人的高等院校为18个,在校生近5 000人,年招生计划约为1 349人。近30年来通过单考单招政策圆了大学之梦的残疾人达30 000多人。① 根据中国残疾人事业发展统计公报发布的有关数据,2009—2018年我国通过参加高考进入高等院校的残疾考生共计98 780人,其中通过参加普通高考被录取到普通高等院校的残疾人占比较大(84 113人,占85.15%),通过参加单考单招被录取到特殊教育学院的残疾人占比较小(14 667人,占14.85%)。根据录取数据统计结果,2009—2018年通过参加普通高考进入普通高等院校的残疾人数量呈现缓慢上升的趋势,越来越多的残疾人通过普通高考的选拔进入普通高等院校学习(图4-4)。

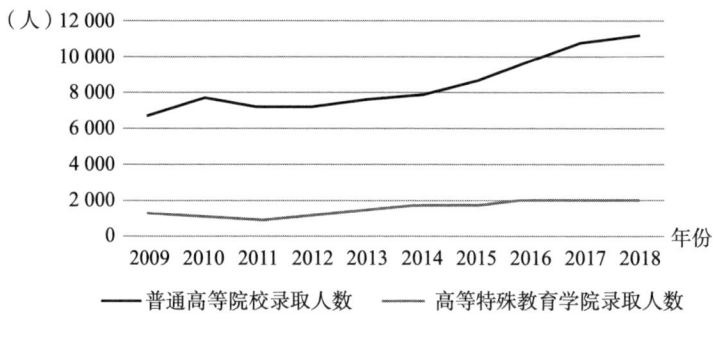

图4-4　2009—2018年残疾人高等教育录取人数

---

① 麻一青,孙颖.残疾人高等教育现状及发展对策[J].中国特殊教育,2012(7):19-24.

到2030年,我国接受高等教育的残疾人数将进一步增加;高校招生不再局限于残疾学生的类型,而是面向所有残疾学生;残疾学生接受高等教育的途径进一步拓展,普通高校、开放大学、成人高校均可接收残疾学生,为残疾学生参加继续教育提供更多机会和途径,拓宽和完善残疾人终身学习通道。

2. 面向所有考生提供高考合理便利

20世纪80年代以来,我国相继出台了多项法律法规对残疾人高考进行规范化管理,在一定程度上保障了残疾人参加高考的权利。1990年出台的《中华人民共和国残疾人保障法》规定,"高等院校必须招收符合国家规定的录取标准的残疾考生入学,不得因其残疾而拒绝招收";其修订版(2008年)补充规定,"国家举办的各类升学考试,有盲人参加的,应当为盲人提供盲文试卷、电子试卷或者由专门的工作人员予以协助",首次增加了盲文试卷等测验便利内容。2012年出台的《无障碍环境建设条例》再次强调,"国家举办的升学考试,有视力残疾人参加的,应当为视力残疾人提供盲文试卷、电子试卷,或者由工作人员予以协助"。2014年出台的《国务院关于深化考试招生制度改革的实施意见》特别提出,要"为残疾人等特殊群体参加考试提供服务"。2014、2015年教育部在全国高等院校招生工作通知中也明确规定,"各级考试机构要为残疾人平等报名参加考试提供便利","有盲人参加考试时,为盲人考生提供盲文试卷、电子试卷或者由专门的工作人员予以协助"。2015年4月,教育部、中国残疾人联合会发布《残疾人参加普通高等学校招生全国统一考试管理规定(暂行)》,提出"各级招生考试机构应遵循高考基本原则,为残疾人参加高考提供平等机会和合理便利"。规定中明确了残疾考生申请合理便利的一般程序以及可向残疾考生提供的十三类测验便利,考生可以申请其中的一种或多种。2017年教育部和中国残联发布《残疾人参加普通高等学校招生全国统一考试管理规定》,要求为视力残疾考生提供现行盲文试卷、大字号试卷(含大字号答题卡)或普通试卷,为听力残疾考生免除外语听力考试,允许视力残疾考生携带答题所需的盲文笔、盲文手写板、盲文作图工具、橡胶垫、无存储功能的盲文打字机、无存储功能的电子助视器、盲杖、台灯、光学放大镜等辅助器具或设备。从国家政策可以看出,国家对残疾人高考给予了充分的重视,并为残疾人参加考试提供合理便利。不过,当前所提供的合理便利大多只涉及视障、听障、肢体障碍的考生,并未覆盖所有学生,没有考虑到所有残疾学生的考试需求。

到2030年,各级教育考试机构需根据残疾考生的需要以及各地实际,对符合高考报名条件、通过报名资格审查的所有残疾考生提供合理便利。例如提供特殊材质或形式的试卷,配备辅助人员、手语翻译人员,自带特殊桌椅,延长考试时间等。

3. 高校专业对残疾人全面开放

2009年下发的《国务院办公厅转发教育部等部门关于进一步加快特殊教育事业发展意见的通知》要求,高等特教学院(专业)要在保证质量的基础上,扩大招生规模,拓宽专业设置,提高办学层次;要为残疾人接受成人高等学历教育、自学考试、远程教育等提供更多方便,满足残疾人接受高等教育的需求。长期以来,我国残疾人专业设置有限,如盲人以按摩为主,聋人以计算机、艺术设计等对听力要求不高的专业为主,肢体残疾学生可选择的专业则相对较多。据统计发现,近30年来,残疾人可就读的专业涉及文、理、工、农、医5个学科,不过仍然主要以视障、听障和肢体残疾为主。视障学生可选择的主要有针灸推拿、音乐表演、计算机、英语、法律等5个专业。听障学生可选择的主要有计算机多媒体、计算机应用、计算机科学与技术、动漫设计与制作、艺术广告、装潢艺术、广告设计与制作、服装设计、服装设计与工程、园艺技术、机械制造工艺与设备、汽车运行技术、摄影摄像、影视动画、环境艺术、特殊教育(信息与资源)、青少年工作与管理、舞蹈表演、会计学、美术学等20个专业。肢残学生只要身体条件准许,专业上没有太多限制。① 残疾人高考专业受限与各高校无障碍设施建设落后直接相关,给残疾学生的学习、科研、生活等方面造成诸多不便,因此也限制了残疾学生的就业与学业深造。2017年《残疾人教育条例》提出,支持高等学校设置特殊教育学院或者相关专业,提高残疾人的受教育水平。

到2030年,各高校专业将不再对残疾考生设限,这也意味着高校文化、环境、资源等一系列的改变。各地区或学校可以通过建立残疾人高等教育资源中心的方式将资源、策略、关系、服务集为一体,为高校的残疾人大学生及其老师

---

① 麻一青,孙颖.残疾人高等教育现状及发展对策[J].中国特殊教育,2012(7):19-24.

服务,满足他们的特殊需要。① 这些学习资源包括学校的物质环境、设施、设备、教具、学具、辅具和信息。策略是指适合不同残疾人大学生的个性化的教育策略及其系统,使学生最大限度地发掘潜能,逐渐减少对支持的依赖。关系是指各种对残疾人大学生有益的社会公共关系、人际关系。

(七)严格管理送教上门,建立实施及支持体系

送教上门作为我国对重度残疾儿童少年实施教育的一种特殊方式,是对我国当前特殊教育体系的有效补充。它是由普通学校或特殊教育学校派出教师到家庭中提供教学和相关康复训练服务,遵循家庭自愿、定时入户、免费实施的原则。②《第二期特殊教育提升计划(2017—2020年)》中提出,以普通学校随班就读为主体,以特殊教育学校为骨干,以送教上门和远程教育为补充。同时要以区县为单位,逐一核实未入学适龄残疾儿童少年数据。通过特殊教育学校就读、普通学校就读、儿童福利机构(含未成年人救助保护机构)特教班就读、送教上门等多种方式,落实"一人一案",做好教育安置。儿童福利机构特教班就读和接受送教上门服务的残疾学生纳入中小学生学籍管理。2017年,我国31 894名残疾儿童接受送教上门服务,到2018年这个数值几乎翻了一倍,达到62 039人。由此可见,送教上门在我国特殊教育体系中的重要地位。然而,另一方面,当前我国送教上门仍然存在许多问题,如,送教上门政策文本缺乏操作性,送教上门师资素质有待提高,参加送教上门学生需求难以保障等。③ 所以,我国急需严格管理送教上门,建立实施及支持体系。

为促进送教上门工作有效地开展,应成立以各地政府为主导,教育行政部门为主体,其他职能部门为辅助,全体社会成员共同参与的支持保障体系。各地区还应该为送教上门工作提供专项经费,用于送教教师购置相关教具及康复器材,以便在经济上保障送教上门工作的有序开展。各地区应结合地方特色出台相关指导文件,促进送教上门工作的开展。同时还应该结合本地区送教学生

① 麻一青,孙颖.残疾人高等教育现状及发展对策[J].中国特殊教育,2012(7):19-24.
② 朴永馨,顾定倩,邓猛.特殊教育辞典(第三版)[M].北京:华夏出版社,2014:61.
③ 杨赛男,赵斌."送教上门"内涵、困境及建议[J].绥化学院学报,2018(10):20-23.

的特点和需要成立专业送教上门服务队伍,为送教上门工作提供人力支持。[1]此外,各地送教上门工作的实践操作形式各异,送教效果无法评价,需制定送教上门操作流程和规范标准,以指导教师科学送教,提高送教质量。

(八)完善转衔制度,建立转衔顺畅的特教体系

残疾学生的转衔主要包括各学段之间的转衔以及学校与就业之间的转衔。普通儿童由一个学段过渡到另一个学段需要一段时间的适应期,特殊儿童由于生理和病理上的缺陷,实现各学段之间的衔接则更加困难。为保证特殊儿童学业的平稳过渡,转衔服务就显得尤为重要。

首先,完善特殊教育相关法律法规,构建完善的转衔支持体系。国外的经验表明,残疾儿童转衔服务是特殊教育的重要组成部分,完善的法律是转衔服务的保证。目前在我国特殊教育法律法规中尚无"转衔服务"的概念,立足于我国特殊教育转衔服务的需求,有必要在我国的相关法律中引入"转衔服务"的概念,为开展转衔服务提供法律依据。我们应该积极借鉴国外及我国港澳台地区经验,构建从学校到学校、学校与社会之间无缝式衔接的体系,使残疾学生能够顺利过渡到更高层次的学校接受教育,最终走上工作岗位,融入社会。[2]

其次,规范转衔服务,确保转衔计划的有效实施。我们可以借鉴国外及我国港台地区残疾儿童转衔服务模式,依据各地残疾学生需求以及社会经济发展实际情况制定转衔的内容和程序。同时根据情况,制定差异性的发展目标,进而促进各地转衔服务的发展,为特殊儿童制订个别化转衔计划(ITP)以及个别化教育计划(IEP)。残疾儿童教育中最重要的就是个别化教育。转衔服务必须是以残疾学生的实际需要为考量的,是满足个别需要的,是具体可行的,是符合个人实际能力的,是可以被操作执行的。[3] 只有这样,残疾学生才能在学校之间以及学校与社会之间顺利实现转衔。

再次,将生涯转衔教育纳入学校教学计划中。根据生涯发展的观点,童年

---

[1] 崔芳芳,胡二花.试论特殊教育学校"送教上门"工作的开展[J].南昌教育学院学报,2018,33(6):126-128.
[2] 陈影,雷江华.我国特殊需要学生转衔研究综述[J].现代特殊教育(高等教育研究),2017(6):30-37.
[3] 赵真,杨福义.台湾学前特殊儿童转衔服务模式及其启示[J].绥化学院学报,2016,36(1):11-14.

时期对生涯相关主题的觉察与接触是奠定其兴趣与能力发展的基础,而青少年时期对周围环境与自我兴趣的探索,是未来能力发展与生涯定向的关键。残疾学生由于自身障碍的限制,生活接触面狭窄,普遍缺乏学习机会,除了在家之外大多数时间都在学校,若能尽早在学校教育中就明确生涯服务的功能,将有助于他们了解自我、规划未来。应通过生涯转衔服务课程的开发与设置,让残障生尽早进入生涯学习和探索中,为自己的未来发展做准备。[①]

最后,加强团队建设,鼓励家长参与。大量研究认为,团队间的有效沟通能够提高转衔效率。因此,构建一支由特教教师、普教教师、专业人员与家庭组成的跨领域的转衔团队显得至关重要。转衔团队应分工明确、职责分明,由转衔专员负责统筹组织,其他成员各司其职,不同阶段的教师以及其他人员间要加强合作交流,保证转衔的连续性。其中家长的有效参与是成功转衔的关键,应充分利用家庭资源及家庭优势,保障转衔过程的有效实施。应在借鉴国外成功经验的同时,立足我国特殊教育发展实际,形成生态化、动态持续的转衔模式。[②]

(九) 促进我国特殊教育区域间均衡发展

1. 促进我国东、中、西部特殊教育均衡发展

特殊教育东、西部发展不平衡体现在诸多方面。在残疾儿童入学率方面,根据《中国残疾人事业统计年鉴(2006)》公布的数据,2005 年全国盲、聋、智力残疾三类适龄儿童有 703 409 人。其中,东部地区义务教育阶段三类残疾儿童在校人数为 246 169 人,在校率为 96.95%;中部地区义务教育阶段三类残疾儿童在校人数为 123 659 人,在校率为 57.92%;西部地区义务教育阶段三类残疾儿童在校人数为 126 458 人,在校率为 53.58%。截至 2005 年底,全国 207 123 名适龄残疾儿童因贫困未入学,占总数的 53.03%。西部 12 省、直辖市、自治区(内蒙古、广西、重庆、四川、贵州、云南、西藏、陕西、甘肃、青海、宁夏、新疆)未入学适龄残疾儿童少年 109 547 人,占总数的 45%。中部 8 省(山西、吉林、黑龙江、安徽、江西、河南、湖南、湖北)未入学适龄残疾儿童少年 89 828 人,占总数的

---

① 武砺,蔺红春.台湾高中残障学生升学转衔服务及启示[J].现代特殊教育(高等教育研究),2016(2):58-62.
② 李雅蓉,刘春玲,王和平.美国特殊儿童幼小转衔服务研究[J].现代特殊教育,2018(11):22-26.

37%。其余省份约占18%。①

在特殊教育学校教师数量方面,2018年东部地区的北京、天津、河北、山东、江苏、上海、浙江、福建、广东、海南共有特殊教育教师29 373人,西部12省(直辖市、自治区)共有特殊教育教师16 976人;东部地区特殊教育学校生师比为6.7∶1,而西部地区生师比达15∶1。西部地区特殊教育学校生师比远远高于东部地区。

在经费投入方面,东部始终高于中部,中部始终高于西部,且三者之间存在很大差距。2013年,东、中、西部地区各省、直辖市、自治区平均经费投入分别为5.25亿元、2.60亿元、1.48亿元,西部地区不及东部地区的30%。2013年我国特殊教育总经费投入为96.10亿元,其中东部占了其中的60%,中部和西部地区的经费总和少于东部地区。②《中国教育统计年鉴》数据显示,截至2016年,全国特殊教育学校校舍面积当年新增438 906.37平方米,其中,中、西部地区218 889平方米,占全国的49.9%;校舍危房面积为66 992.91平方米,其中,中、西部地区为61 793平方米,占全国的92.3%。上述数据表明,特殊教育学校危房校舍集中分布在中西部地区。综合上述几个方面可以发现,我国特殊教育东、中、西部发展不均衡,东部地区发展较好,中部地区次之,而西部地区尚有很大差距。

2. 促进我国城乡特殊教育均衡发展

当前我国特殊教育城乡发展不均衡。在残疾儿童入学方面,根据2006年残疾人抽样调查报告,我国七成多的残疾人分布在乡村,住在市、镇的占25.47%,住在乡村的占74.53%,城乡比例约为1∶3。城市、乡镇与农村的特殊教育发展存在失衡现象。近年来,虽然农村残疾儿童在校人数及学校数均有所增加,但总体上讲,城市、乡镇残疾儿童的学校总数及在校学生总数要高于农村。同时,农村地区随班就读发展显著落后于城市。而在学前阶段,一些幼儿园开始接受特殊儿童,但这些幼儿园较多集中在城市,农村少有接受残疾儿童

---

① 孟万金,刘在花,刘玉娟. 推进残疾儿童教育公平任重道远——四论残疾儿童教育公平[J]. 中国特殊教育,2007(2):3-8.

② 魏怡鑫,齐培育,赵斌. 近十年我国特殊教育经费投入情况及地区差异分析[J]. 绥化学院学报,2016(7):125-129.

的幼儿园,导致城乡的学前特殊教育出现明显差别。①

在特殊教育学校数量方面,截至2018年,义务教育阶段特殊教育学校共有2 152所,基本实现了30万人口以上且残疾儿童少年较多的县(市)都有一所特殊教育学校的目标。不过,从城乡分布来看,特殊教育学校的增长主要在城市和县镇,其中,城市特殊教育学校数量从2005年的730所增加到2018年的1 056所;农村特殊教育学校数量增长缓慢,从2005年的75所到2018年的137所,2014年比2013年还减少了3所。可见,我国特殊教育学校的城乡分布并不均衡。特殊教育城乡发展不均衡既是资源、经费、人员配比失调的结果,也是影响区域特殊教育发展质量的重要原因,因此,缩小城乡差距、促进特殊教育城乡间均衡发展至关重要。

到2030年,我国特殊教育城乡发展差异将进一步缩小,农村偏远地区残疾儿童入学难的问题基本解决,将对偏远地区特殊教育师资、经费等实施精准扶持。实施农村扶贫扶智工程,对于贫困残疾学生的家庭要纳入大扶贫的范围。对于进入特殊教育学校学习的贫困学生,其生活费可实行补贴。对于患有重度残疾或多重残疾、不能到学校上学的残疾儿童少年,需要开展送教上门服务,并将其纳入特殊教育学校学籍管理之中。

3. 促进我国少数民族地区特殊教育均衡发展

《国家中长期教育改革和发展规划纲要(2010—2020年)》重视民族地区教育的发展,纲要指出:"全面提高少数民族和民族地区教育发展水平。公共教育资源要向民族地区倾斜。中央和地方政府要进一步加大对民族教育支持力度。"按照纲要要求,到2020年,各民族地区基本实现30万人口以上的市(地)及残疾儿童少年较多的县(市)都有一所特殊教育学校。近年来,随着国家加大对西部地区特殊教育的支持力度,西部特殊教育获得了快速发展。据2018年统计数据,全国特殊教育学校共2 152所。其中,西部12省(直辖市、自治区)特殊教育学校统计数字如下:内蒙古45所、广西81所、贵州77所、云南65所、甘肃43所、宁夏13所、四川128所、陕西65所、重庆38所、青海15所、新疆28所、西藏5所,共603所。全国受教育残疾学生总数超过66.6万人,其中,上述

---

① 许家成.加强城乡特殊教育均衡发展[J].北京观察,2012(6):39.

12个西部省(直辖市、自治区)学生总数达到258 079人。但另一方面,西部及少数民族地区需进一步扩大特殊教育学校数量和招生规模,提升特殊儿童入学率。有研究者提出,西部少数民族地区有必要建立孤独症等精神障碍类特殊教育学校①,少数民族特殊教育学校数量、招生规模与特殊儿童入学率有待增加。比如,西藏需提高特殊儿童入学率,让所有儿童接受义务教育②;新疆需提高重度残疾、孤独症、学习障碍等特殊儿童入学率。③

民族地区师资力量的缺乏也是特殊教育发展落后的原因之一,西部一些地区从事特教的师资多以兼职或转岗教师为主,尤其是在特殊教育中心的随班就读班,其师资都是兼职的或转岗的,没有特殊教育专业教师。特殊教育中心的教师同行支持程度不高。没有专门的残疾儿童残障评估机构,给民族地区特殊教育发展带来影响。由于民族地区以民族语言为母语,所以对特殊教育师资提出了诸如能懂藏语手语、彝语手语等特殊要求,从目前四川省特殊教育师资培养院校来看,还没有设置藏语手语、彝语手语等特殊教育专业课程,而且从全国范围来看,民族语言手语尚属于研究空白。由于专业教师的急缺,导致民族地区特殊教育学校的学生以聋哑和培智为主,其中培智教育基本上处于初始阶段,远远不能满足特殊儿童的需要。④

到2030年,我国少数民族地区特殊教育的发展将进一步提升,并缩小与汉族地区发展的差距,切实解决民族地区残疾学生入学难、师资水平匮乏、资金经费短缺等问题,促进民族地区特殊教育均衡、规范、可持续发展。

(十) 建立完善的特殊教育经费制度,提高经费使用效率

1. 加大对中西部及偏远地区特殊教育的投资,促进区域间均衡发展

一直以来,中西部特殊教育发展水平是我国特殊教育事业发展的短板,也是近些年来我国政策关注的焦点。中西部地区的发达城市、发展中城市、贫困地区、少数民族地区相互交织,在一定程度上使得中西部特殊教育不仅存在地区差异,同时区域内部差异也极大。最近十多年,我国特殊教育重要的政策陆

---

① 朴永馨,郝文武,卜凡帅. 融合、共享:本土化特殊教育创新发展[J]. 当代教师教育,2017(4):1-5.
② 翟瑜. 西藏特殊教育发展的问题及对策分析[J]. 西藏科技,2017(4):37-39.
③ 王苗苗,张文津. 新疆特殊教育发展现状、问题与对策研究[J]. 新疆社科论坛,2017(6):96-101.
④ 佘万斌,段玄锋. 四川民族地区特殊教育现状调查与思考[J]. 鄂州大学学报,2014,21(12):79-81.

续出台,国家在中西部地区加大投入,大量新建、改扩建特殊教育学校,极大提升了特殊教育学校办学条件。然而,由于中西部经济发展水平相对落后,使得特殊教育经费投入有限,发展水平较落后。在经费投入规模上,我国特殊教育学校经费投入逐年稳步增长,国家财政性教育经费是特殊教育学校经费来源的主渠道,但非财政性经费特别是社会捐赠经费支出渐趋萎缩;特殊教育学校生均教育经费的省际差距总体趋于缩小,但生均公用经费的省际差异较为突出。比较而言,中西部地区特殊教育学校生均教育经费偏低,如2016年特殊教育学校生均教育经费支出最高的是北京,均值为15 003元;特殊教育学校生均教育经费最低的是四川,均值为37 799元,最大值是最小值的4倍。与生均经费相比,特殊教育学校生均公用经费的省际差距更加突出,与经济较发达的东部地区相比,四川、广西、江西、河南、贵州等中西部地区特殊教育学校生均经费偏低,整体落后于全国特殊教育发展的步伐,成为深化区域特殊教育改革发展亟须加强的薄弱地带[①]。所以在今后的一段时间内必须加大对中西部特殊教育的投入力度。从东、中、西部地区的特殊教育经费支出来看,中西部地区特殊教育经费投入严重不足。东部地区的辽宁、山东和海南,中部地区的河南、山西和安徽,西部地区的广西、甘肃和贵州等地,特殊教育学校生均教育经费相对较低,有待进一步提高,从地区来看,中部地区应加强对特殊教育的投入力度。

2. 优化特殊教育经费结构,满足特殊儿童教育需求

首先,重点保障融合教育经费投入。国际特殊教育的经验表明,融合教育已经成为国际教育发展趋势。在我国,越来越多的特殊儿童选择就近进入普通学校接受融合教育,普通学校必然成为特殊儿童接受教育的优先选择。西方发达国家特殊教育经费投入主要用于普通学校融合教育的发展上。而近年来,我国特殊教育经费投入不断增加,但是这些费用主要用于特殊教育学校建设,普通学校随班就读经费严重不足。部分地区虽然给随班就读学校资源教室建设投入了一些经费,但是不少地方的特殊教育经费并没有专门投入到开展随班就读的普通学校,因此也影响了资源教室的建设和功能发挥,进而影响了随班就

---

① 陈纯槿.我国特殊教育经费投入规模与配置结构变化趋势[J].中国教育政策评论,2018(0):214-232.

读工作的质量。《中国教育经费统计年鉴》中也没有普通学校随班就读的经费统计。随班就读经费的不足不但使得特殊儿童受教育权难以保障，同时，也严重影响了随班就读质量的提升。结果，随班就读经常被称为"随班坐读"或"随班混读"。当前，随班就读已经成为我国特殊儿童教育安置主体形式，国家应该加大对随班就读工作的经费支持。在稳定特殊教育学校经费投入的同时，落实对普通学校开展特殊教育的财政性经费投入势在必行。国家需要在特殊教育专项经费中划出一定比例作为开展随班就读工作的必要资金[1]，建立随班就读教育经费使用制度。

其次，重点保障义务教育经费，切实提高学前及高中后特殊教育经费。近年来特殊教育投入不断增加，特殊儿童受教育权有了切实保障，然而当前特殊教育经费的投入重点集中在义务教育阶段，对学龄前及义务教育后特殊儿童教育经费的投入少，同时缺乏生均经费标准。随着我国特殊教育的深入发展，应继续加大学前教育阶段及义务教育后特殊儿童经费投入，同时要制定严格标准，切实保障各地经费的拨付和使用。

再次，建立不同类型、不同残疾程度特殊儿童生均经费标准。《第二期特殊教育提升计划（2017—2020 年）》指出，在 2020 年要落实义务教育阶段特殊教育生均经费 6 000 元补助标准基础上，有条件的地区可以根据学校招收重度、多重残疾学生的比例，适当增加年度预算。由于不同类型、不同残疾程度特殊儿童教育需求不同，这就要求要提供不同的人力、物力支持。国外特殊儿童生均经费的确定有不同的方式和不同的标准。例如美国广泛采用学生权重法确定不同类型学生经费，其中学习障碍儿童和语言障碍儿童权重较小，而多重障碍儿童权重较大[2]。当前我国特殊教育生均经费"一刀切"的方式，显然无法满足残疾程度差异极大的特殊儿童教育需求。我国可以参照国外经费拨付体制，根据不同类型、不同残疾程度以及不同安置方式制定生均经费标准。同时建立经费"随人头走"制度，经费逐渐从学校转到特殊儿童本身。经费主要用于支付为残疾儿童少年进行评估、制订个别化教育计划，为残疾儿童提供特殊教育所必需

---

[1] 彭霞光.随班就读支持保障体系建设初探[J].中国特殊教育,2014(11):3-7.
[2] 田志磊,等.融合教育理念下的特殊教育财政:历史、现状与未来[J].教育学术月刊,2015(1):35-49.

的任何相关服务和辅助技术,特殊的交通工具、咨询、康复等等①。

3. 建立完善的特殊教育经费管理体制,提高特殊教育经费使用效率

特殊教育行政管理越到基层,其独立性越不强,各地特殊教育管理基本隶属于基础教育管理部门,导致普通教育和特殊教育的归口统一管理,很大程度上导致特殊教育经费管理也缺乏相应的独立性,在经费使用上难免会出现挤占、挪用等现象。② 尤其是随班就读特殊教育经费经常被用作普通学校公用经费。这就急需建立、健全特殊教育经费的监督机构,将特殊教育列入教育督导的重要内容,并作为各地政府年度目标管理考核的重要指标。要做到科学管理特殊教育经费,保证特殊教育经费用到实处,发挥实效,必须建立决策系统、执行系统和监督系统相互制约的管理模式。③ 既要坚持专款专用,又要给学校一定的教育经费自主权。对于挤占、挪用特殊教育经费的行为,要依法处置,从而使特殊教育经费财尽其用、物尽其功。

4. 优化人员经费投入,切实提高特殊教育从业人员待遇

我国从1956年开始设立特殊教育津贴,当时的执行标准为,以评定的等级工资为基础另外加发15%。半个多世纪过去了,当今社会经济状况今非昔比,15%的比例已经基本失去了鼓励性。即便是这样低的标准,一些地方政府也未能及时执行到位。④ 虽然部分地区将特教津贴提高到25%或者30%甚至更高,如,山西省特殊教育学校教师的补贴标准提高到了本人基本工资的50%。但总体来看,因初始标准过低,全国范围内特殊教育津贴仍然很低,而且呈现一片乱象。特殊教育津贴对象主要为特殊教育学校教师,国家层面并没有对随班就读教师岗位津贴提出明确规定。部分地区对随班就读教师进行象征性补贴,而绝大多数地区对随班就读教师无任何津贴。这很难提高教师开展融合教育的积极性。所以当前急需改革特殊教育教师津贴制度,参照部分优势地区,大幅度提高特教从业人员津贴待遇,鼓励广大一线教师终身从事特教事业。可以吸纳

---

① 彭霞光.中国全面推进随班就读工作面临的挑战和政策建议[J].中国特殊教育,2011(11):3-7.
② 熊琪,雷江华.特殊学校教育经费管理现状分析与对策[J].中国特殊教育,2007(8):46-50.
③ 李生滨,李延喜,栾庆伟.区域教育投资效率及其布局优化控制分析[J].当代经济管理,2012(4):23-29.
④ 民进中央.切实提高特殊教育教师待遇[J].民主,2015(9):24-25.

社会资金,建立特殊教育基金,保障特教津贴的足额发放。同时,对特教从业人员的津贴免征个人所得税。

(十一) 建立高质量的特殊教育教师队伍,提高特殊教育质量

1. 加大特殊教育职前培养,完善职前培养体系

近年来,全国开设特殊教育专业的师范院校和普通高等院校逐年增加,学生数量不断增加,但是高等师范院校及普通高校特殊教育师资培养的速度仍然跟不上残疾儿童少年义务教育普及的速度①。尤其是中西部地区仍然存在特殊教育教师短缺的现象,在此背景之下谈何特殊教育质量。所以,我们急需建立完善的特殊教育教师职前培训体系,加大特殊教育教师的培训力度。首先,增加特殊教育教师培养院校,扩大学生招生数量。虽然近年来特殊教育专业毕业生越来越多,在部分地区甚至出现"供大于求"的假象。但从全国范围来看,特殊教育教师远远不足。另一方面,东部发达地区对特殊教育教师的需求由"量"转向"质"。所以我们需要鼓励和支持各级师范院校与综合性院校举办特殊教育专业或开设特殊教育课程,提高特殊教育教师的培养规模;加强特殊教育师范院校专业建设、课程建设和人才培养模式的改革,注重师范生职业道德和特殊教育职业能力的实践训练,提高新教师培养质量。同时,对于中西部地区,需要国家在政策方面做出调整,将免费师范生制度推广到地方院校,使其毕业生能直接服务于本地特殊教育的发展。其次,改革师范生培养方式,将特殊教育专业知识纳入师范生的必修课程。随着融合教育的开展,越来越多的特殊儿童进入到普通学校,教师的专业知识和技能面临着严峻的考验。这就要求每一位教师都要掌握一定的特殊教育知识技能,以便更好地为每一位学生服务。再次,调整特殊教育教师专业培养方向,加大对学前教育阶段康复人才、中等特殊职业教育以及高等特殊教育师资的培养力度。

2. 建立完善的特殊教育教师职后培训体系,形成常态化特殊教师培训制度

长期以来,由于我国特殊教育教师队伍中受过特殊教育专业培训的教师所占比例较少,还有部分教师由普通教育转岗而来。在未来的一段时间内,这部分教师仍然构成我国特殊教育教师队伍的主力。如何提升这部分教师的教育

---

① 任萍.融合教育背景下学前教育专业课程设置的探讨[J].大庆师范学院学报,2014(1):139-142.

教学能力是我国特殊教育师资培养的当务之急。同时,随着社会的快速发展,带有一次性、终结性的特殊教育职前培养模式面临着严重的困境,已经越来越难以适应新的形势需要①。2016年12月,教育部颁布了《关于大力推行中小学教师培训学分管理的指导意见》。为了弥补特殊教育学校教师专业理论与实践技能的不足,《意见》要求加大教师培训力度,实行5年一周期不少于360学时的全员培训,同时要逐步完善学时与学分的转换机制,体现教师参加培训的层级,同时也能反映学员学习成效的差异,提高教师参与培训的积极性,强化培训的效果。下一步我国急需建立完善的特殊教育教师职后培养制度,加大在职特殊教育教师的培训力度,提升培训层次,采取集中培训和远程培训相结合的方式,形成常态化培养体系。建立完备的特殊教育教师继续教育制度,加大职后培训的经费投入,重视新教师的入职教育和教师的职业生涯规划,从而提升特殊教育教师的整体素质水平,向专业化迈进②。

3. 建立完善的特殊教育教师管理体系,科学有效管理特殊教育教师队伍

首先,建立特殊教育教师准入制度。实施特殊教育教师资格证书制度是国际上通行的、根据特殊教育职业特点而采取的一项提高特殊教育教师专业水平的教师资格任用管理制度。特殊教育教师的任职标准应该从普通教育教师的任职标准中分离出来,建立符合我国实际的特殊教育教师资格认证制度。未来我国必须建立完善的特殊教育教师准入制度,从事特殊教育的教师必须取得相应层次的教师资格,非特殊教育专业毕业的还应参加教育行政部门组织的专业培训,将特殊教育相关内容纳入教师资格考试。探索建立特殊教育教师专业证书制度。研究设定随班就读教师、康复类专业人员的岗位条件,制定符合特殊教育教师工作特点的考核评价标准和办法。

其次,切实提高特殊教育教师工资待遇,让特教教师成为人人羡慕的职业。各地要切实采取措施,按照国家规定落实特殊教育津贴,确保国家规定的特殊教育教师工资待遇政策落到实处。要将承担随班就读教学与管理人员的工作计入工作量。根据事业单位改革的总体部署,确保特殊教育教师按规定享有医

---

① 申仁洪.从师范教育到教师教育:特殊教育师资培养的范式转变[J].中国特殊教育,2004(4):64-68.
② 李拉.中美特殊教育教师政策比较研究[J].中国特殊教育,2012(10):56-60,66.

疗养老等社会保障待遇。按规定为特殊教育教师缴纳住房公积金。鼓励地方政府将符合条件的特殊教育教师住房纳入当地住房保障范围统筹予以解决。关注特殊教育教师心理健康,定期开展心理健康咨询。

再次,优化教师结构,配足、配齐各类专业人员。从总体上看,仍有不少地区特殊教育学校教师、普通学校随班就读教师、康复专业人员编制标准缺失,从事特殊教育的教职工数量尚显不足,结构仍不完善。"配足"指的是数量,"配齐"指的是类型,其中包括教学所需的各类学科教师、巡回指导教师、送教教师、康复类专业人员、残疾学生生活指导和管理人员等。这是从特殊教育学校教学、康复、管理工作的规律和特点提出的,再次强调,特殊教育工作不仅需要像普通学校一样的学科教师,还需要普通学校没有的其他类型教师和专业人员[①]。

(十二) 建设本土化特殊教育教学体系,促进教育教学质量提升

1. 建立中国特色的特殊教育理论体系,为我国特殊教育发展提供理论指导

在建立中国自己的特殊教育学科的时候,如何对待其他国家(发达国家)的经验和如何发扬民族传统、对待自己的民族特色是一个重要的问题。长期以来,我国特殊教育,尤其是融合教育的发展主要借鉴国外的理论和经验,这些理论和实践经验虽然促进了我国特殊教育的发展,但是也使我国特殊教育的发展缺乏本土化的理论和实践根基。朴永馨教授指出,没有任何一个外国可以为解决中国几百万残疾人儿童教育准备好现成的"药方",我国特殊教育的发展模式必须建立在我国特有的国情与文化传统之上,对西方的文化传统、教育哲学等应该采取拿来主义的态度[②]。特殊教育不仅是一门具有较强实践性的多学科,更是一门理论缺乏,且需要理论建设的学科[③]。当前我国特殊教育发展进入转型阶段,我们一方面要立足于我国特殊教育实际,另一方面要积极吸收国外特殊教育发展经验,建立符合我国国情,符合我国特殊教育发展规律的独具特色的特殊教育理论体系。

---

① 王雁.强化特殊教育教师专业发展[J].中国特殊教育,2014(2):20-21.
② 朴永馨.努力发展有中国特色的特殊教育学科[J].特殊教育研究,1998(1):1-3.
③ 邓猛,刘慧丽.全纳教育理论的社会文化特性与本土化建构[J].中国特殊教育,2013(1):15-19.

2. 加大特殊教育教材体系建设，编制适合不同类型、不同程度特殊儿童需要的教辅材料

首先，推进盲、聋、培智学校国家课程校本化实施。各类特殊教育学校应领会国家盲、聋、培智学校课程标准的精神与要求，根据特殊教育学校课程方案和学科课程指导纲要及课程实施指南等要求，从本校残疾学生的实际出发，制订并落实课程计划，提高课程领导力。特殊教育学校开发丰富多彩的校本课程。研制孤独症、多重残疾等学生的课程指南。加强特殊教育课程资源库建设，整合教研、科研、教育技术装备、信息技术以及基层学校、医疗机构等各方面力量，开发文字、图片、音频、视频等多样化的课程资源。建立课程资源使用交流机制，促进课程资源成果的分享，提高课程资源的使用率和使用效益。

其次，提高学前特殊教育课程实施的针对性。编制并实施学前特殊教育课程实施指南，学前特教机构应根据课程实施指南的要求，加强对课程实施的研究，从不同残疾类别和程度残疾儿童的需要出发，尊重个体差异，合理安排残疾儿童的一日活动时间，选择适合的教育、康复内容与方法，积极开展融合教育，注重家园合作，努力提高学前特殊教育质量。

再次，开展特殊中等职业教育课程开发及实施研究。开发特殊中等职业学校（班）课程方案，明确特殊中等职业教育的培养目标、课程内容及课程实施基本要求。特殊职业学校（班）应根据课程实施指导意见，针对残疾学生的实际，注重其生活能力、社会适应能力和职业技能的培养。普通中等职业学校要充分运用学校丰富的课程、实训设施设备、师资、学生等资源优势，积极整合社会资源，探索融合环境下残疾学生中等职业教育的有效途径和方法。

最后，加强残疾人高等教育教学研究。招收残疾学生的各高等院校，应根据不同残疾类别学生的身心发展特点和学习需求，制订个性化的培养方案，适度调整课程，并采用适合残疾学生的教育教学与评价方法，提供必要的设施设备、辅助器具与学习资源，积极营造融合环境，提高残疾学生的社会适应能力和专业适应性，为残疾学生融入社会奠定基础。

3. 加大教育教学研究，形成适合不同学校的教学方式方法

各级各类从事特殊教育的学校要强化校本研究，聚焦听力、视力、智力残疾、孤独症、脑瘫等不同残疾类别和程度、不同年龄阶段残疾学生的发展需求与学习特点，关注个体差异，开展个别化教育。积极探索适合残疾学生的针对性课堂教学，注重依据不同类别残疾学生获取信息的特点处理教学内容，提供教学具、玩具、辅助器具、助教等支持，提高课堂教学成效，综合利用学校、医疗机构、社会等各种资源，提高教育教学的针对性和有效性。各级教研部门要加强课程实施的研究和指导，在注重专职特教教研员队伍建设、提高特教教研员教育研究能力的同时，统筹协调普通中小学教育、职业教育、学前教育各学科教研员力量，强化教研组建设，充分发挥各学科教研组在教学改革中的研究引领作用，聚焦课堂教学研究，并针对当前特殊教育课程实施中的重点难点问题开展专题研究，指导教师不断提高教育教学能力。

加强对随班就读课程教学的管理与指导。随班就读学校根据每个随班就读学生的发展需求，明确个体发展目标，开展有针对性的个别化教育，注重整合普通学校、特殊教育学校课程，适度开发校本课程，合理安排随班就读学生的学习内容、学习时间和空间，充分运用教师团队、资源教室、教育基地等校内外教育资源，丰富学生的学习经历，建立良好的师生、生生关系，形成友善、和谐、支持的学校氛围，使随班就读学生融入学校生活，得到全面发展。

4. 建立科学、合理的特殊教育质量监测体系，为特殊教育发展提供指导

建立课程实施专业化管理机制。一是诊断安置机制，对每一位有特殊教育需求的适龄儿童，依家长申请，经教育行政部门委托，由残疾人教育专家委员会根据其残疾类别、残疾程度、补偿程度以及特殊教育资源状况等因素，做出教育诊断、提出安置建议。二是融合教育机制。各类教育机构要通过适时评估转衔、合理设置课程方案等方式，使残疾学生最大限度地融入普通教育。三是个别化教育机制，教育机构建立相关人员协作团队，参照现有普通教育课程和特殊教育课程要求，根据学生残疾状况、潜能开发和补偿程度进行审议调整，形成符合残疾儿童身心特征和需求的个别化教育方案，实施个别化教学。四是质量评估机制，对残疾儿童少年身心发展和学习质量进行个别化评价，形成特殊学生综合素质报告书。学校实施融合教育情况、残疾学生发展情况纳入当地教育行政部门对学校的年度综合考评。通过特殊学生个别化教育推动普通学校适宜性教育改革。

第五章　我国特殊教育中长期发展目标推进策略

一、特殊教育政策及其实施路径

特殊教育政策实施是指特殊教育政策的执行者依据特殊教育政策的指示和要求，为实现特殊教育政策目标、取得预期效果，不断采取积极措施的动态行动过程，是解决特殊教育政策问题的根本性环节。从过程的角度看，特殊教育政策实施是政府教育管理活动的根本性环节，是实现特殊教育政策目标最直接、最重要、最经常的活动。它决定了原初的决策方案能否实现以及实现的程度和效度，是由政策理性到政策现实性的复杂过程。特殊教育政策的实施是一个由多环节构成的有机过程，各环节之间相对独立、相互支持，确保了特殊教育政策实施的有效性。特殊教育政策实施由政策制定、政策宣传、政策执行、政策监督、政策总结等环节构成。

（一）特殊教育政策的制定

近年来，我国特殊教育事业取得了很大的发展，社会各界对发展特殊教育、保障残疾人受教育权利日益关注。残疾孩子义务教育普及水平有了大幅提高，学前、高中、大学等非义务教育阶段特殊教育的办学规模也在不断扩大。在此形势发展与时代要求的推动下，教育部等多部门连续出台了有关特殊教育的进一步发展意见，如《关于"十五"期间进一步推进特殊教育改革和发展的意见》（2001年）、《中国残疾人事业"十二五"发展纲要》（2011年）、《关于进一步加快特殊教育事业发展意见》（2009年）、《国家中长期教育改革和发展规划纲要（2010—2020年）》、《关于加强特殊教育教师队伍建设的意见》（2012年）、《特殊教育提升计划（2014—2016年）》、《特殊教育第二期提升计划（2017—2020年）》等。本书将以《特殊教育提升计划（2014—2016年）》（以下简称为"提升计划"）为例来看特殊教育政策制定的路径。

虽然我国特殊教育事业取得了很大的发展，但是，我国特殊教育整体水平仍然不高，发展还不平衡。农村残疾儿童少年义务教育普及率不高，非义务教育阶段特殊教育发展水平偏低，特殊教育学校办学条件有待改善，特殊教育教师和干预专业人员数量不足、专业水平有待提高。特殊教育是国家教育事业的重要组成部分，是彰显教育公平的重要内容。针对我国特殊教育发展现状，尤其是为解决特殊教育发展的瓶颈问题，教育部、发展改革委、民政部、财政部、人力资源社会保障部、卫生计生委和中国残联共同研究制定了"提升计划"，将当前和今后一个时期特殊教育工作重点聚焦在全面提升特殊教育水平上。

"提升计划"一系列政策和措施的实施，将进一步保障残疾人受教育权利，推进教育公平，帮助残疾人全面发展、融入社会，对保障和改善民生、构建社会主义和谐社会发挥重要的推动作用。该政策制定的过程经历了以下几个步骤（图 5-1）。① 全面掌握我国特殊教育发展的现状。委托北京师大、华东师大、中国教科院对随班就读支持保障体系、特殊教育教师队伍建设、特殊教育国际比较等进行了专题研究。对各省（自治区、直辖市）教育行政部门和 1 445 所特殊教育学校进行了问卷调查。组织调研组分别到北京、天津、山西、江苏、江西、广西、四川、陕西等地进行了实地调研，先后召开了 5 次专题座谈会。② 会同有关部委对特殊教育存在的重大问题进行梳理，对拟实施的重大政策和重大项目进行研究。③ 充分吸收全国人大内务司法委《残疾人保障法》执法检查报告和全国政协教科文卫委特殊教育专题调研报告的意见和建议。④ 征求了 31 个省（自治区、直辖市）相关部门意见，召开了 12 次各种类型座谈会，听取了 200 多

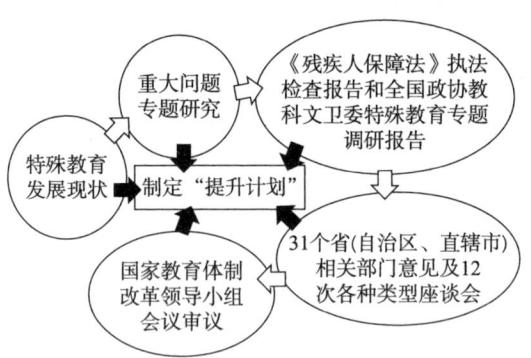

图 5-1 "提升计划"制定步骤图

名有关部门负责人、高校专家、一线特教学校校长、教师和残疾孩子家长的意见。⑤ 提交国家教育体制改革领导小组会议审议，根据会议精神，进一步修改和完善，最终形成了"提升计划"。

总之，"提升计划"的制定从目前我国特殊教育发展的实际情况出发，体现公众利益、民主性和科学性，采用自上而下的制定模式，同时也听取民意，基于研究制定政策，减少精英模式可能造成的失误。注重听取政府、教育部门、高校专家、特殊教育学校教师与校长、残疾学生、家长等群体的意见与需求；从国家政府，到各省相关部门，到高校研究机构，再到特殊教育学校，层层调研了解实际情况。最终通过组织调研、执法检查报告、座谈会、国家教育体制改革领导小组会议审议等方式，出台了该政策，并提出了三大任务：一是提高普及水平，特别是对未入学残疾儿童少年，逐一安排其接受义务教育；二是加强条件保障，重点是保障特教学校正常运转和提高办学水平；三是提升教育教学质量，重点是建立完善的特教学校课程和教材体系。这体现了特殊教育政策制定的严谨性、科学性与合理性，为我国特殊教育发展提供了强有力的政策支持。

（二）特殊教育政策的宣传

政策宣传是一种政策工具，使用这种工具的目的是保证所有政策利益相关者都能获知和了解某一政策，以帮助政策顺利执行。特殊教育作为国家教育事业和现代教育的重要组成部分，其政策的制定不仅可以对特殊教育的发展进行保障，也有利于人们对于特殊教育的地位和作用有更加清晰的认识，其关乎现代特殊教育的持续发展，对我国特殊教育事业的发展具有直接影响。如何呼吁社会关注特殊教育的发展，让特殊教育政策落实到社会的每一个角落，政策的宣传就起到重要的辅助作用。

在信息时代背景下，教育政策传播的信息流动过程不是自上而下的单一流动，而是通过多种传播方式、流经多种传播渠道、多方参与的网络式流动。以《特殊教育提升计划（2014—2016年）》为例，宣传的途径包含以下几个方面。

第一，政府宣传。2014年1月8日，国务院办公厅转发了教育部、发展改革委、民政部、财政部、人力资源社会保障部、卫生计生委和中国残联等七部门制定的"提升计划"，要求各省、自治区、直辖市人民政府和国务院各部委、各直属机构认真贯彻执行。2014年1月27日，全国特殊教育工作电视电话会议在京召开。中共中央政治局常委、国务院总理李克强,时任国务院副总理刘延东,时任国务委员王勇均做出重要批示,批示指出:"办好特殊教育,对于保障残疾人平等参与社会的权利、增加残疾人家庭福祉和促进社会公平正义具有十分重要的意义,也是教育现代化的重要内容。"此次电视电话会议强调把特殊教育摆上政府工作重要位置,纳入重要民生工程,结合实际抓紧制定"提升计划"实施方案,细化分解任务,完善配套措施,加强协调配合,形成政府主导、部门协同、各方参与的工作格局,把发展特殊教育的各项工作落到实处。此外,教育部基础教育二司负责人就《特殊教育提升计划(2014—2016年)》举办了答记者问活动,活动中对于"提升计划"制定的背景、意义、过程、内容、举措、要求等内容进行了全面的解读。

第二,大众传媒。在新闻媒体发达的国家中,大众媒体已经成为一股重要的政治力量,媒体对政治体制和子系统有强大的影响。大众传媒是实现政治系统与公众直接沟通、互动的手段和场所,它不仅能够影响政策议程的设定,在政策执行过程中同样发挥着重要的作用。《特殊教育提升计划(2014—2016年)》出台之后,中华人民共和国国务院办公厅网站、国务院新闻办公室门户网站、搜狐和百度等各大网站、微博和微信等平台均发布了"提升计划"的全部内容,为社会了解此计划的内容与精神提供了全面的传播媒介。

第三,杂志解读。"提升计划"出台后,教育领域的研究者们结合当前特殊教育发展现状对"提升计划"进行了全面的研究。以《现代特殊教育》杂志为例,2014年2月即推出了"提升计划"专题栏目,将特殊教育领域专家的研究成果予以刊登,如《推进教育公平的深度实践》《深化课程改革 提升特教质量》《健全随班就读支持保障体系》《强化特殊教育教师专业发展》《全面提高特殊教育经费投入水平》《发展特殊教育 关爱弱势群体》等。

第四,会议研讨。例如,为落实"提升计划"的总体目标、重点任务和政策措施,明确各地区实施特殊教育提升计划的路线图、时间表和任务书,探索中国特殊教育支撑保障体系的构建与完善,中国高等教育学会特殊教育研究会于2016年12月8日至14日在上海市长宁区召开"执行第一期《特殊教育提升计划(2014—2016年)》与开展特殊教育深化改革实验的经验交流与学术研讨会"。研讨会就"提升计划"中提出的随班就读、医教结合、送教上门支持保障体系的构建与完善进行了交流。

综上所述,"提升计划"的政策宣传经历了以政府宣传为主,大众传媒、杂志解读、会议研讨为辅的过程,为"提升计划"的实施建立了多方交流和沟通的平台,促进了该政策信息的交流,加强了特殊教育领域内的民主协商,为促进特殊教育政策的科学化、民主化奠定了重要基础。

(三)特殊教育政策的执行

教育政策执行是政府教育管理活动的重要环节,它决定了原初的决策方案能否实现以及实现的程度和效度。如果在政策执行环节出现偏差或阻滞的话,那么再好的政策文本也仅是纸上谈兵。美国公共政策专家保罗·A.萨巴蒂尔认为,政策执行研究有两种基本途径:自上而下与自下而上。

从我国政策执行的现状以及政策的调控范围看,诸多宏观的政策采用了自上而下的执行路径,如国家课程的规划政策、教育考试政策、面向未来的教育行动计划和规划等多采用自上而下的执行路径,以便体现出标准的统一性、配置的公平性和政策的执行力。自上而下的路径是以教育政策制定为核心的路径,把中央政府的最高决策作为研究的出发点,政策执行研究所追求的价值目标在于怎样使中央政府制定的教育政策得到更好的贯彻落实。此种研究途径强调层级节制的指挥命令关系,某些中央控制的变量对于地方执行的影响优于其他的因素;注重上级政府对于下级政府的政策指挥、监督与控制的角色与责任,以达成政策预期目标。这种指挥控制充分体现了由上而下的行政组织的层级原则。

以《特殊教育提升计划(2014—2016年)》为例,我国特殊教育政策的执行路径呈现出政府决策具有确定和指导行动的决定性地位,各地区与部门的政策执行者为执行主体的特点。2014年1月8日《特殊教育提升计划(2014—2016年)》出台后,各省陆续发布本省特殊教育的提升计划,如《广东省特殊教育提升计划(2014—2016年)》《甘肃省特殊教育三年提升计划(2014—2016年)》《陕西省特殊教育提升计划(2014—2016年)》《浙江省特殊教育提升计划(2014—2016年)》《湖南省特殊教育提升计划实施方案(2014—2016年)》等。

以陕西省执行"提升计划"的路径为例,陕西省于2015年2月5日颁布《陕西省特殊教育提升计划(2014—2016年)》实施方案。① 确立总目标。确定了在三年的时间内,通过特殊教育学校、普通学校附设特教班、随班就读和送教上门服务等形式,实现视力、听力、智力残疾儿童少年教育全覆盖。建立义务和非义务学段相衔接、普职融通、教育与干预并重、医教结合的特殊教育体系。建立财政投入为主,发展改革、教育、民政、人力资源和社会保障、卫生计生、残联等部门共同支持,公办与民办共享的特殊教育服务保障机制,基本形成政府主导、部门协同、各方参与的特殊教育工作格局。到2016年,陕西省基本普及残疾儿童少年义务教育,视力、听力、智力残疾儿童少年义务教育入学率达到90%以上,其他残疾人能接受到合适的教育。② 明确总任务。根据总目标,确定了建设必要的、符合《特殊教育学校建设标准》的特殊教育学校,满足特教需要;建立健全以政府为主的特殊教育资助体系;提高特殊教育教师岗位津贴,在省属师范类院校增设特殊教育专业的三大任务。③ 制定具体举措。为实现总任务,计划扩大特殊教育规模,加大特殊教育经费投入力度,大力发展非义务教育阶段特殊教育,加强特殊教育教师队伍建设,深化特殊教育课程教学改革等具体举措。④ 保障机制。通过加强统筹规划、落实部门责任、加强督导检查等策略保障该省提升计划的顺利进行。

(四) 特殊教育政策的监督

政策监督是在政策执行过程中,政策监督机构系统地收集和分析有关政策的进展、政策预期目标的达成程度等信息的过程。特殊教育政策的监督同样遵循自上而下的机制,即在国家提升计划的前提下,国务院教育督导部门适时组织特殊教育专项督导,对各省特殊教育提升计划实施情况进行专项督导检查,各省政府及教育部门负责本省、市、区、县的督导检查和问责机制。例如《特殊教育提升计划(2014—2016年)》提出,各地要以县(市、区)为单位,对基本普及残疾儿童少年义务教育进行评估验收,将残疾儿童少年入学率、特殊教育教师专业化水平和特殊教育保障水平等作为评估验收的主要指标,评估结果向社会公布。国家有关部门组织开展对特殊教育提升计划实施情况的专项督导检查。

(五) 特殊教育政策的总结

政策总结就是指对教育政策及政策的实施效果进行调查分析,了解政策实施状况和实施过程中存在的问题,及时进行政策反思,为决策提供反馈意见和建议。它对于提高教育决策的科学性、调整和完善教育政策方案都有着重要作用。

以甘肃省特殊教育政策的总结为例。为了深入贯彻执行《特殊教育提升计划（2014—2016年）》和制定《甘肃省特殊教育三年提升计划（2014—2016年）》，2014年3月至5月，由甘肃省教育厅基教二处和省教科所组成的调研组对特殊教育政策在甘肃省的实施落实情况进行了调研，采取全面调研与典型实地调研相结合的方式，对全省14个市州进行了全面、深入和系统的调查研究；选取了代表甘肃省经济与教育不同发展程度的兰州市、嘉峪关市、天水市和临夏回族自治州的特殊教育学校和23所随班就读中小学为实地调研市州和学校；其他市州通过填写调查表和提交研究报告的形式进行了调查。研究结果发现，教师的编制问题、人均经费问题、特教津贴问题、随班就读教师工作量考核和待遇问题不能很好落实，特殊教育政策的执行力度不够，甚至特殊教育政策延滞落实。在此基础上分析出现问题的原因，具体有以下几个方面：对教育政策法规认识不到位，教育法规政策中描述性语言过多、定量化的规范偏少，没有随时代发展制定符合实际需求的政策等，应在此基础上进一步制定政策推进的策略。以上政策的调研与总结对于落实该省特殊教育政策、加大实施力度，具有重要的推动作用。

（六）述评

综上所述，特殊教育政策是国家和地方政府为实现一定历史阶段的特殊教育任务而制定的发展特殊教育事业的行动准则，是依据当前特殊教育实际状况制定的。政策的制定、宣传、执行、监督、总结构成了特殊教育政策实施的整体路径，以便真正将政策精神落实到特殊教育工作实际中，促进特殊教育事业的发展。但由于政策实施中的复杂性，在特殊教育政策实施过程中也存在以下问题亟待解决。

第一，政策制定模式单一。由于政策制定的过程中充斥着多元的价值和利益冲突，容易造成政策决策的失误和偏离政策目标的后果，我国政策的制定多是遵循自上而下的模式，即以政府相关部门为政策制定主体而制定相关特殊教育政策，如随班就读学生的生均公用经费、专职辅导教师的配备标准、课程建设与教学的要求等。由于残疾学生的障碍类型及程度日趋多样，政府制定的统一政策要求已经难以适应实际的需要，政府应该根据学生的障碍类型与程度，或者根据学生的支持需求，整合学校、家庭、社区等多方面的力量对残疾学生的现有水平进行评估，全面了解儿童的发展情况以及所需要的教育支持，明确提供这些教育支持所需要的人力资源、物质资源，即采取自下而上的政策制定模式。自上而下和自下而上两种模式的结合，可以保障政策制定后对于我国特殊教育发展现状的适宜性和针对性，应成为未来教育政策制定的方向。

第二，政策宣传受众范围小。目前特殊教育政策的宣传基本上是采取"线上＋线下"结合的模式。线上模式主要利用互联网、电视、广播、答记者问等渠道进行宣传。线上宣传方便快捷但却存在宣传时间短、宣传力度不够、无法引起更多社会大众关注等问题，所以特殊教育政策的宣传在特殊教育领域内进行得如火如荼，但特殊教育领域之外的社会大众对之关注度却不高。线下宣传主要集中在杂志宣传、社区宣传等方式，相比线上宣传，线下宣传的渠道少，方式单一，力度不够，尤其是忽视了社区宣传的重要性。因此，在未来教育政策宣传的过程中，如何让更多的社会大众了解特殊教育政策，如何开拓丰富、多样的宣传方式，应该成为政策宣传方面需要思考的重要内容。

第三，政策执行缺乏多部门联动。政策执行的过程中，各部门之间职责分明可保障政策执行过程清晰，但却容易带来各部门之间缺乏沟通与联动的问题。在未来政策执行过程中，应建立健全执行联动机制，解决单个部门"执行难"的问题。通过建立和完善执行联动机制，实现最大限度的数据与信息共享，有利于形成部门协同、共同参与的政策执行与管理的新格局。各地要建立政府领导负责、相关部门协同推进计划实施的工作机制，落实目标任务和主要措施，确保计划如期完成。例如，教育部门要统筹制定特殊教育政策实施方案；发展改革部门要把特殊教育纳入当地经济社会发展规划，加强特殊教育学校建设；财政部门要完善特殊教育投入政策，支持改善特殊教育办学条件，加大对特殊教育学生资助力度；民政部门要做好福利机构孤残儿童抚育工作；人力资源和社会保障部门要完善和落实工资待遇、职称评定等方面对特殊教育教师的支持政策；卫生计生部门要做好对残疾儿童少年的医疗与干预服务；残联要继续做好未入学适龄残疾儿童少年实名调查登记工作，加强残疾儿童少年干预训练和辅具配发工作等。

第四，政策监督与总结缺乏公开性。为了保证特殊教育政策效果，要加强政策执行过程的监测和评价，对特殊教育政策执行情况与结果的监测和评价是各级各类教育行政部门获取政策执行状况的主要来源。对特殊教育政策执行的监测和评价有助于各教育行政机构了解政策执行者是否按政策方案的要求采取行动，是否真正服务于特殊教育政策的客体。但在特殊教育政策监督过程中发现，虽然政策均提出要求有关部门组织开展对特殊教育提升计划实施情况进行专项督导检查的相关规定，如在《特殊教育提升计划（2014—2016）》中提出，"各地要以县（市、区）为单位，对基本普及残疾儿童少年义务教育进行评估验收，将残疾儿童少年入学率、特殊教育教师专业化水平和特殊教育保障水平等作为评估验收的主要指标，评估结果向社会公布"，但对于评估方式与评估结果并未进行大量宣传，以至于社会大众对政策评估结果并不了解，评估结果不够透明，这也正是政策宣传不到位的后果之一。

除此之外，我国特殊教育政策实施中，还存在教育教学政策与随班就读政策偏少，许多学校的教育教学缺少必要规范的问题。尽管自《残疾人教育条例》颁布以来，关于随班就读的要求在多数特殊教育政策文本中或多或少都有所提及，但是除了1994年《关于开展残疾儿童少年随班就读工作的试行办法》这仅有的一个专门政策做出详细规定之外，其他并没有系统的、全面的规范，更没有随着时代和环境的变化而创新，至今20多年来仍处于试行之中。在其他综合性的特殊教育政策中，随班就读的政策规范也没有被单列为二级或三级政策条目，最多仅仅提及而已，缺少具体明确的政策规范和要求。这一部分的缺失使得特殊教育政策缺少了重要的一个部分，不利于我国随班就读工作的推进与发展。

二、特殊教育中长期发展目标的推进策略

本研究前期进行了大量的针对不同地区特殊教育学校、普通教育学校教师和管理者以及基层管理者的问卷调查和访谈，收集到了丰富的第一手资料。对人力、物力、财力等资源分配状况，以及课程与教学、就业、转衔等关系特殊儿童教育过程公平和结果公平的重要因素进行了调查和分析，遵循了多元主体参与的目标制定路线。在具体的目标推进策略部分，将结合前期调研结果，尝试减

少因政策执行单一等问题带来的弊端,提出我国特殊教育中长期发展目标推进具体策略。

目标 1:到 2030 年,全面普及残疾儿童义务教育,确保每个残疾儿童青少年获得公平、优质的教育。

该目标包含三个子目标,分别是残疾儿童义务教育入学率达到 99%以上;每个残疾儿童都能获得适当的安置,融合教育成为特殊儿童安置主体方式;每个残疾儿童都能获得公平、优质的教育。三个目标层层递进,既有量的目标也有质的要求。实现特殊儿童不仅有学可上,且可以得到适当的安置,获得公平、优质的教育,这需要国家政策、法律的支持与保障,更需要教育部门牵头在人力、物力、财力资源上进行协调分配。

第一,《义务教育法》《残疾人教育条例》《关于开展残疾儿童少年随班就读工作的试行办法》中均明确,特殊儿童享有接受义务教育的权利,但需要增加关于特殊儿童进入特殊教育学校、普通学校就读或接受送教上门服务的规定和配套的执行细则,规定学校、家长和基层教育部门、医疗卫生部门等其他支持服务部门的权利和义务,使儿童入学和安置都有法可依。毋庸置疑,在特殊教育法律体系中最迫切的是制定《特殊教育法》,系统、总体地明晰特殊教育体系中存在的权利、义务关系。当然,法律的制定和修订是需要一定周期和严格的程序的,所以教育部可针对儿童入学问题、安置问题等亟待解决的教育机会公平问题,联合相关部门牵头制定周期较短、效率较高的一系列针对性的政策,在顶层设计的立场和高度上,规定融合教育中普通学校、特殊教育学校、基层教育行政部门等各自的职责,在政策引导下,实现教育资源的公平分配,更好地保障特殊儿童不仅有学可上,还能够选择适当的安置方式。另外,还需要通过法律、政策明确家长参与特殊儿童教育的义务,保障其参与的基本权利。

第二,无论特殊儿童选择进入特殊教育学校、普通学校还是送教上门,都只是其接受教育、享受教育公平的第一步,而实现优质、公平的教育强调的是教育过程的公平。教育过程的公平则与课程与教学、德育工作、质量管理等密切相关。微观上,这是学校层面的工作。但宏观上,仍需要教育部门自上而下地在人力、物力、财力资源上进行相关的协调等。需要教育部门统筹规划,推进特殊教育学校、普通学校的教育教学改革,推动普通学校形成融合教育的文化和氛围,改变整齐划一、以成绩为唯一考察标准的学生评价和教师评价制度,引导教师形成尊重学生差异的教学观念。更重要的是,应由教育部牵头,以通用学习设计理念为指导,改革目前特殊教育学校和普通学校二元分割的课程和教材体系,为教师教学提供依据和资源。教师观念和行为的改变与在职培训密切相关,故应支持国家、地方、学校的三级在职培训。教师的职前培养,需要在师范院校中增加融合教育、特殊教育等相关课程。除了课程教学、教师培训方面之外,无论普通学校还是特殊教育学校,都需要继续加大对特殊儿童学习的支持服务力度,如物理环境方面增强无障碍设施建设,学习辅具方面为视障儿童提供助视器,配备资源教室和资源教师等。

目标 2:全面推进融合教育,构建融合教育专业化支持平台,完善专业支持保障体系。

融合教育成为我国特殊教育发展的必然趋势。为全力推进融合教育的高质量发展,应建立全面的专业化融合教育支持平台。

第一,建立以特殊教育学校为中心的融合教育支持体系。随着融合教育的深入开展和学生残疾类别的显著变化,特殊教育学校的职能以及教师的角色等都必须进行适度调整和转型。特殊教育学校要顺应融合教育发展潮流,重新定位自身功能,从单一的特殊教育功能转变为特殊教育和融合教育共同发展的多重服务功能。各地区应建立以特殊教育学校为中心的省、市、县、乡级融合教育支持网络:在省市级地区的特教学校设立省(市)融合教育指导中心、科研中心以及融合教育师资培训基地等,负责全省(市)融合教育的实施与指导,以及全省(市)融合教育师资的培养培训;县级地区以特殊教育学校为中心设立县级融合教育资源服务中心,为县级地区的融合教育提供支持和资源开发服务;在乡级地区的中心校建立资源教室。

在融合教育支持网络的基础上,在省、市、县、乡级融合教育支持网络中建立科学规范的融合教育管理、服务以及巡回指导制度。设定专门的特殊教育指导教师、巡回教师、资源教师、教研员或教科研人员等专职职位,专门负责各地区融合教育的实践以及与上级领导单位的上传下达。同时,为保障各地区融合教育发展所需要的人力与物质资源充分满足,应建立各省、市级融合教育资源集散平台。例如,在物质资源平台方面,负责先进的康复与教育设施的调配与利用,实现省、市、县、乡级地区融合教育物质资源共享;在人才资源平台方面,组织建立特殊教育、融合教育、康复、社会工作、艺术治疗等相关领域的人才资源库,根据各地区融合教育发展的需要灵活调配人才资源,定期进行送教与培训。①

第二,建立健全融合教育工作的考核与督导体制。在省、市、县、乡级融合教育的支持网络中,要建立各层次特殊教育资源中心、融合学校以及各教科研工作室的考核和监督机制。将残疾儿童入学率、融合教育的实施质量、师资培训质量、支持服务质量等均纳入融合教育的考核范围之内。在开展融合教育的普通学校或提供融合教育服务的特殊教育学校,融合教育教师与管理人员的相关工作也要被纳入绩效考核范围内,并给予特教津贴。通过各层次融合教育工作的考核与奖励性制度,调动各级各类专业人员实践融合教育的能动性,扩大融合教育的实施范围,提升融合教育质量。

目标3:提高学前教育阶段残疾儿童入园率,规范残疾婴幼儿早期教育与干预的相关工作机制。

该目标包含提高学前阶段残疾儿童入园率,规范并完善残疾儿童早期教育、早期干预工作机制两个子目标。学前特殊儿童的教育是目前我国特殊教育体系中较为薄弱的环节之一。学前教育并不在义务教育范畴,法律对其的规定和干预力度相对较小,仍需要教育部在政策上进行规范和统筹。学前儿童教育还涉及儿童的筛查、鉴定、评估、干预等一系列工作,需要卫生、残联等部门的协同合作和支持。

第一,教育部顶层设计,制定专项政策及配套实施细则,保障儿童筛查、鉴定、评估、干预等过程中的人力、财力、物力资源,使儿童能够获得及时科学的诊断和评估,专业系统的干预,有助其发展的特殊教育或融合教育,并能够顺利完成幼小衔接。特殊儿童从发现到进入小学前的整个教育和干预过程需要遵循及时、科学、有效原则,是行政部门、学前教育机构、学前干预机构、家长、医疗卫生部门、民政部门、社会组织等通力协作的过程,需要大量的资源和服务支持,

---

① 李森,张艳.特教学校功能转型的实践与反思——以安徽省蚌埠市特殊教育中心为例[J].现代特殊教育,2017(13):43-45.

如无教育行政部门牵头和引导,无政策的保障,将寸步难行。特殊儿童的发现,仍需要医疗部门持续进行新生儿筛查,联合社区和社会工作者开展高危儿全国性的追踪服务和建档工作,以初步建立特殊儿童信息资源数据库和通报系统。家长配合有诊断资质的医院和社区医院,监测儿童的成长发育指标,及时发现儿童可能存在的异常发育状况,以便在适当时机及时对儿童进行诊断和评估。应形成社区干预、机构干预、家庭干预的综合干预体系,与工商、残联、医疗卫生等部门联合规范公办和民办学前特殊儿童干预机构,对物理环境、教师和干预师资质、教育教学和干预过程等进行监管。引导学前教育机构改革,形成融合氛围,接纳特殊幼儿入园。在职前、职后的培养培训中,增加提高学前教育教师融合素养的课程。实现特殊儿童早期干预事半功倍,需要大量的资金支持,教育部应在经费方面给予规范、支持和监管,并联合医疗卫生、民政部门等将障碍儿童的部分干预费用纳入医保。还可拓宽经费来源,吸收红十字会、企业、社会福利组织、个人等的捐赠。同时,保障家长对特殊儿童诊断、评估结果的质疑和申诉的权利,可交由第三方机构进行评估结果的仲裁。

第二,形成教育部牵头、多部门联动的特殊儿童早期干预工作机制。上述政策可引导资源分配,明确各部门在不同工作环节中的职责,但还需要形成有效的运作机制,方可使资源得以运转,并形成良性循环,最终使特殊儿童及其家庭受益。该机制将由教育部牵头负责,医疗卫生部门、民政部门、财政部门、工商部门、残联等参与,分别在新生儿筛查,特殊儿童鉴定、诊断、评估,早期干预和教育,转衔四个主要环节中明确各自任务和职责,建立国家、地方两级的专人负责制度,并进行监管,形成医院、残联、机构、社区、家庭多种早期干预模式和支持体系,由社区、家庭具体负责特殊儿童早期干预工作的落实,当地教育部门负责特殊儿童幼小衔接,帮助儿童顺利进入特殊教育学校或者普通学校。

目标4:加快发展残疾人高中、职业教育。

该目标由三个子目标组成,分别是:提高残疾学生高中阶段入学率;改革特殊教育高中阶段课程,与高等教育接轨;大力发展残疾人职业教育,丰富特殊教育学校职业教育办学模式。高中、职业教育与学前教育一样,并不在义务教育范畴之内,除了《教育法》《残疾人教育条例》等的保障之外,仍需要制定相应的政策,并实现与高等教育接轨。另外,还需要国家增加对残疾人职业教育的投入，依托特殊教育学校、特殊教育资源中心、残联等机构增加残疾人职业教育机会。同时与企业、社区联合，结合当地特色，丰富职业教育课程和教学模式。

第一，制定政策，保障义务教育结束后特殊学生能够继续接受适当教育，如高中教育、职业教育。确保特殊学生，尤其是普通学校的特殊学生，如视力障碍、听力障碍学生和部分孤独症谱系障碍学生能够进入高中就读，为接受高等教育做准备。入学考试时，应当为其提供合理便利和必要的支持服务。在学生达到入学要求后，普通高中不应因学生的残疾而拒绝接收。入学后，学校应提供相应资源，如手语服务、资源教师、辅助设备、无障碍设施、心理咨询、住宿便利等，允许家长和志愿者适度陪读，帮助学生适应高中阶段生活，不仅仅使特殊学生有学可上，也让其学有所得。学校也可与专家和特殊教育指导中心合作，对教师进行在职培训，指导教师对课程、教学等进行一定的调整，为学生提供个别化指导，同时对学生和教师的评价体系进行适当的调整。无论是入学考试还是入学后的学习，都需要获得当地教育行政部门、学校、教师、同伴的支持，需要一定的专项经费保障。

第二，对于那些无法进入普通高中就读的特殊学生，他们可继续接受由特殊教育学校、残联、社区等机构开办的职业教育。绝大多数特殊学生经过九年义务教育之后，应该已经具备了从事某一职业的基本能力。教育部应加大对职业教育尤其是特殊教育学校职业教育的投入，以增加特殊学生接受职业教育的机会；委托职业教育、特殊教育等相关专业，设立职业教育评估体系，使特殊教育学校招收和安置学生有据可依。同时，大力支持已有职业教育课程、教学等的改革，丰富职业教育课程和教学模式，形成地方课程和校本课程，使课程能够在改善学生生活的基础上，帮助学生拥有一技之长，且符合地方经济、政治、文化的需求，符合市场需求。可与企业合作，引进来并走出去，将师徒制引入职业教育，增加岗位实习机会，促成学生能力的形成、巩固和转移。政策方面，则需要对这类企业给予税收等方面的优惠政策，鼓励企业参与并支持特殊学生职业教育。

第三，依托民政部门、残联和社区等，建立特殊学生学习中心或庇护工场。对于义务教育后无法进入高中教育和职业教育的特殊学生，可在社区建立特殊学生学习中心，由社会工作者、志愿者等继续支持学生学习，帮助其学会家庭、社区生活自理,丰富学生生活,让其能够继续发展或者保持能力,而不是退化。有条件的地区,在社区也可建立庇护工厂,为学生提供庇护就业岗位和一定的工资待遇。当然,无论是社区学习中心还是庇护工厂都需要当地的人力、物力、财力支持,需要地方政策引导。

目标5:大力发展残疾人高等教育,使每一位残疾大学生平等共享高等教育资源。

该目标包含提高残疾人接受高等教育的比例、面向所有考生提供高考合理便利、高校专业对残疾人全面开放三个子目标。高等教育是我国特殊教育体系的薄弱环节之一,从招生、入学、安置等都需要法律政策的规范和引导,同时需要大量的资源支持。

第一,教育部门依据《教育法》《高等教育法》《残疾人教育条例》等制定具体政策和实施细则,要求各高校无论在本科还是研究生招生中,在特殊学生符合入学要求的情况下,不得以学生残疾、资源支持不足等理由拒收学生。各专业根据专业学习要求设置录取标准,一旦特殊学生达到要求,无论障碍类型,一律不得拒收。除了普通高校外,教育部还可开放成人高等教育、开放大学、职业院校等途径,增加特殊学生接受高等教育的机会。

第二,在2015年颁布的《残疾人参加普通高等学校招生全国统一考试管理规定(暂行)》基础上,继续扩大为残疾学生提供合理便利的范围,将所有需要和能够参加高等教育(本科和研究生)入学考试的学生包含在内,无论学生障碍类型。近年来,除了传统的听力障碍、视力障碍、肢体障碍、病弱学生,孤独症谱系障碍等类型学生也出现了参加入学考试的需求。与学生障碍类型增加相对应,为学生提供的合理便利也应该相应增加,并且应呈现科学、动态、个别化的特征。如可尝试应用课程本位评估、真实性评价等方式,结合入学考试,综合评价学生的能力,但是各部分权重、标准等都还需进一步研究。如考试时间,应考虑对不同的考试科目、不同的残疾学生类型分别应该延长多长时间,才能既提供便利又保证公平。

第三,构建保障残疾学生学习的支持服务体系。残疾学生进入学校后,将在生活、学习、心理上面临一系列的挑战,需要学校层面提供相应的支持服务。如在生活方面,需要为学生提供无障碍环境的住宿,对传统的宿舍进行改造,方便学生独立生活或者方便照料者、同学等给予帮助。对残疾学生学习、活动的场所,如操场、教学楼、图书馆、食堂等,进行无障碍设施改造,如铺设盲道、坡道,增设电梯,改造入门门槛,等等。在学习方面,可为学生配备学习伙伴,提供辅助设备,与当地的特殊教育资源中心合作为学生配备手语翻译教师,等等。专业教师则需要以专业学习要求为基础,根据学生的能力状况为其提供学习辅导或者进行课程和教学的调整,如为其增加实验次数和时间,提供大字课本等。另外,还可利用科学技术,尤其是信息技术的发展,通过慕课、3D打印等帮助学生更方便地获取专业学习资源,获得专业成长。在心理方面,则需要辅导员、班主任、班级学生干部、班级同学、宿舍同学等及时了解其生活、学习状况,及时给予关心并提供适当的帮助。在其学习和生活的环境中,如在院系、班级、宿舍中形成融合氛围,接纳残疾学生参与学生活动,如竞赛、表演、班级活动等。另外,学校应当保护学生隐私,不应大肆宣扬。

目标6:促进我国特殊教育区域间均衡发展。

该目标包含三个子目标,分别是促进我国东中西部特殊教育均衡发展、促进我国城乡特殊教育均衡发展、促进我国少数民族地区特殊教育均衡发展。毋庸置疑,在该阶段,特殊教育均衡发展的要求还未进入优质均衡发展阶段。要实现区域间的均衡发展,需要国家政策层面的顶层设计、引导,在资源分配中向中西部地区、广大农村地区、少数民族地区倾斜,大力支持当地特殊教育的发展。

第一,政策上支持中西部、农村、少数民族地区特殊教育发展。2007年教育部曾联合国家发展改革委出台过《"十一五"期间中西部地区特殊教育学校建设规划(2008—2010年)》。在此期间中央专项投资约6亿元,大大加快了中西部特殊教育建设和发展的步伐,为大批身处中西部的特殊儿童解决了无学可上的难题。所以,应由教育部牵头,联合国家发展改革委、财政部等相关部门制定专门政策,解决中西部特殊教育发展中存在的行政管理、资金、教师、学校建设、普通学校资源教室建设等方面的问题,提出一揽子计划集中解决,拨付专项经费,形成推动中西部特殊教育进一步发展的合力。另外,也进一步督促中西部各省市教育行政部门负责人等,尽快转变观念,将特殊教育列入当地教育发展计划中必不可少的,而非可有可无的部分。在发展普通教育的同时,在特殊教育学校资金、校园建设、教师招聘录用和待遇方面予以关注和倾斜。与之类似,农村地区和我国少数民族地区特殊教育的发展,同样需要政策支持和引导。基于我国农村地区和少数民族地区在经济、人口和教育方面的现状,大规模建设特殊教育学校效率较低,反而可以依托普通学校,建设特殊教育资源中心,由巡回指导教师为相邻普通学校提供特殊教育服务。另外,还可通过送教上门或依托信息技术等途径为极度偏远地区的特殊儿童及其家庭提供特殊教育服务。实现特殊教育区域均衡发展,需要大量经费投入,如为中西部、农村贫困人口、少数民族地区的特殊儿童及其家庭提供专项发展经费,资助儿童及其家庭的早期干预、教育,积极推进为家庭经济困难的残疾儿童、青少年提供包括义务教育和高中阶段教育在内的十二年免费教育等。

第二,拨付专项经费,支持中西部高校特殊教育专业的建设和发展。中西部高校,尤其师范院校是培养中西部地区及农村和少数民族地区特殊教育师资的重要力量。但其目前不仅在数量上较东部地区少,在发展上也受到局限。国家发展改革委在2012年特殊教育学校建设二期规划中支持中西部高校进行特殊教育专业建设卓有成效。在双一流高校建设的背景下,更应加大对中西部高校尤其是师范院校特殊教育专业建设的投入,吸引优秀人才进入中西部高校,为在职教师提供外出学习、培训和学历提升的机会。同时,对报考中西部高校特殊教育专业的学生提供适当优惠政策和补助。

目标7:建立完善的特殊教育经费制度,提高经费使用效率。

该目标由四个子目标组成,分别是:加大对中西部及偏远地区特殊教育的投资力度,促进区域间均衡发展;优化特殊教育经费结构,满足特殊儿童教育需求;建立完善的特殊教育经费管理体制,提高特殊教育经费使用效率;优化人员经费投入,切实提高特殊教育从业人员待遇。

第一,加大中西部地区经费投入。国家加大对中西部地区特殊教育经费总量的投入,对于当地教育行政部门对教育经费的配比投入也是一种导向。国家和地方的经费保障是特殊教育发展的有力保障。该部分在目标6中已有体现,将不再赘述。

第二,合理分配,提高经费使用效率。经费总量增长带来的经费合理分配问题显得尤为迫切,需要将有限的经费投入到最需要的地方,又要保证合理公平。从特殊教育体系上来看,需要继续完善并提高各阶段生均经费标准。除此之外,落实义务教育不仅是法律规定同时也是特殊教育发展的关键。就目前我国特殊教育学校的分布现状来看,仍需在一些人口密集的市和县,以及依据人口特点、残疾人分布和组成特征应建但尚未建立特殊教育学校的地区,继续布局特殊教育学校,或者在普通学校建设能够辐射周边学校的特殊教育资源中心,保证特殊儿童能够在特殊教育学校就读,或者就近进入普通学校学习,并获得一定的支持服务。与此同时,仍需继续落实2016年教育部办公厅印发的《普通学校特殊教育资源教室建设指南》。在资源教室硬件建设的基础上,对专兼职资源教师的配备、编制分配、招聘、录用、考核等进行明确规定,规范资源教室使用,发挥资源教室服务随班就读、服务普特儿童、辐射周边等作用。除了义务教育阶段,对早期干预、职业教育、终身教育也应给予关注。尤其是早期干预,婴幼儿时期是特殊儿童发展的关键期,投入产出效益较高,应予以大量的经费投入。应提高对孤独症谱系障碍儿童、智力障碍儿童等的早期干预资助,尤其儿童康复方面的补助,有些地区可尝试将康复纳入医保。从利益相关者来看,经费分配应以儿童为中心,偏向于特殊教育一线工作者,如教师、康复师、社区工作者等,尤其是特殊教育教师,他们是决定特殊教育质量的关键。应切实提高教师待遇,落实特殊教育津贴,在随班就读教师、资源教师、巡回指导教师、送教上门教师等教师的待遇和考核方面给予倾斜。

第三,对经费使用实施有力监管。监管是保证经费实现价值,提高经费使用效率的重要手段,应建立国家、地方、学校三级经费监管体系,监测经费使用流向及使用效率,确保专项经费得到专项使用。应对政府购买服务,如康复服务、资源教师服务等实施监管,切实提高服务质量。对未按照要求和标准为特殊儿童、特殊教育教师拨付经费的,提出惩罚措施。另外,除了对硬件设施经费进行监测外,还应该通过监测,引导经费逐渐流向特殊儿童和相关从业人员,如用于特殊教育教师的待遇、培训等。

目标8:建立一支高质量的特殊教育教师队伍,提高特殊教育质量。

该目标包含加大特殊教育职前培养力度,完善职前培养体系;建立完善的特殊教育教师职后培训体系,形成常态化特殊教师培训制度;建立完善的特殊教育教师管理体系,科学有效管理特殊教育教师队伍三个子目标。

第一，加大特殊教育教师职前培养和普通教育教师融合素养培养力度。目前我国开设特殊教育专业的大专院校数量不断增长，这在很大程度上改善了特殊教育教师师资短缺的问题，但缺口仍然很大，并呈现区域不均衡的问题。在广大中西部、少数民族地区的特殊教育学校，教师数量明显不足，且转岗教师比例较大。所以，应继续依托师范类院校，加大特殊教育教师职前培养力度。可根据高校师资力量、专业能力等状况，适度扩大特殊教育专业招生规模。同时可鼓励具有招生资质和能力的师范类院校，尤其是高水平师范类院校增设特殊教育专业。另外，高素质特殊教育专业人才的培养也依然不足，研究生层次的特殊教育教师紧缺。可支持高校积极申请特殊教育专业的硕士点和博士点。除此之外，鼓励师范类院校为师范类本科生开设融合教育、特殊教育类的通识课程，甚至将其列为必修课，使师范类学生具备基本的融合教育理念。同时，联合教师教育、特殊教育、普通教育方面的专家，研究融合教育教师培养课程，尝试在部分师资充足院校开设相关的融合教育教师课程。为进一步提高教师素质，应在《特殊教育教师专业标准（试行）》的基础上，尽快出台并完善各类特殊教育教师资格证书制度，增加普通教育教师资格证考核中关于特殊教育的内容。

第二，加强特殊教育教师和普通教育教师职后培训，建立国家、地方、学校、个人四级培训体系。国家设立专项经费，依托高校人力、物力资源承担特殊教育教师国家培训项目，开展中西部地区、农村地区和少数民族地区特殊教育一线教师国家级培训，并关注培训人员年龄、教授科目、所教学生类型等特点，优化受培教师结构。培训内容上可以各有侧重，为高校培训内容设计提供更大空间，鼓励其结合特殊教育学校课程教学实践和改革困境，构建培训课程和教学体系。各级教育行政部门应对发展缓慢、师资紧缺的特殊教育学校给予更多关注和培训支持，给其更大空间选择培训内容，不可"一刀切"和"派任务"。另外，各级教育行政部门也应依托当地或者全国的特殊教育专家资源，对当地的特殊教育教师进行更具针对性、实践性和地方性的培训，并能在培训中建立专家库，提供培训后的跟踪服务，同时鼓励教师就培训内容如何解决实际工作中遇到的困难开展行动研究。学校级的培训则是由校长就本校在管理、课程、教育教学等方面存在的具体问题，就近邀请特殊教育专家、资源中心教师等对本校教师

开展培训,提供更为详细和实际的指导。另外,国家可利用信息技术发展,建立全国性的特殊教育教师网络,提供课程、教学资源和讨论平台,为教师个人学习和提升提供支持。

第三,加强对教师编制、招聘和录用的管理,当地教育行政部门和人事部门,尤其是中西部地区,更应具备特殊教育发展的长远眼光,打开特殊教育教师招聘渠道,依托各类人才引进项目,吸引专业和优质人才进入特殊教育学校。同时,提高教师地位,落实特殊教育教师的待遇和福利,将教师留在特殊教育学校。除了数量上的问题,还应关注普通学校融合教育中教师短缺的问题,同时注重优化教师结构。

目标9:建立符合我国国情的特殊教育法律法规,促进特殊教育质量提升。

该目标包含四个子目标,分别是:制定《特殊教育法》,为特殊教育发展保驾护航;建立完善的教康结合体制,提升教育康复效果;建立完善的送教上门服务体系,提高中重度障碍儿童受教育质量;推进特殊教育学校功能转型,建立高质量特殊教育指导中心。

第一,制定《特殊教育法》,完善特殊教育法律法规政策体系。目前我国已经初步形成纵向和横向的特殊教育法律法规体系,但缺少一部《特殊教育法》。故应尽快制定《特殊教育法》及其实施细则,通过顶层设计,系统解决我国特殊教育体系中存在的诸多问题,明确以特殊儿童为中心的利益相关者的权利和义务,规范其行为。其中,实施细则对每个具体问题,如特殊儿童鉴定、特殊儿童早期干预、特殊儿童安置、特殊教育课程与教学等提出实施的具体细则,明确规定各项标准、流程、程序、人员、权责等,以推动我国特殊教育的良性和科学发展。在此基础上,继续完善教育基本法和相关平行法,如《义务教育法》《高等教育法》等,杜绝矛盾,相互支撑。而教育部和各地方人大也可根据特殊教育发展现实,敏锐收集问题,高效出台相关法规,及时解决实际问题,规范特殊教育的发展。然而,法律法规的制定和颁布,必须遵循一定的法律程序,所需周期较长,所以,教育部和地方教育行政部门可就突出的、棘手的问题,颁布各项各类政策,及时高效地解决问题,促进特殊教育快速发展,实现人力、物力、财力资源的合理分配。

第二,为各类特殊儿童提供康复教育服务。学龄前是儿童早期干预的关键时期,如果儿童能在这个阶段接受及时的、科学的、适当的康复服务,将产生事半功倍的效果,对儿童将来的学习、工作、生活都有益。目前,特殊儿童的数量和类型都在增加,已经不局限在传统三类特殊儿童,即听力障碍、视力障碍和智力障碍儿童,且这三类儿童的诊断标准也在不断变化中。如今,孤独症谱系障碍、多重障碍、学习障碍儿童的数量不断增加,引起了社会的广泛关注。不仅如此,重度障碍儿童也越来越多地走进学校,走向社会。对此,应该积极推进以政府为主导,教育、卫生及残联部门共同参与的教康结合管理机制,促进教育机构与医疗机构的合作,建立完善、明确、完整的特殊儿童筛查、诊断、评估、康复流程,形成医院、残联、机构、社区、家庭多种康复模式,构建以医生、康复师、教师、家长等为核心的个别化康复计划小组。同时,借助社区和社区工作者的力量,为特殊儿童的家庭、社区康复提供一定的支持。

第三,建立各级特殊教育资源中心。特殊教育资源中心是为特殊教育学校、普通教育学校、特殊儿童及其家长直接提供各种支持和服务的机构,对我国随班就读,中西部地区、农村地区和少数民族地区特殊教育的发展至关重要。故应尽快出台相关政策,规定特殊教育资源中心的功能和职责、数量、分布和结构以及硬件、软件建设等内容,建立国家级、地方级的特殊教育资源中心。还可应用信息网络技术,建立资源库,提供共享平台,实现各地资源互通有无,对各地尤其是特殊教育发展落后地区的教育教学、教师培训起到支撑作用。同时,资源中心可依托当地特殊教育学校、高校特殊教育专业等进行建设和专兼职人员配备,为周边特殊教育学校、普通学校、社区等提供支持和服务。

目标10:建立完善的转衔制度,建立转衔顺畅的特教体系。

转衔是我国特殊教育体系中的重要内容,起着承上启下、起承转合的重要连接作用。对特殊学生所提供的支持服务做到一以贯之,互为基础,需要良好的、顺畅的转衔做保障。

首先,转衔制度的建立需要国家法律法规政策的保障。转衔制度有赖于多部门、多地区、多学校、多人员等的协同合作,其各自的权利、义务、权限、责任等都需要以法律法规的形式进行规定和保障,以便推动转衔服务的发展、规范和流畅。主要包括:明确转衔在我国特殊教育体系中的重要地位,突出它帮助特殊学生在不同教育阶段接受整体性、持续性教育服务,以及帮助特殊学生完成从学校到社区、社会过渡的重要作用;规范转衔服务计划的制订,形成连贯的转衔服务流程,包括特殊学生基本资料的收集、保存和转接,评估结果、成长记录、行为特点、教育安置等重要教育信息的共享和更新,个别化转衔服务计划的制订和调整;明确转衔所涉及教育行政管理部门及相关人员、教育服务机构的管理者和教师等相关人员、特殊学生及其家长以及其他服务机构等的权利、责任及相关的惩罚措施。

其次,转衔制度的建立和顺利实施需要得到教育行政管理部门的支持、管理、监督,以便促进多种资源的整合。转衔是一个向更高层次教育阶段迈进的服务体系,涉及特殊学生从出生到就业,甚至他们的终身教育,这需要大量的人力、物力等的持续性投入,需要教育行政管理部门的统筹协调和推动保障,也需要出台相关的地方性的、具有指导性的文件来保障。另外,特殊学生的转衔可能不仅仅涉及从学前教育到高等教育等不同阶段的学校,还涉及不同地区、不同类型的教育机构,如评估机构、教育康复机构等,教育行政管理部门自上而下的行政管理的顺畅和流动,才能确保相关教育服务机构及其人员的配合和合作。不同教育行政管理部门需要进行不同层次的合作内容、方式等的设计,赋予相关人员权利的同时,对其责任的履行状况进行监督,确保转衔中出现矛盾或者困难时及时协调解决,同时也需要为信息共享、人员合作、追踪辅导等提供必要的支持和指导。

最后,高质量的转衔服务需要不同专业人员的参与,并组建多学科的专业团队。专业人员将是转衔制度顺利实施的重要保障和重要资源。转衔,归根结底是为特殊学生提供的个别化教育服务中的一部分,它所涉及的内容众多、复杂,非一个专业、一个部门人员即可熟知和掌握。如特殊学生转衔前、中、后,均需要专业的评估团队实施科学的、准确的评估,需要有教育安置和转衔经验的团队制订规范化的、个别化的、可操作的转衔服务计划,也需要不同的教育服务机构指派专业的教师对特殊学生提供适应性的教育,并及时完成教育信息的更新,同时还需要专业人员进行追踪、考核和指导。另外,为转衔中涉及的团队、人员以及特殊学生的家长、任课教师等提供必要的培训、咨询等也需要专业人员的参与。目前我国的转衔服务和制度不仅在实践中较为缺乏,在理论研究方面也略显不足,需要高校、科研机构研究人员的关注和投入,建立本土化的转衔服务理论和实践体系,同时也需要做好相关人员的培养培训工作。

除了上述的法律法规、行政管理、专业人员等的保障之外,特殊学生的转衔涉及机构、人员众多,还需要得到财政支持、信息技术支持、劳动保障支持、医疗卫生支持等。

目标11:严格管理送教上门,建立实施及支持体系。

送教上门模式对残疾人教育质量的提升有着重要意义,它一方面解决了一部分残疾学生由于身体和生理原因造成的求学障碍,另一方面能够保证师资的合理分配,满足学生的个性化学习需求。随着《第二期特殊教育提升计划(2017—2020年)》将送教上门列为残疾人教育的重要补充形式,专业化、系统化的送教上门服务体系也应成为特殊教育建设的重点。为促进送教上门工作有效地开展,要在制度层面明确承担送教上门工作的责任主体,应建立以各地政府为主导,教育行政部门为主体,其他职能部门为辅助,全体社会成员共同参与的支持保障体系,让送教上门工作有法可依、有规可循,推动送教工作的有效开展。

第一,加强政策支持,出台送教上门指导文件,促进送教工作开展。制定标准化、程序化的送教流程与规范,促进送教上门专业化发展。各地送教上门工作的实践操作形式各异,送教效果无法评价,需制定送教上门操作流程和规范标准,以指导教师科学送教,提高送教质量,包括:对送教上门对象的资格与能力的评估,对送教对象实施医学诊断和健康体检等;教学或康复方案的制订,送教内容与目标的规划,如言语与动作等方面的康复训练、生活技能训练、学科知识教学、感统训练以及心理辅导等内容。此外,还需制定送教上门的经费拨付与使用政策,加大对送教上门经费的投入力度,优化经费支出结构,为送教工作提供专项经费,用于送教教师购置相关教具及康复器材,以便在经济上保障送教工作的有序开展。

第二,建立多种送教模式,打破原有一对一教学的单一模式。加强经费与技术支持力度,不再将送教工作局限于在学生家庭进行单独直接辅导,可以组织临近残疾学生进行小组学习,实现小班化教学。利用互联网信息技术,促进远程送教上门的发展,将学生信息管理、智能化评估、个别化教育计划制订、教学训练资源库等功能模块融为一体,搭建起完备的信息化送教业务流程。[①] 积

---

① 罗欣欣,陈卓铭.特殊教育送教上门工作之比较[J].中国康复医学杂志,2019,34(3):330-333.

极促进送教服务形式的多样化,包括一对一的上门入户送教、到康复机构进行训练治疗、到社区进行社会生活教育体验、到普校与普通学生一起活动等多种送教形式。①

第三,针对中国当前缺少专职送教老师,送教人员多为兼职特校老师的情况,应大力加强师资培训,建立一支教学经验丰富、了解送教学生特征的专业送教上门教师队伍,由政府或学校专门聘用,直接承担对学生的教育任务以及与家长沟通协调等工作。设置独立的部门和相应的岗位编制,制定统一的业务流程和实施办法,送教教师专职专任,从而保证送教上门的质量,减轻兼职教师的负担。

第四,重视家长参与,促进家校合作。家长在残疾学生教育中起到至关重要的作用,家长对残疾学生学业投入的多少直接决定其教育效果的好坏。送教上门工作的展开更加需要家长的配合与参与,包括送教时间的确定、教学场地的提供、为教师提供学生的详细信息与学习进展等工作,都需要家长给予支持。可以开展多项活动帮助家长了解送教工作,进而能积极参与家校合作,包括定期为家长开展讲座或课程、提供个别咨询或心理辅导,将家长作为重要人员,邀请其共同参与制订学生个别化送教计划等。

目标12:建设具有中国特色的特殊教育教学体系,促进教育教学质量提升。

该目标包含四个子目标,分别是:建立中国特色的特殊教育理论体系,为我国特殊教育发展提供理论指导;加大特殊教育教材体系建设,编制适合不同类型、不同程度特殊儿童需要的教辅材料;加强教育教学研究,形成适合不同学校的教学方式方法;建立科学、合理的特殊教育质量监测体系,为特殊教育发展提供指导。

第一,加大对特殊教育各项研究的投入,树立民族自信,发展中国特色的特殊教育话语体系,初步建立中国的特殊教育理论。长期以来,我国特殊教育发展深受国外影响,常陷入忽视我国本土政治文化经济环境,缺少自我判断、自我研究的动力和环境的困境,中国特色的特殊教育理论体系建设缓慢。因此,应加大对国家级、省市级、校级特殊教育研究的投入,设立专门项目解决中国本土

---

① 陈建军.彰显"送教上门"工作的区域特色[J].现代特殊教育,2016(11):23-25.

特殊教育中存在的理论和实践问题。尤其是，鼓励各高校特殊教育专业的教师、研究生积极参与，改善特殊教育科研环境，增办优质特殊教育相关学术刊物，对特殊教育系列图书和音像制品的出版和发行，提供优惠政策。同时引导学校和教师、社会上的特殊教育从业者、家长等，客观看待国外的理论和技术方法，规范教师、机构对方法的培训和使用。

第二，构建特殊教育质量监测体系。改革开放以来，尤其是进入21世纪之后，我国的特殊教育各方面发展迅速。尤其在数量上，如特殊儿童入学率、特殊教育学校数量、特殊教育教师数量等方面改善明显。在质量方面，颁布三类特殊教育学校课程设置实验方案、制定特殊教育学校课程标准等举措，都旨在提高特殊教育质量，实现优质、公平的特殊教育。但是，特殊教育发展质量如何，这一问题却未引起足够重视。现状是否已经实现了优质、公平？如果尚未实现，差距是什么？在哪些方面需要改善？这一系列的问题，需要构建国家层面的特殊教育质量监测体系，才能得以解决。监测体系的构建既需要教育部的倡导和资金投入，也需要以大量理论研究、实证研究为基础，并依托我国的教育监测部门以及高校科研院所制定监测指标体系和评价标准等，还需要基层特殊教育学校、普通教育学校的配合。

第六章　我国特殊教育中长期发展目标的保障机制

特殊教育事业是一项社会系统工程,它是检验一个社会文明发展水平的标志之一。本书通过对特殊教育发展的各个重要组成部分进行实证研究与理论思考,立足于我国特殊教育发展的现状与特点,结合其他国家相关的经验与教训,构建符合我国国情的特殊教育发展体系。同时,从我国构建和谐社会的大背景出发,以多学科理论为支撑点,以追求融合、公平与参与为理念,确立中长期发展战略目标设计的评价标准与程序,通过量化的方式建立操作性较强的九大目标体系。在学段上,目标体系从提高学前教育阶段残疾儿童入园率,全面普及残疾儿童义务教育,延伸至残疾人高中及职业教育,直至大力发展残疾人高等教育,使每一位残疾大学生平等共享高等教育资源;在特殊教育资源配置上,追求我国特殊教育区域间均衡发展,促进我国东中西部、城乡、少数民族地区特殊教育均衡发展;在特殊教育质量上,以完善的特殊教育经费制度、高质量的特殊教育教师队伍、符合我国国情的特殊教育法律法规以及具有中国特色的特殊教育教学体系来促进我国特殊教育的深入发展。该目标保障残疾人群体平等接受高质量特殊教育的合法权益,促进社会公平正义,推动构建社会主义和谐社会,势必要建立完善的目标保障机制以确保目标的顺利落实。目标保障机制的建立旨在根据残疾人或者特殊教育需求人群的需要,在教育、社会、文化等诸多方面为其提供必要的支持和帮助。

一、师资保障

特教发展,师资先行。特殊教育的有效性在很大程度上取决于从事特殊教育工作的教师的能力与素质。因此,建立一支高质量、结构合理和优化的特殊教育师资队伍是实现我国特殊教育中长期发展目标的重要任务之一。但已有研究发现,我国特殊教育教师专业化水平并不尽如人意,表现为:学历层次不高,学历专业以非特殊教育为主;专业素质水平一般,其中表现最好的是专业态度,其次为专业知识,最差的为专业技能,加上我国特殊教育教师数量不足等现实问题,更加突显了特殊教育教师专业发展的重要性和紧迫性。我国特殊教育中长期发展目标的制定将为加快推进特殊教育师资队伍建设提供新的契机,对于提升特殊教育发展水平具有里程碑式意义。为保障我国特殊教育中长期发展目标的实现,在师资建设方面,完善特教教师专业结构、加强特教教师专业能力培养培训、提高特教教师待遇、健全特教教师管理制度等应成为促进特殊教育教师专业化发展的重要任务。

(一)完善特教教师专业结构

随着我国特殊教育事业的发展,特教教师队伍规模不断扩大,但从总体上看,仍有不少地方特殊教育学校教师、普通学校随班就读教师、康复专业人员编制标准缺失,从事特殊教育与随班就读工作的教职工数量尚显不足、结构仍不完善。在本研究的调查中,对159所随班就读学校的调查研究结果显示,为提高随班就读质量和教师队伍的专业化水平,绝大多数的学校(85.3%)希望获得专业的资源教师的帮助,近6成的学校报告需要康复人员(58.7%),需要专业评估人员(50.0%)、特殊教育科研型教师和随班就读的专业管理人员的比例(同为55.3%)也超过一半,更有23.3%的学校认为学校发展需要高校或科研机构的特殊教育专家的协作与支持。对专业人员的需求度从高到低依次为资源教师、康复人员、随班就读专业管理人员、特殊教育科研型教师、专业评估人员与高校特殊教育专家。因此,从特殊教育学校和随班就读的教学、康复、管理工作的规律和特点出发,各地须落实学校开展正常教学和管理工作所需编制,配足配齐特殊教育岗位和随班就读岗位所需的教职工。"配足"指的是数量,"配齐"指的是类型,其中包括教学所需的各类学科教师、巡回指导教师、资源教师、送教教师、康复类专业人员、残疾学生生活指导和管理人员等,努力造就一支师德高尚、业务精湛、结构合理、充满活力的高素质专业化特殊教育教师队伍。这是推进我国特殊教育中长期发展,实现特殊教育事业跨越式发展的关键所在。

(二)培养特殊教育专业水平较高的骨干型教师

目前,我国高等师范院校特殊教育师资培养仍以盲校、聋校、培智学校等三类特殊教育学校师资培养为主,虽有涉及其他特殊需要儿童教育的课程内容,但课程设置多以综合化的特殊教育通识人才培养模式为主,即专业不细分,师范生主要掌握特殊教育专业领域的各类知识①,但不针对某特定残疾类型进行深入的学习与实践,一系列相关的职业如针对不同残疾类型的特教教师、管理者、治疗师、康复服务人员等得不到明确的分化。以至于在本研究中,对1984名特殊教育教师专业化发展的调查研究结果显示,特殊教育教师的专业知识储备不充分、专业技能不熟练、科研能力不足、专业方向不明确等问题成为教师专业化发展中的首要问题。因此,虽然这种培养模式使毕业生具有较宽广的知识面和广泛的适应性,但专业精细化程度不够,难以承担对特定残疾类型学生进行专业性较强的教育教学或者康复训练工作,更不用说满足融合教育发展所要求的支持与指导方面的需求了。

因此,为达到2030年全面普及残疾儿童义务教育,确保每个残疾儿童青少年获得公平、优质的教育,以及建立一支高质量的特殊教育教师队伍,提高特殊教育质量等发展目标,特殊教育教师的培养模式应该在传统的综合与通识教育的基础上,进一步走专业分化的道路。第一,通识教育中应逐步增加不同残疾类型教育康复相关的内容,并扩展对融合教育相关理论与方法的传授。第二,专业化培养上则根据学生的兴趣与社会的需求,培养针对不同残疾类型的专业化程度较高的教育与康复的骨干人才,使其能够在特殊教育机构或者学校里从事专业的教育与康复工作,并能够为本地区融合教育的发展提供专业的支持与指导。第三,应参考发达国家和地区的有益经验,根据我国特殊教育发展以及特殊教育教师队伍的实际情况,制定和完善特殊教育教师相关的法律,尽快确立特殊教育教师资格认证制度,逐步实行特殊教育教师持证上岗,非特殊教育专业毕业的教师还应经过省级教育行政部门组织的特殊教育专业培训并考核合格,以逐步培养出高质量的特殊教育师资队伍。

(三)培养实施融合教育的专门型教师

目前,国内的普通教育教师培养体系与特殊教育师资培养体系相互独立,

---

① 王琳琳.推进学前融合教育教师专业化发展的困境与建议[J].现代特殊教育,2017(20):71-76.

普校教师的职前培养中并没有系统地包含特殊教育方面的知识内容,资格证书的获得与考核很少或根本就没有包含特殊教育成分,以至于教师在开展随班就读工作中困难重重。① 本研究对579名随班就读教师的调查研究结果显示,教师对于随班就读工作中专业发展的需求从高到低依次为残疾儿童情绪与行为问题的管理、特殊儿童教学与课程调整的技能与策略、特殊教育或融合教育的相关知识、特殊儿童的康复训练技能、融合教育的理念提升、特殊教育的研究能力。因此,有必要进一步改革教师教育体制,探寻适合我国随班就读发展方向的教师职前培养体系,提升特殊教育质量,促进融合教育发展。西方许多高等院校已经尝试进行专业整合,创办融合教育专业,培养系统掌握融合教育环境下应对包括残疾在内的各种多样化需求的专门知识和技能,能够实施差异教学的人才。接受此种培养方式的学生毕业时授予两种资格证书,形成"教师资格证书＋特殊教育教师资格证书"双证制的融合教师培养模式。当前学校教育对象的异质化、多样化已经成为普通学校面临的现实,普通学校必须通过自身的变革与资源重组,应对学生多样的、个性化的学习与发展需求,普通教育教师也应具备特殊教育技能。

高等师范院校应该结合国际融合教育的趋势和我国随班就读发展的现实,积极创造条件培养高质量的融合教育教师。一方面,在特殊教育专业的基础上开设融合教育专业,培养具备在普通学校实施特殊教育的专门型人才,推进融合教育的发展,促进教育体制变革。融合教育复合型人才课程设置应该"特殊教育、普通教育、融合教育"三类知识与技能并重、合理分配,学生毕业时能够获得普通教师和特殊教育教师两种资格证书,具备在普通学校从事资源教师、巡回教师、特殊教育辅导教师等专业性较强岗位的能力。另一方面,在普通师范类专业的基础上,应该系统、广泛地开设特殊教育知识或学科专业知识的选修课和必修课,各级师范院校、教师培养机构的职前职后教师教育以及各级教育相关的学位、学历教育中应明确地包含特殊教育课程模块,使之成为教师教育中不可缺少的必修课程,而非仅仅停留在可有可无的选修课程的地位,充分利

---

① 邓猛,景时.从随班就读到同班就读:关于全纳教育本土化理论的思考[J].中国特殊教育,2013(8):3-9.

用教师资格制度加强师资培训的导向作用,培养具备特殊教育基本知识与技能的融合教育普及型人才。

(四) 完善职后师资培训体系,提高教师专业水平和教学能力

特教教师专业化发展是一个持续的动态过程,需要教师不断地接收新知识,学习新技能。在教师的专业发展过程中,职后培训起着至关重要的作用。[①] 因此,为实现我国特殊教育中长期发展目标,应建立职后系统培训机制,满足专业需求,提高特教教师职后培训效率。但是,本研究对2 200名特殊教育教师职后培训效果的调查结果显示,71.9%的特殊教育教师认为目前的特殊教育职后培训只能部分解决其工作中所遇到的问题和困惑,19.3%的特殊教育教师认为目前的特殊教育职后培训很少能帮助其解决工作中所遇到的问题和困惑。在培训中教师遇到的问题以培训名额与机会少、培训内容没有针对性、培训方式单一、培训时间和地点安排与工作冲突、不了解特殊教育教师培训需求等为主。在未来的特殊教育职后培训中最希望获取的知识从高到低依次是:残疾儿童康复与训练技能、特殊教育教学方法与策略、残疾儿童评估与鉴定方法、个别化教育计划制订、残疾儿童生理和心理发展特点等。而随班就读教师则认为培训时间和地点安排与教学工作冲突、培训内容没有针对性、培训名额少等,希望未来职后培训的重点以残疾儿童心理和生理发展特点、融合教育教学方法与策略、残疾儿童康复与训练为主。因此,为保障我国特殊教育中长期发展目标的实现,必须建立多层次、重评价、模式丰富的教师职后培训机制。

第一,从培训对象上,并非单一指向特教教师,可包含特殊教育管理人员(包括区县特殊教育主管人员、特教视导员、特教中心主任及特教学校校长)、特殊教育相关专业人员(包括资源教师、巡回指导教师、康复训练师等)、特殊教育专业教师(视障教育专业教师、听障教育专业教师、智障教育专业教师等)。第二,在培训层次上,针对不同发展阶段的教师应进行有针对性的培训,包括新教师培训、特教教师基本功培训、骨干级教师研修性学习等。第三,在培训内容上,应结合目前特殊教育学校教育教学实践中的实际问题,从专业理论和专业

---

① 王雁,范文静,冯雅静.我国普通教师融合教育素养职前培养的思考及建议[J].教育学报,2018,14(6):81-87.

技能两个方面双管齐下共同制定培训内容,改善我国当前的特殊教育培训注重专业理论、轻专业技能的现实,建立从特教理论到特教实践之间的有效连接。第四,在建立培训激励机制上,坚持从特教学校一线教师中搜集培训需求,不断改进培训方法,使互动和操作环节更有效,进而激发教师参加继续教育的积极性。第五,在培训模式上,随着特殊教育的蓬勃发展,社会对特殊教育教师提出了新的要求和严峻的挑战,寻求高效、便捷、个性化的学习途径促进自身的专业发展势必成为特殊教育教师的现实需求。在线公开课程,为突破特殊教育教师职后培训的现实困境、创新特殊教育教师职后培训途径提供了契机。在线课程不仅可由学习者根据自己的个别化目标和背景,决定个性化的参与路径,选择和定制个性化的课程,还可以通过在线的方式采集用户学习数据,纪录学习者的学习内容需求和个人学习习惯,从而进行基于全量数据的学习分析,为学习策略的选择和调整提供参考。因此,以特殊教育教师专业发展为导向,构建一体化在线课程职后培训体系,为创新特殊教育教师职后培训模式提供了新的借鉴。

法制化是提高特殊教育教师职后教育实效的必由之路,也是不断提高特殊教育质量的重要保证。因此,为保障特殊教育教师职后培训质量,还要通过建立和完善相关培训制度,使特殊教育教师职后教育培训系统化、制度化,使特殊教育教师职后教育成为特殊教育学校在职教师的义务和责任。应从制度层面上建立教师继续教育资格认证机制,这需要各级领导的高度重视和各参训单位的积极配合,同时也少不了国家在财政上的补助和社会的支持。多方的互动、配合才能使特殊教育教师职后教育更好地发展。

二、经费投入保障

近年来,特殊教育飞速发展。在取得显著成绩的同时,也应当注意到,我国特殊教育发展水平不高、发展不平衡的问题依然存在。特殊教育学校办学条件不高,亟待改善;普通学校随班就读支持保障体系尚未建立,教育质量不高[1];特殊教育供求的结构性矛盾依然存在,不少多重、重度残疾儿童入学困难;特殊教

---

[1] 彭霞光.随班就读支持保障体系建设初探[J].中国特殊教育,2014(11):3-7.

育教师专业水平不足,无法满足特殊教育教学活动的需要[①];特殊教育学校的办学条件有待改善,其资源中心的作用尚未有效发挥[②]。我国特殊教育事业发展到了一个重要的关口,巩固已经取得的成就并推动我国特殊教育中长期进一步改革发展,经费保障机制至关重要。

第一,政府应加大对特殊教育经费的投入力度,优化经费支出结构。首先,提高特殊教育学校生均预算内公用经费标准,建立健全覆盖义务教育阶段全体残疾学生,包括随班就读、特教班就读和送教上门残疾学生的经费制度,落实对普通学校开展特殊教育的财政性经费投入。其次,改善特殊教育办学条件,加强残疾学生学习和生活无障碍设施建设。再次,平衡东、中、西部的特殊教育经费投入与配置,如加大对中西部地区、贫困地区和少数民族地区的特殊教育经费支持力度,继续改善中西部地区、贫困地区、少数民族地区特殊教育机构的办学条件,启动少数民族地区特殊教育专项建设项目。最后,在特殊教育经费中划定特殊教育及相关服务项目,如早期干预、职业康复、辅助技术、生活服务等,保障残疾学生能在接受合适的教育的同时获得相应的服务。此外,还应合理规划特殊教育经费支出结构,如提高基建经费的支出比例,为学生创造完善的学校硬件设施;提高公用经费与个人经费的使用效率;增加专业教师数量,对后勤人员及代课教师的数量进行适当调整,减少不必要的个人经费支出;加大公用经费支出,促使个人经费支出与公用经费支出合理有序;提高公务费与业务费的使用效率,降低公务费用的支出比例,提高业务经费的支出比例,关注教学活动,提高教学质量,促进学生发展。

第二,鼓励社会各界支持特殊教育,促进经费来源的多样化。经费是教育事业得以顺利开展的有力保障。研究结果显示,我国特殊教育学校的经费主要来源于教育部门拨款,教育部门的拨款所占比重为87.76%,其次是残联部门拨款,而爱心企业和民间团体投入的经费相对较少(24.49%和17.01%)。由此可见,参与到特殊教育中的社会资源较少。因此,结合我国的具体实际,除了要加大政府对特殊教育的经费投入外,还应鼓励社会各界参与到特殊教育中来,增

---

① 彭兴蓬,雷江华. 论融合教育的困境——基于四维视角的分析[J]. 教育学报,2013,9(6):59-66.
② 彭霞光. 中国特殊教育发展面临的六大转变[J]. 中国特殊教育,2010(9):3-8.

加特殊教育经费的来源渠道,使之多元化。如此,不仅能增加特殊教育经费的来源,减轻政府的负担,还可呼吁更多组织、企业以及个人参与特殊教育事业,关心特殊儿童的发展,形成良好的社会氛围。

第三,制定详细的经费分配机制,落实到基层的教育部门。我国国家层面对东、中、西部特殊教育的经费投入有一定的差异,同时各地政府对特殊教育的经费投入也相差甚远。因此,从国家到地方应制定详细的特殊教育经费投入机制,建立健全"中央—省—市—县—校"的特殊教育经费预算决算制度,明确各级教育部门的特殊教育经费比例,以及特殊教育经费的使用项目和范围。

第四,应完善特殊教育经费的资金监管机制。规范预算的制定、审批、监督工作,保证各级政府和学校严格按照预算进行支出,切实做到支出有凭证,核算有根据。同时,构建起有力的特殊教育经费投入与使用的外部监督体系,通过网络平台,公开义务教育经费的拨付、使用、管理等各项信息,接受社会各界的广泛监督。必要时可以鼓励并扶持建立社会中介组织,引入第三方机构,促使其公正地对特殊教育的资金使用进行评估,并给出相应的报告。

三、信息资源支持

近年来,信息技术已渗透到经济发展和社会生活的各个方面。让残疾人享有与普通人一样的信息环境,获得更公平的教育和发展机会,且以特殊教育信息化带动特殊教育现代化,破解制约我国特殊教育发展的难题,促进特殊教育的创新与发展,是发展特殊教育事业的重大战略抉择。

第一,建立特殊教育信息通报系统,提高特殊教育服务质量。特殊教育信息通报系统是一个国家或地区特殊教育事业发展的重要数据平台,有望改变我国不同部门间特殊儿童信息不对接、口径不统一的现状,实现部门之间信息的共建和共享。特殊儿童一旦进入信息通报系统便为其建立个人档案,记录其接受各种服务的过程,教育、卫生、残联系统可全面掌握特殊儿童的情况和服务需求,根据部门的工作职责分别提供随访、康复、教育等跟踪服务,还可以为政府部门决策提供依据。

第二,借助资源信息检索与服务平台,为特殊教育内涵化发展提供网络支持。特殊教育资源信息检索与服务平台涵盖各级各类特殊教育学校和康复机

构的课程、教材、教具、辅具等方面内容,即特殊教育信息资源库,可实现优质资源共享和充分利用。

第三,建立数字化特殊教育资源中心。数字化资源中心是以数字化信息和网络为基础,通过对教学、科研、管理、技术服务、生活服务等信息的收集、处理、整合、存储、传输和应用,使特殊教育资源得到优化和利用,以促进区域内师生发展的一种虚拟化的教育环境。之所以要建立数字化资源中心,是因为与普通学校相比,特殊教育学校的教师受过更为专业的特殊教育知识和技能训练,拥有更完备的教学和康复训练设备,在很多方面都能发挥引领作用。因此,很多特殊教育学校不仅承担本校残疾学生的教育教学任务,还成为当地随班就读的资源中心,发挥了骨干作用,从传统的封闭式教育机构转变为集教学、师资培训、信息服务和社区特殊教育资源管理为一体的特殊教育中心。将特殊教育学校建设成为区域特殊教育的信息化中心,更能发挥对随班就读学校的辐射作用,以及面向社会公众宣传普及特殊教育知识、信息等作用。

第四,大力发展特殊教育的远程服务模式。远程教育对残疾人教育的发展有着独特而重要的意义。一方面,远程教育形式在很大程度上规避了残疾人身体和生理等方面的缺陷导致的学习上的不便和障碍;另一方面,这种形式提供了较为宽泛和灵活的学习管理体制,适合残疾人的实际情况,更便于他们接受教育及满足终身学习的需要。具体来说,特殊教育的远程服务模式可分为远程送教上门、远程巡回指导、远程残疾人高等教育和职业教育等类型。

四、法律和政策保障

"依法治国"作为现阶段我国基本的发展目标,深刻影响着教育领域的未来发展。"依法治教"为教育实践提供了政策上的支持与监督,在"依法治教"的理念下,教育政策法规的制定与出台"加快了教育法制建设,让教育逐步走上依法治教的轨道",成为教育稳定向好的关键。作为教育系统的组成部分,特殊教育的发展同样需要政策法规的建设。

"依法治教"理念的不断完善,促使特殊教育事业逐步由人文关怀层面落实到了政策制度保障上,这一变化无疑奠定了特殊教育坚实的法律基础和物质基础。① 在我国,从历史来看,特殊教育发展始终处于自上而下政府主导发展的模式。但在现代社会,教育的发展越来越离不开法律的保障和支持,特殊教育更是如此。树立法律权威意识、形成社会制度体系是"依法治国"的落脚点。其中既体现外部强制的约束性,更重要的是内在的自觉服从性。因此,特殊教育立法不仅体现了教育的公平,提供残疾人参与社会向上流动的可能,而且从政策及支持保障体系的建立来看,是使得特殊教育长期发展的最有力保障。健全的法律法规是特殊教育发展的前提,而有力的社会保障体系则是特殊教育发展的助推器。就形式上看,法律法规属于上层建筑,而有力的社会保障体系则是经济基础。经济基础决定上层建筑,上层建筑反过来也会影响经济基础的发展。良好的社会保障体系建设对特殊教育法律法规的出台和实施有着相当重要的影响,而好的法律法规不但可以推动社会保障体系的建立,也是实现长远发展的前提。

(一)明确特殊教育法律的价值目标与基本原则

法律法规应逻辑完整,具有层次结构。法律制度的静态内容可以分为三个层次:法的价值目标、法律原则和法律规范。目前我国的特殊教育法律法规仍旧停留在事后解决问题的思路。教育法律作为政策合法化的结果,理应与政策一样起到引导公共教育发展的作用。我国的特殊教育法律体系也应如此,对我国特殊教育事业发展进行顶层设计,指向未来特殊教育发展的方向。首先,应将公平、公正作为其价值目标和根本理想。此外,特殊教育法律因其规制对象和内容的特殊性,也应体现出不同于其他教育法律的价值追求。如将融合教育作为其基本原则,通过立法推动融合教育发展。如在入学、评估、测试、课程教学、经费、学校无障碍环境、资源支持、教师配备、家长参与等相关的方方面面对融合教育利益相关者进行权责规定,将融合教育发展规范化、法制化,推动融合教育的大力发展。② 目前我国仍然还停留在隔离教育的阶段,依然把建设特殊教育学校作为发展残疾人教育的重要途径,大量资金被投入到特殊教育学校建设中。要以融合教育的立法理念为核心、以平等保护为原则,修改并完善现行

---

① 彭兴蓬,雷江华.教育关怀:融合教育教师的核心品质[J].教师教育研究,2015,27(1):17-22.
② 张茂聪,王宁.改革开放四十年来我国特殊教育政策演进与逻辑[J].中国特殊教育,2019(3):11-19.

的关于残疾人教育的法律法规,使得特殊儿童不论在何种安置环节中都能获得所有特殊教育和相关服务措施,无论在何种安置方式中都能够接受与普通儿童一样的服务,让特殊儿童与普通儿童有更多互动机会,使特殊教育和普通教育融合成为一个系统。除此之外,还有诸如公平、适合、无歧视、尊重等原则理应体现在法律中,成为法律制定的价值标准和原则。

(二)制定特殊教育法,促进特殊教育法律体系化

制定《特殊教育法》,从专项立法角度推动残疾人教育进步,构建以《宪法》为基础、《教育法》为准绳、《特殊教育法》为核心的残疾人受教育权的法制保障系统。在此系统中沿着纵向和横向两个维度延伸,既有从《教育法》《特殊教育法》到地方性法规及涉及特殊教育、全纳教育的规范、标准、规则的下位法律和规章的纵向结构,又有与《义务教育法》《职业教育法》《高等教育法》相联系的横向结构,同时每部法律法规都有相应的实施细则。

也就是不仅要在数量上增加相关的实施细则来配套,保证法律的解释力和操作性,使法律体系更为完整和丰富,同时也要通过制定与《义务教育法》等平行的教育单行法来提高法律效力,以便提高其威信和执行力。当然,法律的制定并不是一朝一夕即可完成,需要按照立法程序进行,更需要相关部门广泛调研,听取群众意见,了解典型案例和当事人,摸清并厘清特殊教育中急需解决的难点和重点,将其列入考虑范围,将适用法律约束和规范纳入其中,实现法律制定的民主和科学性,同时使其更具有操作性。

(三)增强法律可操作性,确保法律有效实施

法律条文的可操作性有助于法律的实施和监督,更好地维护法律的权威性。因此,在我国保障残疾人受教育权的立法中,必须加强可操作性以维护法律的权威和刚性。[①]首先应当加强特殊教育立法的刚性,内容表述上的强硬和明确,有助于提高法律的威信和可信度。应该避免使用一些虽是倡导性但实际上暧昧、模糊的语言表达,减少"应当""适当"的表述方式和"支持""鼓励"等形式的倡导。其次,法律条文应当清楚明晰、可执行,将标准细化,必要时出台实施细则,尤其是特殊儿童的鉴定评估、经费调拨、康复支持、入学、职业教育、家

---

① 赵德成.台湾地区特殊教育法律的特点及启示[J].中国特殊教育,2013(2):10-14.

长参与等方面,在实际操作中容易产生权责纠纷,利益冲突中既容易被关注又容易出现问题的关键点,更需要做出明确规定,必要时出台实施细则,规定量化标准。同时,强化法律责任,对不能履行义务的部门和个人应在法律中明确处罚方式,适时加大处罚力度,不仅做到有法可依,也要做到违者必究。尤其是对管理者,减少使用"相关部门"等管理责任不明确的模糊表达,对每个层级和每个部门应负的责任及其监督和处罚均明确规定,使特殊儿童等群体利益受损时,能够求助有门,而不是面对多方的责任推诿。

(四)完善法律责任的规定,强化监督惩罚条款和机制

在保障残疾人受教育权的立法中,要明确国家义务本位,厘清政府责任。不仅要通过法律形式明确中央与地方在特殊教育人、财、物等方面的权责划分,而且必须规定政府对特殊教育的投入在教育预算中的比例,将其落实为政府的清晰职责,同时强化对政府职责的监督机制和惩罚条款,确保政府履职到位。还应该把杜绝非政府机构侵犯残疾人受教育权的行为纳入法律规制的范围内。

目前我国的特殊教育实施形式正处在多元变化和整合阶段,对于社区社会福利机构及医疗康复机构附设特殊教育班还未有所涉及;针对民办公助形式的残疾人社会组织或机构,国家及有关主管部门正通过政府购买服务的形式,承认它们在特殊教育服务体系中的作用,在政策及经费投入上给予大力扶持;残联、民政、教育主管部门等需要上下联动并互相监管,形成既平行又交叉的无缝对接式的执行监管机制,统筹教育、医疗、就业保障等系统,合力为特殊教育提供必要的设备人员和资源,协同为特殊教育整体发展保驾护航;行政监管也要与奖惩措施相结合,对充分并创新完成工作的学校或单位给予奖励,对执行不力甚至是触犯法律和道德底线的学校或有关单位要坚决予以惩处。

(五)建立残疾人鉴定评估制度,完善特殊教育适用对象的法律规定

首先,我国要确立具有科学性、权威性和可操作性的残疾人鉴定评估制度,将特殊教育对象的鉴别和评估标准以法律法规形式确立下来,杜绝目前鉴定混乱的现象,对残疾学生的定义与分类做出科学完整的法律意义上的界定,同时必须严格规范对特殊教育对象进行鉴定的成员之资格及构成,严格规范鉴定程序,以保证鉴定的公正性、客观性和系统性,并对鉴定结论实行责任制。其次,规范特殊教育适用对象的类别和定义,扩大适用对象范围。根据目前实践中实

现教育公平的需要,应当以法律形式确认和扩大特殊教育适用对象,除了涵盖《残疾人保障法》规定的视力残疾、听力残疾、言语残疾、肢体残疾、智力残疾、精神残疾、多重残疾等七类残障外,将孤独症、脑瘫、多动症、身体病弱等身心障碍儿童也囊括进去,突破原来狭义的特殊教育对象,更好地体现对残疾人受教育权的保护。还要修订原来涉及残疾人受教育权保护的一系列法律法规中关于适用对象的表述,维护法律的规范性。

(六)推进特教教师资格认证制度

教师是特殊教育发展的关键,教师认证制度是保障教师队伍素质的重要手段。但我国目前在这个方面尚属空白,只在部分法律中零散地、粗略地规定了教师的权利与义务,尚无法真正起到规范教师行为、保障教师利益的作用。尤其是非义务教育阶段的教师,如学前教育阶段的教师,构成复杂,专业化水平难以得到保障,更有甚者,出现用非法教育手段令特殊儿童死亡的情况。所以,特殊教育教师资格认定要加快推进。针对特殊教育的发展特点,结合普通教育教师资格认定的一般过程,特殊教育教师资格认定要从法律层面加以落实。在认定过程中我们要更多地关注特教教师的专业素养,从各个方面考察特教教师的资格,使得特教教师资格认定更加规范和具有法律效力,从而提高从业者的教育水平,最终提升特殊教育的质量。另外,特殊教育是一项专业性很高的工作,法律理应保障教师的权利,如接受再培训的权利、休假的权利、享受特殊教育津贴的权利等。调查显示,从随班就读教师所需的政策支持来看,超过一半的教师希望得到特教津贴政策、随班就读教师地位与责任政策、随班就读教师专业发展政策、随班就读教师职称评定的政策、教师评价评优的政策等方面的支持。

(七)将家长纳入特殊教育关注范围

家长及家长组织是特殊教育发展的重要参与者,他们可以参与特殊儿童教育的方方面面,如特殊儿童的鉴定、评估、入学、课程教学、职业教育、转衔等等。法律应当明确家长的权利和义务,以及相应的监督和惩罚措施。

五、课程与教学质量保障

课程与教学是特殊教育有效、高效实施的重要保障,同时也是判断特殊儿童能否接受公正、平等教育的试金石。但目前我国特殊教育实行双轨制,即同时存在特殊教育学校和普通学校两种安置方式,而两种安置方式中特殊儿童的课程与教学是完全不同的,这也导致两种安置方式间的相互流动性很低。儿童一旦进入一种安置方式,则只能从普通学校进入融合程度更低的特殊教育学校中。而更为重要的是,这样的课程与教学实际上是人为地剥夺了一部分特殊儿童接受适当的、与普通儿童一样的教育的权利。"一刀切"固然便于管理,且实践中也适合一部分特殊儿童,但同时也降低了家长、学校、教师、特殊儿童、同伴等对特殊儿童的期待,人为地设置了特殊儿童发展的天花板,忽略了特殊儿童发展的可能性。

(一)尝试采用通用学习设计的课程设计理念

国外已经采用通用学习设计来设计课程,在课程设计之初就考虑其通用性,将特殊儿童的需求和国家对特殊儿童的要求一并纳入其中。这就要求我国普通教育与特殊教育合作,共同考虑能够容纳普通儿童和特殊儿童的课程及课程实施体系。在融合教育背景下实施课程改革,需要打破特殊教育与普通教育的壁垒,使处于不同安置方式中的特殊儿童能够学习同样的课程,而唯一改变课程目标、内容、实施和评价的只能是特殊儿童自身的需要。

(二)加强对特教学校课程、教材与教学的监管力度

目前,特殊教育学校在我国仍有存在的必要性,而且在一段时间内也仍将是我国特殊教育体系的主体。所以,对于确实需要安置于特殊教育学校中的学生,教育主管部门应加强对其课程与教学的改革力度。现实中,特殊教育教师、特殊教育学校已经远远走在了政策和改革的前面。教育部门应该摒弃"一刀切"的"普教思维",用普通教育的思路来对待特殊儿童。问卷调查发现,特殊教育学校的教师认为目前的教材存在问题,如"教材内容不符合本地实际,缺乏地域性"(54.0%),"教材内容脱离学生的生活实际"(45.0%)。总的来看,作为统一性的国家教材很难顾及不同地区特教学校的不同需求。此外,还有以下几个问题:"教材内容偏离学生的培养目标"(27.2%)、"教材内容难度过高"(36.2%)、"教材内容缺乏组织性和系统性"(29.9%)。教师对教材的要求更多的是从实用性的角度出发,在教师看来,国家教材还存在很多的问题。由此可见,目前所使用的教材与地区、学校和学生脱节,应该给予地方、学校、教师以更大的空间进行课程、教材、教学的改革。

同时,空间大了,意味着国家的监管力度应该一并加大,在此过程中还应体现特殊教育的特殊性,即增加过程性的考核,而减少结果性的考核,给予特殊教育学校和特殊教育教师足够的信任和尊重,尊重他们的专业性。但是,这并不意味着国家只有监管的责任。通过调查发现,59%的教师认为特教学校要综合使用校本教材、地方教材和国家统一教材,21.4%的教师认为特教学校需要使用国家统一的教材,13.9%的教师认为特教学校要使用自己开发的校本教材,4.5%的教师认为特教学校要综合使用其他学校和地区的教材,无须使用校本和国家教材。由此可见,基于不同学校在教材开发中的人力、物力、财力等资源的不均衡,绝大多数的特殊教育教师希望国家能够统一制定教材,学校和教师可在国家统一教材的知识逻辑体系的基础上再进行地区化与校本化。所以,基于我国的实际状况,特殊教育课程、教材、教学研究仍旧需要国家的引导、组织和不断推进。

国家需要组织课程与教学理论方面的专家,就特殊教育的课程改革、特殊教育的教学和服务等,不仅从理论上进行必要的、谨慎的研究,也从实践上不断进行循证研究,总结适合我国特殊儿童、特殊教育国情的教育教学方法,并适当地进行有组织、有系统的推广、实验,形成既具有理论价值又具有实践价值的教育教学方法。

(三) 加大随班就读课程和教学改革的研究与管理

建议教育主管部门在对随班就读学生学习现状和学习能力的充分调研与分析基础上,制定与随班就读学生学习能力、教育目标相适应的课程、教学体系和质量监控体系。根据调查,作为确定随班就读学生目标的个别化教育计划,有17.96%的随班就读教师表示并未给学生制订,而只有23.14%的教师能够做到每学期至少为学生修订一次个别化教育计划,这也充分说明目前对随班就读学生教学进行质量监控的必要性。

为使多重残疾和重度残疾儿童享受优质的教育,应研发多重残疾、重度残疾儿童的教育课程和方案,并加强上门教育人员的专业指导,以提升"在家教育"的质量。为规范特殊教育课程与教学,应尽快成立国家和地方两级"特殊教育课程与教学研发中心",负责全国和各地区的特殊教育课程规划与建设,负责教学的研讨及科技辅具的开发。现代教育技术,尤其是辅助技术的研发与运用,可以为特殊学生提供更全面、更具针对性的学习支持,政府应投入必要的人力与物力,支持特殊教育科技辅具的研发和推广。我国特殊教育课程与教学建设虽已取得了一定的成绩,但现有课程和教学还不够成熟。应大力开展特殊教育课程与教学的研究,包括对国内外相关教育机构课程与教学的比较研究、普通教育课程与特殊教育课程的比较研究等。在充分研究的基础上,建立符合中国特殊教育发展方向的、科学高效的特殊教育课程与教学体系。调查显示,19.69%的教师反映随班就读学生的课程无特殊变化,与普通学生相同。而大多数教师在教学过程中"会针对残疾学生的学习能力做出调整,如降低难度、缩小范围等",还有32.64%和14.68%的教师会结合学生的实际情况和特点添加新的教学内容。尽管这一比例很大,但是教师所做的调整与学生的适配性如何,仍值得研究和确认。

(四)建立课程与教学资源平台

课程与教学的实施、改革并不是一蹴而就的,更不是纸上谈兵,需要大量的政策支持、人员支持、服务支持和经费支持。此外,还需要对教师进行不断的培训。如通过调查研究发现,有65%的随班就读教师期望能够获得特殊儿童教学与课程调整的技能与策略。教师需要领会国家课程的精神和理念,方能在实施过程中予以贯彻。另外,需要国家相关部门牵头,建立全国性的特殊教育课程与教学资源库,上传政策解读、教学素材、课程标准解读、教育教学方法、课例等等,为全国不同地区的普通教师和特殊教育教师的课程与教学实施提供支持。

(五)重视职业教育课程研究与转衔

职业教育非义务教育范畴,但却对残疾人进入社会,实现自身价值有非常重要的作用。当前职业教育的对象涵盖义务教育阶段与非义务教育阶段的智力障碍学生;教育观念既重视职业教育(教学)与生产相结合,与市场相适应,与残疾人的身心特点相符,又重视职业教育目标的层次性和职业教育的个别化,同时注重对智力障碍学生职业教育培训形式、方法与模式的探索。近年来,大量的特殊教育学校依托地区优势,结合学生能力,依据培养目标,设置基础领域课程、专业领域课程、综合实践活动类课程。在此基础上,也有学校在课程设置中添加不同专业的体验式课程。但是,当特殊学生面临就业时,又存在诸多问题。当然,学生就业难并不只是学校和学生的问题。本书的研究结果显示,特殊学生职业教育最主要的困难是不容易找到实习场所,有63.27%的学校遇到过此类问题。其次是就业市场有限,有60.54%的学校反映此问题。此外,还有少部分学校会遇到人力不足、难以追踪残疾学生就业的情况(44.9%)以及与升学和就业单位沟通有困难(34.01%)等问题。这些都可以反映出学校对学生职业教育和就业方面的支持还不够,有待加强。

六、基础设施保障

面向残疾人的基础设施建设是社会主义物质文明建设和精神文明建设的重要组成部分,是决定特殊人群学习质量、生活状况、社会地位等的重要因素。目前,促进残疾人事业发展,已成为全面建设小康社会和构建社会主义和谐社会一项重要而紧迫的任务。随着特殊教育事业中长期发展目标的推进,以及社会经济的发展和现代残疾人观念的普及,国内残疾人基础设施建设势必会得到社会越来越多的关注。实现特殊教育中长期发展目标,提高残疾人的生活水平和社会参与能力,为残疾人提供康复、教育、劳动、就业、扶贫、社会保障、文化体育、法律维权、无障碍环境建设以及残疾预防等服务应成为各级政府的重要任务。

(一) 学校基础设施建设

1. 特殊教育学校基础设施建设

特殊教育是教育事业的重要组成部分,近年来特殊教育学校建设和教育教学等各方面工作都取得了显著成绩。在国家《特殊教育学校建设标准》的指导下,不少特殊教育学校的办学条件也得到较大改善。但是,目前仍有一批特殊教育学校不同程度地存在校舍破旧、面积不足、设施不配套等问题,这与高水平高质量实施义务教育、基本实现教育现代化的要求不相适应。本研究对159所特殊教育学校无障碍设施的调查结果显示,23.3%的学校没有无障碍设施,较常见的无障碍设施是方便轮椅进出的出入口及道路(53.3%)、坡道及扶手(48%),其中设有双侧扶手的比例较少(20%)。30.7%的学校的无障碍厕所已有保障,但升降设备(如电梯、升降梯、轮椅爬楼设备)较少(12%),仅有3.3%的学校设置了盲道、点字说明、语音说明等引导设置,这不利于视力障碍和听力障碍学生的在校学习生活。同时,随着时代的发展和特殊教育课程改革的推进,现有特殊教育学校的教学设备陈旧,教学手段落后,急需添置和更新特殊教育专用教学设备等问题凸显。因此,为全面提高教育教学质量,推进我国特殊教育中长期发展目标,特殊教育学校的标准化建设十分迫切。

根据国家《特殊教育学校建设标准》对于特殊教育标准化学校和随班就读学校建设的总目标,相关学校要布局合理,确保区域内适龄残疾儿童少年具有入学的机会,校舍、设施符合国家和省里规定的基本要求,专用教学设备满足特殊教育教学需要。其具体包括:① 全面完成学校基础设施建设工作。提供满足教育教学及师生生活需要的校舍和配套设施。学校内各区域划分清晰,布局合理,包括教学区、活动区、生活区、行政办公综合区等,在校园用地、校舍建筑、教学设施、行政办公设施、生活设施、安全设施、专用教学设备等方面严格遵守特殊教育学校建设基本标准。② 配齐通用教育教学基本设备。每所学校配置满足特殊需要儿童教育教学需要的实验设备、图书资料、体育与艺术教育器材。③ 配置特殊教育专用设备。按照特殊教育学校新课程设置的要求,配置视障、听障、智障专业教育教学需要的专用教学设备,如语训室设备、律动室设备、音乐与舞蹈室设备、体育康复训练室设备、感觉统合训练室设备等。

2. 随班就读学校的基础设施建设

到2030年,残疾儿童义务教育的安置方式将以融合教育为主,任何普通学校不得拒绝残疾儿童入学,特殊教育学校将成为义务教育阶段主体安置方式的重要补充,特殊儿童及其家长有权在两种安置方式之间做出选择。总之,普通学校将成为特殊需要人群接受教育的主要场所。本书的研究结果显示,智力残疾学生是随班就读残疾学生的主要组成部分,占比达到89.3%。肢体残疾学生(52.7%)和孤独症学生(46.7%)的数值超过智力残疾学生比例的一半,听力残疾学生的比例达到36.7%。多重残疾学生(23.3%)和脑瘫学生(22.0%)比例接近,视力残疾学生(19.3%)和言语残疾学生(17.3%)的比例小于20%,其他障碍类型多为注意力缺陷儿童。因此,随班就读学校的基础建设,需以满足各类残疾儿童的日常学习与生活需要为基本原则。

第一,按照学校基础设施标准化建设要求,考虑各类无障碍设施的投入与使用。残疾人随班就读目前存在的主要问题是无障碍环境方面的落后。例如,北京市残联相关负责人表示,残疾孩子在普通学校入学时常遭到拒绝,理由之一是学校不具备接纳残疾学生的环境条件。很多学校里没有电梯,没有残疾人专用的无障碍卫生间,没有供轮椅走的坡道,残疾学生的出行、学习极不方便。即使是已经进入学校随班就读的学生,也出现了由于无障碍设施不完善而带来的不适应问题。甚至有研究显示,由于普通学校缺乏无障碍设施,一些随班就读的残疾学生无法与其他学生一样参加各种活动,甚至一些日常活动也需要其他学生照顾。这种情况使随班就读的残疾学生产生社会退缩行为,即不愿、不敢和其他学生交往,怕给别人添麻烦,怕受到别人的嘲笑和冷眼。本来是促进残疾学生更加社会化的融合教育,反而导致他们更加自惭形秽。因此,为推动融合教育的发展,需要在考虑安全隐私性、空间可识别性、智能化、满足康复与教育要求等无障碍设施建设的原则基础上,促进各类无障碍设施的投入与使用。例如,让学生的阅读方式从以纸质资源为主转变到以电子资源为主;注意扶手、坡道、音响信号、特定标志,以及电梯、洗手间中设施的设置,为聋哑儿童准备手语电视和特殊报警装置,为视障儿童提供应该有的计算机设施,提供盲文书刊阅览、视障读者上网、视障有声阅览、低视辅助阅览等设施和服务。

第二,配齐通用教育教学与特殊教育教学的基本设备。在教学材料方面,配备教育教学需要的实验设备、图书资料、体育与艺术教育器材、康复训练设备、评估量表及软件、玩教具及教辅具、心理组训设备等。教学材料的选择上,可根据特殊儿童的学习风格、信息加工的特征等因素,选择最适合其学习的教学材料或辅助器具。在学习环境方面,根据特殊儿童在感官功能与情绪方面的特征和需要,为其安排最适合学习的课堂环境,如为易受干扰的学生提供安静的环境,为坐轮椅的学生提供适合轮椅高度的课桌等。

第三,建设多功能资源教室。近年来,西方关于特殊教育发展模式的很多研究证明,普通学校设置资源教室的效果优于隔离式特殊教育学校(班)和全日制的普通班。① 然而,本研究结果显示,目前资源教室的主要功能是为残疾学生及家长提供咨询(76.4%),为残疾学生提供康复训练和档案管理(均为75%),为普通学生提供学习辅导、心理咨询(69.4%);其次为开展残疾学生诊断与评估(44.4%),为普通教师提供培训和教学资源(41.7%)。有52%的资源教室全

---

① 邓猛,肖非.全纳教育的哲学基础:批判与反思[J].教育研究与实验,2008(5):18-22.

天开放,14.7%的学校每天固定时间开放资源教室,每周固定时间开放的比例为11.3%,不足12.7%的资源教室只有在需要时才会开放。近八成的学校没有专职的资源教师,其中三分之一的学校由其他教师兼任资源教师,10%左右的学校则没有资源教师。资源教师的主要工作是参与学生的教育诊断和评估(63.9%)、提供特殊学生家长咨询和教师培训等服务(72.2%),同时在资源教室内对特殊学生进行教学(61.1%)或承担行政和管理类工作(58.3%)。

根据《普通学校特殊教育资源教室建设指南》与《普通学校特殊教育资源教室配备参考目录》进行资源教室本土化建设。首先,资源教室的建设与运作应重视反拨效应。须将资源教室放置于学校发展的整体思路之下,从学校整体发展的角度出发,以服务全体学生为原则;将学校原有组织机构、文化建设、教育理念、发展思路等进行重新规划与整体思考,对制度规范,文化建设,教育理念,学校发展思路与目标,课程、教材、教学和学习方式,教师及管理人员的态度、观念和行为等进行改革或重构。

其次,重视资源教室建设的联动效应。从联动效应的视角看待资源教室的建设与运作,是立足于学校各教育要素相互影响的横向视角,重视资源教室与其他教室之间相互补充、资源教师与其他教师之间相互协同的关系构建,将资源教师、资源教室、普通教师、普通学生、特殊需要学生均放置于学校横向运作系统中,通过"资源教室群"("资源教室群"的建设可在传统的康复类与学科补救类资源教室基础之上,通过资源教室课程设置、资源配置、教室命名的独特性凸显资源教室的服务特色,如绘画中心、陶艺教室、文学与戏剧中心、STEAM科创中心、家政课程中心、信息技术中心、生活艺术中心、亲子活动中心、沙盘游戏中心、艺术治疗中心、国学教育中心、家校合作中心、科学实验中心、艺体馆综合教室等)实现学校教育资源的整合,推动资源教室的运作。

最后,以"特色课程群"的建设,如生命教育、艺术特长、科学探索、亲子教育、民俗文化、劳动技能、社会适应、心理疗愈、心理剧、绘本阅读、文学鉴赏、影视欣赏、团体游戏、插花、手工、绘画、剪纸、陶艺制作等特色课程,推动反拨效应与联动效应,推动资源教室形成科学合理的运作机制,为融合教育的发展和所有儿童的发展提供有力的支持。

3. 加强对学校建设工程的组织领导与监督

为保障学校基础设施建设的标准化与质量，各地教育局要加强对所辖县、市、区的组织协调和指导，切实加强对学校基础建设工程实施工作的督查，查实施方案，查实施进程，查基础设施和设备、器材质量，查经费投入及使用情况，全力督查学校建设工程实施工作。将特殊教育合格学校建设工程的验收工作纳入全省中小学合格学校检查验收范围，实行逐校验收，同时纳入义务教育保障机制检查工作的必查项目，切实保障特殊教育学校与随班就读学校基础设施建设各项工作的顺利完成。

（二）社会服务设施建设

近年来，我国残疾人事业得到社会各界越来越多的关注，社会大众对残疾人事业发展的支持和关注力度持续增大。但由于我国残疾人事业发展较晚，仍然存在很多问题。国内残疾人服务设施的建设明显滞后于城镇发展和经济发展速度，远远不能满足现阶段残疾人的实际需求。首先，残疾人服务设施分布极不均衡，东、中、西部发展差异极大。国内残疾人服务设施建设主要集中于城市，农村残疾人服务设施建设发展落后，与残疾人口分布情况不一致。其次，残疾人服务设施建设不规范，没有统一的建设标准指导，各地残疾人服务设施建设水平参差不齐，造成了一定的社会资源的浪费。最后，残疾人服务设施以地方自行建设为主，数量少，存在服务设施的设置与服务覆盖半径不足的问题，无法为更多的残疾人提供无障碍服务。这些问题严重地制约了残疾人事业的快速发展。这种状况不从根本上改变，将大大限制残疾人参与社会生活与社区融入，阻碍我国特殊教育中长期发展目标的实施推进，最终影响我国建设和谐社会和全面实现小康社会的历史进程。因此，实现我国特殊教育发展的中长期目标，社会服务设施建设势在必行。

残疾人融入普通社区并和健全人一起平等生活是残疾人事业的主要目标，因此，未来社会服务设施的建设应具有社区化、网络化、多元化等特点。

第一，增建残疾人综合服务机构。提供包括房屋建筑、配套设备与相关场地等服务设施，主要为残疾人提供康复指导、就业培训和指导、辅具供应、法律援助、文化娱乐等日常服务，并承担向公众宣传现代残疾人观念和残疾人事业，为残疾人提供服务信息和专业资讯，为下级地方残疾人综合服务机构提供业务指导和专业人员培训等职责。残疾人综合服务设施规模分类与业务用房应在国家标准基础上,根据该城市的总人口数量、残疾人数量、地域环境等进行弹性调整。

第二,增建康复医院。目前国际上提供康复服务的两种最基本的形式为专业机构康复和社区康复,但我国医疗体系仍然偏重于治疗,难以为残疾人提供必要的康复服务,不少综合医院的康复科仅仅是个"挂牌康复科",治疗手段以推拿、针灸、拔罐等中国传统治疗手段为主,或偏重于各种理疗仪器治疗,或只有药物治疗,康复医学特色不明显,并不适用于残疾人。而开展社区康复服务需要大量的专业器具、空间场地与经济投入,全国范围的社区康复体系建设短时期内难以完成,且社区康复服务推广需要大量的康复专业人员,而我国现阶段康复人才严重短缺。在此基础上,康复医院的出现可缓解以上困难,且能更好地将教育和康复进行有效联合。康复医院以为残疾人等需要康复的群体提供医疗康复服务为主,兼顾普通医疗保障,可设置运动治疗部,作业治疗部,言语治疗部,文体康复部,心理康复部,假肢矫形及辅具装配中心,脑瘫、孤独症、聋儿康复中心等。与一般医院相比,康复医院的医疗康复用房种类齐全,开展的项目全面,突破综合医院以医学康复为主的局限,向心理康复、教育康复、职业康复等更高层次的康复发展。

第三,增建残疾人托养机构。残疾人托养机构主要为智力、精神和重度残疾人提供长期托养服务,为日间需要照顾的残疾人提供短时托养等服务。目前已建成的残疾人托养机构或多或少地存在配套设施不健全、无障碍设施建设质量不过关、专业人员缺乏等问题,使用率不容乐观。还有一部分残疾人托养机构由于人员配置不足,只能提供日托服务等。未来应从政府投资角度促进残疾人托养机构的规范发展,在一段时间后形成完整的托养服务体系,发挥托养机构在残疾人服务体系构建中的作用。

第四,增建残疾人就业培训中心。这是向有一定就业条件而未就业、需转换职业和已就业但需要提高技术水平的残疾人提供就业前培训、岗前训练、转岗训练和在职训练等职业技能训练的服务机构,同时包含残疾人就业登记、失业登记、培训咨询、职业介绍、就业援助、劳动保障事务代理等服务。

除此之外,残疾人辅助器具服务中心、残疾人体育训练中心等也应被整合

入地方残疾人综合服务设施之中,让残疾人通过辅具享受普通人的高品质生活,能够在特定的时间有组织地参与残疾人竞技体育项目,丰富自身的业余文化娱乐活动。

总之,残疾人服务设施建设是一项庞大而复杂的系统性工作。同时,我国的残疾人服务设施建设有一定的特殊性,随着社会经济的发展和现代残疾人观念的普及,中国特殊教育中长期发展目标愈加明朗,残疾人生存与发展的权利备受关注,政府应对残疾人服务设施建设高度重视并采取相应推进措施。

七、特殊教育组织保障

本研究将"坚持统筹推进,普特结合,以普通学校随班就读为主体、以特殊教育学校为骨干、以送教上门和远程教育为补充,全面推进融合教育。普通学校和特殊教育学校责任共担、资源共享、相互支撑"作为我国特殊教育事业发展目标之一。为保障目标的顺利达成,必须建立特殊教育的支持体系。

我国现行的教育行政组织机构,在纵向上分为中央、省(自治区、直辖市)、地(州、盟、省辖市)、县(县级市、旗)、乡五级。在特殊教育领导组织层次上,分别在中央和地方两级建立特殊教育领导小组。中央特殊教育领导小组设置在教育部基础教育司,其负责提出保障各类学生平等接受义务教育的政策措施,会同有关方面拟定特殊教育办学标准,规范特殊教育学校办学行为,拟定特殊教育的基本教学文件,推进教学改革等。地方领导小组由省、地级与县级教育行政部门构成。省、地级指导小组由当地教育行政部门牵头,残联、民政、卫生等部门业务主管领导参加,主要负责省、地区范围内特殊教育发展规划,制定相应的区域政策,协调社会各方面力量支持特殊教育。县级特殊教育领导小组可由主管教育的行政领导牵头,组织县教育、残联、民政、卫生等部门参加。领导小组制定发展规划并组织实施,负责对特殊教育工作进行检查、总结、表彰,组织县级医院参与针对残疾儿童的诊断服务,协调教育、残联部门共同举办残疾儿童康复与职业教育等工作。

在基层实施层次上,基层学校在校长领导下建立领导小组和工作小组。领导小组做好随班就读生的入学安置、学籍管理、环境与设施建设、康复训练、个别化教育计划、与家长合作教育等工作。工作小组具体做好残疾儿童随班就读教育教学各项工作。

以上三个层次构成随班就读教育支持的组织系统,它们相互依托,紧密相连,形成完整的系统。这一组织系统基本上是在各级教育、残联、民政、卫生组织基础上建立的,需要明确工作方向和任务,搞好工作协调与衔接,将各自的任务纳入职责范围。

八、其他相关支持

教育应该持续不断地贯穿于人一生各个阶段。近些年,终身教育理念逐渐成为特殊教育发展的主题之一。如何将终身教育理念转化为实践,拓展特殊教育服务年限,为不同阶段残障人士提供终身的教育和服务,促进他们的生涯发展,是特殊教育发展必须回答的现实问题。

(一) 树立平等观念,创造全面接纳、全力保护的社会环境

首先,要意识到儿童是独立的个体,他们不仅属于家庭,更属于国家,在其成长中,家庭担负了主要抚养责任,但是国家的扶助和保护责任更不可或缺。特别是残障儿童这样的弱势群体,其生存、发展、参与等各项权益的保护和落实都应是国家义不容辞的责任。其次,对于残障儿童,社会、公众应秉持平等、接纳的理念,要认识到残障儿童与普通儿童一样,享有生活及成长发展的各项权利,而且因其身体结构和功能的某一方面或多方面的缺损,在其实现各项权益的过程中,更需要国家、社会、公众等通过提供物质资金支持、创造无障碍环境、加强心理援助等方式给予其强力的保护、接纳与关爱。再次,要将儿童优先、平等、接纳、利益最大化等保护理念落实到具体工作层面,特别是作为决策者、政策制定者,在制定各项政策过程中,更需将残疾儿童的利益、需求、安全等考虑在内,将儿童利益最大化的原则内化为自己日常工作中的价值理念。一个重大决策的实施,一项重要政策的执行,都会涉及无数家庭和儿童,若此过程中忽略了残障儿童的需求,则无异于侵害了残障儿童家庭的利益。

(二) 建立残障儿童家庭津贴制度,推动送教上门和家校合作

残障儿童不仅要被纳入整个社会保障体系中,而且还应作为保障的主体对象,享受特殊的社会保障政策,如"残疾补贴""护理补贴""康复补贴"等,还应建

立残障儿童家庭津贴制度。目前,地方上已陆续出台了关于重度残疾人护理津贴、困难家庭残疾人生活补贴的政策。在国家层面,2015年,国务院下发《关于全面建立困难残疾人生活补贴和重度残疾人护理补贴制度的指导意见》,以加快推进困难残疾人生活补贴制度和重度残疾人护理补贴制度建设。在国家财力逐步增强的情况下,福利理念正逐步由补缺性、救助性向普惠性、保障性转变,针对残障儿童的保护也应由面向重残、贫困等残障儿童的选择性保障体系转向面向残障儿童及其家庭的普惠性保障体系,针对残障儿童家庭建立生活补贴、护理津贴等制度,缓解残障儿童家庭普遍面临的沉重经济负担,同时也在一定程度上避免由于家庭经济负担过重而出现的抛弃残障婴儿或儿童的事件发生。

在加大残障儿童家庭补贴力度的同时,更要推动送教上门工作的开展,促进家校合作。鼓励特殊教育学校为特殊儿童家庭提供学业、专业康复方面的支持,如本研究结果显示,目前特殊教育学校能够给特殊儿童提供的服务包括:开展家长讲座或课程,开展家长团体活动或联谊,开展亲子活动,协助家长加入家长团体,为家长提供个别咨询或辅导,为家长提供特教、医疗、升学或就业等相关信息,协助家长申请社会福利和补助。其中为家长提供个别咨询或辅导(75.3%)、开展家长讲座或课程(44.7%)、协助家长申请社会福利和补助(44.7%)、开展亲子活动(38.7%)是学校能够为家长提供的最主要支持。

在促进家校合作方面,学校可以通过举办学生作品展览(学生成果展/教学成果展等)、开展家长经验交流/分享活动、鼓励家长参与孩子的个别化教育计划制订、开展亲子活动、邀请家长陪读、家长代表参加学校会议等多种形式来实现。除了各种形式的合作活动,更应推动送教上门工作的开展。根据研究结果,当前送教上门的活动内容多种多样,教师为残疾学生提供最多的服务就是言语与动作等方面的康复训练(91.45%),其次是指导家长对儿童进行技能训练(81.2%)和对残疾儿童进行生活技能训练(80.34%)。此外还有学科知识教学(69.23%)和家长咨询(如提供有关教育、医疗与残疾儿童福利等方面的信息)(69.23%)、感统训练(63.25%)以及心理辅导(58.12%)。

(三)发挥社区的依托作用

社区作为一定地域范围内的人类生活聚集体,能够满足人们生活的物质、情感需要。作为残障儿童生活的主要载体,社区拥有环境、设施、资源的丰富性、多样性以及与残障儿童家庭空间距离的可及性等优势,不仅有利于残障儿童康复,而且能够在残障儿童社会融入、康复、教育、家庭支持等方面发挥依托作用。通过建立社区残障儿童康复中心、寄养中心、教育中心,社区残障儿童家长俱乐部等形式,可以使残障儿童在社区里就近、快捷、经济地享受到康复服务,接受早期教育。社区的开放环境也使得残障儿童能够更好地融入社会,使残障儿童家庭得以走出自我封闭的空间。在社区中,通过家长相互之间的互动交流和信息分享,有利于建立起残障儿童家庭的支持网络,提升家庭的抗逆力。

(四)加大对民间组织参与残障儿童保护事业的支持力度

目前,民间组织在孤残儿救助、残障儿童康复、特殊教育等多领域均有介入。例如,北京慧灵就是全国第一家智障人士社区化服务非营利性组织,针对智障人士提供社区日间服务、支持性就业服务等,资金主要来源于社会捐助。要加大对民间组织的支持力度,在国家政策体制优化层面,一些政策制度、管理机制等方面的创新,对于促进民间组织介入残障儿童保护工作有积极作用。例如,从促进民间组织发展来看,通过简化民间组织登记管理程序,加大政府购买服务力度,提高对公益组织,特别是为残障儿童服务的公益组织的税收优惠和资金扶持,建立民间组织监管体系等措施,可为民间组织介入残障儿童保护创造一个较为适宜的环境。此外,一些宗教团体在孤残儿童保护方面发挥了举足轻重的作用,政府也应通过政策、体制等方面的合理引导,资金方面的加大扶持等举措,给宗教团体在孤残儿童保护方面拓展空间。

(五)引入社会工作者,推动残障儿童服务的专业化进程

社会工作者秉承利他主义的助人理念,运用专业的方法和技术,开展助人自助的服务活动。社会工作所秉承的"人在情境中、增能、接纳、尊重"等价值理念与工作方法,能够以更具专业化、人性化的方式整合社会各类资源服务于残障儿童及家庭,及时预防、发现、解决残障儿童保护方面的问题,保护残障儿童身心健康、促进其自我能力发展及家庭抗逆能力提升。例如,社会工作者可与各方部门沟通,及时联结资源,解决残障儿童家庭面临的物质困境、资金困难问题等;社会工作者通过介入残障儿童家庭开展心理支持工作、组织残障儿童家

庭联谊活动等,能够增强家庭自助互助的能力,缓解残障儿童家庭普遍面临的无助感,提升家庭抗逆力。因此,须在社会工作现有发展基础上,进一步加大儿童社会工作者培养力度,通过制定相关政策、拨付经费等刚性支持举措,在与残障儿童相关的行政机构、福利机构设置儿童社会工作者岗位,相关机构也可以根据自身服务残障儿童的特色和要求,聘用自己所需的社会工作者。

主要参考文献

中文参考文献

[1] 敖勇前,王庭照,张梅.我国西部地区县域特殊教育发展现状调查[J].当代教师教育,2017,10(4):86-91.

[2] 陈纯槿.我国特殊教育经费投入规模与配置结构变化趋势[J].中国教育政策评论,2018(0):214-232.

[3] 陈全银,汤滟秋,肖乐.台湾地区特殊教育学校办学质量的评估及其启示[J].现代特殊教育,2019(1):76-80.

[4] 陈时强.专业发展视域下的特殊教育教师入职教育有效性研究[J].教育理论与实践,2018,38(5):24-25.

[5] 陈阳.新西兰特殊教育政策发展的特点分析及启示[J].黑龙江高教研究,2013,31(12):83-85.

[6] 褚宏启.教育公平与教育效率:教育改革与发展的双重目标[J].教育研究,2008(6):7-13.

[7] 褚宏启,杨海燕.教育公平的原则及其政策含义[J].教育研究,2008(1):10-16.

[8] 崔芳,于松梅.美国学前特殊儿童转衔服务及启示[J].现代特殊教育,2010(1):40-42.

[9] 邓猛,郭玲.西方个别化教育计划的理论反思及其对我国特殊教育发展的启示[J].中国特殊教育,2010(6):3-7.

[10] 邓猛,黄伟,颜廷睿,等.孤独症儿童教育康复现状与思考[J].残疾人研究,2014(2):37-42.

[11] 邓猛,景时,李芳.关于培智学校课程改革的思考[J].中国特殊教育,2014(12):28-33.

[12] 邓猛,景时.从随班就读到同班就读:关于全纳教育本土化理论的思考

[J].中国特殊教育,2013(8):3-9.

[13] 邓猛,刘慧丽.全纳教育理论的社会文化特性与本土化建构[J].中国特殊教育,2013(1):15-19.

[14] 邓猛,肖非.全纳教育的哲学基础:批判与反思[J].教育研究与实验,2008(5):18-22.

[15] 邓猛,赵梅菊.融合教育背景下我国高等师范院校特殊教育师资培养模式改革的思考[J].教育学报,2013,9(6):75-81.

[16] 邓猛,周洪宇.关于制定《特殊教育法》的倡议[J].中国特殊教育,2005(7):3-6.

[17] 邓猛,潘剑芳.关于全纳教育思想的几点理论回顾及其对我们的启示[J].中国特殊教育,2003(4):1-7.

[18] 邓猛.从隔离到全纳——对美国特殊教育发展模式变革的思考[J].教育研究与实验,1999(4):41-44,73.

[19] 邓猛.关于全纳学校课程调整的思考[J].中国特殊教育,2004(3):1-6.

[20] 邓猛.健全随班就读支持保障体系[J].现代特殊教育,2014(2):24-25.

[21] 邓猛.融合教育背景下中国特殊教育体系发展研究[M].南京:南京师范大学出版社,2016.

[22] 邓猛.融合教育与随班就读:理想与现实之间[M].武汉:华中师范大学出版社,2009.

[23] 邓猛.特殊教育管理者眼中的全纳教育:中国随班就读政策的执行研究[J].教育研究与实验,2004(4):41-47.

[24] 邓猛,颜廷睿.融合教育理论反思与本土化探索[M].北京:北京大学出版社,2014.

[25] 邓猛.推进中国全纳教育发展 健全随班就读支持保障体系[J].中国特殊教育,2014(2):21-22.

[26] 丁勇.让每一个残疾孩子都能接受合适的教育——关于区域贯彻落实《特殊教育提升计划(2014—2016年)》的思考[J].现代特殊教育(高等教育研

究),2015(2):1-5.

[27] 丁勇.关于我国中长期特殊教育改革与发展几个重大问题的思考[J].中国特殊教育,2010(10):3-6.

[28] 丁勇.积极探索具有中国特色的融合教育发展模式[J].现代特殊教育,2019(9):1.

[29] 方俊明.努力构建残疾人终身教育体系[J].中国特殊教育,2014(2):19-20.

[30] 冯帮,陈影.美国特殊教育教师专业标准解读及启示——基于美国学科教师专业标准[J].中国特殊教育,2014(9):43-48.

[31] 高晶晶,刘文静.论日本特别支援教育法律制度[J].教育评论,2019(2):154-158.

[32] 顾定倩,刘颖.美国特殊教育教师任职标准的演变和特点分析[J].比较教育研究,2014(1):31-36.

[33] 华京生,华国栋.普通高师院校开设特殊教育课程研究[J].中国特殊教育,2013(6):29-33.

[34] 黄汝倩.地方贯彻《特殊教育提升计划(2014—2016年)》的政策研究[J].中国特殊教育,2015(8):3-8.

[35] 黄志成,王伟.英国全纳教育研究的现状[J].外国教育研究,2002(3):13-16.

[36] 黄志成.教育公平——全纳教育的基本理念探析[J].比较教育研究,2010,32(9):53-57.

[37] 黄志军,刘春玲.地方贯彻《第二期特殊教育提升计划(2017—2020年)》的政策比较及实施建议[J].中国特殊教育,2019(5):3-9.

[38] 贾婵娟.美国特殊儿童早期干预模式[J].现代特殊教育,2011(1):43-44.

[39] 李欢,汪甜甜.我国残疾人高等教育区域布局协调性的实证研究[J].中国特殊教育,2018(8):3-10,17.

[40] 李拉.中美特殊教育教师政策比较研究[J].中国特殊教育,2012(10):56-60,66.

[41] 李尚卫.我国义务特殊教育发展战略40年:回顾与展望[J].当代教育论坛,2019(6):1-14.

[42] 李雅蓉,刘春玲,王和平.美国特殊儿童幼小转衔服务研究[J].现代特殊教育,2018(11):22-26.

[43] 李泽慧.对随班就读师资培养中现有政策法规的思考[J].教育理论与实践,2013,33(5):26-29.

[44] 林潇潇,邓猛.美国学习障碍学生的转衔及对我国特殊教育的启示[J].中国特殊教育,2014(3):42-47.

[45] 刘全礼.论我国特殊教育的对象问题[J].中国特殊教育,2016(6):3-7,16.

[46] 刘淑毓,曲学利.我国残疾人高级中等教育的现状、分析和对策[J].现代特殊教育,2006(5):16-18.

[47] 罗欣欣,陈卓铭.特殊教育送教上门工作之比较[J].中国康复医学杂志,2019,34(3):330-333.

[48] 麻一青,孙颖.残疾人高等教育现状及发展对策[J].中国特殊教育,2012(7):19-24.

[49] 马金玲.甘肃省特殊教育政策法规执行力度情况分析与建议[J].中国特殊教育,2014(8):21-25,39.

[50] 孟万金,刘在花,刘玉娟.推进残疾儿童教育公平任重道远——四论残疾儿童教育公平[J].中国特殊教育,2007(2):3-8.

[51] 牛爽爽,邓猛.融合教育背景下的残疾学生社会支持系统探析[J].中国特殊教育,2015(9):3-8.

[52] 庞文,李景义.论残疾人受教育权利的法律救济[J].中国特殊教育,2012(7):25-29.

[53] 庞文,于婷婷.我国特殊教育法律体系的现状与发展[J].教育发展研究.2012(4):80-84.

[54] 庞文.我国特殊教育法律研究综述及立法建议[J].宁波大学学报(教育科学版),2011,33(4):13-16.

[55] 彭霞光.随班就读支持保障体系建设初探[J].中国特殊教育,

2014(11):3-7.

[56]彭霞光.中国残疾儿童随班就读现状和未来发展建议[J].现代特殊教育,2012(9):19-21.

[57]彭霞光.中国全面推进随班就读工作面临的挑战和政策建议[J].中国特殊教育,2011(11):15-20.

[58]彭霞光.中国特殊教育发展面临的六大转变[J].中国特殊教育,2010(9):3-8.

[59]彭兴蓬,雷江华.教育关怀:融合教育教师的核心品质[J].教师教育研究,2015,27(1):17-22.

[60]彭兴蓬,雷江华.论融合教育的困境——基于四维视角的分析[J].教育学报,2013,9(6):59-66.

[61]彭兴蓬.全纳教育与残疾人的受教育权[M].武汉:华中师范大学出版社,2015.

[62]朴永馨.改革开放30年中国特殊教育的发展与变革[J].现代特殊教育,2008(12):4-13.

[63]朴永馨.融合与随班就读[J].教育研究与实验,2004(4):37-40.

[64]申仁洪.从师范教育到教师教育:特殊教育师资培养的范式转变[J].中国特殊教育,2004(4):66-70.

[65]盛永进.特殊教育学校课程标准研制刍议[J].中国特殊教育,2015(7):76,79,85.

[66]谈秀菁.0—6岁特殊儿童教育体系建构策略研究[J].中国特殊教育,2009(8):8-12.

[67]王红霞.培智学校校本课程开发实践研究[J].中国特殊教育,2012(3):37-40.

[68]王琳琳.推进学前融合教育教师专业化发展的困境与建议[J].现代特殊教育,2017(20):71-76.

[69]王苗苗,张文津.新疆特殊教育发展现状、问题与对策研究[J].新疆社科论坛,2017(6):96-101.

[70]王培峰,于炳霞.教育公平是全纳教育的核心内涵[J].中国特殊教育,

2002(3):3-6.

[71] 王雁,范文静,冯雅静.我国普通教师融合教育素养职前培养的思考及建议[J].教育学报,2018,14(6):81-87.

[72] 王雁,冯雅静.美国特殊教育教师专业标准的发展与评介[J].教师教育研究,2014,26(3):107-112.

[73] 王雁.强化特殊教育教师专业发展[J].中国特殊教育,2014(2):20-21.

[74] 吴春燕.培智学校校本课程开发的现状研究[J].中国特殊教育,2013(2):31-35,50.

[75] 武砀,蔺红春.台湾高中残障学生升学转衔服务及启示[J].现代特殊教育(高等教育研究),2016(2):58-62.

[76] 谢永飞.中国特殊教育的布局结构特点及调整建议[J].现代教育管理,2010(12):25-28.

[77] 熊琪,雷江华.特殊学校教育经费管理现状分析与对策[J].中国特殊教育,2007(8):46-50.

[78] 颜廷睿,邓猛.西方全纳教育效果的研究分析与启示[J].中国特殊教育,2013(3):3-7.

[79] 杨克瑞.新中国成立70年来特殊教育的政策演进与法制化探索[J].现代特殊教育,2019(9):5-10.

[80] 杨柳,孟万金.特殊教育教师的社会支持探析[J].中国特殊教育,2013(3):19-22,29.

[81] 杨柳.美国残疾人教育改革的政策分析——从入学公平到质量提高[J].比较教育研究,2014,36(4):48-53.

[82] 杨希洁.当前特殊教育发展若干特点及问题的思考[J].中国特殊教育,2019(8):8-13.

[83] 叶玉华.教育均衡化的国际比较与政策研究[J].教育研究,2003(11):34-38.

[84] 叶增编.我国残疾儿童学前教育权益保护政策探析[J].教育与教学研究,2014,28(1):112-116.

[85] 于素红.个别化教育计划的现实困境与发展趋势[J].中国特殊教育,2012(3):3-8,27.

[86] 昝飞.从特殊教育治理机制与体制改革看医教结合政策[J].现代特殊教育,2018(3):15-17.

[87] 张茂聪,王宁.改革开放四十年来我国特殊教育政策演进与逻辑[J].中国特殊教育,2019(3):11-19.

[88] 张欣,黄永秀.新中国70年特殊教育政策法规发展:保障与督导[J].现代特殊教育,2019(18):12-18.

[89] 张燕,赵斌,张欣.从外延到内涵:我国特殊教育发展的策略调整——基于《第二期特殊教育提升计划(2017—2020年)》的视角[J].现代特殊教育,2018(6):7-12.

[90] 赵斌,秦铭欢.新中国70年特殊教育发展:成就与趋势[J].现代特殊教育,2019(18):3-11.

[91] 赵小红,都丽萍.我国三类残疾人中等职业教育发展现状及对策[J].中国特殊教育,2014(1):10-16.

[92] 赵小红,王丽丽,王雁.特殊教育学校经费投入与支出状况分析及政策建议[J].中国特殊教育,2014(10):3-9.

[93] 赵小红.近25年中国残疾儿童教育安置形式变迁——兼论随班就读政策的发展[J].中国特殊教育,2013(3):23-29.

[94] 朱楠,雷江华.融合教育背景下免费师范生特殊教育能力培养研究[J].中国特殊教育,2014(2):29-35.

[95] 朱楠,王雁."复合型"特殊教育教师的培养——基于复合型的内涵分析[J].教师教育研究,2015,27(6):39-44.

[96] 朱楠,王雁.全纳教育视角下特殊儿童的教育公平[J].中国特殊教育,2011(5):24-29.

英文参考文献

[1] Anastasiou D, Kauffman J M, Di Nuovo S. Inclusive education in Italy: description and reflections on full inclusion[J]. European Journal of

Special Needs Education, 2015,30(4):429-443.

[2] Baglieri S., Valle Jan W., Connor David J., et al. Disability studies in education: the need for a plurality of perspectives on disability[J]. Remedial and Special Education, 2011,32(4):267-278.

[3] Burch L. F.. Governmentality of adulthood: a critical discourse analysis of the 2014 Special Educational Needs and Disability Code of Practice [J]. Disability & Society, 2018,33(1):94-114.

[4] Deng, M., Manset, G.. Analysis of the "Learning in Regular Classrooms" movement in China[J]. Mental Retardation, 2000, 38(2): 124-130.

[5] Dickson E. Disability standards for education 2005(Cth): sword or shield for Australian students with disability?[J]. International Journal of Law & Education, 2014,19(1):5-19.

[6] Friend, M, Bursuck W D. Including students with special needs: a practical guide for classroom teachers[M]. London: Pearson, 2002.

[7] Ko, Ben. Education health and care plans: a new scheme for special educational needs and disability provisions in England from 2014 [J]. Paediatrics and Child Health, 2015,25(10):443-449.

[8] Lauchlan F, Greig S. Educational inclusion in England: origins, perspectives and current directions[J]. Support for Learning, 2015,30(1): 69-82.

[9] Liasidou, A., Hadjiyiannakou, A.. Disabling discourses and some implications for parent leadership in special education policy and practice[J]. European Journal of Special Needs Education, 2019,34(3):342-354.

[10] Lindsay, K.. "Asking for the moon?" A critical assessment of Australian disability discrimination laws in promoting inclusion for students with disabilities[J]. International Journal of Inclusive Education, 2004,8(4): 373-390.

[11] Miles, S., Singal, N.. The education for all and inclusive education

debate: conflict, contradiction or opportunity? [J]. International Journal of Inclusive Education, 2010,14(1):1-15.

[12] Northway, R., Davies, R., Mansell, I., et al. "Policies don't protect people, it's how they are implemented": policy and practice in protecting people with learning disabilities from abuse[J]. Social Policy & Administration, 2007,41(1):86-104.

[13] Prince, M., J.. Canadian disability policy: still a Hit-and-Miss affair[J]. Canadian Journal of Sociology, 2004,29(1):59-82.

[14] Robin VK, Roman-Urrestarazu A, Ruigrok A, et al. Autism and family involvement in the right to education in the EU: policy mapping in the Netherlands, Belgium and Germany[J]. Molecular Autism. 2019,10(1):1-18.

[15] Slee, R.. Inclusive education: from policy to school implementation[M]. London: Routledge, 2018.

[16] Thies, C. G. Role theory and foreign policy analysis in Latin America[J]. Foreign Policy Analysis, 2017,13(3):662-681.

[17] Valeeva, Liliya A. The current state of special needs education in Russia: inclusive policies and practices[J]. Procedia-Social and Behavioral Sciences, 2015,191:2312-2315.

[18] West, J. E., Whitby, P. J.. Federal policy and the education of students with disabilities: progress and the path forward[J]. Focus on Exceptional Children, 2008,41(3):1-16.

[19] Wittenburg D, Golden T P, Fishman M. Transition options for youth with disabilities: an overview of the programs and policies that affect the transition from school[J]. Journal of Vocational Rehabilitation, 2002, 17(3):195-206.

附　录

附录1　我国特殊教育发展现状与需求调查(特殊教育学校)

受教育部委托,本项目旨在调查我国特殊教育中长期发展实施情况及进一步的发展需求,总结经验与教训,分析问题及原因,从而为制定"教育中长期发展规划(2020—2030年)"提供特殊教育方面的政策依据,进一步提高我国特殊教育的发展水平。您提供的信息将有助于我们制定我国特殊教育中长期发展目标及推进策略。您的答案没有正确与错误的区别,请您根据实际情况在相应的方框内打√。所有的信息都将保密,不会对您产生任何不利的影响。谢谢您的合作。

国家社科教育学重点项目"特殊教育
中长期发展目标及推进策略"调查小组
北京师范大学特殊教育研究所
2017年7月1日

学校所在地:_____

1. 您的身份:□学校校长　□总务处主任　□教务处主任　□德育处主任　□其他管理人员

2. 学校的性质:□小学　□初中　□高中　□完全中学　□九年一贯制

3. 学校的类型:□盲校　□聋校　□培智学校　□综合性特殊教育学校　□其他

一、学生及教师基本情况

4. 目前,贵校有特殊学生共_____人。

5. 贵校包括哪几类特殊学生?(可多选)

☐①智力残疾　☐②听力残疾　☐③视力残疾　☐④孤独症　☐⑤脑瘫
☐⑥肢体残疾　☐⑦言语残疾　☐⑧多重残疾　☐⑨其他_____

6. 目前,贵校有教师共_____人。

7. 贵校教师的学历情况:

学历	硕士及以上	本科	专科	高中及以下
教师人数	共____人	共____人	共____人	共____人

8. 贵校教师的年龄情况:

年龄	30岁及以下	31—35岁	36—40岁	41—45岁	46—50岁	51—55岁	56—60岁	61岁及以上
教师人数	共___人	共___人	共___人	共___人	共___人	共___人	共___人	共___人

9. 贵校教师的特教津贴比例为当地事业单位绩效工资基准线的_____%。

10. 贵校教师所接受培训的次数为_____次/年。

11. 贵校采取哪些措施提高教师特殊教育专业素质水平?(可多选)

☐①为教师提供特殊教育方面的信息和资源

☐②邀请地区特教中心或校外专家进行培训与指导

☐③鼓励教师参加校外特殊教育培训

☐④鼓励教师提升特殊教育方面的学历

☐⑤建立校内教师专业素质考核制度

☐⑥鼓励教师开展特殊教育研究促进教学

☐⑦鼓励教师参加评课与教学比赛

☐⑧没有特别措施

☐⑨其他(请说明)_____

二、残疾学生的安置与教育

12. 开学后,如果发现学生的教育安置形式不恰当,贵校会采取哪些措施?(可多选)

☐①未发现此情况　　　　☐②不做任何处理

☐③建议家长转校 ☐④校内自行调整安置

☐⑤由班级教师加强训练

☐⑥向上级主管部门提出重新安置申请

☐⑦增加班级的特殊教育资源(如志愿者或教师)

☐⑧其他(请说明)_____

13. 针对本学年入学或转入贵校的特殊儿童,贵校做了哪些准备工作?(可多选)

☐①没有特别准备 ☐②安排学生和家长到校参观

☐③主动收集学生过去的资料 ☐④安排适当的教室位置

☐⑤安排所需要的辅具或专业服务 ☐⑥安排适当的班级教师

☐⑦改善校内无障碍设施 ☐⑧其他(请说明)_____

14. 总体而言,贵校教师制订"个别化教育计划"的情况(可多选):

☐①无"个别化教育计划" ☐②开学后一个月内制订

☐③每学期至少评估修订一次 ☐④每学年至少评估修订一次

☐⑤在学期中根据学生需要修订目标

☐⑥其他(请说明)_____

15. 贵校所使用的教材是(可多选):

☐①校本教材 ☐②普通教育教材

☐③借用其他特殊教育学校的教材 ☐④没有教材

☐⑤国家教材 ☐⑥其他_____

16. 贵校所开设的课程是(可多选):

☐①"7+5"的课程体系

☐②"7+5"课程体系中的部分课程

☐③校本课程

☐④普通教育课程

☐⑤综合课程

17. 您认为贵校在课程建设过程中存在哪些方面的问题?

☐①没有问题 ☐②缺乏教材

☐③课程目标不明确 ☐④课程体系与结构单一

☐⑤课程评价缺乏标准 ☐⑥缺乏课程内容资源
☐⑦不同年级的课程之间缺乏衔接 ☐⑧课程设计比较混乱
☐⑨其他(请说明)_____

18. 如果有职高部(或已开展职业教育),目前设立哪些专业?(如没有,请填"无")

_____

19. 贵校特殊儿童有哪些机会和普通儿童一起活动?(可多选)
☐①没有机会
☐②每学期固定安排学生到附近普通学校参加活动或上课
☐③学生不定期参加附近普通学校举办的活动
☐④附近普通学校学生到本校交流
☐⑤其他(请说明)_____

三、为残疾儿童提供的支持与服务

20. 目前提供给本校特殊儿童的支持服务项目(可多选):
☐①教委特殊教育工作者的巡回辅导
☐②特教相关专业服务(康复训练或专业治疗)
☐③安排志愿者、实习生、见习生帮助
☐④改善校园无障碍设施
☐⑤教育辅助器材
☐⑥协助申请教育补贴、医疗服务费用等
☐⑦协助申请相关社会福利(如残联、民政局补贴等)
☐⑧其他(请说明)_____

21. 下列支持性服务中,贵校在执行上有困难的是哪些?(可多选)
☐①教委特殊教育工作者的巡回辅导
☐②特殊教育相关专业服务(如专业康复训练)
☐③安排志愿者、实习生、见习生帮助
☐④改善校园无障碍设施
☐⑤教育辅助器材

□⑥协助申请教育补贴、医疗服务费用等

□⑦协助申请相关社会福利(如残联、民政局补贴等)

□⑧其他(请说明)_____

22. 目前贵校有哪些无障碍设施?(可多选)

□①没有无障碍设施

□②出入口及道路方便轮椅进出

□③坡道及扶手

□④楼梯有双侧扶手

□⑤升降设备(如电梯、升降机、轮椅爬楼设备等)

□⑥引导设施(如盲道、点字说明、语音说明等)

□⑦无障碍厕所

□⑧其他(请说明)_____

23. 整体而言,您觉得贵校的建筑设施符合无障碍的程度如何?

□①完全符合　　　　　　　□②大部分符合

□③小部分符合　　　　　　□④完全不符合

24. 贵校是否是本区县的特殊教育资源中心?

□①是　　　　　　　　　　□②否(请跳至26题)

25. 贵校作为资源中心,为本区域内其他学校开展特殊教育提供哪些支持和服务?(可多选)

□①特殊儿童的评估与鉴定　　□②巡回辅导

□③特殊教材的制作(如大字体课本、盲文或有声书籍)

□④提供康复训练与治疗

□⑤提供专业咨询与培训　　　□⑥提供教材

□⑦提供教育辅助器材借用

□⑧其他(请说明)_____

26. 目前提供给校外特殊儿童或未在校上课的本校学籍内特殊儿童的支持服务项目有哪些?(可多选)

□①特殊教育巡回指导　　　　□②送教上门服务

□③特殊儿童康复训练　　　　□④特殊儿童家长咨询与讲座

☐⑤为学校附近社区内的特殊儿童提供服务

☐⑥评估服务

☐⑦其他(请说明)＿＿＿＿＿＿＿＿

27. 贵校是否承担本学区的送教上门工作?

　　☐①是　　　　　　　　　　☐②否(请跳至33题)

28. 贵校教师承担送教上门工作的积极性如何?

　　☐①非常积极　　　　　　　☐②积极

　　☐③一般　　　　　　　　　☐④消极

　　☐⑤非常消极

29. 贵校承担送教上门的老师为＿＿＿＿人,送教上门残疾儿童数量为＿＿＿＿人,送教上门频率为＿＿＿＿人次/月,每次送教上门时间为＿＿＿＿时,送教上门老师补助为＿＿＿＿元/月。

30. 贵校为残疾儿童提供送教上门的内容有哪些方面?（可多选）

　　☐①学科知识教学　　　　　☐②康复训练(如言语、动作)

　　☐③感统训练　　　　　　　☐④心理辅导

　　☐⑤生活技能训练

　　☐⑥指导家长对儿童进行技能训练

　　☐⑦家长咨询,如提供有关教育、医疗与残疾儿童福利等方面的信息

　　☐⑧其他(请说明)＿＿＿＿＿＿＿＿

31. 贵校在开展送教上门工作方面存在哪些困难和挑战?

＿＿＿＿＿＿＿＿＿＿＿＿＿＿＿＿＿＿＿＿＿＿＿＿＿＿＿＿＿＿＿＿＿

32. 贵校在开展送教上门工作方面需要哪些支持和资源?

＿＿＿＿＿＿＿＿＿＿＿＿＿＿＿＿＿＿＿＿＿＿＿＿＿＿＿＿＿＿＿＿＿

四、家校合作

33. 家长是否参与残疾儿童的教育康复?

　　☐①经常　　　☐②偶尔　　　☐③从不

34. 贵校给特殊儿童家庭提供哪些服务?（可多选）

　　☐①开展家长讲座或课程　　　☐②开展家长团体活动或联谊

　　☐③开展亲子活动　　　　　　☐④协助家长参加家长团体

□⑤为家长提供个别咨询或辅导

□⑥为家长提供特教、医疗、升学或就业等方面信息

□⑦协助家长申请社会福利和补助(如教育部门、残联、民政部门补贴等)

□⑧其他(请说明)_____

35. 贵校采取哪些措施促进学生家长参与及增进与教师的互动,促进家校合作?(可多选)

□①没有特别做法

□②举办学生作品展览(学生成果展/教学成果展等)

□③开展家长经验交流/分享活动

□④鼓励家长参与孩子的个别化教育计划制订

□⑤开展亲子活动

□⑥家长陪读

□⑦家长代表参加学校会议

□⑧其他(请说明)_____

五、残疾儿童的就业与转衔

36. 贵校为即将毕业或已离校的特殊儿童提供哪些支持或服务(转衔服务)?(可多选)

□①没有做什么

□②IEP 中设计转衔目标

□③提供学生职业教育课程

□④为学生和家长提供职业教育或职业信息

□⑤提供职业倾向评估或转衔评估

□⑥说明升学的政策

□⑦支持性就业服务

□⑧其他(请说明)_____

37. 近两年来,贵校为特殊儿童安排就业转衔时,遭遇过困难吗?如果有,曾遇过哪些困难?(可多选)

□①没有困难

□②就业市场有限

□③不容易找到实习场所

□④学校职业教育专业与就业市场需求不符

□⑤人力不足,难做追踪

□⑥家长不配合

□⑦与升学或就业单位沟通困难

□⑧其他(请说明)_____

六、获得的教育支持与资源

38. 您觉得下列哪个单位对贵校的发展帮助最大?(可多选)

□①区县特教资源中心　　□②区县教委　　□③大学特殊教育系所

□④特殊教育科研机构　　□⑤医疗机构　　□⑥民间机构或团体

□⑦民政部门或残联就业服务机构　　□⑧其他(请说明)_____

39. 您所在的学校获得教育经费的来源有哪些?(可多选)

□①无　　　　　　　　　　□②区县特教资源中心

□③残联部门　　　　　　　□④教育部门

□⑤学校营业性收入　　　　□⑥爱心企业

□⑦民间团体(如红十字会、基金会等)

□⑧其他(请说明)_____

40. 本学年度,贵校在下列支持保障系统中已获得区县教育部门或市教育部门提供的项目有哪些?(可多选)

□①额外补助教学硬件设备及软件　　□②帮助改善无障碍设施

□③提供教师专业培训　　　　　　　□④提供相关专业人员或经费

□⑤加强与区县教委及特教中心的协调合作

□⑥其他(请说明)_____

41. 特殊学生的生均经费:_____元/年。

42. 您认为当前的生均经费是否能够满足残疾学生的教育教学需要?

□①完全不能满足　　　　　　□②基本不能满足

☐③一般 ☐④基本上可以满足

☐⑤完全可以满足

43. 为了提高本校特殊教育的质量,贵校还需要以下哪些方面的支持保障?(可多选)

☐①特殊教育政策支持 ☐②特殊教育行政管理部门支持

☐③专业人员支持 ☐④经费支持

☐⑤学校环境建设支持 ☐⑥教育与康复训练技术支持

☐⑦上级督导评估支持 ☐⑧其他(请说明)_____

请对您所需要的支持进行重要性和急需性排序(序号):_____

44. 为了提高本校特殊教育的质量,贵校在国家政策方面需要哪些支持?(可多选)

☐①对残疾学生入学方面的政策规定

☐②明确各级教育部门和其他管理部门对特殊教育学校发展的责任主体

☐③对残疾学生鉴定、评估与安置的相关规定

☐④对特殊教育学校教师专业发展与师资培训的相关规定

☐⑤对特殊教育财政经费收支的规定

☐⑥对学校与相关就业指导、康复、福利部门的衔接进行明确规定

☐⑦其他(请说明)_____

45. 请从下列项目中,勾选出贵校最需要教育管理部门提供的支持(可多选):

☐①额外补助教学硬件设备及软件 ☐②帮助改善无障碍设施

☐③提供教师专业培训 ☐④提供相关专业人员或经费

☐⑤协助鉴别评估特殊学生 ☐⑥增加教师编制

☐⑦加强与区县教委及特教中心的协调合作

☐⑧其他(请说明)_____

46. 在特殊教育学校的各项工作中,贵校最需要的专业人员包括(可多选):

☐①康复训练人员支持 ☐②教学经验丰富的教师支持

☐③科研型教师支持 ☐④教育行政人员支持

☐⑤高校或科研机构的特殊教育专家支持

□⑥专业评估人员支持

□⑦其他(请说明)＿＿＿＿＿＿＿＿

47. 您认为当前学校发展面临哪些困难？

_____

_____

_____

48. 您认为学校在未来的发展中,还需要国家或地区提供哪些方面的支持或资源？

_____

_____

_____

附录2　我国特殊教育发展现状与需求调查(普通学校)

受教育部委托,本项目旨在调查我国特殊教育中长期发展实施情况及进一步的发展需求,总结经验与教训,分析问题及原因,从而为制定"教育中长期发展规划(2020—2030年)"提供特殊教育方面的政策依据,进一步提高我国特殊教育的发展水平。您提供的信息将有助于我们制定我国特殊教育中长期发展目标及推进策略。您的答案没有正确与错误的区别,请您根据实际情况在相应的方框内打√。所有的信息都将保密,不会对您产生任何不利的影响。谢谢您的合作。

国家社科教育学重点项目"特殊教育
中长期发展目标及推进策略"调查小组
北京师范大学特殊教育研究所
2017年7月1日

学校所在地:_____

1. 您的身份:□学校校长　□总务处主任　□教务处主任　□德育处主任　□其他管理人员

2. 学校的性质:□小学　□初中　□高中　□完全中学　□九年一贯制

一、学生及教师基本情况

3. 目前,贵校学生总数为_____人。其中,残疾学生_____人。

4. 目前,贵校教师总数为_____人。其中,随班就读教师_____人。

5. 贵校开展随班就读工作_____年。

6. 贵校包括哪几类特殊学生?(可多选)
□①智力残疾　□②听力残疾　□③视力残疾　□④孤独症　□⑤脑瘫
□⑥肢体残疾　□⑦言语残疾　□⑧多重残疾　□⑨其他_____

7. 贵校随班就读教师的学历情况：

学历	硕士及以上	本科	专科	高中及以下
教师人数	共____人	共____人	共____人	共____人

8. 贵校随班就读教师的年龄情况：

年龄	30岁及以下	31—35岁	36—40岁	41—45岁	46—50岁	51—55岁	56—60岁	61岁及以上
教师人数	共__人	共__人	共__人	共__人	共__人	共__人	共__人	共__人

9. 贵校资源教室及资源教师情况（如果没有，可跳过）：

资源教室总数	市区财政投资	学校投资	专职资源教师	兼职资源教师
共____个	____元/年	____元/年	共____人	共____人

10. 对随班就读教师的特教津贴是否落实？□①是　□②否。

对资源教师的特教津贴是否落实？□①是　□②否。

11. 贵校随班就读教师的特教津贴比例为当地事业单位绩效工资基准线的_____%。

贵校资源教师的特教津贴比例为当地事业单位绩效工资基准线的_____%。

12. 贵校随班就读教师所接受培训的次数为_____次/年。

13. 学校在教师评优、职称晋升、评优评先等方面是否向随班就读教师（或资源教师）倾斜？

□①是　　　　　　　　　□②否

14. 贵校采取哪些措施提高随班就读教师特殊教育专业素质水平？（可多选）

□①为教师提供特殊教育方面的信息和资源

□②邀请地区特教中心或巡回指导教师进行培训与指导

□③鼓励教师参加校外特殊教育培训

□④鼓励教师提升特殊教育方面的学历

□⑤建立校内随班就读教师专业素质考核制度

□⑥鼓励教师开展特殊教育研究促进教学

□⑦鼓励教师与特教教师和其他随班就读教师开展教学合作

□⑧鼓励随班就读教师参加评课与教学比赛

□⑨没有特别措施

二、资源教室的建设与运行情况

15. 学校是否建有资源教室？

□①是　　　　□②筹建中　　　□③否（直接跳至第22题）

16. 资源教室的投入使用时间为_____年。初始投入_____万元，资源教室年度运行经费_____万元。

17. 资源教室的主要配备（可多选）：

□①图书及影音资料　　　　□②康复训练设备

□③评估量表及软件　　　　□④玩具

□⑤教材教具　　　　　　　□⑥心理咨询设备

□⑦其他（请说明）_____

18. 目前资源教室的主要功能（可多选）：

□①为残疾学生及家长提供咨询服务

□②开展残疾学生诊断与评估

□③为残疾学生提供康复训练

□④为残疾学生提供学习补偿和辅导

□⑤为普通教师提供培训和教学资源

□⑥残疾学生档案管理

□⑦普通学生学习辅导、心理咨询

□⑧尚不知如何使用

□⑨其他（请说明）_____

19. 资源教室的使用频率：

□①全天开放　　　　　　　□②每天固定时间开放

□③每周固定时间开放　　　□④有需要时才开放

□⑤基本不开放

20. 贵校是否有资源教师？

☐①没有　　　　　　　　　　☐②其他老师兼职

☐③有专业的资源教师

21. 贵校资源教师担任的具体工作有（可多选）：

☐①没有资源教师

☐②参与学生的教育诊断和评估

☐③资源教室教学

☐④提供特殊家长咨询、教师培训等服务

☐⑤资源教室行政或管理工作

☐⑥其他（请说明）_____

三、特殊儿童的安置与教育

22. 开学后，如果发现特殊儿童的教育安置形式不恰当，贵校会采取哪些措施？（可多选）

☐①未发现此情况　　　　　　☐②不做任何处理

☐③建议家长转校　　　　　　☐④校内自行调整安置

☐⑤由班级教师加强训练

☐⑥向上级主管部门提出重新安置申请

☐⑦增加班级的特殊教育资源（如增加志愿者或教师）

☐⑧其他（请说明）_____

23. 本学年度，除了已经鉴定为特殊儿童的随班就读学生外，贵校是否主动鉴别疑似特殊儿童的随班就读学生？

☐①有，由负责学校特教工作的人员统筹处理并上报

☐②没有主动发现特殊儿童的机制

☐③其他（请说明）_____

24. 如果班级老师发现班上有疑似特殊学生，贵校的处理方式是（可多选）：

☐①请父母带学生到医院检查

☐②请校内负责特殊教育工作的教师协助

☐③请校内经验丰富的资深教师协助

☐④由随班就读教研组讨论

☐⑤由班级教师自行处理

☐⑥请特殊教育学校教师协助

☐⑦向上级主管部门提出重新安置的申请

☐⑧其他(请说明)_____

25. 上学年度,贵校特殊学生转入其他安置场所的情况(可多选):

☐①未有转出学生

☐②转到特殊教育学校_____人,转到特教班_____人

☐③转到其他普通学校_____人

26. 针对本学年入学的特殊儿童,贵校做了哪些准备工作?(可多选)

☐①没有特别准备　　　　　　☐②主动收集学生过去的资料

☐③安排教师与家长会谈　　　☐④安排适当的座位

☐⑤安排所需要的辅具或专业服务　☐⑥安排适当的班级教师

☐⑦改善校内无障碍设施　　　☐⑧安排教师参加特殊教育培训

☐⑨协调排课

☐⑩其他(请说明)_____

27. 总体而言,贵校教师为随班就读特殊儿童制订个别化教育计划的情况(可多选):

☐①无个别化教育计划　　　　☐②开学后一个月内制订

☐③每学期至少评估修订一次　☐④每学年至少评估修订一次

☐⑤在学期中根据学生需要修订目标

☐⑥其他(请说明)_____

28. 残疾学生的课程内容调整情况(可多选):

☐①无特殊变化,与普通学生相同

☐②会针对残疾学生的学习能力做出调整,如降低难度、缩小范围等

☐③会添加与学生生活能力训练相关的内容

☐④根据学生特点为他们开设新的课程

☐⑤其他(请说明)_____

29. 本学期,贵校的随班就读学生参加全校性考试时,采取的调整方式(可

多选)：

☐①与普通学生相同

☐②根据学生能力调整评价标准

☐③改变试题呈现方式(如放大试题、念考题)

☐④延长考试时间

☐⑤改变作答方式(如口头回答、电脑作答)

☐⑥调整试题内容或题数

☐⑦安排特殊考场

☐⑧使用辅助器具(如盲人电脑)

☐⑨改用其他评价方式

☐⑩不参加全校性考试

☐⑪其他(请说明)_____

30. 特殊儿童的成绩是否纳入班级总体成绩？

☐①大部分特殊儿童的成绩纳入班级考评成绩

☐②少部分特殊儿童的成绩不纳入班级考评成绩

☐③全部不纳入

☐④其他(请说明)_____

四、为特殊儿童提供的支持与服务

31. 目前提供给本校特殊儿童的支持服务项目(可多选)：

☐①安排专门的教师辅助

☐②教委特殊教育工作者的巡回辅导

☐③特教相关专业服务(康复训练或专业治疗)

☐④课后辅导

☐⑤安排志愿者、实习生、见习生帮助

☐⑥改善校园无障碍设施

☐⑦提供教育辅助器材

☐⑧协助申请相关社会福利(如教育补贴、医疗服务、残联或民政局补贴等)

☐⑨其他(请说明)_____

32. 目前贵校有哪些无障碍设施？（可多选）

□①没有无障碍设施　　　　　□②出入口及道路方便轮椅进出

□③坡道及扶手　　　　　　　□④楼梯有双侧扶手

□⑤升降设备（如电梯、升降机、轮椅爬楼设备等）

□⑥引导设施（如盲道、点字说明、语音说明等）

□⑦无障碍厕所

□⑧其他（请说明）_____

33. 整体而言，您觉得贵校的建筑设施符合无障碍设计的程度如何？

□①完全符合　　□②大部分符合　□③一般

□④小部分符合　□⑤完全不符合

34. 贵校目前提供给校外特殊儿童的支持服务项目有哪些？（可多选）

□①没有提供　　　　　　　　□②送教上门服务

□③特殊儿童康复训练　　　　□④特殊儿童家长咨询与讲座

□⑤特殊教育巡回指导　　　　□⑥其他（请说明）_____

35. 随班就读学校特殊儿童教育康复面临的最大困难（可多选，限三项）：

□①经费不足　　　　　　　　□②康复师资缺乏

□③康复训练的设备缺失或不足　□④无专门康复训练室

□⑤缺乏有经验的学科教师　　□⑥教师缺少针对性培训

□⑦教师有抵制情绪　　　　　□⑧其他儿童家长反对

□⑨其他（请说明）_____

36. 随班就读学校特殊儿童教育康复最紧迫的需求（可多选，限三项）：

□①经费支持　　　　　　　　□②康复师资

□③康复设备仪器　　　　　　□④针对性培训

□⑤教师转变观念　　　　　　□⑥消解其他儿童家长抵制情绪

□⑦教育康复现场支持　　　　□⑧其他（请说明）_____

五、家校合作

37. 贵校给特殊儿童家庭提供哪些服务？（可多选）

☐①举办家长讲座或课程　　　　☐②开展家长团体活动或联谊

☐③开展亲子活动　　　　　　　☐④为家长提供个别咨询或辅导

☐⑤为家长提供特教、医疗、升学或就业等相关信息

☐⑥协助家长申请社会福利和补助（如教育部门、残联、民政部门补贴等）

☐⑦其他（请说明）＿＿＿＿＿＿＿＿＿＿

38. 贵校采取哪些措施促进特殊学生家长参与，增进其与教师的互动，加强家校合作？（可多选）

☐①没有特别做法

☐②定期召开家长会

☐③举办学生作品展览（学生成果展/教学成果展等）

☐④开展家长经验交流/分享活动

☐⑤鼓励家长参与孩子的教育计划制订

☐⑥开展亲子活动

☐⑦家长陪读

☐⑧成立家长团体

☐⑨其他（请说明）＿＿＿＿＿＿＿＿＿＿

六、特殊儿童的转衔与就业

39. 贵校为即将毕业或已离校的特殊儿童，提供哪些支持或服务（转衔服务）？（可多选）

☐①没有做什么　　　　　　　　☐②IEP中设计转衔目标

☐③提供学生职业教育课程　　　☐④说明升学的政策

☐⑤提供职业倾向评估或转衔评估

☐⑥为学生和家长提供职业教育信息

☐⑦其他（请说明）＿＿＿＿＿＿＿＿＿＿

40. 近两年来，贵校为特殊儿童安排就业转衔时，遭遇过困难吗？如果有，曾遇到过哪些困难？（可多选）

□①没有为学生安排就业转衔

□②与升学或就业单位沟通困难

□③就业市场有限

□④学校职业教育专业与就业市场需求不符

□⑤不容易找到实习场所

□⑥家长不配合

□⑦实习单位其他同事接纳程度不高

□⑧其他(请说明)＿＿＿＿＿＿＿＿

七、所获得的资源与支持

41. 上一学年度,贵校获得过哪些校外特殊教育资源支持?（可多选）（"校外特殊教育资源"包括学校自行安排或政府提供的资源）

□①无

□②区县特教资源中心

□③大学相关系所实习生或见习生

□④大学或科研机构专家

□⑤特殊学生家长

□⑥教育行政部门

□⑦其他专业人员(如物理治疗师、语言治疗师、心理咨询师、医生等)

□⑧其他(请说明)＿＿＿＿＿＿＿＿

42. 您觉得下列哪个单位对贵校的发展帮助最大?（可多选）

□①区县特教资源中心　　　□②区县教委

□③大学特殊教育系所　　　□④特殊教育科研机构

□⑤医疗机构　　　　　　　□⑥民间机构或团体

□⑦民政部门或残联就业服务机构

□⑧其他(请说明)＿＿＿＿＿＿＿＿

43. 本学年度,贵校在下列支持保障系统中已获得区县教育部门或市教育部门提供的项目有哪些?（可多选）

□①额外补助教学硬件设备及软件　□②帮助改善无障碍设施

☐③提供教师专业培训　　　　　☐④提供相关专业人员或经费

☐⑤加强与区县教委及特教中心的协调合作

☐⑥协助鉴别评估特殊学生

☐⑦协助处理特殊个案

☐⑧增加专任特教教师

☐⑨其他(请说明)_____

44. 贵校开展随班就读工作的经费来源包括哪些？（可多选）

☐①没有专门随班就读经费

☐②教育部门拨款

☐③自筹经费

☐④社会公益组织与爱心企业捐助

☐⑤家长捐助

☐⑥残联部门拨款

☐⑦其他(请说明)_____

45. 特殊学生的生均经费：_____元/年。

46. 您认为当前的生均经费是否能够满足残疾学生的教育教学需要？

☐①完全不能满足　　　　　☐②基本不能满足

☐③不确定　　　　　　　　☐④基本上可以满足

☐⑤完全可以满足

47. 在推动残疾学生随班就读的过程中，贵校还需要以下哪些方面的支持保障？（可多选）

☐①随班就读政策支持　　　☐②随班就读管理支持

☐③专业人员支持　　　　　☐④经费支持

☐⑤融合性环境建设支持　　☐⑥教育与康复训练技术支持

☐⑦上级督导评估支持　　　☐⑧其他(请说明)_____

请对您所需要的支持进行重要性和急需性排序(序号)：_____

48. 为了促进本校残疾学生随班就读的发展，贵校在国家政策方面需要哪些支持？（可多选）

☐①明确对残疾学生入学"零拒绝"的相关规定

□②明确各级教育部门对推动普通学校随班就读工作的责任主体

□③提供对残疾学生鉴定、评估与安置的相关规定

□④对随班就读教师专业发展与师资培训的相关规定

□⑤对随班就读财政经费的规定

□⑥对学校与相关就业指导、康复、福利部门的衔接进行明确规定

□⑦其他(请说明)＿＿＿＿＿＿＿＿＿＿

49. 在随班就读工作中,贵校最需要的专业人员支持包括哪些？（可多选）

□①康复训练人员支持　　　　　□②专业的资源教师支持

□③专业评估人员支持　　　　　□④特殊教育科研型教师支持

□⑤随班就读的专业管理人员支持

□⑥ 高校或科研机构的特殊教育专家支持

□⑦其他(请说明)＿＿＿＿＿＿＿＿＿＿

50. 请从下列项目中,勾选出贵校最需要教育部门提供的支持(可多选)：

□①额外补助教学硬件设备及软件　□②帮助改善无障碍设施

□③提供教师专业培训　　　　　　□④提供相关专业人员或经费

□⑤协助鉴别评估特殊学生　　　　□⑥增加专任特教师编制

□⑦加强与区县教委及特教中心的协调合作

□⑧其他(请说明)＿＿＿＿＿＿＿＿＿＿

51. 您认为近些年学校在实施随班就读的过程中还面临哪些困难？

＿＿＿＿＿＿＿＿＿＿＿＿＿＿＿＿＿＿＿＿＿＿＿＿＿＿＿＿＿＿＿＿

＿＿＿＿＿＿＿＿＿＿＿＿＿＿＿＿＿＿＿＿＿＿＿＿＿＿＿＿＿＿＿＿

＿＿＿＿＿＿＿＿＿＿＿＿＿＿＿＿＿＿＿＿＿＿＿＿＿＿＿＿＿＿＿＿

52. 您认为学校在未来的发展中,还需要哪些方面的支持或资源？

＿＿＿＿＿＿＿＿＿＿＿＿＿＿＿＿＿＿＿＿＿＿＿＿＿＿＿＿＿＿＿＿

＿＿＿＿＿＿＿＿＿＿＿＿＿＿＿＿＿＿＿＿＿＿＿＿＿＿＿＿＿＿＿＿

＿＿＿＿＿＿＿＿＿＿＿＿＿＿＿＿＿＿＿＿＿＿＿＿＿＿＿＿＿＿＿＿

附录3 我国特殊教育发展现状与需求调查(随班就读教师版)

受教育部委托,本项目旨在调查我国特殊教育中长期发展实施情况及进一步的发展需求,总结经验与教训,分析问题及原因,从而为制定"教育中长期发展规划(2020—2030年)"提供特殊教育方面的政策依据,进一步提高我国特殊教育的发展水平。您提供的信息将有助于我们制定我国特殊教育中长期发展目标及推进策略。您的答案没有正确与错误的区别,请您根据实际情况在相应的方框内打√。所有的信息都将保密,不会对您产生任何不利的影响。谢谢您的合作。

国家社科教育学重点项目"特殊教育
中长期发展目标及推进策略"调查小组
北京师范大学特殊教育研究所
2017年5月15日

第一部分 个人基本信息

1. 学校所在地区：＿＿＿＿省＿＿＿＿市＿＿＿＿县/区
2. 学校类型
(1) □小学 (2) □初中 (3) □高中 (4) □九年一贯制学校
3. 学校所处的位置
(1) □县城 (2) □城郊 (3) □市区 (4) □其他＿＿＿＿
4. 您是否教授过残疾学生？(1) □是 (2) □否
5. 您的性别：(1) □男 (2) □女
6. 您的年龄：＿＿＿＿岁
7. 您的教龄：＿＿＿＿年
8. 您教授残疾学生的时间为＿＿＿＿年
9. 您目前所带的学生为＿＿＿＿年级
10. 班级中残疾学生的人数：＿＿＿＿人
11. 您的职称：
(1) □初级及以下 (2) □中级 (3) □副高

(4) □高级　　　　　(5) □特级　　　　　(6) □无职称

12. 您的最高学历：

(1) □高中、中师及以下　　　　　(2) □专科

(3) □本科　　　　　　　　　　　(4) □研究生及以上

13. 您的专业背景：

(1) □学科类专业（如中文、数学、英语、化学、物理等）

(2) □艺术和体育类专业

(3) □特殊教育专业

(4) □其他教育类专业（如教育学、小学教育、学前教育等）

(5) □心理学专业

(6) □医学康复类专业

(7) □其他（请说明）_____

14. 您主要承担的教学科目：

(1) □语数外　　　　　(2) □政史地社理化生

(3) □音体美　　　　　(4) □其他（请说明）_____

15. 您的月收入水平：

(1) □2 000元及以下　　　　　(2) □2 000—4 000元

(3) □4 000—6 000元　　　　　(4) □6 000—8 000元

(5) □8 000—10 000元　　　　 (6) □10 000元及以上

16. 您认为学校对随班就读工作的重视程度：

(1) □非常重视　　　(2) □比较重视　　　(3) □一般

(4) □比较不重视　　(5) □完全不重视

第二部分　随班就读教师的发展状况与需求

一、专业发展与培训

（一）教师专业素养

指导语：本部分旨在了解普通中小学教师的融合教育素养。请您详细阅读每一个题目，想一想您是否同意题目中所叙述的情形，然后依照看到题目后的第一反应，在最接近于您判断的答案上打"√"（电子版问卷点击后面的方框即可）。

选项中的数字1—5表示同意或者符合的程度,数字越大,表示同意或者符合程度越高。

题　项	1	2	3	4	5
1. 我赞成学校大力推行融合教育	□	□	□	□	□
2. 我能依据残疾学生的特点来设计评价内容和方法	□	□	□	□	□
3. 普通学校有义务为包括残疾学生在内的所有学生提供合适的教育	□	□	□	□	□
4. 我能采取有效措施营造接纳和关怀的氛围,促进残疾学生和普通学生的交往	□	□	□	□	□
5. 融合教育能促进教师的积极改变与专业水平的提高	□	□	□	□	□
6. 我有明确的融合教育发展规划,包括发展目标、发展内容和发展途径	□	□	□	□	□
7. 残疾学生在普通学校就读也能促进普通学生的发展	□	□	□	□	□
8. 学校非常重视残疾学生的随班就读工作(单独题项)	□	□	□	□	□
9. 我能依据残疾学生特点进行有效教学设计,包括教学目标设定、课程内容和方法调整等	□	□	□	□	□
10. 我能准确判断残疾学生对我讲授内容的理解程度	□	□	□	□	□
11. 我能将反思的结果付诸融合教育实践	□	□	□	□	□
12. 我能运用多种现代教育技术和手段满足所有残疾学生的学习需求	□	□	□	□	□
13. 我能与普通学生一起共同为残疾学生的学习和生活提供帮助	□	□	□	□	□
14. 我能通过各种方法不断促进残疾学生的课堂参与和互动	□	□	□	□	□
15. 我能通过多种方式(如反思日记、反思教案或评说课等)来反思融合教育实践	□	□	□	□	□
16. 我能有效预防和处理残疾学生的问题行为(如情绪失控、攻击性行为等)	□	□	□	□	□
17. 残疾学生家长来学校时我会让他们觉得没有压力	□	□	□	□	□
18. 我能就残疾学生教育中出现的问题与校领导有效沟通	□	□	□	□	□
19. 我会经常总结自己融合教育的经验,并能反思不足之处	□	□	□	□	□

（二）教师专业发展与培训

1. 您在教育残疾儿童的过程中遇到的主要问题有哪些？（可多选）

（1）□不了解残疾儿童的学习特点和需求

（2）□不知道教育残疾儿童的教学方法和策略

（3）□不知道如何为残疾儿童做课程调整

（4）□不知道如何为残疾儿童设定教学目标

（5）□不知道如何评价残疾儿童的学习

（6）□不了解如何为残疾儿童制订个别化教育计划

（7）□不知道如何管理和解决残疾儿童的行为问题

（8）□其他(请说明)_____

2. 您所在的学校采取哪些措施提高教师特殊教育专业水平？（可多选）

（1）□为教师提供特殊教育方面的信息和资源

（2）□邀请地区特教中心或巡回指导教师进行培训与指导

（3）□鼓励教师参加校外特殊教育培训

（4）□鼓励教师提升特殊教育方面的学历

（5）□建立校内随班就读教师专业素质考核制度

（6）□鼓励教师开展特殊教育研究促进教学

（7）□鼓励教师与特教教师以及其他随班就读教师开展教学合作

（8）□鼓励随班就读教师参加评课与教学比赛

（9）□没有特别措施

3. 在未来的融合教育专业发展过程中，您希望获得哪些方面的提升？（可多选）

（1）□特殊教育或融合教育的相关知识

（2）□特殊儿童教学与课程调整的技能与策略

（3）□特殊儿童情绪与行为管理的策略与知识

（4）□特殊儿童的康复训练技能

（5）□特殊教育的研究能力

（6）□融合教育的理念提升

（7）□其他(请说明)_____

4. 您希望通过哪些方式和途径获得个人特殊教育专业能力的提升？（可多选）

(1) □不希望提升　　　　　　　　(2) □特殊教育相关培训

(3) □特殊教育专家现场指导　　　(4) □网络资源学习

(5) □优秀课堂观摩与研习　　　　(6) □骨干教师经验传授

(7) □其他（请说明）＿＿＿＿＿＿＿＿

5. 您认为以下哪些方面阻碍了随班就读教师专业化的发展？（可多选）

(1) □国家政策重视力度不够　　　(2) □学校领导不重视

(3) □随班就读教师额外补贴低　　(4) □职前培养专业化程度低

(5) □职后培训不够专业、系统

(6) □教学和课程调整自主性受限制

(7) □缺乏特殊教育相关专业知识和技能

(8) □自我提升意识薄弱

(9) □其他（请说明）＿＿＿＿＿＿＿＿

6. 在专业化发展方面，您还需要的支持包括哪些？（可多选）

(1) □提供充分的培训机会

(2) □评奖评优与职称评定方面予以倾斜

(3) □特殊教育专家指导

(4) □骨干教师的经验传授

(5) □教育科研辅助

(6) □提供特殊教育方面的各种信息资源（如图书、网络资源等）

(7) □其他（请说明）＿＿＿＿＿＿＿＿

7. 您参加工作后接受特殊教育培训的次数是：＿＿＿＿＿＿次。

8. 累计接受过特殊教育相关培训的时长：

(1) □从未接受　　　　　　　　　(2) □1周以内

(3) □1周—1月　　　　　　　　　(4) □1—3月

(5) □3—6月　　　　　　　　　　(6) □6月以上

9. 您认为最有效的在职培训方式是（可多选）：

(1) □校内系统培训　　　　　　　(2) □短期培训班培训

(3) □专家讲座　　　　　　　　　(4) □实地参观考察

(5) □骨干教师高级研修课程　　　(6) □专家指导案例教学

(7) □培训机构学习　　　　　　　(8) □特殊教育方面的研讨会

(9) □在线网络课程学习　　　　　(10) □其他(请说明)＿＿＿＿＿

10. 您认为您所接受的特殊教育培训的针对性：

(1) □完全解决了培训前我在这方面工作中所遇到的问题和困惑

(2) □部分解决了培训前我在这方面工作中所遇到的问题和困惑

(3) □培训很少涉及之前我在这方面工作中所遇到的问题和困惑

(4) □培训对我没有任何帮助

11. 您认为当前随班就读教师在职培训存在的问题包括哪些？(可多选)

(1) □没有问题

(2) □培训费用高

(3) □培训内容没有针对性,缺乏系统性、操作性

(4) □任课教师水平有限

(5) □培训评价机制不健全

(6) □学校培训名额少,培训机会太少

(7) □培训方式单一

(8) □培训时间、地点安排与教学工作冲突,不能按时参加

(9) □不了解普通教师培训需求,培训课程设置具有随意性

(10) □其他(请说明)＿＿＿＿＿＿＿

12. 您最希望提升的特教专业知识和技能是(可多选)：

(1) □特殊教育基本理论知识　　　(2) □融合教育教学方法与策略

(3) □家校合作与沟通　　　　　　(4) □残疾儿童生理和心理发展

(5) □残疾儿童康复与训练技能　　(6) □残疾儿童的评估与鉴定方法

(7) □个别化教育计划的制订　　　(8) □其他(请说明)＿＿＿＿＿

二、教育教学

13. 您为随班就读特殊儿童制订个别化教育计划的情况：

(1) □无个别化教育计划　　　　　(2) □开学后一个月内制订

(3) □每学期至少评估修订一次　　　(4) □每学年至少评估修订一次

(5) □在学期中根据学生需要修订目标

(6) □其他(请说明)＿＿＿＿＿＿＿＿

14. 您的班级中,残疾学生的课程内容调整情况(可多选):

(1) □无特殊变化,与普通学生相同

(2) □会针对残疾学生的学习能力做出调整,如降低难度、缩小范围等

(3) □会添加与学生生活能力训练相关的内容

(4) □根据学生特点为他们开设新的课程

(5) □其他(请说明)＿＿＿＿＿＿＿＿

15. 本学期,您班级中的随班就读学生参加全校性考试时,采取的调整方式有哪些?(可多选)

□①与普通学生相同

□②根据学生能力调整评价标准

□③改变试题呈现方式(如放大试题、念考题、点字试卷)

□④延长考试时间

□⑤改变作答方式(如口头回答、电脑作答)

□⑥调整试题内容或题数

□⑦安排特殊考场

□⑧使用辅助器具(如盲人电脑)

□⑨改用其他评价方式

□⑩不参加全校性考试

□⑪其他(请说明)＿＿＿＿＿＿＿＿

16. 残疾儿童的成绩是否纳入班级总体成绩?

(1) □纳入班级考评成绩

(2) □不纳入班级考评成绩

(3) □部分学生的成绩纳入班级考评成绩

(4) □其他(请说明)＿＿＿＿＿＿＿＿

三、为随班就读教师提供的支持

17. 您是否因为从事随班就读工作在学校的评奖、评优或评先工作中得到优先考虑？

(1) □是 (2) □否

18. 您是否享受到地区规定的特殊教育教师津贴？

(1) □是 具体为_____% (2) □否

19. 您对当前的随班就读教师津贴的满意程度：

(1) □非常满意 (2) □比较满意

(3) □一般 (4) □比较不满意

(5) □非常不满意

20. 您从事随班就读工作所遇到的外在困难有哪些？（可多选）

(1) □班级学生多，难以兼顾普通学生与残疾学生

(2) □普通学生家长反对

(3) □随班就读教师地位和责任不明确

(4) □缺乏专业人员指导

(5) □学校缺乏教育残疾学生的资源

(6) □同事不理解

(7) □没有补助

(8) □学校领导不支持

(9) □没有困难

(10) □其他(请说明)_____

21. 您从事随班就读工作中，所遇到的内在困难有哪些？

(1) □没有困难

(2) □日常工作压力大，难以照顾到残疾学生

(3) □特殊教育专业知识与技能不足

(4) □个人缺乏从事教育残疾学生工作的动力和意向

(5) □难以应对残疾学生出现的学习和管理问题

(6) □其他(请说明)_____

22. 您在从事随班就读工作中已经获得的支持有哪些？（可多选）

(1) □没有获得支持

(2) □工资补助

(3) □职称评定的倾斜

(4) □学校或上级教育部门的奖励和荣誉

(5) □巡回指导教师的定时指导

(6) □学校提供的特殊教育相关资源

(7) □其他(请说明)_____

23. 在教育教学工作中,您所需要的支持包括(可多选):

(1) □国家和教育部门对于随班就读教师的政策支持

(2) □学校领导对特殊教育教师的管理支持(如评奖评优、职称评定等方面)

(3) □专业人员的专业支持(教学和康复训练等方面)

(4) □学生家长的支持

(5) □同事之间的工作支持

(6) □家人的支持

(7) □经济支持(如工资和补助)

(8) □其他(请说明)_____

请您对所需要的支持进行排序(序号)_____

24. 在国家和教育部门的政策支持中,您当前所需要的政策支持包括(可多选):

(1) □特教津贴的政策

(2) □随班就读教师地位与责任的政策

(3) □随班就读教师专业发展的政策

(4) □随班就读教师职称评定的政策

(5) □教师编制方面的政策

(6) □教师评奖评优的政策

(7) □其他(请说明)_____

25. 您希望国家在未来的特殊教育政策中对随班就读教师提供哪些支持?

_____

_____

_____

四、特殊儿童教育与康复方面的需求与支持

26. 在您的工作中,您感觉随班就读残疾学生所需要的支持有哪些?(可多选)

(1) □生活补助等经济支持

(2) □与同伴的交往互动支持

(3) □康复训练支持

(4) □转衔支持(幼升小、小升初、毕业)

(5) □课程学习支持

(6) □辅助设备支持(如轮椅、大字教材等)

(7) □其他(请说明)_____

请对残疾学生所需要的支持进行重要性和急需性排序(序号):_____

27. 在您的教育工作中,您认为特殊学生在经济上所需要的支持是(可多选):

(1) □不需要支持　　　　　　　(2) □提供免费午餐和接送

(3) □提高生活补助　　　　　　(4) □资助经济困难家庭

(5) □其他(请说明)_____

28. 您认为,随班就读残疾儿童教育康复面临的最大困难(可多选):

(1) □专项经费不足

(2) □专业的特殊教育师资缺乏

(3) □缺乏有经验的学科教师

(4) □缺乏教育与康复硬件环境(如无障碍设施、康复训练设备、辅助教具)

(5) □同伴不接纳

(6) □教师缺少针对性培训

(7) □缺乏融合性的氛围和文化

(8) □教师有抵制情绪

(9) □其他儿童家长反对

(10) □其他(请说明)_____

29. 您认为随班就读残疾儿童教育康复最紧迫的需求是(可多选):

(1) □经费支持

(2) □专业的特殊教育师资

(3) □对教师进行针对性培训

(4) □教育与康复硬件环境(如无障碍设施、康复训练设备、辅助教具)

(5) □建设融合性的校园文化

(6) □教师转变观念

(7) □消解其他儿童家长抵制情绪

(8) □教育康复现场支持

(9) □其他(请说明)＿＿＿＿＿＿＿＿

30. 在转衔过程中(幼升小、小升初、毕业),残疾学生所需要的支持包括(可多选):

(1) □制订个别化转衔计划

(2) □开设转衔课程

(3) □出台转衔方面的政策规定

(4) □提前建立与转衔学校(单位)之间的联系

(5) □转衔后提供后续的跟踪支持

(6) □其他(请说明)＿＿＿＿＿＿＿＿

31. 您希望国家在未来的特殊教育政策中,对随班就读学生提供哪些支持?

_____

_____

_____

_____

附录4　我国特殊教育发展现状与需求调查(特殊教育学校教师版)

受教育部委托,本项目旨在调查我国特殊教育中长期发展实施情况及进一步的发展需求,总结经验与教训,分析问题及原因,从而为制定"教育中长期发展规划(2020—2030年)"提供特殊教育方面的政策依据,进一步提高我国特殊教育的发展水平。您提供的信息将有助于我们制定我国特殊教育中长期发展目标及推进策略。您的答案没有正确与错误的区别,请您根据实际情况在相应的方框内打√。所有的信息都将保密,不会对您产生任何不利的影响。谢谢您的合作。

国家社科教育学重点项目"特殊教育中长期发展目标及推进策略"调查小组

北京师范大学特殊教育研究所

2017年7月15日

第一部分　基本信息

1. 您的性别:(1) □男　(2) □女

2. 您的年龄:_____岁

3. 您从事特殊教育的教龄:_____年

4. 您所带学生的年级:_____年级

5. 您的职称:

(1) □初级　(2) □中级　(3) □副高级　(4) □高级　(5) □特级

6. 您的最高学历:

(1) □高中、中师及以下　(2) □专科　(3) □本科　(4) □硕士及以上

7. 目前学校所在地区:_____省_____市_____县(区)

8. 学校所处的位置:

(1) □县城　(2) □郊区　(3) □市区　(4) □其他_____

9. 您所在特殊教育学校的类型:

(1) □盲校　(2) □聋校　(3) □培智学校　(4) □综合性特殊学校

10. 班级中残疾学生的人数:_____人

11. 您的专业背景:

(1) □学科类专业(如中文、数学、英语、化学、物理及其他)

(2) □特殊教育专业

(3) □心理学专业

(4) □医学康复专业

(5) □文体艺术类专业

(6) □其他教育类专业(如教育学、小学教育、学前教育等)

(7) □其他_____

12. 您是否获得教师资格证:(1) □获得　(2) □未获得

13. 您与学校的人事关系:(1) □正式在编　(2) □合同聘用

14. 您目前的薪酬情况:

(1) □2 000元以下　　　　　　(2) □2 000—4 000元

(3) □4 000—6 000元　　　　　(4) □6 000—8 000元

(5) □8 000—10 000元　　　　 (6) □10 000元以上

第二部分

一、特殊教育学校教师专业化发展

(一)教师专业素养

指导语:本部分旨在了解您的特殊教育专业素养。请您详细阅读每一个题目,想一想您是否同意题目中所叙述的情形,然后依照看到题目后的第一反应,在最接近于您判断的答案方框内打"√"。(电子版问卷请直接点击后面的方框)

选项中的数字1—5表示同意或者符合的程度,数字越大,表示同意或者符合程度越高。

题　项	1	2	3	4	5
1. 我认为每一个残疾学生都应该到学校中接受教育	□	□	□	□	□
2. 我能依据残疾学生特点进行有效教学设计,包括教学目标设定、课程内容和方法调整等	□	□	□	□	□
3. 我认为特殊教育学校有义务为所有残疾学生提供合适的教育	□	□	□	□	□

续表

题 项	1	2	3	4	5
4. 我会经常总结自己教育教学的经验,并能反思不足之处	□	□	□	□	□
5. 我认为每个残疾学生都有学习的潜力和能力	□	□	□	□	□
6. 我能准确判断残疾学生对我讲授内容的理解程度	□	□	□	□	□
7. 我认为特殊教育教师应该具有奉献精神和爱心	□	□	□	□	□
8. 我能依据残疾学生的特点来设计评价内容和方法	□	□	□	□	□
9. 我能采取有效措施营造接纳和关怀的氛围,促进班级内不同类型残疾学生之间的交往	□	□	□	□	□
10. 我能运用多种现代教育技术和手段满足所有残疾学生的学习需求	□	□	□	□	□
11. 我能通过多种方式(如反思日记、反思教案或评说课等)来反思日常教学实践	□	□	□	□	□
12. 我能就残疾学生教育中出现的问题与校领导有效沟通	□	□	□	□	□
13. 我能通过各种方法不断促进残疾学生的课堂参与和互动	□	□	□	□	□
14. 我能有效预防和处理残疾学生的问题行为(如情绪失控、攻击性行为等)	□	□	□	□	□
15. 残疾学生家长来学校时我会让他们觉得没有压力	□	□	□	□	□
16. 我能将反思的结果付诸日常教育教学实践	□	□	□	□	□
17. 我能与同事一起共同为残疾学生的学习和生活提供帮助	□	□	□	□	□
18. 我有明确的个人专业化发展规划,包括发展目标和发展途径	□	□	□	□	□

(二)教师专业发展与培训

1. 您认为当前自己在专业化方面存在哪些问题?(可多选)

(1)□没有问题　　　　　　　　(2)□学历水平较低

(3)□特殊教育专业知识不够　　(4)□特殊教育专业技能不熟练

(5)□专业理念不清晰　　　　　(6)□专业发展方向不明确

(7)□科研能力不足　　　　　　(8)□其他(请说明)_____

2. 您所在的学校已经采取了哪些措施提高教师的专业素质水平?(可多选)

(1)□没有特别措施

(2) □开展校内培训与经验交流

(3) □提供特殊教育专业相关信息

(4) □鼓励教师与校外特教老师开展合作

(5) □提供校外特殊教育培训机会

(6) □鼓励教师提升学历水平

(7) □建立校内教师专业素质考核制度

(8) □鼓励教师开展科研促进教学

(9) □提供教师参加特殊教育会议和讲座的机会

(10) □鼓励教师参加说课和讲课比赛

(11) □其他(请说明)_____

3. 您当前在专业化方面最为迫切的需要有哪些？(可多选)

(1) □提高学历水平 (2) □学习特殊教育相关专业知识

(3) □学习特殊教育教学与管理策略 (4) □掌握一定的康复技能

(5) □明确个人专业发展方向 (6) □提高自己的科研能力

(7) □改变教育理念 (8) □其他(请说明)_____

4. 在提升特教教师专业化程度方面，您认为效果最好的渠道是什么？(可多选)

(1) □在职培训 (2) □网络资源学习

(3) □老教师经验传授 (4) □专业人员现场指导

(5) □职前专业院校培养 (6) □其他(请说明)_____

5. 您认为以下哪些方面阻碍了特教教师专业化的发展？(可多选)

(1) □国家政策重视力度不够 (2) □学校领导不重视

(3) □工资待遇福利较差 (4) □职前培养专业化程度低

(5) □职后培训不够专业、系统

(6) □教学和课程开发自主性受限制

(7) □缺乏特殊教育相关专业知识和技能

(8) □自我提升意识薄弱

(9) □其他(请说明)_____

6. 在专业化发展方面,您还需要的支持包括哪些?(可多选)

(1) □提供充分的培训机会

(2) □评奖评优与职称评定方面予以倾斜

(3) □特殊教育专家指导

(4) □骨干教师的经验传授

(5) □教育科研辅助

(6) □提供特殊教育方面的各种信息资源(如图书、网络资源等)

(7) □其他(请说明)_____

7. 您参加工作后接受特殊教育培训的次数是:_____次。

8. 自您就职以来累计接受过特殊教育培训的时长:

(1) □从未接受   (2) □1周以内

(3) □1周—1月   (4) □1—3月

(5) □3—6月   (6) □6月以上

9. 您认为最有效的在职培训方式是(可多选):

(1) □校内系统培训   (2) □短期培训班培训

(3) □专家讲座   (4) □实地参观考察

(5) □骨干教师高级研修课程 (6) □专家指导案例教学

(7) □培训机构学习   (8) □特殊教育方面的研讨会

(9) □在线网络课程学习   (10) □其他(请说明)_____

10. 您已经参加的在职培训内容主要是(可多选):

(1) □特殊教育基本理论知识 (2) □特殊教育教学方法与策略

(3) □家校合作与沟通   (4) □残疾儿童生理和心理发展

(5) □残疾儿童康复与训练技能 (6) □残疾儿童的评估与鉴定方法

(7) □个别化教育计划的制订 (8) □其他(请说明)_____

11. 您最希望提升的特教专业知识和技能是(可多选):

(1) □特殊教育基本理论知识 (2) □特殊教育教学方法与策略

(3) □家校合作与沟通   (4) □残疾儿童生理和心理发展

(5) □残疾儿童康复与训练技能 (6) □残疾儿童的评估与鉴定方法

(7) □个别化教育计划的制订 (8) □其他(请说明)_____

12. 您认为您所接受的特殊教育培训的针对性:
(1) □完全解决了培训前我在这方面工作中所遇到的问题和困惑
(2) □部分解决了培训前我在这方面工作中所遇到的问题和困惑
(3) □培训很少涉及之前我在这方面工作中所遇到的问题和困惑
(4) □培训对我没有任何帮助

13. 您认为当前特殊教育教师在职培训存在的问题包括哪些?(可多选)
(1) □没有问题 (2) □培训费用高
(3) □任课教师水平有限 (4) □培训方式单一
(5) □培训内容没有针对性,缺乏系统性、操作性
(6) □学校培训名额少,培训机会太少
(7) □培训时间、地点安排与教学工作冲突,不能按时参加
(8) □不了解特教教师培训需求,培训课程设置具有随意性
(9) □培训评价机制不健全
(10) □其他(请说明)_____

二、课程与教学情况

14. 您对使用教材的态度(单选):
(1) □特殊教育学校需要使用国家的统一教材
(2) □特殊教育学校要使用自己开发的校本教材
(3) □特殊教育学校综合使用其他学校和地区的教材,无须使用校本和国家教材
(4) □特殊教育学校要综合使用校本教材、地方教材和国家统一教材
(5) □特殊教育学校的教材可有可无

15. 您认为当前国家教材所存在的问题(可多选):
(1) □没有问题,适合本校残疾学生需求
(2) □教材内容缺乏组织性和系统性
(3) □教材内容难度过高
(4) □教材内容难度过低
(5) □教材内容脱离学生的生活实际

(6) □教材内容偏离学生的培养目标

(7) □教材内容不符合本地实际,缺乏地域性

(8) □其他(请说明)_____

16. 在为特殊学生确定课程目标时,您遇到的困惑主要有(可多选):

(1) □不了解学生的发展潜力

(2) □不知道如何与学生的 IEP 相结合

(3) □不知道如何根据本班学生的情况调整教材中的目标要求

(4) □不知道如何和新课程标准相结合

(5) □不知道如何为不同能力水平的学生确定目标

(6) □不知道如何为学生设计最恰当的目标

(7) □其他(请说明)_____

17. 您为特殊学生选择课程内容的来源(可多选):

(1) □网络课程资源 (2) □校本教材内容

(3) □临时自编内容 (4) □国家教材内容

(5) □其他学校或地区教材 (6) □其他(请说明)_____

18. 您在为特殊学生选择课程内容时,遇到的问题有哪些?(可多选)

(1) □缺乏课程资源

(2) □不知道如何对教材内容进行调整

(3) □不知道如何将课程内容与学生的 IEP 相结合

(4) □不知道如何将课程内容与新课程标准相结合

(5) □不知道哪些课程内容最适合学生发展

(6) □其他(请说明)_____

19. 针对班上能力程度不同的残疾学生,您在课程内容调整的做法是(可多选):

(1) □无特殊变化,所有学生课程内容相同

(2) □会针对个别学生的学习能力做出调整,如降低难度、缩小范围等

(3) □会添加与个别特殊学生生活能力训练相关的内容

(4) □根据学生特点为他们开设新的课程

(5) □课程内容相同,评价标准不同

(6) □其他(请说明)＿＿＿＿＿＿＿＿＿＿

20. 您在教学过程中为学生提供的课程学习支持包括(可多选)：

(1) □提供个别化辅导

(2) □提供口头提示、行动示范等教学引导

(3) □同伴支持

(4) □使用多媒体技术

(5) □其他(请说明)＿＿＿＿＿＿＿＿＿＿

三、所需要的支持与资源

21. 您从事特殊教育工作所遇到的困难有哪些？（可多选）

(1) □教育和管理残疾学生，工作压力大

(2) □家长不配合

(3) □时间紧张

(4) □学校缺乏教育残疾学生的资源

(5) □工资与补助比较低

(6) □没有正式编制

(7) □缺乏特殊教育知识与技能

(8) □没有困难

(9) □其他(请说明)＿＿＿＿＿＿＿＿＿＿

22. 在您的教育教学工作中,您所需要的支持包括(可多选)：

(1) □国家和教育部门关于特殊教育教师方面的政策支持

(2) □学校领导对特殊教育教师的管理支持(如请假、评奖评优、职称评定等方面)

(3) □专业人员的专业支持(教学和康复训练等方面)

(4) □特殊学生家长的支持

(5) □同事之间的工作支持

(6) □家人的支持

(7) □经济支持(如工资和补助)

(8) □其他(请说明)＿＿＿＿＿＿＿＿＿＿

请您对所需要的支持进行排序(重要性和紧迫性)(序号)_____

23. 在国家和教育部门的政策支持中,您当前所需要的政策支持包括(可多选):

(1) □工资和津贴的政策　　　(2) □特殊教育教师地位的政策

(3) □特殊教育教师专业化发展的政策 (4) □教师职称评定的政策

(5) □教师编制方面的政策　　(6) □教师评奖评优的政策

(7) □其他(请说明)_____

24. 您是否享受到地区规定的特殊教育教师津贴?

(1) □是 具体为_____%　　(2) □否

25. 您对当前特殊教育教师津贴的满意程度?

(1) □非常满意　　　　　　(2) □比较满意

(3) □一般　　　　　　　　(4) □比较不满意

(5) □非常不满意

四、特殊儿童的教育与康复需求与支持

26. 在您的工作中,您感觉特殊学生所需要的支持有哪些?(可多选)

(1) □生活补助等经济支持

(2) □求职与就业支持

(3) □康复训练支持

(4) □转衔支持(幼升小、小升初、毕业)

(5) □课程学习支持

(6) □辅助设备支持(如轮椅、大字教材等)

(7) □其他(请说明)_____

请对残疾学生所需要的支持进行重要性和急需性排序(序号):_____

27. 在您的教育工作中,您认为特殊学生在经济上所需要的支持是(可多选):

(1) □不需要支持　　　　　(2) □提供免费午餐和接送

(3) □提高生活补助　　　　(4) □增加和提高奖学金

(5) □经济困难家庭的资助　(6) □其他(请说明)_____

28. 你认为残疾学生在求职和就业方面的不利因素有哪些？（可多选）

(1) □工作机会缺乏　　　　　(2) □信息获取途径少

(3) □身心不适应　　　　　　(4) □工作能力有限

(5) □社会不接纳　　　　　　(6) □工作种类少

(7) □家庭条件有限　　　　　(8) □学校支持不够

(9) □社区支持不够　　　　　(10) □其他(请说明)_____

29. 你认为残疾学生最急需的职业指导和就业服务有哪些？（可多选）

(1) □职业生涯规划　　　　　(2) □就业心理咨询

(3) □就业程序与技巧指导　　(4) □就业政策指导

(5) □职业技能指导　　　　　(6) □就业需求和岗位信息

(7) □其他(请说明)_____

30. 您认为,残疾儿童教育与康复面临的最大困难是(可多选)：

(1) □专项经费不足

(2) □专业的特殊教育师资缺乏

(3) □教育与康复硬件环境较差(如无障碍设施、康复训练设备、辅助教具)

(4) □缺乏有经验的学科教师

(5) □教师缺少针对性培训

(6) □学校课程难以满足特殊儿童需要

(7) 其他(请说明)_____

31. 您认为残疾儿童教育康复最紧迫的需求是(可多选)：

(1) □专项经费

(2) □专业的特殊教育师资

(3) □教育与康复硬件环境(如无障碍设施、康复训练设备、辅助教具)

(4) □有经验的学科教师

(5) □教师针对性培训

(6) □改革学校课程

(7) □其他(请说明)_____

32. 在转衔过程中(幼升小、小升初、毕业),残疾学生所需要的支持包括(可多选)：

(1) □制订个别化转衔计划

(2) □开设转衔课程

(3) □出台残疾学生转衔方面的政策规定

(4) □提前建立与转衔学校(单位)之间的联系

(5) □转衔后提供后续的跟踪支持

(6) □其他(请说明)＿＿＿＿＿＿＿＿＿＿

33. 对于国家未来的特殊教育政策制定,在教师方面,您还有什么建议?

＿＿＿＿＿＿＿＿＿＿＿＿＿＿＿＿＿＿＿＿＿＿＿＿＿＿＿＿＿＿＿＿＿＿＿＿

＿＿＿＿＿＿＿＿＿＿＿＿＿＿＿＿＿＿＿＿＿＿＿＿＿＿＿＿＿＿＿＿＿＿＿＿

＿＿＿＿＿＿＿＿＿＿＿＿＿＿＿＿＿＿＿＿＿＿＿＿＿＿＿＿＿＿＿＿＿＿＿＿

34. 对于国家未来的特殊教育政策制定,您认为还应该为残疾学生提供哪些支持?

＿＿＿＿＿＿＿＿＿＿＿＿＿＿＿＿＿＿＿＿＿＿＿＿＿＿＿＿＿＿＿＿＿＿＿＿

＿＿＿＿＿＿＿＿＿＿＿＿＿＿＿＿＿＿＿＿＿＿＿＿＿＿＿＿＿＿＿＿＿＿＿＿

＿＿＿＿＿＿＿＿＿＿＿＿＿＿＿＿＿＿＿＿＿＿＿＿＿＿＿＿＿＿＿＿＿＿＿＿

附录5 我国特殊教育发展现状与需求访谈提纲

☐ 所在地：_____省_____市_____区（县）
☐ 部门名称：_____

一、特殊教育政策执行与实施

1. 您认为最近几年来，您所在地区特殊教育发展的重点在哪些方面？

2. 您所在地区特殊教育的发展取得了哪些方面的成就？还存在哪些方面的问题？

3. 您认为，国家的特殊教育政策对地方特殊教育发展的实际是否具有针对性？

4. 您认为地方教育行政部门在执行国家特殊教育政策时存在哪些方面的问题？面临哪些困难和挑战？政策的规定与执行之间有哪些方面的矛盾？

5. 在未来的几年中，您所在的地区特殊教育发展的目标是什么？

6. 为了有效地执行国家特殊教育的政策，需要哪些方面的保障措施？

二、特殊教育经费

1. 您认为地方的特殊教育经费是否能够满足特殊教育发展的需要？

2. 您认为，最近几年地方教育部门特殊教育经费投入的重点在哪些领域？当前地方特殊教育经费的投入与使用方面还存在哪些问题？

3. 在未来的发展中，特殊教育经费的投入应该侧重于哪些方面？

三、特殊教育体系结构

1. 您所在的特殊教育部门采取了哪些措施来提高残疾儿童的入学率？

2. 您是如何看待特殊教育学校与随班就读学校发展的？您认为未来特殊教育学校的职能是否需要转型？如果需要，如何转型？

3. 您所在的教育部门是如何推动残疾儿童随班就读的？您认为应该如何处理残疾儿童随班就读和进入特殊教育学校之间的选择关系？

4. 您所在的地区残疾儿童随班就读所面临的困难和挑战有哪些？应该如

何解决这些方面的问题?

5. 您所在的特殊教育部门是如何支持和推动学前特殊教育发展的?您认为当前学前特殊教育发展所面临的问题有哪些方面?您认为学前特殊教育发展比较急需的是解决哪些方面的问题?这些问题应该如何解决?

四、特殊教育教师

1. 您所在的地区在招聘特殊教育教师时有哪些要求?
2. 您所在的地区特殊教育教师教学质量如何?专业化水平如何?
3. 特殊教育教师的培训状况如何?特殊教育教师的待遇如何?
4. 提高特殊教育教师的专业化水平需要哪些支持和资源?